公共哲学

PUBLIC PHILOSOPHY

第7卷

中间团体开创的公共性

〔日〕佐佐木毅 〔韩〕金泰昌 主编 王 伟 译

INTERMEDIARY ORGANIZATIONS AND
PUBLICNESS

人民出版社

总 序

公共哲学，作为一种崭新学问的视野

卞崇道　林美茂[*]

　　近年来，"公共哲学"（public philosophy）这一用语在我国学术界开始逐渐被人们所熟悉，这一方面来自于我国学术界对于国外前沿学术思潮的敏感反应，另一方面则与日本公共哲学研究者在我国的推介多少有关。其实，在半个多世纪前，"公共哲学"这一用语就在美国出现了，1955 年著名新闻评论家、政论家李普曼（Walter Lippman）出版了一部名为《公共哲学》（*The Public Philosophy*）的著作，倡导并呼吁通过树立人们的公共精神来重建自由民主主义社会的秩序，他把这样的理论探索命名为"公共的哲学"。但是，此后，对公共哲学的探索在美国乃至西欧并没有取得较大的进展，尽管也有少数学者如阿伦特、哈贝马斯等相继对"公共性"问题做过一些理论探讨。另外，宗教社会学家贝拉等人也提出了

---

　　* 卞崇道：哲学博士，原中国社会科学院哲学研究所研究员，现任浙江树人大学教授，我国当代研究日本哲学的知名学者。
　　林美茂：哲学博士，中国人民大学哲学院副教授，主要研究领域：古希腊哲学，公共哲学，日本哲学。

以公共哲学"统合"长期以来被各种专业分割的社会科学。然而，把公共哲学作为一门探索新时代人类生存理念的学问来构筑，并没有在学术界受到普遍而应有的关注。

自20世纪90年代开始，东方的发达资本主义国家日本的学术界，却兴起了一场堪称公共哲学运动的学术探索。1997年，在京都论坛的将来世代综合研究所（现更名为公共哲学共働研究所）所长金泰昌教授和将来世代财团矢崎胜彦理事长的发起、倡导以及时任东京大学法学部部长（即法学院院长）、不久后出任东京大学校长的著名政治学家佐佐木毅教授的推动下，经过充分的准备，在京都成立了"公共哲学共同研究会"，并且于1998年4月在京都召开了第一次学术论坛，从此拉开了日本公共哲学运动的帷幕。该研究会后来更名为"公共哲学京都论坛"（Kyoto Forum For Public Philosophizing），迄今为止，该论坛召开了八十多次研讨会，其间还召开过数次国际性公共哲学研讨会，各个学科领域的著名学者、科学家、社会各界著名人士等已有1600多人参加过该论坛的讨论。研讨的成果已由东京大学出版会先后出版了"公共哲学系列"丛书第一期10卷、第二期5卷、第三期5卷，共20卷。这次由人民出版社推出的这一套10卷《公共哲学》译丛，采用的就是该丛书日文版的第一期10卷本。这套译丛的问世，是各卷的译者们在百忙的工作之中抽出宝贵的时间，经过了四年多辛勤努力的汗水结晶。

这套中译本《公共哲学》丛书，涵盖了公共哲学在人文、社会科学的各个领域的理论与现实的相关问题，其中包括了对政治、经济、共同体（日本和欧美等国家地区以及各类民间集团）、地球环境、科学技术以及公共哲学思想史等问题的综合考察。第1卷《公与私的思想史》以西欧、中国、伊斯兰世界、日本和印度为对象,主要由这些领域的专家从比较思想史的角度,就公私问题进行讨论。第2卷《社会科学中的公私问题》围绕政治学、社会学以及经济学各领域中的公私观的异同展开涉及多学科的讨论。第3卷《日本的公与私》从历史角度重新审视日本公私观念的原型及其变迁,并就现代有关公共性的学说展开深入的讨论。第4卷《欧美的公与私》以英、法、德、美等现代欧美国家为对象,探讨其以国家为中心的公共性向以市民为中心的公共性之转变是如何得以完成的问题;并且重点讨论了向类似欧盟那样的超国家公共性组织转换的可能性等问题。第5卷《国家·人·公共性》,在承认20世纪各国于民族统一性原则、总动员体制、意识形态政治、全能主义体制等方面存在着差异的前提下,围绕今后应该如何思考国家和个人的关系展开议论。第6卷《从经济看公私问题》是由具有代表性的日本经济学家们围绕着是否可以通过国家介入和控制私人利益来实现公共善以及应该如何看待日本的经济问题等进行了讨论。第7卷《中间团体开创的公共性》围绕介于国家和个人之间的家庭、町内会(町是日本城市中的街区,类似于中国的巷、胡同;町内会则是以町为单位成立的地区居民自治组织)、小区(community)、新的志愿者组织、非营利组织(NPO)、非政府组织(NGO)等新旧民间(中间)团体在日本能否开创出新的公共性问题进行了探讨。第8卷《科学技术与公共性》,主要由科学家、技术人员和制定有关政策的官员讨论科学技术中的公私问题,以及人类能否控制既给人类的生存、生活带来巨大的便利,同时又有可能导致人类灭亡的科学技术的问题。第9卷《地球环境与公共性》着重讨论了在单个国家无法解决的全球环境问题的今天,如何重新建立环境伦理、生命伦理和环境公共性的问题。第10卷《21世纪公共哲学的展望》由来自不同领域的专家学者从不同的

3

视角探讨着构建哲学、政治、经济和其他社会现象的学问——公共哲学——所必须关心的问题以及相关问题的研究现状。

这套丛书除了第10卷《21世纪公共哲学的展望》之外,其他9卷的最大特点是打破了以往学术著作的成书结构,采用了由各个领域的一名著名学者提出论题,让其他来自不同领域的学者参与讨论互动,使相关问题进一步往纵向与横向拓展的方式,因此各章的内容基本上都是由"论题"、"围绕论题的讨论"、"拓展"等几个部分构成,克服了传统的学术仅仅建立在学者个人单独论述、发言的独白性局限,体现了"公共哲学"所应有的"对话性探索"之互动=公共的追求。其实,作为学术著作的这种体例与风格,与日本的公共哲学京都论坛的首倡者、组织者、构建者金泰昌教授对该问题的认识有关①,也与日本构筑公共哲学的代表性学者、东京大学的山胁直司教授的学术理想相吻合。② 金泰昌教授认为,"公共哲

---

① 金泰昌教授是活跃在日本的韩国籍学者,他对于东西方哲学、政治学、社会学等领域的学术问题都很熟悉,年轻的时候留学美国,后来又转到欧洲各国,至今已经走过世界的近60个国家,从事学术交流、讲学活动。为了构筑公共哲学,他从20世纪90年代开始就把学术活动据点设在日本,致力于日本、中国、韩国学术界进行广泛的学术交流,为各个领域的学者之间搭起了一座跨学科的学术对话平台,希望能为东亚的三个国家的学术对话有所贡献。

② 山胁直司教授并不是一开始就参与京都论坛所筹划的关于公共哲学的构筑运动。所以,在《公共哲学》丛书10卷中的第1卷、第2卷、第7卷、第9卷里并没有他的相关论说。然而,自从他开始参与"公共哲学共働研究所"所组织的研讨会之后,在至今为止八十多次的会议中,他是参加次数最多的学者之一。本文把他作为代表性学者来把握在日本兴起的这场学术运动,一方面是因为他在1996年就已经在东京大学驹场校区的相关社会科学科学科的研究生院开设了"公共哲学"课程,与金泰昌所长在京都开始展开哲学构筑活动不谋而合。1998年秋,由山胁教授编辑的《现代日本的公共哲学》一书出版了,金泰昌所长在京都的书店里看到了这本书之后马上托人与山胁教授取得联系,从此开始了他们之间关于构筑公共哲学问题的合作、交往与探讨至今。与金泰昌教授作为公共哲学运动的倡导者、

学"应该区别于由来已久的学者对学术的垄断，即由专家、学者单独发言，读者屈居于倾听地位的单向思想输出的学院派传统，让学问在一种互动关系中进行，达到一种动态的自足性完成。所以"公共哲学"中的"公共"应该是动词，不是名词或者形容词。公共哲学是一门"共媒—共働—共福"的学问。"共媒"就是相互媒介；"共働"的"働"字在日语中的意思是"作用"，在这里就是相互作用；"共福"，顾名思义就是共同幸福，公共哲学是为了探索一种让人们的共同幸福如何成为可能的学问。而山胁直司教授提倡并探索公共哲学的目标在于，如何打破19世纪中叶以来逐渐形成的学科分化、学者之间横向间隔的学术现状，让各个领域的学术跨学科横向对话，构筑新时代所需要的学术统合。那么，在这种思想和目标的基础上编辑而成的这套丛书，当然不可能采用传统的仅仅只是某个专家、学者单独著述的形式，而在书中展开跨领域、跨学科的学者之间的对话互动成为它的一大特色。

从上述的情况我们已经可以看出，关于"公共哲学"问题，无论作为一种学术概念，还是作为一门新兴的学科，都是一个产生的历史并不太长、尚未得以确立的学术领域。针对这种情况，我们认为有必要借这次出版该译丛的机会，通过国外关于公共哲学的理解，提出并尽可能澄清一些与此相关的最基本问题，为我国学术界今后的研究提供一些参考性思路。

组织者、推动者，致力于学术对话的社会实践活动的学术方式不同，山胁教授多年来致力于相关学术著作的著述，先后出版了介绍公共哲学的普及性著作《公共哲学是什么》（筑摩新书2004年版），面向专家、学者的学术专著《全球—区域公共哲学》（东京大学出版会2008年版），面向高中生的通俗读本《如何与社会相关——公共哲学的启发》（岩波书店2008年版）等，成为日本在公共哲学领域的代表性学者。

一、公共哲学究竟是怎样的学问

当我们谈到"公共哲学"的时候,首先面临的是"公共哲学是什么"问题。那是因为,近年来冠以"公共"之名的学术语言越来越多,而对于使用者来说其自身未必都是很清楚这个概念的真正内涵,更何况读者们对此更是模糊不清。所以,我们在此首先必须对相关思考进行一些相应的考察和梳理。

李普曼只是从西方自由民主制度下的自由公民的责任问题出发,提出了在现代民主社会中构建一种公共哲学的必要性。至于公共哲学是什么、是一种怎样的哲学的问题并没有给予明确的解答。之后,宗教社会学家贝拉等人为了统合各种专门的社会科学,再次提出构建公共哲学这个问题。他们以"作为公共哲学的社会科学"为理想,通过"公共哲学"的提倡来批判现存的分割性的学问体系。但是,对于公共哲学究竟是什么的问题,同样没有给出明确的定义。很显然,从"公共哲学"产生的背景与学问理念来看,在美国其中最根本的问题并没有得到解决。金泰昌教授甚至指出:李普曼著作中所谓的"公共哲学"之"公共"问题,与东方的"公"的意思基本相近,即其中包含了"国家"、"政府"等"被公认的存在"的意义。但是,对于我们东方人来说,"公"与"公共"的内涵是不同的。① 更进一步,我们不难注意到,李普曼的公共哲学的理念与西方古典的政治学、伦理学的问题难以区别,而贝拉等人所

---

① 汉字中"公"的意思,以及在中国传统文化思想中公和私的问题,沟口雄三教授在论文《中国思想史中的公与私》(参见《公共哲学》第1卷《公与私的思想史》)作了详细的介绍。还有请参见《中国的公与私》(沟口雄三等著,研文社1995年版)以及日本传统思想中"公"与"私"的问题(请参见《公共哲学》第3卷《日本的公与私》)。

提倡的统括性学问，与黑格尔哲学中以哲学统合诸学问的追求几乎同出一辙。

当然，日本的学者也同样面临着如何界定"公共哲学是什么"的问题。作为日本探索、公共哲学代表性学者的山胁教授，他在《公共哲学是什么》（筑摩书房 2004 年 5 月初版）一书中，同样也避开了直接对于这个问题的明确界定，只是强调指出"公共性"概念、问题的探索属于公共哲学的基本问题，他把汉娜·阿伦特在《人的条件》一书中对于"公共性"概念所作的定义，作为哲学对公共性的最初定义，以此展开了他对于公共哲学的学说史的整理和论述。从山胁教授为 2002 年出版的《21 世纪公共哲学的展望》（本卷丛书的第 10 卷）中所写的"导言"——《全球—区域公共哲学的构想》一文看出他的关于公共哲学的立场。本"导言"在开头部分作了以下的表述：

> 公共哲学，似乎是由阿伦特和哈贝马斯的公共性理论以及李普曼、沙里文、贝拉、桑德尔、古定等人的提倡开始的在 20 世纪后半叶新出现的学问。其实，如果跨过他们的概念之界定，把公共哲学作为"哲学、政治、经济以及其他的社会现象从公共性的观点进行统合论述的学问"来把握的话，虽然这种把握只是暂定性的，但是即使没有使用这个名称，公共哲学在欧洲和日本都是一种拥有传统渊源的学问。

这种观点包含了以下两个方面的问题意识：一是公共哲学好像是崭新的学问，其实其拥有悠久的传统；二是公共哲学是一种从公共性的观点出发进行诸学问统合性论述的学问。

那么，为什么公共哲学好像是崭新的学问又不是崭新的学问呢？他认为，这种学问的兴起，是为了"打破 19 世纪中叶以来产生的学问的专门化与章鱼陶罐化后，使哲学与社会诸科学出现了分化的这种现状,从而进行统括性学问的传统复辟",以此作为这种学问追求的目标。当然,这里所说的统括性学问的"复辟"问题,与黑格尔的哲学追求有关。但是,他同时指出:公共哲学的立场不可能是黑格尔的欧洲中心主义的立场,而应该是追溯到康德的"世界市民"理念,只有这样的理念才是全球化时代相适应的统括性之崭新学问的目标。为此,他对公共哲学作出了如上所述那样暂定性的定义。很明显,山胁教授在承认公共哲学的崭新内容的同时又不把公共哲学作为崭新的学问的原因是,他不把这种学问作为与传统的学问不同的东西来理解与把握,而是通过对于"传统渊源"的学问再检讨,在克服费希特的"国民"和黑格尔的"欧洲中心主义"的同时,以斯多亚学派的"世界同胞"和康德的"世界市民"的理念为理想,重构黑格尔曾经追求过的统括性的学问,以此放在全球化时代的背景之下来构筑的哲学。这就是他所理解的公共哲学。在此,他创造了"全球—区域公共哲学"的问题概念,提出了在全球化时代构筑公共哲学的视野(全球性—地域性—现场性)和方法论(理想主义的现实主义与现实主义的理想主义)。

与山胁直司教授不同,在构筑现代公共哲学中起到中心作用的金泰昌教授的看法就不是那么婉转,他一贯认为公共哲学是一个崭新的学术领域、一门崭新的学问。并且,这种学问正是这个全球化时代中人们所体验的后现代意识形态才可能产生的学问,才可能开辟的崭新的知的地平线。金教授认为,西方的古典学问体系是以"普遍知"的追求为理想,寻求最为单纯的、单一的、具有广泛适用性和包容性的知识体系。但是,近代以后的学术界,意识到这种统括性的形而上学所潜在的危机,开始重视拥有多样性的"特殊知",诸学问根据学科开始了走细分化的道路,其结果出现了诸学问的学科之间的分割、断裂现象的问题。那么,公共哲学一方面要避免"普遍知"的统括性,另一方面也要克服学问的学科分化,实现学科之间的横向对话,构筑"共媒性"的学问。所以,与传统的"普遍知"和近代以来的"特殊知"不同,公共哲学是一种"共媒知"的探索。为此,2005年10月11日他在清华大学所进行的一场"公共哲学是什么?"的对话与讲演中,针对学者们的提问,他提出了公共哲学的三个核心目标,那就是"公共的哲学"、"公共性的哲学"、"公共(作用)的哲学",并进一步指出三者之间相互联动的重要性。所谓公共的哲学,那就是从市民的立场思考、判断、行动、负责任的哲学;公共性的哲学,就是探索"公共性"是什么的问题之专家、学者所追求的哲学;公共(作用)的哲学,就是把"公共"作为动词把握,以"公"、"私"、"公共"之间的相克—相和—相生的三元相关思考为基轴,对自己—他者—世界进行相互联动把握的哲学,其目标是促进"活私开公—公私共创—幸福共创"的哲学。以此体现日本所进行的公共哲学研究与美国所提出的公共哲学的不同之处,强调日本的公共研究的独特性。①

上述山胁教授所提供的问题意识,对于我们进行公共哲学的研究,拥有许多启发性的要素,在一定的时期,将会为人们进行公共哲学的研究与探索,提供一种学术的方向性,这是其研究的重要意义所在。但是,他那暂定性的诸规定,并没有从正面回答"公共哲学是什么"的问题,只是在公共哲学的概念、问题还处于模糊的状态中,就进入了关于公共哲学的目标和学问视野的界定。其实,这种现象并不仅仅只是山胁教授一个人的问题,也是现在日本在

---

① 公共哲学共働研究所编:《公共良知人》,2005年1月1号。

公共哲学的探索过程中所存在的共同问题。①

金泰昌教授的观点与山胁教授相比体现其为理念性的特征，其内容犹如一种公共哲学运动的宣言。这也充分体现了在日本构建公共哲学的过程中，他作为运动的组织者和领导者而存在的角色特征。确实，我们应该承认，金教授的见解简明易懂，可以接受的地方很多。特别是他提出的公共哲学所具有的三大特征性因素，对于打破19世纪中叶以来所形成的学问的闭塞现状，将会起到一种脚手架式的辅助作用。但是，问题是他的那种有关知的划分方式仍然只是停留在西方传统的学问分类之中，还没有超越西方人建立起来的学术框架。仅凭这些阐述，我们还无法理解他所说的"共媒知"与传统的"普遍知"有什么本质上的区别，而"共媒知"是否可以获得与"普遍知"对等的历史性意义的问题也根本不明确。当然，西方思想中所谓的"普遍知"是以绝对的符合逻辑理性并且是以可"形式化"（符合逻辑，通过文字形式的叙述）为基本前提的，而金教授所提倡的"共媒知"却没有规定其必须具有"普遍"适用的绝对合理性。与其如此，倒不如说，其作为"特殊知"之间的桥梁，多少带有追求东方式的"默契"的内涵，也就是"无须言说性"的认知。这种"默契知"的因素，从西方的理性主义来看属于"非理性"，但是，在东方世界中这种不求"形式知"，以"默契知"达到人与人之间、人与世界之间的沟通是得到人们承认的。

那么，很显然，无论在美国，还是在日本，所展开的至今为止的有关公共哲学的研究，明显地并没有对"公共哲学是什么"的问题给予明确的回答。根据至今为止的研究史来看，如果一定需要我

---

① 桂木隆夫著：《公共哲学究竟应该是什么——民主主义与市场的新视点》，东京：劲草书房2005年版。

们对公共哲学给予一个暂定性的定义的话,那么,只能模糊地说:公共哲学是一门探索公共性以及与此相关问题的学问。关于这个问题,我们觉得可能在相当长的一段历史中,仍然会不断被人们争论和探讨。

也许正是由于"公共哲学"的学术性概念的不明确,其研究对象、涵盖的范围也茫然不定,现在仍然被学院派的纯粹哲学研究者们所敬畏。在日本,东京大学的研究者们展开了积极而全方位的研究活动,而保持学院派传统的京都大学的学者们至今仍然保持静观的沉默态度。但是,我们与其不觉得一种学问的诞生,最初开始就应该都是在明确的概念的指引下进行的,倒不如说一般都是在其研究活动的展开过程中,其所探讨的问题意识、预期目标逐渐明确,方法论日益定型,通过研究成果的积累而达到对问题本质的把握。从泰勒士开始的古希腊学问的起源正是如此开始的。为了回答勒恩的提问,毕达哥拉斯也只能以"奥林匹亚祭典"的比喻来回答哲学家是怎样一种存在的问题。对哲学概念的定义,只是在后世的学者们整理学说史的过程中才慢慢得到比较明确把握的。

我们认为,对"公共哲学"的学术界定问题也会经过同样的过程。只有到了我们所有的人都能站在全球化的视阈和立场上思考、感受、共同体验一切现实生活的时候,所有的人理所当然地站在公共性存在的立场上享受人生、悲戚相关的时候,公共哲学在这种社会土壤中就会不明也自白的。对于"公共哲学是什么"的回答,应该属于这种社会在现实中得以实现的时候才可以充分给予的。这个回答其实与过去对于"哲学是什么"的回答一样,学者们在实践其原意为"爱智慧"的追求过程中,通过长期不懈的探索智慧的努力,才得以逐渐明确地把握的。当然,为了实现对于"公共哲学是什么"问题的本质把握,社会的意识改革与实际生活中的

11

坚持实践的探索追求是不可或缺的。要在全社会实现了上述的每一个社会构成员对于公共性问题的自我体验的目标，从现在开始循序渐进地努力是必不可少的。当思考公共性的问题成为人们自然而然地接受和体验的时候，"公共哲学"究竟应该是什么的答案将会自然地显现。从这个意义来说，现在日本所进行的公共哲学的探索，朝着自己所预设的暂定性的学术目标所作的研究和努力，也许可以说正是构筑一种崭新学问所能走的一条正道。

二、公共哲学是否属于一门崭新的学问

在这里，我们涉及一个重要的问题，在日本所展开的公共哲学研究，企图构筑一种崭新的学问。那么，我们必须进一步思考：日本的学术界所谓的公共哲学的崭新性是什么？究竟公共哲学是否属于一门崭新的学问？如果作为崭新的学问来看待的话，必须以哪些领域作为其研究对象？应该设定怎样的目标、采取怎样的方法进行探讨呢？

纵观日本的公共哲学研究，上述的金泰昌教授与山胁直司教授值得关注。笔者对金教授的学术理想虽然拥有共鸣，而从山胁教授的研究视野、所确定的研究领域和研究方法也能得到启发。但是，两者所表明的关于公共哲学的"崭新性"问题，笔者觉得其认识仍然比较暧昧，而有些方面，两者的观点也不尽相同。

如前所述，山胁教授的"公共哲学……似乎作为崭新的学问而出现"的发言，容易让人觉得他并不承认这种学问的"崭新性"。其实不然，他就是站在公共哲学是一门崭新的学问的前提下展开了相关的研究。他在《公共哲学》20卷丛书出版结束时于2006年8月发表的一篇短文中，明确地表明了公共哲学是一门崭新的学问的认识。他认为：公共哲学是一门发展中的学问，虽然学者之间

可能会有各种各样的见解,但是自己把其作为崭新学问的理由,除了认为它是一门"从公共性①的观点出发对于哲学、政治、经济以及其他的社会现象进行统合性论述的学问"之外,它的崭新性还可以从以下五个方面得以认识:(1)对于现存学问体系中存在的"社会现状的分析研究＝现实论"、"关于社会所企求的规范＝必然论"、"为了变革现状的政策＝可能论"之学科分割问题进行综合研究,特别是没有把其中的"必然论"与"现实论"和"可能论"分割开来进行研究是公共哲学的重要特征。(2)以提倡"公的存在"、"私的存在"、"公共的存在"进行相关把握的三元论,取代原来的"公的领域"与"私的领域"分开对待的"公私二元论"思考。(3)通过提倡"活泼每一个人使民众的公共得到开启,使政府之公得到尽可能的开放"之"活私开公"的社会根本理念,克服传统的"灭私奉公"或者"灭公奉私"的错误价值观。(4)把人们交流、交往活动中的性质进行抽象性把握,探索一种具有公开性、公正性、公平性、公益性之"公共性"理念,这也是公共哲学的实践性特征。(5)在公共哲学的构筑过程中,努力尝试着进行"公共关系"的社会思想史的重新再解释,这种研究也是这种学问的重要内容。②

与山胁教授不同,金教授邀请日本甚至世界各国著名学者会聚京都(或大阪),进行"公共哲学"对话式探讨的同时,积极到世界各国特别是韩国和中国行走,进行讲演和对话活动。到2008年

---

① 关于"公共性"、"公共圈"(öffentlichkeit, öffentlich, publicité, publicity)的问题,哈贝马斯在《公共性的结构转换》一书中,对于其历史形态的发展过程做了详细的梳理和研究。日本的"公共性"问题的探索,从哈贝马斯的研究中得到诸多的启示。

② 山胁直司著:《公共哲学的现状与将来——寄语〈公共哲学〉20卷丛书的发行完成》(请参见 UNIVERSITY PRESS),东京大学出版会,2006年第8期。

10 月为止,在中国就进行过十多次关于"公共哲学公共行动的旅行"。在这个过程中,每当人们问及公共哲学是否属于崭新的学问的时候,他都是明确地回答这是一门崭新的学问。但是,纵观其所表明的见解,其中所揭示的"崭新性"也都是停留在这种学问追求的"目标"和"方法"之上。他承认自己所说的这种学问的崭新性,并不是从根本的意义上来说的,而是"温故知新"的"新","是对学问的传统向适应于现在与将来的要求而进行的再解释、再构筑意义上"的崭新性问题。就这样,毫不犹豫地宣言公共哲学是一门崭新学问的金教授的见解,基本上与山胁教授的观点是一致的。只是他明确表示不赞同山胁教授的"统合知"的看法,公共哲学的目标应该是"共媒知"的追求。① 而针对山胁教授所提倡的"全球—地域(グローカル)"公共哲学的探索目标,他却提出了"全球—国家—地域(グローナカル)"公共哲学的学术视野。

上述的两位学者关于公共哲学"崭新性"的见解,基本体现了日本当代公共哲学研究的一种共有的特征。但是,我们面对这种观点,自然会产生下述极其朴素的疑问。

只要我们回顾一下人类思想史就不难发现,人类对于社会生活中的公共性问题的思考、探索的学问,古代社会就已经存在,并不是现在这个时代才产生的新问题。从古代希腊的城邦社会的城邦市民到希腊化时期的世界市民,从近代欧洲的市民国家到现代世界的国民国家,随着历史的发展,公共性的诸种问题在伦理学、政治学、经济学等领域中都被提起,并以某种形式被论述过。因此,并不一定要把公共哲学作为一种崭新的学问来理解,即使过去并没有使用过这个概念来论述,但是,其中所探讨的问题在本质上

---

① 公共哲学共働研究所编:《公共良知人》,2006 年 10 月 1 号。

是一致的。现在所谓的"公共哲学",只是从前的某个学问领域或者几个领域所被探讨的问题的重叠而已。如果这种理解可以说得通,那么现在所探索的"公共哲学"与过去的时代所被探讨过的有关"公共性问题的哲学",即使其所展开的和涵盖的范围不尽相同,其实那只是由于生存世界环境发生变化所带来的现象上的差异,从根本上来说,其问题的内核并没有多大的变化。那么,他们强调"公共哲学"属于一种崭新的学问领域的必要性和依据究竟何在呢?

更具体一点说,public 的概念中包含了"公共性"问题。这种情况下所谓的"公共性",就是相对于"个"(即"私")来说的"公"的意思。通常,从我们的常识来说,构成"个"之存在的要素是乡村、城市,进一步就是国家。把"个"之隐私的生活、行动、思想、性格、趣味等,敞开置放于谁都可以明白的"公"的场所的意思包含在 public 的语义之中。那么,public 本意就是以敞开之空间(场所)为前提的,即"öffentlich"的场所(行动、思想、文化的)。正因为如此,汉娜·阿伦特把"公共性"的概念,定义为"最大可能地向绝大多数人敞开"的世界。但是,个体的世界在敞开的程度上会由于时代的不同而存在着差异。随着时代的变迁,生活的世界也在逐渐地扩大。这种发展的过程到了现代社会,随着全球化的浪潮扩大成为世界性(或者地球)的规模出现在我们面前。因此,如果以个人(私)与社会(公)的对比来考虑这些问题的话,虽然其规模不同,但其根本点是一样的。所以,公共性问题自人类组成社会、共同体制度确立以来,从来就没有间断过、总是被思考和探讨的古典问题。对于个人(私)来说,公的规模从很小的村庄发展到小镇,从县、市发展到大都会,然后是国家,随着其规模扩大的历史进程,其构成员之每一个人之"个"的生存意识也要进行相应的变革,这种一个又一个历史阶段的超越过程,就是人类历史的真实状况。因此,认为现代社会的公共性问题会在本质上出现或者说产生出崭新的内涵是值得怀疑的。

当然,金教授和山胁教授以及日本的公共哲学研究界,对于这种"私"与"公"的发展历史是明确的。正因为如此,金教授在谈到公共哲学之"崭新性"时,承认"如果采取严密的看法的话,这个世界上完全属于新的东西是没有的",强调对于这里所说的"崭新性",是一种"继往开来"意义上的认识。[①] 而山胁教授更是在梳理社会思想史中的古典公共哲学遗产的基础上展开了他的公共哲学的研究。然后,根据"全球—区域公共哲学"的理念,提出了构筑"应答性多层次的自己—他者—公共世界"的方法论,尝试着以此界定作为公共哲学的崭新内容。[②] 就这样,即使认识到提出公共哲学之"崭新性"就会遇到各种难以克服的问题,却还要强调并探索赋予公共哲学的崭新意义,日本的这种研究现象说明了什么呢?

如前所述,在人类历史的现实中,公与私的对比是随着规模的不断扩大而发生变化的。个人层次的自他的界限,是在向由个体所构成的社会的扩大过程中逐渐消除的。个体是置身于公的场合而获得生活的领域的。但是,这种情况下"个"性并没有消亡,而是成为新的"公"中所携带着的"个"的内核。也就是说,从对于"个"来说属于"公"的立场的"村",与其他"村"相比就会意识到自他的区别与对立,这时作为"公"之存在的"村"就转变为"私"

---

① 公共哲学共働研究所编:《公共良知人》,2006 年 10 月 1 号。

② 山胁直司著:《公共哲学是什么?》,东京:筑摩书房 2004 年版,第 207—226 页。

的立场。而"村"放在比村的规模更大的"公"（乡镇、县市、国家）的面前，其中的对立就自然消除。接着是乡镇、县市、国家也都是如此，最初作为个体的"个"性所面对的"公"，而这种"公"将被更大的"公"所包摄而产生公私立场的转换。这种链条型动态结构，与亚里士多德《形而上学》中的"实体论"的结构极为相似。这就是自古以来人类社会进化的过程，基本上来自于人类本性中所潜在的自我中心（或者利他性）倾向所致。这也就是普罗泰哥拉思想中产生"人的尺度说"的根本所在。从这种意义上来看，普罗泰哥拉的哲学已经存在着公共哲学的端倪，"尺度说"思想应该属于公共哲学的先驱。

　　人类在国家这种最大的"公"的场所中寻求"公"的立场经过了几千年，现在却直面全球化的浪潮，从而使原来处于"公"的立场之国家面临着"私"的转变。因此，可以说全球化的产生来源于原来的"公"的立场的国家之"个"性的增强所致。即由于国家之"个"性的增强，由此产生了侵略、榨取、掠夺、环境恶化等生存危机状况的意识在世界各国中日益提高，为此，全球化的问题从原来的历史潜在因素显现出历史的表面，让人们无法拒绝地面对。当然，这种意识根据各国的发展情况不同而强弱有别。那么，新时代的"公共性"问题，要想获得拥有"崭新意义"的概念内涵，就需要各国各自扬弃自身的"个"性，也就是说强烈地意识到个的立场的基础之"公"性，实现站在"公"的立场思考、行动的一场意识形态革命。人的意识变革，不能仅仅停留在立法、政策的层面纸上谈兵。如果不能做到地球上的每一个人真正回到思考作为人的本性、在现实生活中实现把他者当做另外的一个不同的自己之"公"的意识，一切立法和政策都将是空谈，最多也只是国家之间的一时性的政治妥协而已，没有实质性的现实意义。只有实现了这种意

17

识形态的变革,所有的人类在生活中极其平常地接受新的生存意识,崭新的公共性才会成为现实中人们的行为规范。现在日本所进行的公共哲学的研究,有意识地将其作为崭新的学问领域进行探索,应该就是以上述思考为前提而致。金教授的"活私开公"的理念提出和"公—私—公共世界"之三元论的提倡,山胁教授"学问改革"的目标和"全球—区域公共哲学"的构筑等等,都应该属于以新时代意识革命为目标而构筑起来的面向将来的理想。

但是,现在日本的公共哲学研究中所提出的"公"与"私"的关系,并没有明显地把"公"作为"私"的发展来把握。他们过于强调"公"是"私"的对立存在,缺少关于包含着"私"之性质的"公"的认识。因此,在那里所论述的"私"只是始终保持自我同一性之狭义的"私",对于包含着自我异质性的、内在于他者之中的另一个自己,即广义的"私",属于向"公"的发展与转化的问题,还没有得到充分的认识。这种意识结构,明显地受到西方近代以来个人与国家、与社会对立关系的把握与定立方式的影响。那么,在这种思考方式下所展开的公共哲学的研究,其中对于"公共性"问题的领域的圈定、目标的设立、方法论的构筑等,当然无法脱离西方理性主义之知的探索方法的束缚,为此,在这里所揭示的这种学问的"崭新性",只是一种旧体新衣式的转变,根本无法从本质上产生真正"崭新"的内容。

三、作为崭新学问的公共哲学所必须探索的根本问题

那么,我们能否把公共哲学作为完全崭新的学问来构筑呢?能否通过"公共哲学"来探索一种与至今为止在西方理性主义和形而上学的基础上建立起来的学问体系不同的、崭新的思维结构、思考方式并以此来重新认识和把握我们所面临的生存世界呢?如

果设想这是可能的话,我们该以怎样的问题为探索对象?应该具备怎样的视阈和目标进行探索呢?对于我们现有的学问积累来说,要回答这些问题需要一种无畏的野心和面向无极之路的勇气。从我们自己现在的浅薄的学识出发,将会陷入一种已经精疲力尽却还要在茫茫大海中漂流的恐惧之中。一切的努力最终都会如海明威笔下的那位老人,拖回海滩的只是一架庞大的鱼骨。然而,我们明白,自己已经出海了。也就是说一旦把上述问题提出来了,就已经无法逃脱,就必须确立自己即使是不成熟也要确立的目标和展望。为此,我们想从以下三个方面,把握公共哲学作为崭新学问的可能性。

1. 首先必须明确公共哲学的构建问题已经在日本引起重视并开始展开全面探索的现实背景问题。一句话,这种学问的胎动与20世纪80年代前后伴随着信息技术的飞速发展、网络技术的出现与迅速普及、标志着全球化时代的全面到来的时代巨变有直接的关系。在全球化的大潮面前,至今为止处于被人们所依存的公的存在,几千年来,作为处于公的立场的国家,面对其他的国家时其内在的"个"性(私)逐渐增强,伴随着这种历史的进展而出现的弊端(侵略、榨取、战争、环境恶化等),特别是首先出现的经济全球联动、环境问题的跨国界波及等,让世界各国日益增强了现实的危机意识,无论个人还是国家,都面临着作为私的存在领域和公的存在领域该如何圈定的全新的挑战。那么,新时代出现的"公共性"问题,以区别于过去历史中的同类问题,凸显其迥然不同的内核,这些问题成了迫在眉睫的必须探讨的现实问题。人们希望从哲学的高度阐明这个新时代的"公共性"问题的内在性质和结构,为解决现实问题提供崭新的生存理念。

然而,从一般情况来看,现在学术界热切关注的全球化问题,

19

主要集中在政治学、经济学、环境科学等社会科学和自然科学的领域，从文化人类学的角度进行思考的并不太多。特别是从哲学的理性高度出发把握人类生存基础所发生的根本性变化的研究几乎没有。学者们在这个时代所呈现的表面现象上各执一端、盲人摸象式的高谈阔论的研究却很多。这就是现在学术界的现状。而在全球化问题日益显著的 20 世纪 90 年代开始在日本出现的"公共哲学"的研究胎动，虽然所涉及的研究领域是全方位的，可是其探索的热点同样也只是集中在政治学、经济学、宗教学、环境科学等社会科学诸领域中凸显的个别问题的个案研究，从高度的哲学理性进行知的探索，对于现实现象进行生存理性的抽象和反思的研究还没有真正出现。从哲学的角度（或者高度）思考全球化时代出现的问题，就必须超越一般的社会科学和自然科学中所探讨的问题表象，通过洞察人类生存的根本基础在这种时代中究竟发生了怎样的变化，这些变化意味着什么，通过前瞻性地揭示人类生存的本质，为人类提供究竟该如何生存的行为理念。那是因为，只要是哲学就必定要探讨人类该如何生存的根本问题，哲学是一种探讨世界观、提供方法论的基础学问，公共哲学作为哲学，同样离不开这样的学术本质。

20 世纪的人类历史，科学技术的进步促成了至今为止几千年来所形成的人类生存的基础发生了根本性的改变，使人类面临着全新的生存背景。为此，必须从根本上重新思考人类自身的生存问题，探索出一种可以适合日益到来的未来生存之崭新的思考方式、认识体系。之所以这么说，那是因为 20 世纪的科技发展从根本上改变了迄今为止的人类生存际遇和意识形态基础。核武器的开发利用，使人类的破坏力达到了极限。宇宙开发所带来的航空技术的发展，登月的成功，使人类的目光从地球转向了宇宙太空，从而打开了把地球作为浮游在宇宙太空中的一个村庄来认识的历史之门。网络技术的发展、利用和普及,使国界线逐渐丧失现实的意义。特别是网络上的虚拟空间的诞生,使人类的现实生存发生了根本的改变,从此虚拟空间与现实空间开始争夺占领人类的生存世界。最后不可忽视的是克隆技术的出现、开发、研究、利用,摧毁了至今为止人类作为人类生存的最后堡垒。也就是说,克隆技术使动物的无性繁殖成为可能,从而使人类获得了本来属于神才能具备的创造力。这些巨大的科学进步,使人类生存的根本之生命的意识、意义必须重新面对和认识。至今为止的人类构成社会基础的婚姻、家庭、所有制、共同体、国家的起源与存续,都必须开始重新认识和界定。我们已经进入了这样的崭新历史阶段,20世纪发生的全球化现象,来自于上述人类生存基础的根本性改变,这是最为根源的时代基础。哲学是一种关于根源性问题的探索。公共哲学中所关注的以"公共性"为核心概念的诸问题,必须深入到这种时代的根源性认识,只有这样,才能获得作为新时代的崭新学问的基础。

2. 对于崭新时代的思考、认识与把握,当然是从反省已经过去了的时代的历史开始的。为此,我们要对从古希腊开始产生的西方理性主义和形而上学以及中国先秦出现诸子百家思想的历史背景进行一次彻底的再认识,由此出发探索适应于后现代的生存时代可能诞生的学问,并对此进行体系的构筑。

确实我们应该承认,从这套中译本中也可以看出,现在日本的公共哲学的研究,一边关注现实问题,一边整理学问的历史,正进行着适合于这个时代的学问的再认识和再构筑。他们对于公共哲学的构想与探索实践以及对于学问历史的整理和方法论的摸索,都是站在现实与历史的出发点上而展开的,特别是他们鲜明地提

21

出了对于东亚的思想传统的挖掘和再评价的探索目标,具有极其重要的历史与现实意义。但是,问题是他们的这种研究,尚未克服从西方人的思维方法、问题意识出发的局限,还没有获得具有东方人固有的、独特的把握世界方式的自觉运用。为此,在这里所构筑的"公共哲学",仅仅只是通过"公共哲学"这个崭新的概念对于传统的学问体系所作的重新整理而已。

从泰勒士开始的西方学问的传统,是把与人类现实生活不直接相关的对象即客观的自然中的"存在(最初称之为'本原')"作为探索的对象。之后,巴门尼德通过逻辑自洽性的批判性质疑,进一步把完全超越于人类生存现实的彼岸世界中、完全属于抽象的存在,作为哲学探索的终极目标在思维中置定。但是,由于从自然主义的绝对性出发,就无法承认人的现实生存的种种际遇的存在价值。对于这种自然主义的人文观,出现了强调人的现实生存的价值问题的反省,这就是智者学派的出现。他们为了把人类只朝向自然的目光在人类生存现实中唤醒,为了高扬人类生存的价值和意义,提出了人的"尺度说"思想。但是,如果要想给予人类存在一种客观的依据,人的"臆见"、主张与具有绝对的客观性之"知识"的冲突问题自然会产生。这种冲突以苏格拉底的"本质的追问"形式在学问探索的历史中出现,从而开始了关于如何给予人的思考方式、接受方式以客观的依据,使人的价值获得认识的哲学探索。继承苏格拉底思想的柏拉图哲学,把迄今为止的自然哲学家的探索进行了综合性的整理和把握,把自然的、客观的存在性与人文的、主观的存在性的探索进行思考和定位,构筑成"两种世界"的存在理论之基本学术框架,为之后的西方哲学史确立了基础概念和探索领域。最后,由亚里士多德把两种世界进行统一的把握,完成了西方学问的范畴定立,从此,建立起西方传统的理性主义和形而上学的一套完整的理论体系。虽然，亚里士多德对于柏拉图的超越性存在的定立持批判的态度，但是，在他的形而上学的"实体论"的体系构筑中，最终不得不追溯到"第一实体"的存在，只能回到柏拉图的超越性世界之中才能得以完成。从此，西方哲学的探索以形而上学作为最高的学问，存在论成为哲学的最基本领域。虽然到了黑格尔之后的西方近现代哲学出现了哲学终结论和形而上学的恐怖的呼声，但是，植根于欧洲传统思维基础上思考与反叛传统的西方近现代哲学思潮，仍然无法从根本上彻底动摇西方学问的思维基础和思考方法。

那么，究竟为什么西方人在哲学探索时必须把探索的对象悬置于与人类隔绝的彼岸世界之上呢？从简单的结论来说，那是因为，自古以来人类被自身之外的自然世界所君临，对于自然世界中未知的存在潜在着本能的恐怖，彼岸的存在来自于这种恐怖的本能而产生的假说。从而产生了把宇宙世界不可见的绝对者在宗教世界里被供奉为神，在哲学世界里被界定为根源性的存在的抽象认识。为了逃离这种绝对者的君临，从本能上获得自由的愿望成为哲学探索的原动力。但是，人类对于超越现实存在的彼岸世界究竟是否存在都无法确认，又将如何认识与把握这个世界呢？为此，几千年的努力没有结果之后，自然地会反省自身的最初假设，终于就在这种思考的土壤上产生了"终结论"和"恐怖论"，点燃了对于传统思考反叛的狼烟。但是，上面说过，20世纪的科技发展与进步，使人类的存在上升到神的高度。几千年来的人类恐怖从对于彼岸世界的恐怖转移到对于自己生活的此岸世界的恐怖。这时，对于人类的良知和理性的要求，完全超越了智者时代的层次，成为人类从恐怖中解放出来的根本所在。在此，西方理性主义所企图构筑的均质之多样性和谐的传统求知方式，已经成为人类认识世界的过时方法,人类需要探索一种能够把握多元之异质性和谐的超理性主义的知识体系的构筑方法。如果将公共哲学作为崭新的学问体系来探索全球化时代的生存理念的话,那么,首先必须获得的就是这种此岸认识和超理性主义的思考方法,并以此为前提展开公共性、公共理性的思考和探索,构筑起自己——他者——公共世界的三元互动的体系。只有这样,才能够真正地开拓出一道崭新的知识地平线。

3. "此岸"认识与多元之异质性和谐的探索之超理性主义的知识体系,与其说是西方,倒不如说这是我们东方的思维方式。①但是,只要我们回顾一下至今为止的历史就不难发现,那是一种西方的思维方式向东方、向世界的单向输出的历史,东方的东西虽然有一部分进入西方,对于西方的思考却没有构成太大的影响。特别是近代西方通过工业革命之后,其文明得到极端的膨胀,使得东方文明转变为弱势文明。东方文明在西方强势文明面前为了自我保存,不得不采取通过接受西方的思维方式,整理和解释自己的思想遗产,以此获得文明延续的苦肉之策。现在我们所使用的学术话语基本上都是西方的舶来品,西方的思维方式几乎成了人类思考、认识世界的国际标准,我们无意识中都在使用着一个"殖民地大脑"思考现实的种种问题。在全球化日益进展的后现代社会中,这种倾向更为明显地凸显了出来。那么,在这全球化生存背景下构筑公共哲学的探索中,我们就必须有意识地改变西方文明单向输出的人类文明的交流与对话方式,提出一套平等的文明对话的理念。为了做到这一点,公共哲学的目标就不应该单纯地只是

———————————

① 这里所说的"东方",只是特指"以儒家文明为基础的东亚世界",不包括印度和阿拉伯地区。

追求打破 19 世纪以来形成的学问体系,而必须更进一步,做到对于西方的学问体系、求知方式进行彻底的反思,充分认识与挖掘东方思维方式的固有特征和内在结构,以此补充、完善西方思维方式的缺陷,探索并构筑起与全球化时代的人类全新生存相适应的认识体系。

确实,现在日本的公共哲学研究,已经开始对于东方的知识体系开始整理,相关的研究已经纳入探索的视野。在古典公共哲学遗产的整理过程中,对于中国、日本甚至印度、伊斯兰世界的思想文化遗产也都有所探讨。在金教授的一系列的讲演和论文与山脇教授的著作中都提供了这种思考信息。还有,源了圆教授(关于日本)、黑住真教授(关于亚洲各国主要是日本和中国)、沟口雄三教授(关于中国)、奈良毅教授(关于印度)、阪垣雄三教授(关于伊斯兰各国)等,许多学者也都发表了重要的论述或者论著。而《东亚文明中公共知的创造》①和《公共哲学的古典与将来》②两本著作的出版,集中体现了这种视野的目标和追求。但是,也许是一种无意识的结果,学者们的视点基本上还是存在着从西方的学问标准出发,挖掘和梳理东方传统思想中知的遗产的思考倾向。也就是说,那是因为西方古典思想中拥有与公共问题相关的哲学探索,其实我们东方也应该有这样的知的探索存在的思考。对于究竟东方为什么拥有这种探索、这种探索所揭示的东方的固有性和认知结构如何等问题,都还没有得到进一步的挖掘和呈现。

21 世纪的世界,正是要求我们对于近代以来在接受西方的思

25

------

① 佐佐木毅、山脇直司、村田雄二郎编:《东亚文明中公共知的创造》,东京大学出版会 2003 年版。

② 宫本久雄、山脇直司编:《公共哲学的古典与将来》,东京大学出版会 2005 年版。

维方式、学问体系的过程中,形成了东方式的西方思考和学问体系进行反思,从而对于东方的文明遗产中的固有价值再认识和揭示的时代。① 在这个基础上构筑新的学问体系,探索新的思维方式应该成为公共哲学的目标和理想。也就是说,以全球化时代为背景而产生的公共哲学问题,在其学问体系的构筑过程中,其最初和终极目标都应该是:打破东西方文明的优劣意识,改变君临在他文明之上的欧洲中心主义所拥有的思维方式以及由此形成的学问体系的求知传统,为未来的人类提供一幅既面对"此岸"生存又可获得"自由"的思维体系的蓝图。

以上三点,只是作为我们的问题和思考基础提出来的,当然要达到这个目标还需要漫长的探索过程。为了实现这些学术目标,西方哲学的研究者和东方哲学的研究者的对话、参与、探索不可或缺。特别是现在从事西方哲学的研究者们,利用自己的学术基础和发挥自己形而上的思维习惯,有意识地接触、思考、探讨东方哲学思维方式,改变已经形成的思维定式和思维结构更是当务之急。也只有这些人的参与,才有可能出现令人欣喜的巨大成果。

四、在我国译介这套丛书的意义

我国长期以来存在着一种潜意识里的接受机制,一提到国外的著述就会产生"高级感"。确实,在学术上国外的几个发达国家在许多方面领先于我们,需要向人家学习的地方还很多。但是,学

---

① 笔者强调"东方",没有"东方中心主义"的追求,无论"西方中心主义"还是"东方中心主义"都是狭隘的"地域主义",都是应该予以批判的。我们强调"东方",是由于几百年来"东方"文明被忽视之后出现了地球文明的畸形发展,要纠正这种不平衡,就必须提醒"东方"缺失的危险性,克服我们无意识中存在的"殖民地大脑"思维局限,明确地而有意识地揭示我们"东方"的文明价值。

术虽然存在着质量的高低、方法论的新旧，但是更为根本的应该是要把握观点上存在的不同之别。我们认为，现在应该是有意识地克服我们学术自卑感的时代了。所以，我们在学术引进时，虚心肯定与冷静批判的眼光都不可或缺。因为肯定所以接受，而批判则不能只是简单的隔靴搔痒、肤浅的意识形态对立，而是在明白对方在说什么的基础上有的放矢。所以，在我们揭示翻译这套丛书的意义之前，需要上述的接受眼光以及相关问题的基本认识。

那么，从我国近年的学术界情况来看，公共哲学的研究也已经展开，即使没有使用"公共哲学"这个学术概念，而与公共哲学的研究领域和探索对象相关的论文和著述陆续出现、逐年增加。比如说，从1995年开始，由王焱主编的以书代刊的杂志《公共论丛》，在这个论丛中主要有《市场社会公共秩序》、《经济民主与经济自由》、《直接民主与间接民主》、《自由与社群》、《宪政民主与现代国家》等。而从1998年前后开始，在《江海学刊》等杂志上陆续出现了一些关于公共哲学的研究性或者介绍性论文。此外，还有华东师范大学现代思想文化所编辑出版的"知识分子论丛"、清华大学编辑出版的《新哲学》等。特别需要一提的是，中共中央党校出版社编辑出版"新兴哲学丛书"，其中在2003年出版了一部直接名为《公共哲学》（江涛著）的论著，书中的参考文献中介绍了大量的有关公共问题研究的相关论文。到了2008年年初，吉林出版集团也开始出版由应奇、刘训练主编的"公共哲学与政治思想"系列丛书，其中包括《宪政人物》、《正义与公民》、《自由主义与多元文化论》、《代表理论与代议民主》、《厚薄之间的政治概念》等。除此之外，还有一些杂志也登载一些相关问题的文章。从这些丛书的书名中不难看出，在中国，关于"公共哲学"的概念与学术领域的理解是多元的、多维的，其中比较突出的特点是学术视野集中

27

在对于西方学术思想中政治学、伦理学、社会学等介绍和评述上，他们有的循着哈贝马斯的社会批判论，有的倾向于罗尔斯的政治哲学等，所以，在公共哲学的研究中存在着把其理解为管理哲学的倾向，甚至被作为行政学问题进行阐述。因此，这些研究与现在日本的公共哲学研究相比，在学术视野、问题的设定以及参与研究的学者阵容上都相差甚远，基本上缺少一种在现代化和全球化的浪潮逐步深入和拓展的时代背景下，面对日益出现的伦理失范、道德缺席、环境危机、政治困境、经济失衡等一系列与公共性理念相关问题的关联性探讨，更没有把公共哲学作为一种崭新的学问体系来构筑和探索的宏大视野。由于存在着对所研究问题的意识不明确，学术方向和目标定位过于混乱，甚至不排斥一些属于功利的猎奇需要，所以，作为一种学问的公共哲学的研究，至今为止还谈不上有什么引人注目的成果出现。

从这套译丛中我们不难看出，日本的公共哲学研究是建立在各个领域一流学者的参与互动的基础上，寻求构建适应于这个全球化时代的学问体系。他们的那些有关公共性问题的历史与现实的梳理、研究、探索，拥有政治、经济、文化、法律、宗教、环境、科技、福祉、各种社会性组织的作用等全方位的视觉，是一场全面而深入的跨学科的学术对话。因此，在日本学术界掀起的这场关于公共哲学问题的探索与建构，呈现着立足本土、走向世界的一种学术行动的意义。这套 10 卷《公共哲学》译丛，从其所涉及内容的广度和深度而言，所探讨及试图解决的问题已经不只是局限于日本国内而是世界性的问题，其目标是探讨在新时代生存中与每一个人息息相关的生存理念的确立问题。为此，我们认为，通过这套来自于日本的关于公共哲学研究成果的译介，必定对我国今后关于同类问题的研究有所启发并有所裨益。其意义至少体现在以下三个方面：

第一，借鉴性。日本的公共哲学在建构伊始，首先遇到的是如何把握公与私的内涵、理解公与私的关系问题。因为在不同的文化语境或不同的历史时代，公与私的含义是不尽相同的。从思想史上看，迄今的公私观大体有一元论与二元论之两大类别。灭私奉公（公一元论）和灭公奉私（私一元论）是公私一元论的两种极端形态，尽管二者强调的重点不同，但在个人尊严丧失或者他者意识薄弱的公共性意识欠缺的问题上却是相通的。而公私二元论基本上反映的是现代自由主义思想，它通过在公共领域追求自由主义而避免了公一元论的专制主义；但由于它更多的是在私的领域里讨论经济、宗教、家庭生活等而往往会忽视其公共性问题，从而容易导致单方面追求个人主义的弊端。所以，日本的公共哲学努力寻求在批判公私一元论、克服公私二元论存在着弊端的基础上，提倡相关性的公、私、公共的"三元论"价值观，即在"制度世界"里把握"政府的公—民的公共—私人领域"三个层面的存在与关系，倡导全面贯彻"活私开公"的制度理念，①而在"生活世界"中提倡树立"自己—他者—公共世界"的生存理念，以此促进"公私共媒"

① "活私开公"是金泰昌教授提出的公共哲学的探索理念。根据他的解释："私"是自我的表征，是具有实在的身体、人格的，是人的个体的存在。因此，对作为自我的、个体存在的"私"的尊重和理解，对"私"所具有的生命力的保存与提高，就是构成生命的延续性的"活"的理念。这种个体的生命活动，称之为"活私"。复数的"活私"运动，就是自我与他之相生相克、相辅相成的运动。而把处于作为国家的"公"或代表个人利益的"私"当中有关善、福祉、幸福的理念，从极端的、封闭的制度世界里解放出来，使之根植于生活世界，进而扩大到全球与人类的范围，使之能够为更多的人所共有，在开放的公共的世界里得到发展与实践（超越个人狭隘的对私事的关心），这就是"开公"。简单说来，就是把我放在与他者的关系中使个人焕发生机，同时打开民的公共性。只有活化"私"（重视并且打开"私"、"个人"），才能打开"公"（关心公共性的东西）。

社会的形成。

上述日本学术界的有关公共哲学探索中所提出的问题，应该是当今世界上卷入全球化时代的无论哪个国家和个人都存在的并且必须面对的问题。特别是几千年来习惯了在巨大的公权力统治下生存与发展的中国社会，"私"与"公"基本上不具备对等的立场和地位，"公一元论"的问题是值得我们反思的问题。相反，随着市场经济的接受、实行、发展，原来的"公一元论"正逐渐被"私一元论"所取代，公私关系的价值观里的另一种极端在当今社会的各个领域已经开始出现。在这原有的公权力作用极其巨大的作用尚未退场的社会里，随之而来的是对于"公"的挑战的"私一元论"的价值观正在蔓延，那么，在巨大的公权力作用下的中国市场经济社会里，对于"他者"如何赋予其"他者性"，应该是我们迫切需要探索的紧要问题。因此，在我国研究、探索公共哲学，就应该把日本的这种对于传统公私关系的反思纳入自己的视野，只有在这种学术视野下的研究，才会出现属于"公共哲学"意义上的成果。如果我们只是把"公共哲学"当做"管理哲学"或者作为"行政学"来理解，至多作为"政治哲学"的一种领域来研究，那么，这种视野里的"公共哲学"，其实在本质上还是"公的哲学"范畴，这里所理解的"公共"，只是长期以来人们习惯了的把"公"等同于"公共"的历史产物。所以，我们相信这套译丛对于我国公共哲学的研究具有重要的借鉴意义。除此之外，采用跨学科的学者之间的对话互动的探索方式，也是值得我们参考和借鉴的。

第二，推动性。对于"公共哲学"这个学术领域的研究，无论在国外还是国内都只是刚刚开始，基本学术方向和学术领域的设定还处于探索阶段，将来会发展成一门怎样的学问体系，现在还不明确。对于这种新兴的学术动向，通过我们及时掌握国外的相关研究信息，促进我国的学术进步，为我国在 21 世纪真正达到与世界学术接轨，实现与世界同步互动，其意义不言而喻。我们的学术研究无论在方法上还是视野上仍然比国外落后，对于这个问题，从事学术研究的每一个学者都应该是心知肚明的。那么，在这思想解放、国门全面敞开、提倡接轨世界的当代学术界，对于国外最新的学术动态的把握、参与，必将有助于推动我国新时代学术视野的世界性拓展，在未来的历史中不再落后于别人，甚至可能让中华的学术再铸辉煌。

从这套译丛中我们可以了解到，日本学术界所探讨的公共哲学，体现着一个基本理念，那就是如何有意识地让公共哲学从传统意义的哲学中凸显出来，他们所追求的公共哲学的学术特色、构筑理念是：其一，其他哲学如西方哲学、佛教哲学等都是在观察（见、视、观）后进行思考或者在阅读后进行论说。与之不同，公共哲学是在听（闻、听）后进行互相讨论。公共哲学的探索不在于追求最高真实的真理的观想，而是以世间日常的真实的实理之讲学为主要任务。所谓讲学，不是文献至上主义，而是参加者进行互动的讨论、议论和论辩。其二，其他哲学几乎都倾力于认识、思考内在的自我，而公共哲学则以自他"间"的发言与应答关系为基轴，把阐明自他相关关系置于重点。其三，公共哲学与隐藏于其他哲学中的权威主义保持一定的距离。权威主义既是对专家、文献权威的一种自卑或盲从的心理倾向，同时也是指借他物的权威压迫他者的态度和行动。但是，人是以对话的形式而存在的，为了实现复数的立场、意见、愿望之不同的人们达到真正的平等、和解、共福，建立对话性的相互关系是必要条件。后现代的世界不再是冀望于神意或良心的权威，而是冀望于对话的效能，这才是后自由、民主主义时代的社会中作为哲学这门学问应有的状态。

31

日本的这种学术目标和姿态,可以推动我国学术界对于近代以来单方面地引进、移植西方学术话语与思想的接受心态进行一次当下的反思,促进我国在新的时代自身学术自信的建立,并为一些名家和硕学走下学术圣坛、接受新的学术倾向的挑战提供一种心理基础。从日本的公共哲学探索的参与者来看,许多领域的代表性学者基本都在讨论的现场出现,而在我国出现的公共哲学的研究,还只是一些学界的新人亮相。那么,通过这套丛书的译介,我们期待着能够推动我国各个领域的代表性学者也能积极参与这种前沿学术的探索,并且,目前的公共哲学研究还处在探索阶段,对于究竟何谓公共哲学,公共哲学的理论框架以及公共哲学的最终目标是什么等,都还没有一致的意见。这种具备极大挑战性和将来性的学术探索,对于我国的新时代学术研究的推动作用是值得期待的。

第三,资料性。这套丛书的另一个突出特点是问题的覆盖面广,作为了解国外的前沿学术动态,具有极高的资料性价值。这里所讲的资料价值包含以下几个方面的内容:其一,通过这套译丛,有助于我们了解在日本学术界,哪些问题是人们关注的前沿问题,而这些问题的探讨达到怎样的学术高度。特别是日本的学术界基本与欧美的学术界是同步的,通过日本学术界的研究成果,同样可以让我们了解到欧美学术界的最新学术动态、相关问题的代表性学术观点。其二,通过这套译丛提出以及被探讨的问题,可以让我们了解到在当前的日本社会中,存在着怎样的亟待解决的问题。为什么会存在这些问题,问题的起因、症候、状况是什么,这些问题会不会成为正在发展中的我国市场经济社会必将遇到的问题等等,这些都会成为我们的学术前沿把握中不可多得的信息、资料。其三,至今为止,我们翻译外国文献,即使是一套丛书,也只能集中在某个领域、某些时期、某种学科。可是,这套丛书的内容,其中涉及的学术领域可以说是全方位的,而被探讨的问题的时期既有古代的、近代的,也有现代的,成为他们探索对象的国家有欧洲的、美洲的、亚洲的最主要国家,这为我们拓展学术视野、在有限的书籍中掌握到尽可能多的研究对象的资料等,都具有向导性的意义。

一般情况下,资料给予人的印象都是一些被完成了的、静态的文献,可是这套译丛所提供的资料却是一种未完成的、处于动态观点的对话中被提示的内容。这种资料已经超越了资料的意义,往往会成为激发每一个读者参与探索其中某个问题的冲动契机。

正是我们认识到这套丛书至少拥有上述三个方面的意义,我们才会付出许许多多的不眠之夜,才能做到尽可能抑制自己的休闲渴望,尽量准确地把这套前沿性学术成果翻译、介绍给国内学术界,丛书的学术价值就是我们劳动的根本动力之所在。当然,如果仅仅只有我们的愿望,没有得到具有高远的学术眼光和令人敬佩的学术勇气的人民出版社的大力支持,我们的愿望也只能永远停留在愿望之中。在此,让我们代表全体译者,谨向人民出版社的张小平副总编、陈亚明总编助理以及哲学编辑室方国根主任、夏青副编审、田园编辑、李之美编辑、洪琼编辑、钟金玲编辑,对于你们的支持和所付出的劳动,致以由衷的敬意。同时,在这套译丛付梓之际,也要向参与本丛书翻译的每一位译者表示我们深深的谢意。当然,我们也要感谢日本的京都论坛——公共哲学共働研究所金泰昌所长、矢崎胜彦理事长以及东京大学出版会的竹中英俊理事,是他们全力支持我们翻译出版这套由他们编辑、出版的学术成果。

对于刚刚过去的 20 世纪末所发生的事情,相信我们一定还记忆犹新。世界性的 IT 产业从 80 年代兴起到 90 年代陆续上市,世界上几大发达资本主义国家的股市,很快走向来自新兴产业带来的崭新繁荣。网络时代的到来把当时的世界卷入一场新时代到来的欣喜之中。可是随着跨入新世纪钟声的敲响,发生在发达国家的一场 IT 泡沫的破灭体验,让人们在尚未从欣喜中回过神来之时就陷入梦境幻灭的深渊。然而,IT 技术正如人们的预感,由其所带来的世界性信息、产业、资本、流通的全球化格局的形成,正以超越人的意志的速度向全世界波及。改革开放后的中国经过 90 年代的提速,紧紧抓住了这个历史性发展的机遇,逐渐奠定了自己在世纪之交的这一历史时期里名副其实的"世界工厂"的地位,并逐渐从生产者的境遇过渡到作为消费者出现在"世界市场"的前沿,历史让中国成了全球化时代形成过程中世界经济的安定与繁荣举足轻重的存在。可是,正当中华民族切身体验着稳定发展的速度,享受着新中国成立以来未曾有过的经济繁荣的时候,源于美国华尔街并正在席卷全球的"金融海啸",强烈地冲击着尚处于形成过程中的世界性经济格局。那么,当这场海啸过后,在我们的面前会留下一些什么? 幸免者会是怎样的国家? 幸免者得以幸免的理由何在? 为什么这种全球性的金融风暴会发生? 为了避免类似的事件在将来重演需要确立怎样的生存理念? 这些问题都将是此劫过后我们必然要面对的问题。

进入 21 世纪,前后不到 10 年,世界就在短短的时期内频繁地经历着彼伏此起的全球性经济繁荣与萧条,无论是所谓发达的资本主义国家,还是新兴的发展中国家,都要为某个国家、某个地区的经济失控付出来自连带性关系的代价。很明显,历史上通过战争转化国内矛盾的暴力方法,已经被经济全球性的互动格局所取代。这种只有通过相互之间的磋商、协助、合作才能实现利益双赢的 21 世纪世界,我们当然应该承认其标志着人类历史的巨大进步。然而,这种现象的出现,让生活在这个时代的每一个人不得不接受一种生存现实的提醒，那就是"全球化时代"的真正到来。"全球化时代"的到来首先在经济上得到了确认，与此相关的是，在国际政治上不同国家之间的对话方式开始发生变化，而如何做到自身文化传统的独立性保持、宗教信仰的相互尊重等问题也日益凸显。那么，一种崭新的生存理念的产生，正在呼唤着适应这种理念发展、确立所需要的人类睿智的探索、挖掘和构筑。那么，"公共哲学"的探索，是否就是这种呼唤的产物呢？当然现在为之下这样的定论还为时过早。然而，在新时代人类生存理念构筑过程中，我们相信"公共哲学"的探索将成为一种不可替代的学术方向。

那么，这套译丛如果能够为这种时代提供一种参考性思路，促进新世纪的中国在学术振兴与繁荣上有所裨益，我们所付出的一切劳动，它在未来的历史中一定会向我们投来深情的回眸。我们期待着，所以我们可以继续伏案，坚守一方生命境界里昭示良知的净土。

2008 年平安夜　于北京

凡　例

1. 本书从论题一到综合讨论二,根据"将来世代国际财团·将来世代综合研究所"共同举办的第 25 次公共哲学共同研究会"中间团体开创的公共性"(2000 年 9 月 23—24 日,丽嘉皇家大饭店·京都)上的发言整理。论题四到拓展二根据"将来世代国际财团·将来世代综合研究所"共同举办的第 1 次世代生生研究会"志愿人与公共性"(2001 年 2 月 3—4 日,丽嘉皇家大饭店·京都)上的发言整理。

2. 第 25 次公共哲学共同研究会与第 1 次世代生生研究会的参加人员请参阅卷末名单。

3. 论题和讨论的内容经过了参加人员的校对。论题包括后来新撰写的内容,但主旨没有改变。讨论内容有的部分做了压缩和省略。

目　录

前　言

今田高俊

在认识公共性问题上，以"公"和"私"为媒介的中间团体是一个重要的论点。在19世纪中叶，法国思想家托克维尔曾通过对美国社会的考察发现，在传统的中间团体解体、个人日益孤立的过程中，会形成各种各样自发的结社，它们具有在个人与国家之间架起桥梁的功能，而这又孕育着新的民主主义的可能性。这对中央集权体制强大的法国来说既新鲜又新奇。从那以后，在一个半世纪的历史当中，发达国家的国家功能走向庞大，个人主义发展，迎来了以匿名性为特征的大众社会，中间团体功能弱化。于是便出现了"公私背离"这种现代社会的悖论。

所谓公共性，一般来说它是有关形成民主的政治秩序的原理。因此，公私背离会动摇民主政治的根基。今天在日本等许多发达国家蔓延着毫无拘束的个人主义，"私"因离开了"公"而受到讴歌，但是我们应该牢记公私背离是政治腐败的温床。之所以这么说，是因为这种状况所导致的结果只能是对政治的不关心和监督功能的低下。

实际上，在今天的日本人们已经丧失了对政治和政府的信任。比如，无论是国家选举还是地方选举，经常报道"投票率有史以来最低"，有60%的人属于无党派人群。媒休还经常报道政治家和官僚的腐败，他们接受着来自民间的过分的款待和不正当的利益。政治和政府本来应该得到国民的信任来处理公共性问题，但是现实是"私事"侵入了公共性的领地，并在不断地腐蚀它。

在日本从传统上讲，公共性都是由"官家"来做的，由国家来进行行政管理的公共性占据核心地位。这种类型的公共性的根据就是在完善公共事业和社会资本当中常见的限制私权，它相当于所谓的"官家的事"。在百姓当中讲公共性主要是为了使公权的活动正当化。为了打破这种通常的想法，重新构筑源于市民力量的公共性，中间团体的再生和搞活必不可缺。

本书归纳整理了两次研究会的成果，这些成果出于上述问题意识从公共性的视角讨论了濒死状态下的中间团体的再生。在综合讨论二以前部分为"公共哲学共同研究会"的论题和讨论，以后部分为新设置的"世代生生研究会"（不是"生成"而是"生生"）的论题和讨论。下面谈谈阅读本书的视角。

所谓中间团体从传统意义上讲，是指家庭、町内会、地区共同体等，但最近也包括新崛起的志愿者团体、NPO（非营利组织）、NGO（非政府组织）。但是在日本，存在着所谓业界团体这一具有很大影响力的中间团体，它的活动一直都很活跃。业界团体这一中间团体发挥着通过利益诱导把个人和私人企业连接到中央政府的功能，起着强化行政管理公共性的作用。因此，它往往是与政府紧密联系在一起的中间团体，不能说它是民主政治的担当者。"公私背离"是问题，"公私不分"更是问题。公共性的大前提是对千万人开放，由大家讨论，信息公开，但业界团体缺乏这种精神。

家庭、町内会、地区共同体等中间团体之所以弱化，主要原因是20世纪70年代到80年代前期政府采取了充实福利国家的政策。但是，这样做的结果导致了财政危机和官僚体制的僵化，社会过度地依存于政府,这也就是"政府的失败"。出于对这种状况的反思,90年代以彻底贯彻市场主义和自我责任为口号的新自由主义开始崛起。强调弱肉强食性竞争的市场原理主义将公共性问题矮化为竞争的公正和对输家的安全网(虽然安全网并不只是新自由主义者所提倡)。将以非排他性、非竞争性为特征的公共财的配置以及公害问题、环境问题等市场机制不能处理的外部(不)经济问题搁置起来的做法,等于是对"市场的失败"视而不见,也就是承认了关闭公共性的力学。

值得关注的是,20世纪80年代以后,居民自发的支援活动活跃起来,特别是90年代的志愿者活动和NPO、NGO活动的高涨具有象征性意义。这些表明,人们在公益性较高的服务供给上不是靠政府,而是用自己的力量来解决。之所以这么做,是因为靠政府要长时间地等待,还有烦琐的手续,往往在需要的时候得不到服务,人们为此感到焦虑。

阪神淡路大地震后志愿者活动的高涨,象征着日本志愿者元年的到来。欧美那种作为上帝使命的志愿者活动在日本很难扎根,人们总认为那是"奇特的人"所搞的活动,但是以阪神淡路大地震的救援活动为契机,在日本有了并非作为上帝使命形式的志愿者活动。

志愿活动不以追求营利为主要目的,它以对他人的支援为前提,按照迄今为止的观念,它属于利他行为的范畴。目前,认为靠利他行为来形成和维持社会是不可能的,重要的问题是要调整利己行为所生成的分裂和纠葛这种观念依然占统治地位。但是,我们应该看到的事实是,志愿者团体、NPO、NGO的数量和规模都在急速扩大。为什么看起来像利他行为的活动会如此发展呢?那是因为,其中所蕴涵的人们的动机超出了"利己的"对"利他的"这一

3

传统的二分法观念。

在人们对拥有的兴趣是以追求物质的丰富为核心的时代,利己的动机占统治地位,志愿活动被看作典型的利他性活动。那是从获得财富或地位的竞争中退出,或已经获得的人对与自己不同的弱者进行施舍的慈善行为。在这里,利他性只不过被定位为利己性的残余领域。但是,在物质的丰富得到基本满足,人们所关心的问题不再是拥有,而是如何生活、如何实现自我的这样一个时代,情况就不同了。志愿活动的背景里有寻求确认自我存在的动机,他们为的不是获得财富、名誉和权力,而是通过支援他人最终实现自我,获得自我生活的力量。这种行为是私人的但却不是利己的,而且看起来是利他的行为方式。这种"志愿意志"在人们中间日益强大。

面向志愿的意志,摆脱了已有的公私二元论,它具有开拓新的公共性的力量。说起迄今为止的公共性,大家关注的是国家主导的政府管理型公共性和市民公论或市民运动所担负的市民联动型公共性。无论是哪一种,它的前提都是除了"私"以外还有个"公",占统治地位的观念认为要参与公共性行为就必须要超越私心。就是说,我们一直受着这样的教育,即不同于"私"的"公"的行为很重要。这种观念里没有搞活"私"开放"公"的"活私开公"思想。志愿意志的高涨是从每个人的行为实践当中开拓公共性的契机,但这却是官家(国家)主导的公共性和市民运动式的公共性这种二元论一直没有看到的。

对中间团体的一味赞美是危险的。这是因为,家庭、町内会和地区共同体都曾经是把个人吸收到国家权力当中去的装置,作为新中间团体崛起的志愿者团体、NPO、NGO 也有被政府管理的公共性吸收的可能。关于这一点,莱斯特·萨拉蒙在"市场的失败"

和"政府的失败"之外又提出了"志愿者的失败"。新中间团体虽然是不以追求利益为主要目的的团体，但是由于资金不足，组织经营技巧不成熟，工作比较业余，存在温情主义等原因，它还面临很多问题。但是，要以不同于市场和政府的追求利益原理和官僚制的形式开拓新的公共空间，只能期待这些中间团体。不可缺少的是，要创建不委身于市场、不依赖政府，而是自律两者、源于市民的人、物和信息支援组织。由于电子媒体的发展，这些新中间团体的活动与全球化联动，它们有可能将公共性扩大到全球规模。这是我们大可期待的。

也可以考虑，让家庭、町内会和地区共同体等以往的中间团体也能担负起连接公与私的新任务。这些旧中间团体本来都是以与共同性"相互支持"为特征的集团，那里要求人们有亲密的交往，有人格的对应和充足的个人。在连接公与私的问题上，重新考量共同性能发挥怎样的作用，是构筑不会还原到市场和政府的公共性的关键。旧中间团体虽然与 NPO 和 NGO 不同，它以局部为特征，但首先在自身站立的地方确保与公共性的联系是通往全球公共性的条件。

从传统的旧中间团体和新中间团体双向同时重新开拓公共性，并且通过二者协作构筑全球公共性的桥头堡，这是构建 21 世纪社会不能回避的课题。

5

论题 一

NPO 与新的公共性

长谷川公一

1. 公共观念的变化

我对有关公共的各种问题的关注也许是命运决定的。我的名字叫"公一",是祖父给起的,他曾经是西园寺公望的崇拜者。我用英语做自我介绍时经常开玩笑说:"汉字是表意文字,我名字的意思就是'公共优先',与社会学家很相符吧!"

今天,"新的公共性"越来越受到关注,下面我想通过 NPO 活动对其背景做些考察。

NPO 活动最近在日本也活跃起来,根据经济企划厅(2001 年以后为内阁府)的数据,截至今年(2000 年)7 月 28 日,受理特定非营利活动法人认证申请的件数为 2891 件,其中被认证为法人的有 2290 件。从开始执行这项法律到现在约有 21 个月,在这期间就有如此多的 NPO 法人得到了认证,超出了有关人士事先的预计,可以说是一种 NPO 热。那么,这种 NPO 热是会长期存在还是暂时性的呢? 应该说这两种可能性都存在,那么它是由什么决定的呢? 为什么社会对 NPO 活动和广义的市民活动的期待很高? 它基于怎样的结构背景呢?

1

首先，人们关于"公共性"的观念发生了变化。在日本，"公"的观念从传统上讲往往被归于国家的公共性。这当然是不能否定的，但也要注意不要过度强调。在日本社会也正在出现英语语意的"公共"观念。

井上达夫在公共哲学共同研究会上发表的议论（参见本丛书第3卷《日本的公与私》）中提出，一般都说在日本固有的国家公共性很强，但其实很强的不如说是业界团体那种中间团体，这种说法很让人感兴趣。但是，对于中间团体的把握法学家和社会学家之间是有差别的。从社会学来看，可以说社会学对于法律学和经济学的存在理由就是因为它着眼于中间团体。涂尔干以来社会学一直强调中间团体的重要性，重视中间团体所具有的连带团体功能和社会规范作用。社会的统合是怎样做到，怎样维持，怎样发展的，这些问题一直是自创立者康德以来每个社会学家所面对的最基本的问题。

1989年发生了许多让人感兴趣的事件，那是让人感到世界史发生了转折的一年。东欧发生民主化革命、柏林墙倒塌、德国核政策发生转变等等，1989年是欧洲的后冷战急速进展的一年。200年前的1789年爆发了法国大革命，1689年，英国制定了《权利法案》，1889年发布了大日本帝国宪法，这就是樋口阳一先生讲的"四个89年之说"。

在日本1989年1月，年号由昭和变为了平成。日本社会的秩序意识和统合方式也随之发生了巨大变化。从1979年到1989年担任过总理大臣的只有大平正芳、铃木善幸、中曾根康弘、竹下登4人，但是从1989年6月竹下登下台后到1999年的10年间，做过总理大臣的有宇野、海部、宫泽、细川、羽田、村山、桥本、小渊8人，平均任职时间为1年多一点，他们的内阁都是短命的。其中有些人不是派阀领袖,被突然指名当上了总理,让人们感到意外。为了当上总理大臣他本人和他周围的人都做了长年准备的只有宫泽喜一和桥本龙太郎两个人。昭和最后 10 年的政治稳定和平成以后的不稳定之间的落差非常大。

这 10 年的特征就是社会的不稳定性。在 1989 年的时候有多少人把头发染成了带颜色的呢? 犯罪率从 1973 年以后持续增加,但 1989 年后更是显著增加。而且,平成以后拘捕案件和拘捕人数都明显下降。十几岁青少年所引发的异常事件是 10 年前无法想象的。奥姆真理教等事件给人们留下了鲜明而强烈的印象,医生、教师、公务员、法官、警察的不祥之事和丑闻事件也急剧增加。我从 1990 年 7 月到 1991 年 5 月在美国进行了 10 个月的研究,当时我处处都感到美国是黄昏之国。但是这 10 年间日、美的经济力和社会活力发生了逆转,日本是统合的社会这种国际形象最近急速减弱。对传统和既成权威的怀疑增强,从这种意义上讲,现代日本面临着正统性危机问题。

我的专业领域是社会运动和市民运动,特别关注环境问题、公害问题和核能问题。"自我决定性"是现代社会的一个非常重要的关键词,但反过来说,对自我决定性的期待也许过于大了。

自我决定性确实很重要,但是我们还是要弄清楚超越自我决定性的东西。就是说,既基于自我决定性但又不陷入分裂,对现代的各种问题如何达成社会一致是现代社会的最大课题。这与"新的公共性"问题紧密相连。

今天是 2000 年 9 月 23 日,再有 3 个多月就到了 21 世纪。媒体经常用"20 世纪最后的"这样的词句,并组织刊发各种专集。但是评论 20 世纪是怎样的世纪这种回顾性的东西较多,缺少 21 世纪会怎么样,应该怎么样这种面向未来的建设性的议论。站在世

3

纪的转折点上,我们一味地进行回顾,这也许就是对未来的不安。

2. 21 世纪的三种设想

关于 21 世纪的未来设想,可以归纳为三种。

第一种是 21 世纪的社会越来越分裂,即社会解体的设想。第二种是随着媒体的发达社会越来越被管理起来,即管理社会的设想,其代表就是乔治·奥威尔的《1984》。第三种认为 21 世纪可以实现好的社会,即乐天派的社会统合设想。哈贝马斯从正统性危机论的角度担忧社会解体,并站在管理社会设想之上批判了"生活世界殖民地化",他相信人类的理性,期待理性的论述。可以说,我们每个人都同时具有这三种设想。

如果把"自由"与"个性"作为关键词来使用,那么,一方面认为"自由"与"个性"已经过多了的看法就会导致社会解体设想。另一方面,认为社会闭塞,难以创造"自由"和"个性"的危机感存在于管理社会的设想当中。而新社会统合设想则认为 21 世纪才可以开出"自由"与"个性"之花。

社会解体设想的看法是这样的:家庭中的利害对立将加深,个人与个人、国家与国家,甚至在超越国家的地区和全球规模上各层次的利害对立也将加深,裂痕增多,纠纷不断。在不久的将来,日本也将成为美国那样的诉讼社会。并且,社会调解纠纷和利害对立的能力将持续下降,那是因为,人们的价值观念趋于多样化,在涂尔干所说的那种"无序状态"下人们的欲望爆发。人们将失去健全的判断力,家庭、学校和社区将丧失教育力、统合力。

一方面,考虑到 1989 年以来的情况,可以认为在社会解体的同时还存在着一种闭塞感。石川啄木曾明言,明治末期就有过某种闭塞感。井上达夫在指出"中间共同体的跋扈"时,也许他所想到的与其说是国家直接使人们闭塞莫不如说是中间团体带给人们的某种闭塞感。按井上的想法来考虑,在国家的监视能力以外,已有的业界团体性中间团体的统制能力得到显著增强,进而信息会越来越被控制。这就是非常令人郁闷的、负面的管理社会设想。

另一方面,曾经流行一时的《第三次浪潮》等未来论则是新的社会统合设想的代表。在媒体环境发达的情况下,可以提高信息收集能力、批判力和判断力,越来越有可能形成公共公论。如此一来,就会实现善良市民主导的开放社会。这就是第三种设想。

在大家的头脑当中这三种设想哪个更多些呢?它们又各占多少比例呢?这也是我们今天议论的焦点。

3. 社会秩序的四个象限

在考虑"社会秩序"问题时关键是如何看待构成社会秩序的要素。

这里从两个基轴来考虑。社会学经常使用"个人与社会"这样的说法,也就是从"个人"角度展开议论还是从"系统"层次上展开议论。议论从个人角度展开称为方法论的个人主义,议论从系统层次展开叫作方法论的集合主义。这是纵轴。

"实证主义"认为社会科学和自然科学基本上可以用同一的方法,但与此相对,有一种观点认为,作为文科系学问的社会科学的方法与自然科学的方法从根本上是不同的,这就是科学二元论的观点。我简要地称之为"理念主义"。这种理念主义在德国有很深的根基。德语的学问一词是 Wissenschaft,有"智慧的行为"的语感,而英语 science 则自然科学的语感更强。在英语当中人文科学为 humanities，以区别自然科学，在德语中两者是没有区别的。这里将美国式的实证主义与德国的理念主义相对地设为横轴。

将实证主义和理念主义的横轴交叉于方法论的个人主义和方法论的集合主义的纵轴之上，就会得出四个象限（见下图）。

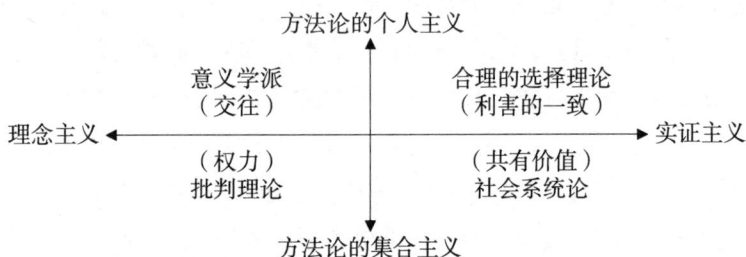

```
                  方法论的个人主义
                        ↑
      意义学派                    合理的选择理论
      （交往）                    （利害的一致）
理念主义 ←─────────────────────────────→ 实证主义
      （权力）                     （共有价值）
      批判理论                     社会系统论
                        ↓
                  方法论的集合主义
```

与亚当·斯密的"看不见的手"及近代经济学微观观点具有亲和力的合理的选择理论为第一象限；许茨和米德等所谓意义学派的观点为第二象限；像马克思和法兰克福学派那样认为社会的基本统治结构是上位者支配下位者的观点为第三象限；社会系统论当中有各种观点，帕森斯那种重视内在价值和规范共有，并用其说明社会秩序的观点为第四象限。

有议论认为第一象限基于利害关系的自然一致。哈贝马斯的理性话语论说的是通过交往可以生成共同的意义，形成秩序，它是第二象限的代表。在这里通过交往形成秩序。第三象限讨论的是通过力量和权利形成秩序，第四象限讨论的是通过内在的规范形成秩序。可见，说明秩序的原理有四种类型。可以认为，说明社会秩序的四种原理与四种典型的社会理论是相对应的。

这也可以与上述 21 世纪社会的三个设想对应起来。一方面，从把人们利害关系的一致和价值的共有作为前提来考虑社会秩序的第一象限、第四象限的观点看，利害关系的一致和价值的共有都非常困难,可以说它强调了社会解体。另一方面,从强调统治问题的观点出发,认为社会的管理能力会越来越高,它强调的是管理社会的设想。强调通过交往形成公共舆论的观点,是比较乐天派的社会统合设想。这就是基本的对应关系。

日本社会在某种意义上一直都自认为社会统合以同质性为前提。我们在考虑今后的日本及周边社会的时候,必须要从理论上和实践上来考虑如何让个性不同的人聚在一起,并实现社会统合。

前面说到,现在有近 3000 个 NPO 法人提出申请,并正在得到认可。它们所追求的不是趋同于国家那种以往意义上的日本的公共性。它们追求的是"新的公共性",那么它们的背后有什么呢?我们就来看看其结构性背景。

4. 搭便车问题

曼瑟尔·奥尔森本来是经济学家,但他也给社会学带来了很大影响。我专攻社会运动论,对于社会运动论来说,曼瑟尔·奥尔森的存在影响巨大,但他本身并不是社会运动论者。他提出了蹭车人(搭便车)问题。曼瑟尔·奥尔森认为以往的议论都是以"共同利益"为前提,为实现共同利益的社会活动也就成立了,但他提出情况并不是那样。马克思主义的观点是比较典型的,它常说"阶级意识很重要,要认识到阶级利益",但曼瑟尔·奥尔森指出,就算是认识到了阶级利益,它也没有说明为实现利益的运动、团体和集合体的形成。在环境问题和 NPO 论方面也经常有观点认为:意识重要、启蒙重要,按曼瑟尔·奥尔森的说法,那都是很朴素的观点。

曼瑟尔·奥尔森提出,或团体规模在一定程度以下,或提供可以根据选择的贡献度保证利益的选择性诱因,或强制起作用,如果不能满足这三个条件的其中之一,在以经济学意义上的合理的个人为前提的情况下,为实现共同利益的集体行为则不能成立。他没有严密地说团体规模要在多大程度以下,事实上可以认为是某种对面的、可以看得见的关系。

用比较容易理解的事例来说明一下。比如,谁愿意当町内会和 PTA 的干部呢? 只有感到干部本身有选择性诱惑力的人才愿意当。谁愿意参加町内会的扫除和活动呢? 以我居住的仙台市郊外的住宅区为例,参加町内会扫除活动的人只有居民的 20%,而且其中的 80% 左右(全体居民的 15% 左右)正好赶上是当班干部不得不参加。可能其他城市的郊区也都是相同的情况。

再比如在列车内或附近有孩子淘气,或者有的大人不守规矩,这个时候有谁来管管? 谁愿意参加 NPO 和市民活动? 这些都是问题。大多数人都愿意搭便车。金子勇先生曾经提出,不生孩子的也许都是搭便车的人。

如何解决搭便车问题呢? 强制性的办法在各种意义上都是很难的,而且越来越难。我们不能在小团体的层次上考虑这个问题,不能以小规模为前提,而是要从世界或整个日本社会的宏观的层次上来考虑。按曼瑟尔·奥尔森的说法,最后剩下的就是提供适当的选择诱因。当然,它不一定仅是经济诱因,也可以是目的诱因或我们社会学家熟悉的连带诱因。如何提供人们可以根据自己的贡献得到自我满足的诱因,这是曼瑟尔·奥尔森所说的关键之所在。

5. 宏观背景

为什么需要 NPO? 从公共哲学共同研究会的问题意识上讲,为什么需要"新的公共性"? 对这个问题人们常常把 NPO 和市民活动联系起来加以议论。在它的背景里有所谓外部不经济所代表的"市场的失败"问题,存在着哈贝马斯所讲的那种对政府的依赖过强而市民社会变得脆弱的"政府的失败"问题。社会主义的失败所代表的政府计划能力局限、官僚制反向功能和低效率问题、既得权益问题、财政臃肿和财政赤字问题等现象都包括在"政府的失败"当中。

大家并不很熟悉的瑞典学者贝斯托夫,曾把"家庭、共同体的失败"与"市场的失败"和"政府的失败"并列在一起,也就是"家庭"或广义上的亲族团体和近邻共同体原来所具有的统合力和社会功能降低的问题。

从这个意义上讲,这三个领域,即支撑传统公共性课题的"政府"、提供各种服务和商品的"市场"、进行无偿赠与的"家庭和共同体",都陷入了功能衰竭。可以说,人们期待 NPO 所代表的市民活动能代替和补充这三个下降的功能。

再从宏观一些的角度看,20 世纪 80 年代以后,全球化进展迅速。以前,认为公共服务由国家来提供的观点不仅在日本,在国际上也很盛行。但是,随着全球化的进展,人们开始关注由超越国家的主体来提供公共服务。特别是冷战后,国际社会越来越期待于 NGO 和 NPO。

在德国把 NPO 称为 EV。在冷战时期的德国,人们在很大程度上认为 NPO 是亲社会主义苏联的组织。这是我在 1994 年直接从德国有影响力的环境 NPO 人员那里听说的。在日本制定 NPO 法时,当时的自民党干事长加藤纮一就曾坦率地说,在阪神淡路大地震以前他和他周围的人就认为 NGO 和 NPO 是同情社会主义的组织。有这种看法的人不仅是加藤,在国际上也不在少数。之所以后来在欧洲资本主义国家 NGO 和 NPO 能得到相应的评价,那

9

是缘于冷战结束的政治背景。

把"国家"相对化的讨论从 20 世纪 80 年代后期热了起来。地球环境问题、温室效应问题等都成了新的问题的焦点。可以说，人们越来越意识到地球是一般性全球问题。现在，"气候行动网络"(CAN)这个关于地球变暖问题的 NPO 国际性网络在发挥着巨大的作用。在联合国相关的各种场合都可以看到超越国境的 NGO、NPO 的联系与合作。最近经常听到 governance(统治机构、协治)这样的说法。联合国和 EU 的机构的实际情况是 governance，government(政府)向 governance 的改变也与社会对 NGO、NPO 活动的期待密切相关。

有人担心，信息化的进展会进一步强化管理社会。但现在通过互联网可以得到各国政府和国际机构及 NGO 等方面的各种信息。这几年来的互联网热具有非常大的意义。在日本也有呼声要求政府用全球性标准公开信息，要求政府尽到说明情况的责任。可以说，近几年来日本政府和市民之间的信息差距缩小了很多。

随着信息化的进展，世界越来越多元化和复合化。比如悉尼奥运会的开幕式给人留下了很深的印象，在开幕式上对原住民的少数民族给予了很大关注，强调了多样性，妇女和残疾人也成为主角。2000 年奥运会的开幕式是肯定多样价值的最好象征。国家无论怎样都必须要是一元的，悉尼奥运会的开幕式表明了社会对多元的、复合的 NPO 活动的期待。

奥林匹克运动会上的最高层运动员，包括日本的选手在内都是职业选手，从国际上看也是一样，业余爱好者正在职业化。在悉尼奥运会上的棒球和足球场上有很多职业运动员参加比赛。有人批评这是商业主义泛滥的结果。但我认为，从某种意义上可以说，这是职业选手失去了作为职业选手骄傲的一种表现。也就是说，在业余爱好者职业化的同时,职业化选手也在业余化,作为其表现之一,就是职业选手参加奥运会。在社会上职业选手的权威越来越相对化,业余选手可以正襟危坐的时代到来了。

那么,我们社会学家靠什么来说我们是专家呢?比如法学家,他们可以进行只有法学家才懂的讨论,通过这种形式我们可以看到他们的同一性。对经济学家我们也不会怀疑他们是经济学的专家。但是我本人认为,在社会学方面,专家和业余的界限并不十分明确。社会学专业性在哪里?我们是不是会经常遇到这样的提问呢?我有这样一种危机感。

从社会意义上讲,专家和业余之间的信息差距变小了。随着高学历化的进展,在日本,社会上的人进入大学的增多了,很多女性有较高的学历但并不是全天工作,自由撰稿人、律师、纳税代理人等比较自由的专业职业也在增加。其实,这些职业的人们支撑着 NPO 和市民活动。也有人提到了"市民的专业性"(藤井敦史),社会对业余性的期待与对 NPO 的期待是一致的。

上面提到的 20 世纪 90 年代日本内阁的短命,在政治专业世界里,可以说是领导权危机。

上野千鹤子开始使用"选择缘"这个词。原来人们常说地缘、血缘、公司缘或同窗会缘,现在又有了以"问题意识"、"价值"和"志向"的共有为基础而聚在一起的选择缘。这个研究会就是靠选择缘组织起来的。对价值和问题意识的参与给人们带来了同一性,这一点与 NPO 活动相同。

11

6. 旧的公共性与新的公共性

"旧的公共性"是什么呢?中央政府在事实上垄断了公共性,

"国家＝公"这种"日本式的公共性"，就是"旧的公共性"的典型。这样的公共性不仅在日本，即使在第二次世界大战前的欧洲，企图追赶英国等发达国家的德国等后发国家也曾存在类似的问题。当然，我们也不能忽视日本文化的特色。"国家＝公"这种情况，如水林彪先生所说(参见本丛书第3卷《日本的公与私》)在很大程度上是由日本传统的"公"的观念与国家的亲和性，即传统的、历史的文脉所决定的。

在"公"方面，有趣的是日本经常把"公"这个字用于名字，我本人就是这样。但"私"这个字无论是在中国、韩国还是日本，没有人把它用于名字。"公"体现的是正面价值，"私"体现的是负面价值。

英语的"公共"有"开放"的意思。日本却存在各种关系主体总体上封闭的问题。女性主义批判说，日本是以成人男性为中心的封闭社会。从地区层次上看，日本存在着仅在与当地有关的人们当中讨论问题的排外主义的封闭性。这些封闭性决定了"旧的公共性"。

"新的公共性"是与英语的"公共"很相近的观念。在这种公共性当中，"市民"不是指社区居民，而是更广义的、一般意义上的市民。对于这种市民所开放的公共性就是"新的公共性"，任何一个市民都可以参与。也就是说，不是在某个市町村居住的社区居民才可以得到信息公开，而是凡对那个问题感兴趣的人，不管他是不是当地居民，也不管他是否有那个国家的国籍，他们都可以参与进来。人们期待这种开放的公共性。

当然，公共性主体不仅是市民，政府更要担负最重要的公共服务。以前，日本的地方自治体并没有发挥作为地方政府的作用。但是，在分权时代地方自治体应该有地方政府的作用和自立性。

在日本，"伙伴关系"这句话很可能把政府与NPO的关系搞成上传下达的关系，这是很危险的。我一直主张不应该用"伙伴关系"而应该用"协作"这个词。伙伴关系如"夫妇的伙伴关系"、"日美伙伴关系"那样，它是指非限定的、总括的命运共同体式的合作关系，而协作则是复数的主体以对等的资格，为完成一项具体的课题所展开的非制度性的限定的合作关系或联合作业。它的特点是具有"对等性"，为完成课题而进行的短期的、一次性的"限定性"合作，它没有法理根据和职务上的权限关系及雇佣关系，它具有超越国境和超越领域的"非制度性"，它立志于创造超越已有价值的新的价值，它具有"价值创造性"。

通过地方政府与市民的协作，必须具体提出什么是公共的事情并加以实践。英语 public 的根本的、中心的意思是 open to all（向大家开放）或是 people in general（一般人们）。从这个意义上讲，参与主体要扩大到包括女性和社会弱者在内的人们。现在日本在争论是不是要给定居的外国人地方参政权，公共性的参与主体也要扩大到在日外国人。

参与主体在空间上和时间上都要扩大。外国人即使不在日本居住也可以通过互联网对日本发表自己的看法，我们必须对此作出回应。今天，公共性的主体正扩大到全球范围。

参与主体在时间上的扩大，温室效应问题是最典型的事例。"未来的世代"现在还无法发言，但我们必须要认识到"未来的世代"也是参与"新的公共性"的主体。地球变暖问题所提出的非常重要的关键就在这里。

"对任何人都开放"是"公共性"最核心的内容。在这一点上，还有一个是不是仅限定于人类的问题。

日本社会学会的学刊《社会学评论》在 2000 年 3 月发行的第

13

200 期上作了题为"面向 21 世纪的社会学——新的共同性和公共性"的专集。在其卷首论文介绍的是美国一位名叫斯通的国际法学家所发表的《树木可以站到法庭上吗?》的著名论述。日本也接受了他的观点,在 1995 年提起了以奄美黑兔等四种生物为原告的诉讼①,被人们称为奄美黑兔诉讼。还有大雪山啼兔②诉讼。这些都被人们叫作"自然权利诉讼"。斯通认为,从物理的角度讲这些自然物种是不能站到法庭上的,但是如果有合适的代理人或代言人,这个问题就可以解决,所以可以对自然物假定合适的代理人。"参与主体"、利益相关人不仅在空间和时间上扩大了,而且可能扩展到"人类"之外。我们要有这样的想象力。

关于如何分配产业社会的财富一直有各种纠纷,公共服务的提供方也重视财富的分配。但是新的公共服务的担当人必须要考虑的是,如何规避城市平均气温上升现象和地球变暖、产业废弃物或核辐射废弃物等风险,也就是要避免乌尔里希·贝克所说的"风险社会"的出现。规避风险,共同管理风险,是"新的公共性"的课题。

这"新的公共性"的大前提是哲学。原则是要尊重多样性和多元性。原来都是由作为"官家"的政府进行统一的配置,今后,欧盟马斯特里赫特条约前言中所说的 subsidiarity(辅助性)原则将得到重视。最近成为热门话题的吉登斯的《第三条道路》当中谈到了以下观点:可以分权的部分尽量分到下级主体,可以委托给民间企业的尽量委托给民间,可以委托给 NPO 的就委托给 NPO,上

---

① 奄美黑兔,兔子的一种,据称是兔科中最为原始的种类。耳小,毛色为黑褐色。是日本奄美大岛和德之岛的特产,为天然纪念物种。——译者注

② 啼兔,体长约 15 公分,耳短而圆,无尾,可发出尖锐的啼叫声。分布于西伯利亚、中国东北地区和日本北海道。——译者注

级主体保证最低限度的生活环境标准。

7. 日本 NPO 的课题

那么,作为这种"新的公共性"的担负者,日本的 NPO 面临着怎样的课题呢？莱斯特·萨拉蒙是著名的进行 NPO 国际比较的研究者,他提出了与上述"市场的失败"、"政府的失败"相对应的"志愿活动的失败"这种令人感兴趣的观点。他认为:第一,一般来说 NPO 资源不足。第二,即使有了资源,资源也不会到需要资源的地方去,即存在着资源的供给和需求不平衡。第三,温情主义。NPO 自身也不能从人们一直议论政府和国家的那种温情主义当中解脱出来,NPO 自身也存在着温情主义。第四,即使在专业判断起作用的情况下也往往会优先作出业余的判断,这就是业余主义的弊端。萨拉蒙从这四个角度论述了志愿活动的失败。

我自己也与几个 NPO 组织有关系。在这里我想整理一下各种观点,并根据我的观察指出 NPO 的问题。最大的问题还是财源不足。在日本只靠会费收入和个人捐款,开展活动会很受局限。

反过来说,近 3000 个 NPO 的大半都不得不依赖提供大额资金的财团和自治体。但经济上的依赖很可能会降低对资金提供者的批判力度。现在有人提出要对 NPO 法进行修改,比如对捐款部分的收入如何扣除等税制上的课题需要解决。

NPO 和市民活动这种"文化",要通过人们自己捐赠,通过自己的参与和关心构筑起来,现在最大的课题是日本社会如何去培育这种文化。如果 NPO 不能作为"文化"扎根成长,那么它只能是热闹一时的流行。

日本的媒体也有问题。NPO 经常向媒体提供非常重要的信

15

息,是媒体重要的信息源。但是,现在给人的感觉仍然是"给你报道"、"让你上电视"。媒体方面总认为NPO的信息是无偿的,NPO作为信息提供者协助采访并没有导致其财源的稳定。日本的媒体培育了NPO和市民活动吗?迄今为止虽然没有人指出过,但媒体确实有剥削NPO信息的一面。

人力资源不足也很严重。因为大家都在争夺为数不多的人才,所以经常会有同一个人出现在各种场合这种千人一面的情况发生。有的人是象征性的、撑面子的,最缺的是事务局长这种实际上处理事务的人。作为潜在的目标,拥有高学历但没有全天工作的家庭主妇和原来在企业、政府机构、学校等部门做管理工作的人,即将退休或已经退休的担任中间管理职务的人,原各团体、工会等组织的干部等,从某种程度上说都是可以期待的人力资源。

现在对NPO有了法律上的认证制度,但在组织上还有很多不稳定的问题。日本的NPO法人是最近才开始有的,也是因为这个原因,创建它的第一代领导人都在很大的程度上是个性很强的具有领袖魅力的人。组织里的人都依赖于这种人格魅力,但也正因为这样,这个组织也容易分裂。而且伴随着分裂它具有近亲憎恶的一面。这是韦伯以来的经典观点,但领袖的独特人格魅力是难以继承的。从这个意义上讲,如何顺利地进行领导人的交替是组织继承方面永久的课题。

从制度上讲,NPO是在不同的都道府县作为法人得到认证的,只有在设置复数事务所时才需要得到经济企划厅的认证。一般来说大多都是府县层次的认证,经济企划厅层次的认证在1%以下。这种情况从走进地方的角度讲是很有意义的,但问题是怎样才能发展成为全国性的中心组织。

美国的NPO和环境运动是非常实用主义的。相比之下,日本的社会运动和环境运动无论怎么说也是原教旨主义的,具有很强的禁欲主义倾向。这也是因为迄今为止很少与政府和企业来往的缘故。今后,在热衷和政府及企业合作的 NPO 与距政府和企业有一段距离的运动团体之间,存在着发生意见不一致的危险。

同时,NPO 和市民活动在很大程度上也存在着变为同友俱乐部的危险。在日本,来自于企业和组织内部的告发非常少,在内部进行批评或在内部开展批判,从历史上和文化上都不很活跃。NPO 在日本的风土当中也有同样的课题,它潜藏着因缺乏内部的批判者而变为同友俱乐部,封闭而低效率。

另外一个大问题是,如"NPO 是新的伙伴关系组织"这句玩笑所说,NPO 有成为政府行政部门的下承包组织的危险。特别是福利领域的 NPO,这种危险性更大。有人担心,特定的 NPO 会与政府行政部门勾结在一起。如何保证 NPO 与行政部门的对等性?如何认识项目的委托? 这都是很大的课题。

在日本,迄今为止都是在霞关的中央省厅进行统一的行政管理,如果按上述 subsidiarity(辅助性)原则来做,人们会有很多担心。截至 2000 年 7 月 28 日,在福井县得到认证的 NPO 有 6 个团体,在鸟取县有 8 个团体,在德岛县有 8 个团体,在佐贺县有 9 个团体,在大分县有 7 个团体,在鹿儿岛县有 4 个团体,日本偏远地区的县都只是一位数。相比之下,东京都却有 57 个团体。我住在宫城县,在东北地区仙台市周边的 NPO 活动也非常活跃。可见,在大城市周围和在主要城市 NPO 活动很频繁,但也存在与周边地区的差距扩大及地区内差距扩大的危险。

NPO 成为新的地区间差距和地区内差距的危险是非常现实的,现在的课题就是防止它的发生。

17

围绕论题一的讨论

薮野祐三：我想重新学习一下以近世为中心的社会主义，也就是马克思批判为"空想的"的社会主义。他们曾经通过各种形式建立了"志愿组织"，并把它搞成了"国家社会主义"。我们说"社会主义结束了，结束了"，那是"国家社会主义"，而现在正是人们在近世西欧产业化当中所追求的志愿团体的时代，也就是社会主义的时代，本来的社会主义时代。

本来的社会主义社会自 18 世纪以来在近代主义社会当中得到了传承。我自己也想从思想上对在"国家权力"中变质的那部分内容进行再一次确认。从这个意义上讲，我想重新学习有关社会主义的问题。因此，我很怀疑"社会主义结束了"这种很随便的说法。

这个暂且不说，我想提两个问题。第一个问题，NGO 是"非政府"，所以可以认为，企业也是 NGO，地方自治体也是 NGO。也就是说，可以扩展为中央政府以外的组织都是 NGO。现在人们都觉得 NGO 和 NPO 的活动是一种闲暇活动。

例如，阪神淡路大地震时企业作为业务的一环让职员去做志愿者，其实这也是企业的一种 NGO 活动。从我的经验说，不能把 NGO 活动当作企业空闲时的事情，而是要把它当作一种追求利润的组织形态，开展意识形态方面的工作，否则 NGO 就可能崩溃。

另外我要提出的一点，就是所有的 NPO 组织是否都应该追求利益，如果不以营利为目的是否不能进行组织运营，就是因为说"NPO 是志愿活动所以不能营利"NPO 才做不好。应该有这样的逻辑，就是因为所得利益对社会具有很大的公共性所以不必缴税。

我对否定"营利"概念本身感到气愤。正是因为有了营利才会有乐趣去想下次做什么社会活动会得到利益。没钱的地方是很痛苦的(笑)。有钱,人才会聚起来,思想可以通过金钱扩散。

长谷川公一:关于社会主义还是马克思以前的欧文、圣西门、傅立叶那样的(马克思批评他为空想的)社会主义者思想值得称赞。虽然他说的是团体意义上的 NGO、NPO,但却是某种思想的源流。当然,我自己对思想史兴趣不高,学习不够,如果从相关方面讲,日本也是在某种意义上由于马克思主义的束缚把这种讨论限定在了非常狭窄的范围。在日本关于 public 的讨论一直不活跃,是因为在日本的社会科学当中马克思主义的影响太大了。也许是由于批判地把握"国家＝公"这种意识太强烈,关于"新公共性"的讨论才落后了。

反过来从某种意义上说,冷战结束后社会科学研究者从那种束缚当中解放了出来,所以关于新的公共性问题的讨论才活跃起来。

关于 NGO、NPO,我和薮野先生的意见有些不同,特别是从日本的情况讲,为什么要说 NGO 和 NPO 呢? 日本政府有实力,企业的实力也非常强大。那么,要建立社会性的新制度,是不是应该把企业也作为支援和促使其搞活的对象? 在日本,企业已经十分强大,或者说已经过于强大,但企业对慈善活动并不热心。曾有一时期喊叫什么"支援艺术文化",但这几年由于经济不景气这种活动日渐淡薄,可见日本的慈善活动是多么脆弱。这就是问题之所在。

从这个意义上讲,我还是认为除政府和企业以外的市民活动是很脆弱的。正因为如此,迄今为止一直在商业第一线奋斗的男人们要踊跃参加市民活动,男学生和女学生都要把 NGO 和 NPO当作重要的就业岗位。在美国和欧洲,如果当过绿色和平运动的

19

负责人那就是很了不起的经历,是向政府机构和企业提升自己资历的一个台阶。在当今的日本,一旦陷入 NGO 或 NPO 的业界很深,就很难从那里拔出脚来。

从这个意义上讲,在日本必须要建立起一种社会架构以更多地培育相对于政府和企业的、作为自立组织的 NGO 和 NPO。

薮野祐三:你说的我完全同意。我只要说两点。

世界上有两个 PKO 中心。一个是瑞典的 PKO 中心,这里确实是在玩"首领峰"(游戏)。还有一个是加拿大的 PKO 中心,这是前总理皮尔森创立的民间 NGO 公司在运营。这里收取学费,由资深的 PKO 职员做教员。教员通过 2 个月的野营时间让学生学做自己在 PKO 所做的技巧。学生从印度等国家来到这里,每 20 人左右为一组。我去视察的时候问:"你们是 NGO 吗?"他们回答说80% 以上都是企业派来的。那是因为,PKO 所用的缶头及材料都是军事机密,不能随便打听,所以在进行企业销售策略演练时想到了以 PKO 活动为契机的风险事业。

接下来介绍在日本福冈的两个事例。出租车服务一直是从招手上车的地方到下车的地方。但这种概念现在发生了变化。一位靠养老金生活的人住在一所公寓的三层,后来因为得了肾病要经常去透析,有一天在台阶处踩空摔骨折了,透析要坐轮椅去,他必须要从公寓搬出来借所平房居住。听到这个消息的出租车公司老总说:"交给我了,我们公司出租车用打表等候的方式从三楼接你下来",他让公司 30 名员工都取得了护理士资格。所以,现在有不是穿西服而是穿护理士服装的司机在为客户提供服务。我在这里要说的是,企业与社会之间并没有很大的隔阂。现在大家都在互相竞争,很是辛苦。是不是这样啊?

还有另一个事例,在残疾人和老龄人向市政府提出需要护理服务"去买赛马彩票"时,是不是可以坐用市民税金雇用的市政府的出租车去买赛马彩票成为了问题。如果是民间出租车当然可以去,但在与税金有关系的时候,乘车去买马票就会有人提出批评。为什么对残疾人和老年人的自由要限制,这是个很难的问题。一个人在自己由于某种障碍不得不选择公共服务的时候,就要限制自己的要求。我们就是生活在如此严峻的社会。但是,如果这些服务都变为私人的就没有任何问题了。

长谷川公一:这个事例说明,对于多样化的需求原来的行政体制难以应对,而对于怀疑政府应对的需求可以通过 NGO 或 NPO 的对应方法来解决。

但如果是企业,那么企业的营利活动和非营利活动之间很难划界线。刚才讲的出租车公司的事情,从某种意义上讲,是很美好的故事。但只能说是出租车公司偶然发挥了 NPO 的某种功能、机能,当然,我不是否定公司总经理的想法和他的经营方针。比如松下幸之助是个很典型的例子,他一直强调,日本的企业从传统上讲是"有社会才有企业","商品卖得出去是企业被社会接纳了"。

但是现在我们要做的是,如何离开本行的商业活动,积极地支援社会的弱者,把这些支援者组织起来。

金泰昌:关于"现在正是要重新认识社会主义"的问题我想说一点。Communism 按字直接解释是"共同体主义",在汉字文化圈被翻译为"共产主义"。Socialism 也是因为它的目标不是为了国家和个人而是要形成以共同体社会为基轴的全体人类(社会)优先的生活体系,所以才用了"社会主义"这个词。所以,Communism 这一共同体主义,它的特点就是早晚要否定国家。尽管有各种复杂的理论,但是从这个观点看,年轻时候的马克思试图从基于友爱精神的共同体当中寻求从根本上解决国家恶的方法。

21

但是,试图建立超越国家的全人类的共同体这种意图,到了斯大林那里被怎样利用了呢? 就像薮野先生说的那样,成了国家社会主义。我把它解释为是将党主导的共同体主义作为国是(口号)的、坚固的目标达成式的官僚统治体制,由此产生了许多问题,最后以失败而告终。

斯大林主义后来得到了发展,可以说发展为毛泽东思想体制和北朝鲜主体思想体制。从马克思列宁主义的历史当中我们可以学到什么呢? 这是个历史的事例(教训),它告诉我们当"共同体"的梦想被收敛为"国家",变成了"国家 = 共同体",它通过追求特定目标的全体主义意识形态,将所有人的行为都一元化的时候情况会是怎样。

马克思告诉我们的另外一件事情是可以有 association(结社)这种形式的连带。不同于 Community(共同体)的中间团体才是 association 意义上的另外一种选择。我想长谷川先生说的就是要通过 NPO 和 NGO 做这种实验。

上野千鹤子女士说的"选择缘"是很有意思的用语。一位文化人类学家说,日本有血缘、地缘,另外还有"职缘"(以公司或各种企业体为契机而形成的各种缘)。我最近认为"志缘"很重要。也就是由于"志向"相同而形成的缘。关键是通过志缘结合起来的人们无论做什么都是根据自己的意志来选择和参加。也许一起干工作的时间有限,以后可以自由解体也可以不解体。主动权永远在每个人那里。

"共同体"却不是那样,无论自己是否选择共同体都是已经存在的,问题只是自己被接纳还是不被接纳。但是通过志缘结合起来的人们不是那种被动的命运共同体。我觉得今后的时代比起职缘来更应该试试志缘。

长谷川先生几次提到"社会运动"这个词,在日本对使用"市民"和"市民运动"这样的词有很大的抵触。也有些名人认为"市民"这个词很危险。在外国人们很平常地使用"市民"这个词,为什么只有日本这样呢?

　　日语的"市民"与"资产阶级"有很深的关系。西欧资产阶级是作为市民发展成熟起来的。当时,资产阶级指"商人"。战后日本可以说是商人建筑起来的国家。现在日本的国家性质既不是军事国家也不是宗教国家,往好的说,是商人国家、通商国家,是通过贸易积累起国家财富的国家。但在日本却把作出最大贡献的商人当作恶人,日本的这种风潮令人费解。为什么商人就成了"恶人"呢?

　　寻其根源,有一部分是受马克思主义的影响。马克思期待无产阶级(工人)是实现革命的旗手,把资产阶级当成与无产阶级对立的敌人。不知为何这种认识在日本固定了下来。当然,也有一部分是残存着的德川幕府时代士农工商社会意识,以发生变化的形式产生着影响。

　　无论是哪种影响,都更加歪曲了商人的社会位相,这对作为商人国家取得了很大成功的日本来说,具有讽刺意味。无论是对马克思主义的影响还是对德川意识形态的遗产,近代日本的知识分子都没有做好知识上的应对,这就有个近代日本知识分子的公共角色问题。

　　我之所以要说这个问题,是因为在考虑"新公共性"的时候"市民社会"和"市民"都是关键词。但有些人对此却抱有毫无根据的抵触,一部分学者(和政治家、言论人)很平常地发表那样的言论。用了"市民"两个字就会被认为是奇怪的人。这种情况真让人担心是不是能开创"新的公共性"。无论怎么说一定要克服

23

这种后遗症。我认为，如果不能克服这种后遗症，那就不能确保市民运动和市民团体的活动空间。

有个非常重要的问题，就是日本在考虑"公"和"私"的时候的"私"的问题。在水林彪先生所说的问题里有一点给我留下了很深的印象，那就是"公"可以找到语源，在中国话和大和话中"公"和"おほやけ"一脉相承，而相对应于"私"的"わたくし"却搞不清楚它的语源在哪里。从7世纪到8世纪，需要有一种形式来表述不能进入"国家"这种"公"的领域的内容，于是相对于"公"（おほやけ）使用了"小家"（おやけ）这个词，但这两个词并不相配，因此开始用中文"私"代替"おやけ"。可不知道从什么时候开始"私"发展为每个人的"个人"的称谓，成为第一人称单数的I。（也就是个人的"自我"被"おやけ"所吸收，没有了"自我"。）

在日本伦理丧失，发生各种问题，那不是因为"共同体"崩溃了，而是因为没有"私"（的实体）。之所以这么说，是因为有"私"才能有"公"，没有"私"就不会有"公"。因此，没有"公"有"国家"，每个人只是进入到被称为"公"的"国家"当中，并不存在（独立的）"私"。

如果要在日本建立真正的"公"，就必须首先确立日本没有的"私"（自我）。然后在"公"与"私"中间构筑平衡的关系。这才是应有的程序。如果跳过这个阶段无论怎样高唱"新道德"和"新知识"，那也只能是国家国民的附属物，不能成为有生气的市民的德行和市民道德。

因此，我觉得一部分知识分子现在说什么"国民道德"、"国家意识"是逆时代而行。在目前这种"私"仍然没有确立，"私"和"公"都收入在"国家"里的情况下，把"国民道德"、"国家意识"作为对应一些社会现象的原理，不能不令人怀疑这只是在与国家关系的框架内思考作为一个人的正确的生存方式和应有的德行,缺乏自我判断这种知性的、道德的自立和自律。

如果是在国家名义下动员国民实现国家的目标就是公共性的全部内容的时代,可以说国民的道德和国家意识就是公共精神的具体内容。但是考虑到现在和将来的日本,在越来越多元性和多样性的情况下道德和意识的一元化不一定是理想的。

因此,即使成立教育改革国民会议,讨论这个讨论那个,罗列些必要的道德项目,日本的教育也不会好起来。现在已经不是靠"国家"主导进行以中央为中心的"形成国民的"那种一元化教育的时代。"教育"应该是一种市民运动,或者由团体那样的中间团体直接对应面临的问题,并在实践当中去创造。我认为,我们有必要去问教育是为了什么,时代要求我们把动员型教育转换为参加型学习。公共性也应该从动员型转为参加型。我的这种感觉很强烈,长谷川先生的意见如何呢?

长谷川公一:刚才金先生讲"从确立个人出发",我也赞成这一点。问题是在说活用"私"时候的"私"这个词具有日本式的语感。刚才也说到没有用"私"这个字起名字的。从这个意义上讲,与金先生想说的"私"相对应的应该是"个人"吧?此时,市民社会是怎样的社会呢?它是作为个人的市民建立的社会。从这点上讲,在如今的日本社会有多少"确立了的个人"呢?并不是单纯地说"个人"如何,"中间团体"一个非常重要的作用就是培育个人。

薮野先生谈到更要期待企业,但有个问题是,对于企业来说营利性就是存在的理由。反过来说,对于不能直接关系企业收益的事情,股东们就可能提出为什么要投资的疑问。

从这个意义上讲,说 non profit(非营利)还是会引起误解,如果说 not for profit 就很容易理解了。NPO 活动虽然不是以收益为

25

目的,但也可以想办法使资金运转,在这点上 NPO 法的意义非常大。在日本,迄今为止根本没有想办法让 NGO 和 NPO 的资金转起来的想法。

虽然远不能在经济上自立,但需要有办法让资金转起来。提供服务一方和接受服务一方,都不是认为不花钱最好,也不是认为在志愿者活动中无偿的志愿活动最高尚,而是需要支付一定数量的交通费和实际费用,还要对有偿志愿者给予积极的评价。媒体说以前从 NPO 那里得来的信息都是无偿的,以后需要接受信息方面也负担成本。

互相出钱的文化可以培育市民活动。重要的是要创造这种文化。如金先生所说,市民社会也是靠货币支撑的社会。因此要认识货币的价值,要支付一定的货币。建立一个积极评价这种活动的社会关系到市民社会化。

换言之,日本的社会运动、居民运动当中还有一种土著主义。日本的运动当中有种倾向是过大地评价了柳田国男的"常民"这种土著的东西,而对"市民"这种普遍的存在或对普遍意义却相对地留有距离。

金泰昌:这是非常关键的一点。"个人"为主体开拓公共性,这非常重要。我的公私关系论的原点当中有"活私开公"(活用私,开拓公)的思想。

我认为,开拓公共性的主体是个人,是团体,是各种组织,是政府和国家。但是,关键的一点是,无论以哪个主体来开拓公共性都不能像以前那样通过牺牲"私"来构筑"公",而是要活用"私",通过"私"的参加来开拓"公"。

刚才长谷川先生的发言当中有一点很重要,那也是我一直考虑的问题。就像先生所说的那样,"从私出发"是可以的,但是考虑到在日语中"私"这个词含有另外的意思,用"私"不如用"个人"。在日本有一种议论把"个人"与"公"对立起来,我认为那是不对的。从基本上说,"公"与"私"是相互对立的。有的时候,动机、意图、目的等会集中和闭锁在每个人自己私密的层次,但有的时候也可能为了大家而扩大和开放到公共的层次,从这个意义上讲,从实践上可以选择这两方面原动力的当事人,就是现实生活中的具体的每一个人,也就是"个人"。

个人在开拓"公"的过程中,有的时候会突然在公(国家等)的要求、命令和给予之下参加"公",这种情况以后也还会发生。

但是,另外一方面,现在更重要的是,不否定每个人的"私"的动机、利害、兴趣、志向、意图等等,并活用它们开拓"公"。中间团体的主要位相和作用就是要作为"私"向"公"发展过程中的一个具体的场所。当然,个人也可以单独成为公共性的担当人,也可以通过中间团体提高思维和行为的公共性。

活私开公的具体活动空间或是 NPO 或是 NGO,也可能是其他什么地方。其结构都是作为立足于自己内发动机之上的"私"的主体的"个体"不否定"私",而开拓"公"。作为现实存在的个人,在选择上经常与"私"和"公"双方相关。人不可能有完全无"私"的"公"。自己要把握好平衡,尽量在不否定"私"、不压制"私"的基础上开拓"公"。我认为,除了像圣人那样的特别人物外,一般人都是这样生活的。我们一直在进行这样的讨论。

要点有三个。第一,"新公共性"的根源是什么? 是国家? 是团体? 还是个人? 第二,其担当人是谁? 第三,它的目的是什么? 至少这三点是基本的问题。刚才听了长谷川先生的发言,回顾我们开过的 24 次研究会,从某种意义上讲理出了些头绪。就是说,至少我们的基本立场是:"新公共性"的根源在"个体",这个"个体"基本上可以做"私"和"公"这两种选择，成为开拓"新公共性"的担当人，不是像以前那样否定、蔑视和消除"私"，而是活用"私"、开拓"公"。如果不是这样的"公"，在如今的时代是不可能实现的。将来这种"公"不是停留在国家层次上的公，而是要跨越国境，在可能的情况下要扩大到整个地球和全人类，甚至扩大到刚才先生所说的人类以外的地方。从时间轴上说，不仅关系到现在生活着的人们，还关系着未来的人们。

问题关系到世世代代，也许现在还没有关系世世代代这种意识。但是，比如文化资源保存问题就有个关系到世世代代的代际间的公共性问题。这个问题就先整理到这里，我们讨论下一个问题怎么样？这也是个很重要的问题。

另一个要点是，提供新的哲学和接受新的哲学后进行实践是共通的，但角度并不完全相同。一个是"活私开公"，一个是"发私开公"。经常有人问，为什么在同一个研究所用两方面的说法。在平时的对话当中不是问题，但从知识的角度就是问题了。那是因为，研究所要追求某种普遍性，企业要有实践，必须要具体化。这点上多少有些不同，但基本思想是一致的。

小林正弥：读了长谷川先生的《共同性与公共性的现代位相》①，有许多地方都引起了我的共鸣。按刚才说到的话题讲，薮野先生说从某种意义上需要社会主义。丸山真男先生在最后的座谈会上说，共产主义崩溃后也许需要"（社会主义或）社会连带主义"②，后来便去世了。他说的话给我留下了非常深的印象。我感

---

① 长谷川公一：《共同性与公共性的现代位相》，《社会学评论》2000 年 3 月号。

② 丸山真男：《夜店与总店》，载于《丸山真男座谈 9》，岩波书店 1998 年版，第 287 页。

到薮野先生也有同样的想法。

但是，语言是有历史的，很难使用"社会"或"社会主义"这样的词。所以，看到与 Communism 的 Commu 的共性，我开始关心并追求"共同体主义"。但的确"共同体"的语感里有（压制个体等）各种问题，究竟用什么词好，我想了很多。作为一种尝试用了"共同性"，因为说"共同体"就有个来自于封建共同体的问题。

也就是重视可以使人们连带的共同性。有的时候我也用了 Communalism（共同性主义）这样的表现方法。看到了长谷川先生总结为"共同性与公共性"，我很有同感。这个研究会讨论了很多共同性或共同体与公共性的关系问题，对这种关系先生是如何考虑的呢？

人们期待 NGO、NPO 成为"新的公共性"的担当主体，我完全赞成。但在此基础上要考虑的是朴素的规范论问题。我认为那是必须的，做这样的尝试是公共哲学的意义。一般有良知的人都知道"NPO 很重要，出现了这样的新事物"。那么我们理论家都做些什么，这是重要的课题。

但是说"奥尔森是这么说的"这种说法多少有些可悲。确实像奥尔森说的那样，置之不理也会出现搭便车的人。重要的是要考察为了超越这一点需要怎么做。

长谷川先生非常好地指出了现在 NGO、NPO 的种种问题，那些确实是应该注意的地方。那么，在这些问题的基础上应该怎么做，如何才能与先生所说的共同性、公共性联系起来，如果能指出一条道路，从政治学上看也是很可贵的。

长谷川公一：如何考虑从逻辑上将公共哲学与具体实践结合起来，从某种意义上讲这也是我自己在摸索的问题。在社会学内部也还没有很多关于这个问题的讨论。在理念上的层次上有贝拉

29

的观点。贝拉的说法是如何来建立代替宗教的新的社会哲学,社会学界有这样的讨论。

关于共同性与共同体主义的问题,其实"共同性"作为学术语言还不是很成熟,在一些大型社会学辞典里还没有"共同性"这个词,但却有"公共性"这个词。"共同性"是一部分社会学家非常喜欢而经常使用的词,比"公共性"更具有魔术语言的意味。

在如何创造"新的共同性"上要基于"个体",但正像金泰昌先生所强调的那样,并不是基于"个体"的就可以自动体现公共性。所以,"个体"要活用"私"来开拓"公共性"或"公共"之物。那么,用什么样的逻辑来开拓公共之物呢?我想大多数人都会有同感,我自己也是这样认为的,那就是指出"其间的机制不是自动的,也有搭便车问题"的奥尔森是很了不起的。对于奥尔森,阿马蒂亚·森批评他是"合理的愚蠢者"。但问题是,在将利他模式设定为行为模式时,是否可能从社会科学的角度进行很好的雕琢。

我在发表论题时说了四个象限,其中哈贝马斯的观点也许过于乐观了,但是关于通过交往(合理交谈)而形成的秩序具有怎样的可能性,它与NPO等市民活动可以有怎样的关联等问题,我认为可以在他的观点里找到一条道路或蓝图。

综 合 讨 论 一

主持人：今田高俊

"新的公共性"与中间团体

今田高俊：这次研究会与以前的公共性讨论有所不同，不是从政治哲学和社会思想角度而是通过更具体的观点来把握公共性，这是开这次研究会的目的。如托克维尔在《美国的民主》中所描绘的那样，他到了美国，看到作为中间团体的结社活动很活跃，感到吃惊，回到法国写了这本书。

从那以后，历史发展了，现在已经接近于现代社会的完成期，但不知道为什么中间团体却弱化了，陷入了不能发挥原有功能的衰竭时期。这是因为确立了"公"呢？还是因为"私"发展了呢？这一点是很值得探讨的。

在这种情况下，出于在认识"新的公共性"问题上是不是应该重新评估中间团体或中间团体的考虑，设定了这次研究会的题目。中间团体的功能是在个人与社会之间搭建起桥梁，那么是不是需要这样的中间团体呢？我们需要进行包括这种讨论在内的各种探讨，但我们这个研究会不成文的一致性是要重新发现中间团体的重要性。如果不能很好地给中间团体或中间团体重新定位，使它提高能量，那么也许"新的公共性"就无法产生。

在长谷川先生提出的论题"NPO 与新的公共性"上，迄今为止的社会框架,如"市场"、"政府"、"家庭、共同体"等全都失败了。大家越来越担心,由于市场的失败,政府的失败,家族、共同体的失败以及主要社会制度功能衰竭,有可能要丧失公共性。之所以这里用"失败"这种词,是因为大家都认为,各种制度的功能已经衰竭,或各种制度原本担负的重要作用已不复存在。长谷川先生对NPO、NGO充满了期待,提出探讨重新构筑公共性的可能性。

从长谷川先生的发言当中我感到,近代西方培育出的"公"和"私"这种两分法,以及按这种形式专业分化和功能分化的"公"和"私"已经出现了破绽,为修补这破绽需要从制度上建立NPO和NGO。

作为词汇,NPO 是 Non Profit(非营利)组织,NGO 是 Non Government(非政府)组织,Volunteer 是按自己的意志而进行自发支援活动的人。刚才谈论到 NPO 也需要经营学,但应该说 NPO 至少是不把追求利润和利益作为首要目的的组织。我一直认为,NGO 是不依靠上边(政府)的组织,只要遵守这一点,无论是有收益还是与政府合作都是可以的。长谷川先生非常明确地说出了这一点,这让我更坚定了自己的看法。

我记得在 1993 年到 1994 年间,曾经在国民生活审议会的分科会"市民意识与社会参与活动"委员会上讨论 NPO 和志愿者,在谈到志愿者的定义时围绕接受礼金的活动是否算志愿者活动展开了争论。我的意见是应该加上"不以营利为主要目的"这样的表现形式,但在当时的气氛下,多数人认为志愿者活动是基于善意的活动,没有必要加入让人理解为也可以拿礼金这样的词句。结果,我的提议没有被采纳。以 1995 年阪神大地震为契机,在日本发生了志愿者革命,那不是作为上帝的使命,而是以自己的生活乐趣和实现自我为目的,希望随着这种志愿者活动逐渐扎根,长谷川先生那样的看法越来越普及。从这点来考虑,如何认识 NPO 的组织形式和活动形态是一个课题。

这是 NPO 经营学的问题,如何经营这个组织是非常大的问题。请大家从更多的角度讨论这个问题。

金子勇:对于长谷川先生提出的问题,我想从社会学的角度说几点。长谷川先生说《社会学辞典》上没有"共同性"这个词。我认为还是应该把"共同性"独立出来。那是因为在考虑公共性时仅从"公"与"私"考虑,到了一定程度就会徘徊不前,难以得出结论。还是需要几条辅助路线。

其中一条辅助路线就是公共性之前的共同性,另外一个,是在"私性"前的相互性。这四个合到一起才能更具体地讨论"新的公与私"问题。这一定会关系到 NPO 的定义。NPO 组织本身的原理可能不是公共性,而是共同的东西,NPO 只有以共同性为基轴才能展开活动。基于共同性而成立的 NPO 所具有的社会功能是公共性,应该把两者分开来理解。就是说,"新的公共性"的担负者 NPO 在结构上是以共同性为基轴的。

我在许多城市做过共同体调查,调查有活力的共同体肯定会看到"个人"。换言之,领导人的个性越鲜明,共同体的活动就越明确。这一点已经得到了实证研究的证明。从社区的层次上讲,领导人处于"休眠状态"的地方,看不到具体的"个人"或"私"。金泰昌先生说有"私"才有"公",我认为在"公"的前一个阶段有"共同性",创造"共同性"的是"个人",是"私"。

长谷川公一:"共同性"当然很重要,我也这样认为。反过来说,共同性是非常不好定义的。比如各位手头上我的那篇名为《共同性与公共性的现代位相》的论文①,在开头就介绍说《新社

33

---

① 长谷川公一:《共同性与公共性的现代位相》,《社会学评论》2000 年 3 月号。

会学辞典》①在定义"社会学"时写道:"社会学是对社会现象从人类生活的共同这个角度进行研究的社会科学。"但这本辞典并没有对"共同"作出定义。也就是说,"共同"这个词是不言自明的,是具有真实性和现实性的单词,很难对它作出辞典式的定义。从这个意义上讲,我认为"共同性"是类似于"场"的东西,或者具有"场的功能"。

我自己并没有说 NPO 等于"新的公共性",而是说考虑到 NPO 的某种功能,NPO 可以在功能上担负"新的公共性"。在"新的公共性"的担负主体当中也可以包括薮野先生所说的那些企业员工及企业本身。

可能今后大体也要有三分之二的"新的公共性"由政府来担负,但作为从功能上担负"新的公共性"的存在形式,可以是有法人资格的 NPO 和没有法人资格的广泛意义上的市民活动或社会运动主体,它们都可以担负"新的公共性"。"共同性"就是可以成为它们前提的场。因此,我觉得共同性是非常大的框架,很难对共同性本身作出规定。

这样一来,金先生说的"个人"或"私"这些存在就可以用各种形式共同地参与进来,通过企业活动和政府活动以及 NPO 活动、市民活动、社会运动等,从功能上创造出"新的公共性"。到那时,在讨论什么是重要的、应该以怎样的程序进行等问题上,就会出现哈贝马斯所说的那种"理性的议论"。

今田高俊:能谈谈"新的公共性"的"新"吗?

长谷川公一:在回答您的问题之前,我想强调一下。的确,"公"这个词里有"公共性＝国家"的语感,这是日本的特性。但

---

① 森冈清美、盐原勉、本间康平等编:《新社会学辞典》,有斐阁1993年版。

是,我们最好别太拘泥于日本的文脉,因为在第三世界这种倾向比日本还要强。

我所说的"新的公共性",是"向市民开放的,市民可以发言和参与的公共性"。是基于我说的那种"协助"(Collaboration)的公共性。协助不一定以世界观的共有为前提,而是根据每一次的情况在利害关系和兴趣一致的范围内进行有限定的合作。

上司与部下的合作是 Corporation 不是 Collaboration。比如,Collaboration 可以指歌舞伎演员与芭蕾舞演员合作,爵士乐演奏家与古典音乐演奏家的合作。法国在维希傀儡政权时被纳粹德国占领,当时有人私通纳粹,人们称其为 Collaboration。所以,Collaboration 原来是贬义的。最近大家用 Collaboration,是指本来没有合作关系的人暂时协作。它也有"合著"的意思。

在日本"伙伴"意味着命运共同体,而 Collaboration 却不是那样,它中间留有距离,相互批评,在可以合作的范围内一起干。正是这样的关系才重要。

金子勇:您讲的 Collaboration 我认为也是"共同性",比如,风险的共同管理等就是我说的"共同性"。它是直接通往"公共性"的前一个阶段。还是加入"共同性"这一辅助线来讨论"公共性",范围才会更加广泛。

"向市民开放的公共性"、"市民可以发言和参与的公共性",可以用 open to all 来解决,但它往往只强调权利而忘记了义务。应该认识到"权利"和"义务"是在一起的。

新职业组织

金子勇:我一直主张,NPO 必须是 new professional organization(新职业组织)。为什么这么说呢?是因为参与 NPO 的人当中有不少人忌讳"职业"这个词,同时"业余"的想法很强烈。调查一下NPO的实际活动便可得知,有许多类似于町内会联合会和老人俱乐部联合会那样的朋友俱乐部,也有许多团体只进行每年的例行活动就领取补助金。这种朋友俱乐部式的NPO不会有什么社会影响。以业余人员为中心只进行例行活动的NPO与社会贡献无缘。今后起作用的NPO组织,不会是伙伴型组织,而是新的职业组织式的组织。如果不是那样,NPO组织就辜负了国民的期望,也不会再有理由得到特殊照顾,政府也不会再给补助金。

从我们调查福利NPO的经验来看,比如护理经理的工作就不是没有资质的外行人可以干的,外行人出点子是可以的,但在许多领域如果没有福利护理方面的专业知识就不能很好地胜任这种工作。要在某种程度上掌握超过一般业余人员的护理技巧,这才能从事政府不做、个人又做不了,只有NPO可以做的工作。

今田高俊:最近,医疗社会学成了热门话题,有的和老龄化有关,但它超越了老龄化,大家都在议论。在这当中,有些患者对政府和医疗专家做的事情感到不满,他们通过互联网收集和相互交流信息,向与疑难病症做斗争的患者提供咨询,介绍适合疾病种类的医院。牵头的人很有专业知识,可以说是半个专家,听说有的时候比医生还了解病情。但尽管这样他们也没有通过向患者要咨询费来赚钱。患者可以从他们这些不以利益为首要目的人那里得到质量更高的信息。

刚才讲到不是职业组织很难持续下去,我想这么说是对的。但是,我认为这里说的职业人不是原来的专家,应该建立一种机制,让NPO活动中出现的半职业人员成为真正的职业人。

小林正弥:大家讲的我非常赞成。如今出现了许多新的社会运动,如生态运动、绿党等,但这些团体现在都发展不快,我认为原因就在这里。就是说,在日本由于"永田町政治不好"而提倡"回归业余爱好者的思维,开展基于生活者和市民思维的政治",但等运动到了某个阶段就固定在原教旨主义上,会因出现原教旨主义和现实主义派的对立,甚至因此而发生分裂。我赞成反对永田町政治,但如果不克服这个问题,就不可能大规模地创造出取代现在中央政治的"新政治"。

NPO 的问题与刚才所说"新政治"的大课题重合在一起。必须要重新认识专业化或职业主义的意义。从这个意义上讲,新职业主义提出了与组织论和运动论相关联的思想性问题。如果从NPO 的讨论向这种"新政治"的讨论发展,那么就会关系到整个政治的大变革。

金泰昌:金子先生刚才提出的问题也是我自己深有感触的问题。我完全同意仅从"公"和"私"的角度考虑"新的公共性"是不够的。也就是,不与"共同性"、"私密性"及"相互性"等联系到一起,就不是"新的公共性"。

日本社会是共同体特性较强的社会,假设在一家公司突然解雇了很多员工,虽然这种解雇是因为公司所处环境的变化不得已而为之,但在公司和员工之间仍然有某种"契约"。如果没有这样的前提,仅以公司的情况而解雇的员工和他们的家属就会很痛苦。如果解雇的是一两个人也许还比较好处理,但解雇的人员多了,他们首先要向公司诉苦:"根据公司的理由解雇我们是不正当的,我们也有生活"。但是,在公司自己没有解决问题的能力,他们的交涉遭受挫折时,他们就会在公司之外的范围发起联合抗议行动,然后向超越政府或共同体的有关方面寻求救助和得到他们的共鸣。

在雇用问题上,首先有(公司这)共同体,然后有个体(员工),发生解雇是因为其共同体的功能衰竭了。有些人接受了解雇,也

37

有人因为他的工资支撑着家庭生活不会简单地被辞掉,那么,这样的"个体"和"个体"就不得不连成一种团体。

这种集团行动的过程是团体呢还是合作?……我想用cogeneration(同生)这个词。因为这种团体行为会生成新的东西。在仅用固有的"公"和"私"这种二元论所考虑的"公共性"框架内不能平息事态的发展时,那么这种事态就会引发新的共同行动,而这种共同行动往往会生成新的解决问题的方向。那也许就可以称为"新的公共性"。

最容易理解的事例就是韩国。韩国由于经济崩溃被置于IMF的管理之下,企业在韩国政府的要求下大规模地进行裁员。投入了很多公共资金运营的银行也是一样。被解雇的人们聚集到基督教堂和体育场,这是一种和政府的交涉。他们通过团体、合作、对话等各种方法与政府交涉,结果怎么样呢?虽然不是政府、企业和工人百分之百都满意,但还是在相互理解的基础上对于某种程度可以认可的公共性达成了一致。这其中有一种救济,可以说是以"共"为契机的"新的公共性"。

在韩国最近的国会议员选举上也发生了类似的运动。在原来的选举当中谁当候选人是由政党的几个长老决定的,国民只能拒绝或选举这个候选人。但是在最近的选举当中市民们提出"按以往的候选人推举办法韩国政治不能好起来",他们聚集在一起,形成一种团体,进行讨论,构筑了调节和同生的基础。他们对以前那些不符合国民意愿的候选人说"不"。

也就是说,他们通过合作创造了与原来被单方面给予的公共性(=选择=候选人)不同的公共性,并将其推向国民。实际上,成为批评目标的候选人当中有许多人因此而落选。

从韩国社会的这种变化可以感觉到原有的共同性已经通过某

种形式停止了功能,一直埋没于原有"共同性"中的"个体"(私)因共同性功能的停止而承受着痛苦,但它正是以此为契机认识到"问题的解决不能靠别人,而要靠自己",进而毅然地站起来了。从宏观上看,这是"个体"开始的运动,也就是"个体"开拓"公共性"。

还有一点是金子勇先生说的 new professional organization(新职业组织),我完全同意。无论志向和想法有多么好,但在碰到现实当中的具体问题时仅靠"常识"是不能很好地解决的。常识从某种意义上讲是危险的。如今在日本的一些地方兴起的非专业主义,我认为是非常危险的,它会使问题复杂化。

我们需要的是具有非常高的专业知识和技巧以及丰富的经验和理想的人,他们到别的地方可以挣成百上千万日元,但他们甘心获取不多的报酬而为解决生活现实所发生的问题献身,我们需要这种提供专业知识来解决问题的有志向的人。这个意义上的NPO 与其说是"非利益组织",莫不如说是金子先生所称的"新的职业组织"。

那么利益问题如何解决呢?就像今田先生说的那样,不把利益作为第一目的。不知道天使和圣人如何,普通的人们是不会完全不顾及利益而为社会作出贡献的。作为人的动机的一部分还是应该认可利益。

最后说一句,应该看到"新公共性"既是现实的也是很实际的,这是问题的实质。我们每一个人都时时与现实的问题联系在一起,从这个意义上讲,"公共性"是现实的。但是,"公共性"仅靠每个人的任性是不能成立的,从这个意义上讲它也是很实际的,了解这一点也很重要。

长谷川公一:关于 new professional organization(新职业组织)

是不是可以，大体上说，我三分赞成。这是因为，如果说成 new professional organization（新的职业组织），那么 NPO、NGO 本来所具有的提出问题的部分反而看不清楚了，那一部分淡化了，我还是觉得这是个问题。

以往的专家们怎么样呢？比如环境问题或核能问题，没有什么"核能专家"。但是，以前的专家，特别是自然科学工作者，比如对于核能他们不过是作出核能"专家的样子"，每个人的专业都是很狭窄的。而且，这些"专家"是在并不一定意识到与实际和现实是分离的情况下，在专家的共同体中作出了业绩。

这个问题从学生运动在世界上发展的 1960 年前后就被提出来了。确实如金泰昌先生所说，现实主义是带有某种危险的，但反命题的现实主义还是具有对现有的专家敲响警钟的意义。他们确实对专家们染指各种商业的行为敲响了警钟。无论专家的智慧有多高超，那也是部分的智慧，基于生活者的现实，用一种健全的平衡感对其进行批评，尽管有时会有些偏激，但它是有意义的，应该给予积极的评价。

我并不是说业余爱好者可以满足于自己的行为，业余主义的确是志愿者活动失败的一个大的方面，而且它很可能成为一种朋友俱乐部。刚才我也讲到了它闭塞和自我满足的危险。但是，如果专家作为志愿者参加到 NPO 当中的时候，那么专家就会统治 NPO，专家就会把外行人作为士兵来使用。我认为也存在这样的危险。

参与 NPO 实际工作的人们都有提高自己能力的欲望，他们希望得到社会的认可。坦率地说，社会的认可不就是以报酬的形式体现的吗？那不仅是感谢，也不是实现自我，随着 NPO 活动水平的提高，他们对社会认可的期待也越来越高，这也是事实。目标是提高能力还是扩大规模，应该选择什么样的路线，这些都是每个NPO组织的课题。换言之，是走提高少数人能力的路线，还是扩大范围提高整体水平，是因不同领域而不同的非常重要的问题。

无论怎么说，提高专业性和专业能力是很重要的，但现在的专家与今后可能参加到NPO当中去的市民们的关系也应该是协作性的。从这个意义上说，双方不应该互不适应，业余的市民也不应该因自己不是专家而感到自卑。市民从市民的角度批评专家，专家从专家的角度批评市民，在这种互为紧张的力学当中进一步提高公共性的水平，我认为这一点是非常重要的。

职业与专家

金泰昌：在日本往往没有注意到职业和专家的不同，而是混在一起使用。这里所说的职业并不是专家。做医生和司机，有职业意识的人和业余爱好者之间是有区别的。我们说的是这个意义上的职业。比如护理老人，正好赶上有时间而又没有别的工作就去护理了，这就是不太好意义上的业余，而职业则是对护理老人有一种使命感，想做得比别人都好，为了让老人高兴，会尽全力，想做些别人不能替代的事情。这是意识问题和姿态问题。

在某方面的知识多或接受过很多训练的人是专家。今后为加强志愿者精神和NPO活动也许有时需要专家，但不希望他们成为主体。我完全同意大家的这种说法。

所以在说到 new professional organization（新职业组织）时，我所认为的"职业"这个词就是英文的 profession，但也可以把它称为 vocation（使命）。我们要看的是他们有没有"是上帝让我站到这里的，我必须要对上帝的召唤作出呼应"这种干劲和热情。从这个意义上讲，真正的NPO几乎所有有关的人都具有职业意识。如果只是说说笑笑,马马虎虎,或者以一种"我正好有时间,也没有别的事可做,叫我一声"的态度,是不会坚持长久的。关系到人的生命的事情就更是如此。

今后的社会将越来越需要 NPO 和 NGO。从这个意义上讲,比起是否追求利益这个问题更为重要的是与之相关的人们的意识状态。他是认真的,真心的? 还是在游戏? 我就是从这个意义上说需要"职业"意识。

金子勇:我再说一点。不仅是姿态问题,还需要技术,就是给老人洗澡也要讲哪只手扶哪个部位更好。只是有时间的人随便做做,那是做不好的。还是要经过训练。从这个意义上讲,我认为你说得很对。

今田高俊:"职业"和"专家"的不同是很重要的。刚才讲到的小型职业化的医疗信息网络,就是有帮助困难患者的使命感,目的是提供专业知识,他们会成为正确意义上的专家。

但是另一方面,传统的专家的作用正在减弱。如果护士感到"虽然学了怎么样打针,但却不能让患者振作起来",那么就可能在实际工作中犯简单的错误。从这个意义上说,我感到需要与以往不同形式的、NPO 式的职业组织,也就是"新的职业组织"。

NGO、NPO 与职业主义

金原恭子:我的专业不是社会学而是法律学,也许和今天的研究会有些不对口,我想谈点感想。大约两年前一个偶然的机会,我加入了所谓市民团体,也就是 NGO。从我在那里的经验来讲,今天大家说的许多我都有亲身感受,也很容易理解。

金子先生讲到了职业主义,我觉得正是因为 NPO 当中有了职业主义才更容易与"新的公共性"结合起来。也许有时 NPO 当中有些非职业的东西更好,但我认为还是应该作为专家参加NPO。

现在,我想对我所说的"职业主义"这个词,从刚才金泰昌先生讲的专家与职业不同的角度做点说明,那就是到底有没有不是专家的职业人。我认为,某个领域拥有专业技术和专业知识的专家,只有在具有使命感的情况下才能成为职业人。因此我想说,对于NPO的未来,专家型的职业人才是最重要的。

长谷川先生在谈到"日本NPO的课题"时所讲的事情很对,他说的就是当今日本NPO、NGO的课题。我所在的NGO叫Japan Civil Liberties Union(JCLU,日本自由人权协会),总部名为American Civil Liberties Union(ACLU,美国自由人权协会),设在美国。战后,1947年在美国的作用下日本也成立了JCLU,翻译为日本自由人权协会。在日本的这类市民团体当中它的历史是很长的,一个偶然的机会,我应邀加入了这个组织。

在美国,这种中间团体发展非常快,真是职业团体。ACLU的主要成员是律师,日本JCLU的许多会员也是律师和大学的法学教授等法律专家。参与其他人权NGO和市民运动的也有普通的人们,有家庭主妇,也有媒体方面的人士,但核心人物大多是法律专家。他们完全不要报酬,是志愿者。我也觉得这个组织是从NPO、NGO发达国家直接过来的NGO,所以它和日本其他大多数NPO、NGO有很大不同。在美国,就像ACLU所代表的那样,NGO当中有很多真正的专家,为了国家和社会的改革,他们积极发挥在本领域中所具有的专业知识。

在美国,称到达一定规模的团体为"法定基金",它们积极摸索通过法律诉讼途径反映自己的意见。我所在的JCLU也在这么做。

比如,属于少数派的宗教信徒出于实质性的公权的行使而使自己的权利受到了侵害（比如自卫官合祀的事例就很出名），那么作为民间团体就一定要支持他们。问题的起点是个人的权利侵害这私人问题，但却是公权对它造成了侵害，所以要通过法院进行抗争。从私人的问题出发，专家对其进行支援，并试图在"公"的政府的一个部门——司法的场所解决问题。我认为，正是因为有了专家的力量，私人的问题才可能对"公"的核心部分发生有效的作用。

我并不是说什么都要学习美国，也不是只考虑权利受到侵害的个人。判决会对其他人产生影响，所以作为市民才有公共性兴趣，针对一个私人的侵害人权事件开展支援活动。这正是职业人介入的NGO。这种构图，就是职业人担任主要角色的强有力的NPO、NGO，中间团体把私人的问题拿到公共场所，充分发挥公共的力量。

我的意见与刚才长谷川先生所讲的意见有所不同，我认为日本的NPO、NGO今后要强有力地长久生存下去，职业主义是不可缺少的。

长谷川公一：我并不是否定金原先生，但实际上我自己也一直关注美国的环境NPO，美国环境NPO的最大力量之源就是律师参与其中，并且以诉讼为武器，回收审判费用，然后再雇用优秀的律师，变得越来越强大。

我记得是20世纪50年代的事情，当时讨论由谁来负责监督技术官僚的行政权力，美国的加尔布雷思提出了countervailing power（对抗势力）这个词。在美欧对现状的有力countervailing power就是NPO和NGO。而且，其力量的相当一部分就是专家和作为职业人的律师和学者，这的确是事实。

但是，我们在做这些讨论的时候应该以什么为目标？这与问题意识相关。我们在提出"新的公共性"这个问题时,我们想到的是,日本的行政权力很强大,对这强大的行政权力专家作为 countervailing power 进行活动是"新的公共性"的一个方面,同时我们也担心"普通市民"一直是被动的受益者。从这个意义上说,"普通的市民"也应该关心各种社会问题,比如福利问题、环境问题等。那么,按刚才金泰昌先生讲的意思,所谓"新的公共性"不仅是真实的也是现实的。我今天说"新的公共性"是"可以插嘴,可以插手的公共性",就是指"普通市民"在现实当中可以出口和出手的公共性。

让我们来讨论普通市民可以插嘴和插手的公共性吧!市民们并不会清楚地感到有远大的公共使命,如果提到 vocation(使命)他们就什么都说不出口。这个层次的人们也许最初是出于朴素的地区自我、偶然的利害关系和自己所关心的问题使他们走入这个领域的大门,对于一般市民来说,"新的公共性"或"公共性活动"必须是容易接近的,而不是有很高的门槛。让更多的人有兴趣是很重要的,也许这是从战略上谈的问题。

从某种意义上说,也许金子勇先生和金原先生期待的层次更高一些。这当然非常重要。比如,尽管范围还不是很广,日本律师联合会在环境问题方面发挥的作用就应该得到认可。

与美国及欧洲相比,日本最缺少的是什么呢?那就是一般市民对社会性问题的积极参与和评说。不仅是学习,而且自己还要采取行动,日本在这方面非常弱。考虑到日本 NPO 在这方面的弱点,今后应该强调什么?对这个问题的战略认识是有差距的。

今田高俊:我们在讨论开始的时候谈道:"业余性质的 NPO 活动会半途而废,所以不能只是专家参与,而是需要职业性的参与"。现在,我们的讨论已经发展到新的职业人应该与市民层次的 NPO 确立合作关系。迄今为止的职业人背后都有类似医师协会、律师协会等利益团体，大多数情况下会被这些利益团体所左右。只有从这些利益团体中独立出来的职业人才能与 NPO 有亲和性。

但是，如果以往的职业人，即只专于某一领域的专家不能从事 NPO 活动，那也是不行的，因为 NPO 活动有的时候没有专业知识就不能很好地进行下去。

新型的职业人可以成为大臣。从这个意义上讲，需要从 NPO 的角度考虑"新职业人"的定义。以前的核能发电的职业人是对企业和国家的能源政策作出贡献的专家，但今后他们应该成为可以与市民层次的活动携手并进的新型的职业人。这种变化也可以从不同的角度对职业进行重新组织。

媒介集团与公共性

足立幸男：金原先生和长谷川先生两位讲得都很好，触及到了问题的核心。我经常接触一些在日本社会生活的外国人，他们最头疼的事情是什么呢？从我身边的情况看，就是"自己入住公寓的房东很奇怪，怎么办呢？"

如果是很清楚的医疗事故，那么可以到律师那里寻求帮助，但是像这样的事情没有很充分的理由和证据可以拿到法律专家那里去咨询，受到了歧视大多只能是一个人烦恼。在日本社会当中法律专家发挥的作用还是比较小的。

我们要实现的社会，应该是那些烦恼之人有"窗口"倾诉的社会，并且有人像亲人一样给他们出主意，根据需要给他们介绍相应的专家。

我的朋友买了有缺陷的住房非常烦恼。重要的是应该有一个机构,让那些与开发商有关系的受害者即使不到法律专家那里也可以得到咨询。比如住宅协会等机构建立切实的相互监督体系,对那些性质恶劣的开发商进行监督。真是需要有这样的机构(我想这也是一种 NPO 吧)。

由于受害的国民不知道应该到哪里去咨询,所以就找政府。消费者问题在京都市也可以应对,但租地租房问题就没有办法了。今后也应该有这样一种 NPO,通过互联网告诉人们"这个问题你应该到这里",把更职业化的 NPO 介绍给他们。如果是可以很好地进行咨询的专家和职业化 NPO,也可以收取一定的报酬,然后提供优质的服务。我们需要的各种层次的 NPO,如果它们像网眼一样存在于社会当中,那么我们的社会就会更舒适一些。

金泰昌:是不是有不是专家的职业人? 我在美国和日本都居住过,根据我自己的体验我认为是可能的。专家和职业人是不同的。

在美国教会发挥了很大的作用。从我的经验讲,如果外国人有了什么麻烦不知道是不是应该去找律师,那么他可以轻松进行咨询的地方就是教会的生活顾问。他并不是心理咨询方面的专家,而是教会的普通信徒,只不过他乐于助人,比别人更热心肠。到他那里之后,他会告诉我"这样的问题在美国可以到这样的地方去咨询,我会先打电话告诉他们"。到他所介绍的地方,我发现那里是很专业性的 NPO 组织,说了要咨询的内容后,让我见到 NPO 组织中最合适的人,然后这个人会带我到发生问题的地方,并帮我解决问题。

帮我解决问题的人不是法律专家,但却是职业人。说他是职业人,是因为他并不是做游戏,而是认真地考虑对方的问题,并作出很好的对应。他的职业是普通的鞋店小老板。问题解决后,我

47

对他说"谢谢",他也回到了普通的生活,后来我们也有时一起吃个饭。NPO 是有各种阶段的。刚才金原先生讲到了律师,我也仅想到了律师(法律方面的职业人),但实际上并不限于律师。

说句不好听的,我们现在需要的不是靠"一时兴起"来做的简单的事情。即使你是专家,但如果不能真正地投入进去,那么NPO、NGO、志愿者活动也不会长久,而且很多时候你这种好意是不受欢迎的。准确地说,这三个活动是多少各有不同的。创造和生成"新的公共性",仅靠每个人分散的力量是不能完成的。因此用了"中间团体"这个词,其实说的是"媒介集团"。我们在这里讨论的基本问题,就是应该有复数的这样的集团、团体和组织,在个人和国家之间,或者在国际社会、这个世界与个人之间搭起桥梁。今天我们说到了法律方面的职业人不过是其中一个例子。

薮野祐三:如果是以前,有了什么麻烦事可以找自治会长和房东,有病可以在家疗养,有烦心事的外国人也很少,在公司可以干到退休。过去的体系有它的目的,作为职业体系也是比较完整的。这种过去的体系虽然不是不好,但它发生了变化。

现在如果得了成人病需要养生,那么就没有出院和住院的区别了。就是社区的居民每年也有 80% 的人流动。这样就当然谈不上什么照顾了。让我说,这就是"缝隙",医院与家庭、房东与房主、自治会长与居民之间……都出现了很多缝隙。从这个意义上讲,今天的日本是一个龟裂的社会,对这些裂缝通过什么样的服务进行弥补? 为解决新的问题需要进行体系的转换。

在福冈有自治协会、红十字会等各种福利团体,但它们在结构上已经固定化了,完全没有服务上的对话。人们说这是因为它们是政府设立的。

但是在福冈县北九州市将制定使医疗、福利和保险一体化的政策。比如，老年人出院后必须要到福利事务所办手续。最近在久留米医院的门口有医疗志愿者，他们代理老年患者办理挂号手续，也就是健康的人替患者办理手续。从弥补裂缝这个意义上讲，这也可以说是"新的职业"。

如何弥补裂缝，这也是我们自身必须要回答的问题。30年前我为了只教18岁以上的学生来到了大学教书，但是现在是为了让更多的社会人士进大学读书，大学教育也需要志愿者。

大学决定接收留学生，那么就必须要使用英语。从事事务工作的职员说："我没有把管理英文资料的工作作为就业条件，我管理不了，下边的事情请老师您做吧！"老师拒绝说："我是教书的，不是做事务工作的。"这样就会发生龟裂，要通过请研究生的志愿者来解决。我的结论是：所有的地方都要解决这种缝隙产生的新职业问题。我离退休还有10年，面临着对自己如何进行事业改组，如何重新经营，如何重新选择道路，如何继续生活的问题。这既是现在我的出发点，也是我的烦恼，因为如果还像以前那样授课，是要被解雇的。

金泰昌：这正是即使成了专家也没有成为职业人的证据。

介绍一下我所见闻的简单事例。这是我在美国和德国的实际体验。从机场一到宿舍，就来了两三位40多岁的妇女，可事先并没有人告诉我她们要来。她们说："有人通知我们你今天到达，为的是到××大学学习。我们想告诉你一些在这里生活所必需知道的事情，你有时间吗？"因为我也没有其他事情，就说："请讲。"她们告诉我邮局在什么地方，有什么为难的事情应该到哪里，然后说："今天没有时间全告诉你，一周后再来。"一周后，她们果然又来了。没有职业意识是做不到这一点的。她们这么做的目的，就是为了不让留学生感到生活上的不便，至少在这点上她们有职业意识。

她们第二次来的时候告诉我,生病的时候给哪里打电话,周末寂寞的时候给哪里打电话。这些人并不是做这些工作的专家,她们有另外的工作。但是,她们参加了 NGO,对自己所担负的工作,她们就认为自己是职业的。

刚才有人提出了"缝隙"问题,社会发生了变化,原来有的现在没有了,原来没有的现在有了,这理所当然。对于这些变化,要知道自己能做什么不能做什么,然后立志哪怕有一点时间自己也要作出贡献,并将其付诸行动。这就是志愿者精神。

但是,我要说的是,如果用一种随便的游戏态度做这个事情,那么对方就会感到自己受到了侮辱和被人小瞧。既然做志愿者,哪怕是做很细小的事情,也要以一种职业意识去学习,了解留学生真正需要的是什么,他们真正的烦恼是什么,然后作出应对。如果只是自己单方面拼命去做,接受志愿者活动的一方也许会感到那是无法接受的好意。所以,像这样的事情专家是绝对做不到的。换一个角度看,就是只靠中央政府和自治团体等官家机构问题得不到解决,所以就要做些事情来弥补这个缝隙。但是,这仅靠每个人的力量是不够的,所以有共同志向的人聚集在一起,从可以做的事情做起。

即便是很普通的妇女,但只要想做对人们有用的事情就可以做。我在留学美国的时候患了感冒,在外国患病是最让人心中不安的。我发烧躺在家里,在教会认识的 50 多岁的妇女来了,她什么也没有说又出去了。我那时候很喜欢吃冰激凌,她到外面给我买了冰激凌回来,然后像对婴儿一样用英语给我讲童话,为了让我尽快好起来,做她可以做的一切。我那时觉得基督教真是了不起。我想这是因为她有(基督教的)信仰才做得到,如果是一般的动机是不能做到这一步的。

我想，为了日本社会能成为更开放一些的好的社会，日本人之间一直在互相做好事。但是现在也有许多不是日本人的人们，今后让那些在异文化当中心中不安而低沉的人们振作起来，也会成为NPO很普通的活动项目。

NPO 的说明责任

金子勇：无论是 NPO 还是 NGO 或志愿联盟都一样，都有长谷川先生所说的那种对组织的不稳定性的担心。具体地说，比如官僚制，它的原则是组织优先，就是小的官僚制也会贯彻这个原则，所以会出现组织的自我目的化，用什么方式排除这种现象是一个课题。由共同性所形成的 NPO 要想长期发挥公共性功能，也要解决相同的问题。

根据我的经验，有的 NPO 从开始议论下任事务局长是哪位的时候起，内部就开始分裂了。成立当初的主旨写了很多漂亮的词句，但过些年后，就开始争夺下任专职事务局长的位置。这种争斗一开始，它就会被周围抛弃，最后就是分裂。追求当初成立组织时候的理想是一件很难的事情。就像韦伯说的那样，用什么方式检查和解决"官僚制自身的自我目的化"是需要智慧的。长谷川先生，你说对吗？

长谷川公一：政治家有"选举"这种洗礼。参议院 6 年、众议院 4 年为一个任期，后者还有中途解散，要经常经过选举这个过滤纸。企业要看商品是不是能卖出去，有"市场"这个过滤纸；政府有纳税人的监督这个过滤纸。

那么 NPO、NGO 和志愿联盟的过滤纸是什么呢？根据日本的法律负有一定的说明责任，比如要做会计报告，要提交高级职员名单、提交章程等,但靠这些就可以完全保证它的说明责任吗?

按美国的情况说,捐赠款和会员的增减是过滤纸。捐款多被看作为这个组织开展的活动很有意义的证明。绿色和平组织之所以热心于反对捕鲸运动是因为它更容易引起人们的关注。美国的NGO也有弊端,它们非常不愿意触及类似地球变暖这种不得不批评美国国民自己的问题。对NPO、NGO政府不应该干涉。从这点上讲,除了制定保证说明责任或透明度的制度以外,政府是不应该做什么的,结果就是被市场淘汰。这就是美国式的做法。

足立幸男:我赞成长谷川先生最后说的观点。从根本上说,我认为NPO不一定要很长久。诞生,发挥一定的作用,然后消失,可以有很多这样的NPO。

在美国有很多市民院外活动家。在努力实现公共利益的团体当中也活跃着很多市民院外活动家。美国人马上会把这些体系化。在大学有培养院外活动家的课程,还有创建专业大学的动议。这样一来,它也就成了某种官僚政治了。

比如到京都大学在我那里读书的研究生,曾经在美国西雅图参加反核运动,她首先在培养市民院外活动家机构接受了非常系统的教育,然后为学到确保资金稳定的技巧,到男生那里练习得到金钱的手段,做的几乎都是女业务员的事情,她实在是厌烦了,待了一年左右就离开了。

作为一个组织试图永远存续下去,那一定会出现这样的弊端。热中于收集资金的人虽然很活跃,但抱有纯粹心情的人们就不来参加了。NPO长期存在,过了10年、20年,结果它发生了官僚政治化,长期存在本身成为了目的,所以,主要成员离开了,他们又成立了新的NPO。这样的事例有好几个。我认为应该鼓励NPO有生气地诞生又有生气地消失。

金凤珍：我认为，NPO 或志愿组织的作用之一，就是在国家或官方的"公"不起作用或不对我们起作用的时候，能作为一种补充提高服务和帮助。另一方面，也要与"公"进行对抗和抗争，进而改变它的活动。

我对日本社会的 NPO 和市民团体的活动情况完全不清楚，但我很感兴趣。借这个机会我想请教一下。比如这一年来在韩国全国都兴起了国会议员的落选运动，成为落选对象的候选人当中，包括有名议员在内有一半以上都落选了。看日本的报纸报道，在今年的众议院选举当中也有市民团体开展了类似的落选运动。我想请教一下这次运动的实际情况和运动的结果。

长谷川公一：我也没有把握十分准确的情况。确实在日本也发生了落选运动，但是运动没有怎么成功。为什么日本与韩国不同，日本落选运动没有成功呢？从大体上说在日本"抵制运动"本身不怎么受欢迎。在美国一些公民权运动的人们抵制歧视黑人企业的商品，杰西·杰克逊就是因此而起来的。三菱汽车在美国的子公司因为说是歧视女性成为了抵制运动的对象。在美国社会运动的一个最有效的战略就是抵制运动。

在日本，这次雪印公司出了那么大的问题，但市民并没有发起"抵制雪印"运动。在森永公司的砒霜奶粉中毒事件中的确发生了驱逐"天使标记"的运动。在核能问题方面，日立、三菱、东芝是三大核能厂家，也有抵制其制品的运动，但就像大家谁都不知道那样，作为一种运动它的影响很小。

不知道为什么，在日本"抵制运动"很难得到市民广泛的支持，也许是因为日本社会当中有一定的同质性，对排斥外国人那种异质存在没有更多的社会性抵触，但对排斥本来与自己同质的存在就有一种文化上的抵触……可能这种文化论式的解释不很合

53

适,但我想大概是日本这种较高的同质性限制了抵制运动的发展。

NPO 的可能性

小林正弥:刚才谈到"今后应该朝什么样的方向发展"的问题,关于这个问题我想请教一下社会学专业的先生。问题分为两种:一种是思想层次上的问题,另一种是运动层次上的问题。从思想层次上说,以前为解决贫困问题产生了社会主义思想,兴起了工人运动,今天"如何认识公共哲学"同样是思想层次的问题。对于我这个专攻(政治)哲学的人来说,最大的课题就是思想层次上的问题。

另外一个是运动论或组织论的问题,这是社会学家的大课题。刚才金子勇先生讲的官僚制化及与之相伴的组织自我目的化是非常严重的问题,社会主义和福利国家的失败,从某种意义说就是起因于国家的官僚制化。

就我所知的运动论而言,对于这个问题有一个时期网络化很受关注。网络运动是要对官僚制化或等级化的组织注入另外一种组织论或运动论。对网络是不是可以称为组织是有争议的,但这与刚才足立先生对于 NPO 所说的"倒塌了也没有关系,可以再建立"有密切的关系。网络是连到底能否叫作"灵活的组织"都不能确定的组织。关于这个问题长谷川先生怎么看呢? 其实,从我的心情上讲,想把希望寄托在它身上。

长谷川公一:作为组织论的网络组织是在 20 世纪 80 年代中期被介绍到日本的,由通产省的外围团体翻译出版,监译是正村公宏先生。当时共产党系列和社会党系列的运动已经发生了官僚制化,作为这些社会运动的反命题,关于网络组织的讨论给人留下了非常新鲜的印象。但是,当时接受网络论的组织基础非常薄弱。

反过来说,这两三年关于 NPO、NGO 的讨论,网络组织在某种意义上已经是不言自明的前提。必须要进一步加强网络组织的基础。今天我们讨论了职业与专家的关系,我想它的出发点也是必须要加强网络组织基础这种问题意识。成蹊大学高田昭彦先生的议论就是从网络向 NPO 发展的。

今田高俊:我们讨论了如何处理 NPO 与新的职业的关系,提出了 NPO 制度僵硬化的问题。增加会员,收取更多的会费,这是官僚式的思维。官僚当然不用有收益,如何增加职位是测量不得不进行"行政改革"的成果的指标。他们关心的是能设立多少特殊法人,可以增加多少官吏从政府部门退职后还可以任职的位置。

NPO 不能这样,要有评价 NPO 活动的指标。最简单易行的办法就是不以组织的长期存在为前提标准。今后也可以考虑对 NPO 设定废除年限。

拓 展 一

主持人：金泰昌

为了"新的公共性"

金泰昌：今天我们讨论的各种问题与过去 24 次公共哲学共同研究会所讨论的问题相重合，并且引向了深入，同时还让人考虑到了实践的意义。我觉得重要的就是要不断地把握实践与思考、探索的平衡。

我说一个小事例。在韩国患了感冒一般认为只要喝了放过很多辣椒的豆芽汤就能好，这是大家都知道的常识。我自己有时感冒也是喝这种豆芽汤治好感冒的。可是这种办法是很久以前传下来的民间方法，没有科学根据。因为我自己喝过这汤，并且治好了感冒，所以尽管没有什么医学根据我也把这个方法推荐给了别人。那人按我说的方法做汤喝了，可他却坏了肠胃跑到了医院。我真是给人家添了很大的麻烦。

但是，反过来说，是不是到了接受过专业医学教育，又有过很多实践的医生那里就一定会治好呢？有的时候也治不好，或者说治不好的时候很多。

有"职业者＋专家"的 NPO，我想也可以有"知识人＋实践家"这样的 NPO，这是很好的对比。两者都不是百分之百地完美，可以有各种组合。但是，一方面是根据常识偶然做成功了，另一方面

57

是有确实的科学依据,接受了一定的教育并积累了很多实践经验的人去做,哪个更值得信赖呢? 从概率来说,当然是应该更相信有科学的根据和理论,并经过很长时间临床证明的方法。可尽管如此,也不能百分之百地依赖它,而忽视其他办法。

最近有这样一种社会风潮和社会观念,就是对某几个人偶然做成功的事情大加赞赏,却忽视或瞧不起那些既有专业知识又经过长期实践的人的宝贵经验。这种不好的意义上的反职业性在任何一个社会都存在,但在今天的日本却特别突出。我想说的是,反职业性是非常危险的。

今后,每个人都会碰到产生"新的公共性"的各种状况、机遇和场所。现在把每个人和国家连接在一起的集团、团体、组织等将是"新的公共性"的基轴。正是因为如此,今天请大家来讨论NPO、NGO、志愿联盟等的参与方式。

讨论这个问题的时候,正像今田先生说的那样,没有必要把这些组织的长期存在作为前提。但是,这也是因看问题的角度不同而不同。刚才我也讲过,有些人无论是做志愿者还是成立NPO都很随意,但也有些人是有信念的,把做志愿者和成立NPO当作自己的使命。那么这时候以一种"不必长期存在"的想法去做是不行的。

刚才我讲了美国教会的例子。为什么那里的人们会那么献身呢? 他们不是为了赚钱,也不是为了得到社会名誉。按一般的逻辑他们完全没有必要那么做。我年轻时候留学美国所感受到的那些亲切令我终生难忘,它们让我充满了感动和感激之情。

那时候我明白了,他们每个人想的不只是今生的意义。他们所走的路是死后被上帝所拯救的路,进一步说,是上帝让自己在世代延续的整个人类当中要走的路。用今天的话说,他们想的是宇宙论层次上的问题,并不是把自己局限在狭小的自己的身体上。

我没有把这个问题仅作为基督教的信仰来看待。这是一种"自我"存在方式,是把自己闭锁在自己狭小的身体里还是把自己扩展到宇宙那么大?把握"自我"无论如何都会关系到这样的问题。我从年轻时候起就一直感受到了这一点。

在日本,有许多为人亲切的"好人"。就像王阳明说的那样,到处都有圣人。作为个人的生存方式,他们不想给别人添麻烦,不想被讨厌,不想怪罪人。他们都是温柔的好人和亲切的人。他们和那些"好人"有什么不同呢?

"好人"与那些帮助没有任何利益关系的"生人"的人,看起来好像差不多,但其实完全是两回事情。没有一种意志是不能超越局限提高自己的层次的。日本的哲学有很强的感性,所有的事情都是被动的,爱护自然,品味人与自然的一体感,是很细腻和讲究情趣的。但是,日本哲学却不太强调用自己的意志去做事这种不屈之魂和勇气。

我现在讲的不只是指在学校里学的哲学,我觉得日本在家里教育子女,进行社会活动,或者对人物作出评价的时候,作为指标的公共哲学也没有以这些为重点。

在日本,大家友好相处,不出什么大问题,大体上也是"和"的社会,但人们还是不会主动说"我会尽力帮忙"。在日本社会,有的时候主动去帮助别人会被认为是奇怪的人。日本已经是世界第二大经济大国,但在 NPO、NGO、志愿者联盟等方面还被认为是落后的国家,这是为什么呢?尽管日本人是好人……

我觉得根本原因还是在"日本的美学"。沉溺于"无常观",说什么"不长久最好",陶醉在闲寂古雅的世界里感受一个人的喜悦。喜欢樱花,瞬间开放,瞬间败落。在感性的层次上这些都是可以理解的。

但是，如刚才所说，参加 NPO、NGO 等志愿活动的人们最好要有职业意识。他们不是一时参与某个团体的活动，过段时间就抽身出来，而是要有志向。也许结果是在某个时期组织解散了，但以一种尽量使组织长期存在这种坚强的意志来进行活动，首先魄力就不同，精神也不一样。

所以，今田先生说的是问题的一个方面，我想强调另一方面："持续就是力量"。像我们所开展的这种文化活动也有很多地方过若干年后就停止了，"东京论坛"当时也是大张旗鼓，媒体做了大量宣传，现在不知道怎么样了。我们没有任何力量。但是，我们可以说有一个"持续了 10 年"，那就是"京都论坛"持续了 10 年，这样的事情在日本是很少见的。

我自己有一个在韩国和其他国家开展活动而得到的教训。极端地说，就是 NPO、NGO、志愿者联盟等最好不搞继承。在创始人活着的时候可以遵照创立精神存续 10 年、20 年、30 年，只要创始人还活着。但是，如果让其下一代继承他的财产和房屋，那么当初的精神就会削弱，会朝另外的方向发展。

这样一来，就会发生刚才大家讲到了"自我目的化"，开始争夺职位，创立时的精神就会变质。所以，用我的理解来解释刚才今田先生所说的，就是自我目的化的组织为了永远存在而搞继承或作为遗产留给一代，并让他们来做，那么就会出现肮脏的事情。我见过几个事例，它们完全与创立精神背离了，有没有它完全无所谓。但是我想不搞继承的存续，会使创立精神越来越高远。

为了不发生自我目的化，应该做些什么呢？我这里不讲理论问题，从我的实践经验讲，需要的是"不断的反省"。讲我们自己的事情，不太好意思。我们为了一次次地召开公共哲学的共同研究会,包括矢崎理事长在内都进行激烈的争论,外人看了像是在吵架。为了不发生自我目的化,大家都要说不好说的事情。外人看了都会说:"他们那样没事吧?"我们就是为了不发生自我目的化,我们要经常思考,经常改正,不断审视现在这样是不是可以。这是为了不发生自我目的化的战斗。

韩国新农村运动是本着了不起的精神开始的,取得了很好的成果。它的出发点是官民协同的意识改革运动,但是随着时间的推移政治权力方面的意图介入得多了,领导人出人头地的欲望使原来的创立精神变质了。我从那里学到的是,即使组织可以继承,但不能保证精神和使命感也可以得到很好的继承。当然需要根据时代和状况的变化对组织进行重新构建,但坚持精神基础的一贯性也很重要,所以,如何防止僵化所引起的功能衰竭和发生解体危机,是很重要的课题。同时,对那些以官民协同的形式开始的运动,还需要继续作出努力,名副其实地发挥民间主导的活力。

有的人只想做与前边的人不同的事情,而忘记了本来的目的,并且把提高自己的业绩当成了目的,为实现这个目的便以联合政府和企业的名义形成过于依赖这些部门的结构。这样,作为自立、自发的结合体的 NGO、NPO、志愿者联盟性质的工作到这里就结束了。它变成了官僚化、职权化的、只为了让大家看的工作,原来的活力和精神荡然无存。如果在政府机构即便发生这种情况也不能取消,但 NPO、NGO、志愿者联盟如果这样的话最好是解散。新农村运动之所以最后变得有名无实,其原因就在这里。

最后我想说的是,NPO、NGO 不是"机器"而是一个"生命"。"生命"是会成长发育的,而"机器"不会长大,它会越来越老化,虽然经过修理可以让它长时间工作,但它不会有刚出厂时的新鲜劲和功能。然而"生命"却不同,"生命"诞生后经过培养会成长、会

61

变化。"生命"会开花,也会结果。

我认为从某种意义上讲,考虑早晚会死亡这件事也很重要。"生命"就是细胞的不断死亡和再生。这样想来,也不必拘泥于死亡。不用想以前做的事情非要有什么结果。如果需要任何时候都可以果敢和大胆地进行自我再生和自我转换,努力让自己存在的理由和作用更加公共。

今后,在形成"新的公共性"问题上,即使每个人都有很好的意志和志向积极参与其中,一个人的力量也是不够的。因此,我想下面我们要做一个拓展讨论,展望一下个人如何与各种组织、团体、机构合作,如何利用机会和渠道。

评价 NPO

今田高俊:我想再谈谈关于长久存在的问题,然后再进入下边的论题。我并不是说都不应该长期存在。正像金泰昌先生所说,好的组织是可以一直持续下去的。但是现在社会上有各种 NPO,有的团体具有高尚的精神,根据自己的理念开展活动,有些团体却不是这样。目前被认可的 NPO(NGO)有近 3000 个,我们有权利区分和了解其中哪些是认真开展活动的 NPO(NGO),哪些是蒙事的 NPO(NGO)。NPO(NGO)也必须让国民去识别和给予严格的评估。在这个过程中,我们应该把以增加会员为目的的情况作为一项负面指标。不认真进行本来开展的活动,只想多集资,多增加会员,那就会像在哪里都靠不住的宗教团体一样。我们需要考虑有一个对其进行检查的指标。

要检查它是不是认真进行了基于其理念的活动,信息的公开是不可缺少的。NPO 本身(企业、大学、政府机关也是一样)必须要做好信息公开。为此,NPO 需要认真考虑如何对自己的组织运营和活动进行信息公开。

如果把 NPO 定位为非营利组织,那就应该从这方面设立评估项目。NPO 今后会越来越发展,不远的将来就可能超过 1 万个。以前社会上对 NPO 的认识还不是很充分,但以后它将成为很大规模的团体,所以,还需要监督和检查 NPO 自己的 NPO 和强化 NPO 自己的 NPO。

金泰昌:哪些是好的 NPO,哪些是不好的 NPO,这样的判断还是由政府或行政机构来做,让它们来判断是不是适用税金的优惠措施,进行规范和指导。把 NPO 看作为行政的"管理对象",这是一种情况。

与此不同的是,有的时候要每个人基于志愿精神,以"日本面临的这个问题政府和其他人解决不了,我虽然不能完全解决,但却可以尽力"这种真挚之心去积极参与。如果一个组织或个人有这样纯粹的动机、高尚的理念和深邃的哲学,那么在他们看来即使没有政府的认可也可以,没有税金方面的优惠也行。他们所进行的活动是根据自己的人生哲学选择的。我认为应该更关注和认真思考这些人的生活方式。

长谷川公一:现在日本,大家认为对公共事业的政策评估很重要。比如,在我参与的事情当中,有关于女性政策问题、男女共同参与社会问题等的议论,但没有如何评估女性政策的指标。对 NPO 也是一样,也许不是政府应该做的事情,但就像今田先生说的那样,需要有一种 NPO 来监督和检查 NPO 本身,对 NPO 的活力进行评估,看看 NPO 在多大程度上完成了公共使命,它是不是真正 non profit(非营利),它的活动是不是区别于政治活动。

关于美国的情况,御茶水书房出版的《来自旧金山的社会变革 NPO》这本书很有趣,对 NPO 感兴趣的人一定要读一读。这本书介绍了旧金山的塔伊斯财团。这家塔伊斯财团前段时间还来到日本,在各地介绍它们的各种活动,它从各个方面募集资金,成了接受捐助的托盘。在个人想捐助某个 NPO 的时候,他却不知道捐助给哪个 NPO 最好,这样就有了塔伊斯财团,它可以替人家做。就像对大家说:把钱交给我们吧,让我们来替你做。

也就是说,这个财团用这样的一种形式,即"最能体现您志向的慈善活动让我们来做,我们是专门做慈善 NPO"这样的形式,对 NPO 的活力作出评估。比如,它可以说"将来世代国际财团会有很大的发展,应该向将来世代国际财团提供更多的资金",并负责把资金转过来。这个财团就是说明了这一点,它是一个可以进行具体评估的实践模式,是中间支援团体的一种方式。

当然,只有一个财团来做这样的事情也是有弊端的,但这是个很好的事例,就是 NPO 发挥了过滤器的功能。NPO 的评估可以与行政评估平行,以一种独特的角度在公共使命方面作出大的贡献,就像塔伊斯财团所做的那样,发挥资金方面的作用。

公共哲学的基本形态

长谷川公一:我认为在金泰昌先生刚才提出的问题当中有的非常重要,比如是什么让人们参加市民活动或 NPO、NGO 活动,什么是哲学的、精神的、价值的或公共哲学的支柱。从美国的情况来讲,当然基督教起着很大的作用。比如在社会学方面,罗伯特·贝拉就是这样认为:公共哲学最终还是归到基督教。我觉得,反过来说,基督教也就是公共哲学的标准。那么我们来看日本或东亚,什么可以成为这里公共哲学的标准呢? 这难道不是一个重要的问题吗?

金泰昌:我刚才讲的正是这个问题。在这方面有一本书可以给我们很重要的启发，如果有机会大家一定要读一读，这本书就是一位名叫冈野守也的学者写的《自我与无我》①。我看这本书是为了寻找把公共哲学与心情伦理和身体感觉联系在一起的契机，并不意味着我完全赞同书中的内容。

在他的论述当中我想介绍给大家的是，佛教所说的"无我"，其实并不是那样（这是前提），但在日本那些很有名望的和尚们任意解释，给人们带来了无比善意的麻烦。他虽然没有用"善意的麻烦"这个词，但他认为结果就是那样。书中谈到，在第二次世界大战前后那些有名望的和尚到日本全国各地说教："无我就是为天皇陛下去死，高高兴兴地为天皇陛下去死就是最高的无我，无我与灭私奉公完全是一回事"，书中还点出了这些和尚的名字。

如果只是在日本说这些也就算了，听说他们还到韩国和中国去告诉那些醉心于佛教的年轻人，"佛教的精神就是这样的"，并把这些年轻人送上了战场。这也是一种诉诸心情伦理"公"的哲学，是利用佛教教理使单纯的年轻人在身体感觉的层次上感受到情感共鸣的"公"的哲学，它也是随意解释"无我"的"公"的哲学。

有很多人从佛教的角度对基督教进行批判，他们强调佛教的基础当中有忠君爱国精神，而基督教却没有。可是即使忠君爱国是"公"的精神，它也与"公共"精神不同。慈善精神和基于这种精神所产生的伟大遗产和业绩，说起来都源于以邻人爱精神为基轴的公共哲学。

在我看来，日本基本没有慈善这个概念，如果说有，那也是多少有些钱的人们用自己的钱做点什么。慈善却不是这样，用钱的目的并不由自己决定，而是要捐钱给大学就一下都捐给大学，如果

65

---

① 冈野守也:《自我与无我》，PHP 研究所 2000 年版。

要捐给其他什么组织就一下都捐给那个组织,并且没有什么附加条件。作为回报,最多是要求建筑物或图书馆用自己的名字命名,而不会提出更多的要求。哈佛大学和斯坦福大学都是靠这些钱建起来的学校。不,应该说美国的名牌大学几乎都是用这些钱创立的,现在也还是这样。

在用钱上,今后的世界也需要这样的精神。把钱捐给要创立的大学,并设立负责人。在选择第一任负责人时,捐献者的代理人是委员之一,决定由大学来做,他可以发表参考意见。所以,出钱的人并不会对这些决策产生影响。把这些事情都包含在一起才是慈善。我当然也不是说慈善就绝对好。

NPO、NGO、志愿者联盟当中慈善的原动机就是应答上帝之爱的对邻人的爱。在日本没有必要从这个角度去考虑,在日本按日本的方式去考虑,根据佛教、神道和儒教去考虑就可以了。每个人都有这样的动机,整个社会也会鼓励这样的动机。这样一来,这种力量就会扩展,会有更多的人来关心这方面的事情。那么如何才能生成这样的公共哲学呢?它的原点又在哪里呢?我绝不是说"公"的哲学不行或者不好,"公"的哲学很重要,我说的是与其不同的"公共"哲学的形式。

因此,假设根据佛教的教理来考虑公共哲学,那么有许多过去的遗产和课题需要我们解决。能为今后的日本社会作出贡献的真正的志愿精神、自立精神是什么,怎样的公共哲学可以作为将NPO、NGO、志愿活动总括起来的"新的公共性"的基础,这都是很大的问题。

我觉得长谷川先生讲的问题是我们需要进一步讨论的课题。那么什么可能成为日本公共哲学的标准呢?

创立发源于日本的公共哲学

小林正弥：我见过《自我与无我》的作者冈野守也，他原来是春秋社的编辑。他引入和介绍了（超个人心理学派的）肯·威尔伯等第四代的心理学主张，设立了桑格拉哈①心理学研究所，并担任研究所的主持人。可以说，这是精神领域里的市民（公共民）活动。冈野的确对禅宗和唯识派佛教感兴趣，他一边介绍唯识，一边从超个人心理学派的角度通过独特的方式将其与基督教等进行结合。

如果以冈野那种超个人学派的想法为前提来回答现在的问题，可以说，到了心理学所说的超越自己的阶段，（各种传统宗教所普遍主张的）利他心、慈悲、爱就会自然地产生，而这就应该是志愿活动的根基。因此，基督教可以有基督教的做法，佛教有佛教的做法，儒学也有儒学的方式，属于不同宗教传统的人们都可以用各自不同的方式与公共哲学或 NPO 等志愿活动联系在一起。应该是这样一种理论结构。

金泰昌：看了他写的书应该怎样来看我们现在所想的"公共哲学"呢？在美国，无论是贝拉还是泰勒还是桑德尔，各种人说着各种的事情，但他们的深层都直接或间接地与基督教有关联。

在当时那个白人占压倒性多数、WASP（White Anglo-Saxon Protestant，白种盎格鲁-撒克逊清教徒）为主流的美国，它是有一定意义的。当时在今天的美国有亚洲人、有黑人、有拉丁美洲人，它是一个多人种、多文化、多语言的社会，在这样一个社会还可以说"基于基督教的公共哲学"吗？现在美国讨论"公共哲学"的人基

---

① 原文为梵文，意思是把握整体。——译者注

拓 展 一

本都是白人。

但是,能让白人用基督教创立整个美国的公共哲学吗?我想这种情况对美国反而是危险的。实际上在美国也有很强烈的反对意见。在哈佛等名牌大学都是白人占压倒性多数,即使有黑人大多也都是配额的并不是被正式雇用的。在这种状况下少数人是很难从正面提出反对意见的,但从第三方来看确实有一个问题,那就是美利坚合众国是不是可以有这种基于基督教的公共哲学。

我之所以对日本抱有期待,是因为在日本人们对宗教并不那么拘泥。即使有些信奉佛教的和尚们会作出偏离佛教教诲的事情,但还是很有可能创造出不为其宗教的偏好所歪曲的"公共哲学"。能根据时代的需要,从正面对应日本和世界所面临的课题的公共哲学,不是基于"宗教"的公共哲学,而是非宗教的公共哲学,只有它才可以顺应时代和形势的需要。我们是否应该首先考虑什么是适合于不过分拘泥宗教的日本的"新的公共哲学",然后再寻求将其推广于全球的可能性呢?

但是,如果日本学者受美国和欧洲学者的影响过大,不能构筑自己的现实存在的理论,那将不会成功。因此,我们应该从某种意义上转换思维,更关注亚洲和日本的状况,探讨构筑怎样的理论才适合那里的情况。

在理论构筑当中可以借鉴欧美的理论。我们将来世代综合研究所充分考虑到了对西方理论的借鉴,但在根本上还是以我们现在所面临的问题为核心,认为只要创建可以回应现实问题的公共哲学就很好。对"公"与"私"的问题也应该立足于亚洲和日本的现实来重新审视,共同性、公共性、私密性的问题也应该从这样的观点来重新考虑。

单刀直入地说,关于今天的日本社会已经有很多来自德国、法国、美国、加拿大……方面的议论。我觉得关于日本和亚洲的状况应该有更直接的思考。前段时间，我和我们研究所的工作人员茹杨一起用15天的时间走访了中国各个方面，和中国学者探讨了"新的公共性"问题。围绕今后中国应该朝什么方向发展、如何与邻国相处、中国人应该怎样认识自己等问题进行了真诚的对话。日本比中国要亲美，所以我认为要摆脱西方的理论，应该有中国或亚洲的新思维。虽然不能过头，但从某种意义上讲这是必要的。

　　回到刚才的书上面，它有的地方确实让人不满意。那就是在超个人心理学方面过深了。它的方向与公共性所探讨的方向是不同的。超个人心理学所说的本来就是个人层次上的高与低，是"私"的问题而不是公共性。超个人心理学派虽然可以向高的层次发展，但却不注重横向发展。公共性所讲的不是神秘体验也不是超常能力。

　　一般说起日本的代表性宗教都认为是佛教，这是错误的印象，其实并不是那样。但是，日本的佛教过去不仅在日本国内，而且还到国外对单纯的年轻人说些含糊的事情，有多少人因此走上战场而失去生命。所以，"宗教"实际上是很危险的。"宗教"成为"公共哲学"不是什么好事情，必须要把它们分开来考虑。

　　从这个意义上讲，在今天日本的宗教状况下很难找到"原点"，我反倒觉得很好。如果人们产生那里有什么（原点）的错觉，那就会又回到那里，又会像某人那样说起的以什么什么为中心的"神之国"。这种说法似乎很容易懂，正是因为容易懂才会对一些人有影响，转眼间就会形成叫喊着"对！对！"的伙伴。这也可能成为一种疑似公共哲学。我们应该注意到这一点，应该认真地思考这个问题。

　　小林正弥："基于特定的宗教和宗派的公共哲学是危险的"这

一点，我完全赞成。但我认为一个比较大的问题是，无视宗教性和精神性的公共哲学能否成立。我想没有必要更多地为冈野先生代辩，但对今天的批评我不赞成。我反对为佛教和基督教等"特定宗派所束缚的公共哲学"，重要的是要从超越这种特定性的心理层次来考虑。从这个意义上讲我是同情冈野先生的。可以说，我们需要考虑的是"超越特定宗派，基于普遍宗教性、精神性的公共哲学"。

刚才我讲了"共同性"的重要性，从思想上说共同性的根源就是要超越"个体"。我个人认为，正是因为如此，超越个体的思想才会成为"共同性"或"NPO"的方向。首先"确立个体"是很重要的，但不是就此而止，而是应该在确立个体之后，"超越个体"去关爱他人。超个人心理学说的就是这一点。

金泰昌：你说的我很理解。我之所以说基于宗教的公共哲学是危险的，并不是要否定宗教性和精神性，只是认为要警惕既成宗教的教义有可能进行自以为是的思维统治。进一步说，我们应该充分认识到，过分强调特定宗教的一部分教理，并从其排他的绝对化的角度而生成的哲学、思想（特别是公共哲学）有多可怕。所以我才直接说出了基督教和佛教等名字。在日本创造基于这些特定宗教的公共哲学难道没有问题吗？现在美国人在讨论基于基督教这一特定宗教的公共哲学，我觉得这不太妥当。为什么这么说呢？因为作为一神教的基督教的世界观和价值观也许会对那些非基督教信徒和对宗教性问题感到不舒服的个人或团体进行压制和排斥。因此，"超越个体"是必要的，但如果它被包含在某种教义当中那是很危险的，"奥姆真理教"和伊斯兰原教旨主义都告诉了我们这一点。

我知道，人不仅需要物质层次上的东西，也需要精神层次上的东西,需要某种灵性或精神性。但是否应该把它作为公共哲学的前提,这是我们应当进一步慎重探讨的问题。

日本志愿者活动之根

今田高俊:听了刚才的发言,我想说几句。在志愿者活动一般被认为是上帝使命的那个阶段,志愿者活动没有在日本扎下根。一直到1995年阪神大地震的时候才有许多人(哪怕那时候被作为一种时髦)奔向了神户。这一年是没有以上帝使命的形式所进行的志愿者活动让大家喜悦的元年。

根据我的印象,在日本绝不是因为上帝或佛教等宗教的使命志愿者才普及的,回顾一下历史,就会理解这一点。在阪神大地震重建活动中参加志愿者活动的人们,开始认识到志愿者活动不是宗教的使命,而是生活的意义。他们体会到"这是好事情,是自己可以找到生活意义的活动"。也就是说,他们靠出人头地和赚钱不能感受到自己的生活意义,但在帮助别人、让别人快乐的时候(当然在丰富物质基础的支撑下才可以做到),自己会感到很充实。所以,这种志愿者活动能够开展起来,不是因为上帝的使命,而是靠人们的自发心。

NPO和NGO也是一样,日本的志愿者活动没有宗教的根。当然可以说在支援重建活动中基督教会和佛教教团都很活跃,但是不能说在日本志愿者活动的根当中有宗教团体的贡献,志愿者活动由此开花。也许宗教在志愿者活动中起过作用,但是没有宗教背景志愿者活动照常进行,所以,不必把志愿者活动和宗教勉强地结合在一起。虽然说可以用一种时髦的感觉来参加志愿者活动,但那也不是单纯的时髦。所以,朝着人们更高层次的喜悦这个方向去建立志愿者理论,对日本是有好处的。不以"上帝的使命"

的形式发展和壮大志愿者活动,这才是"日本的使命"。

原田宪一:阪神大地震是一场地域广阔的灾难,小规模的灾难在日本随处发生。刚才有人说到没有宗教观,但是在云仙普贤岳火山爆发的时候,在《每日画报》所做的特辑中我看到了写着"粗暴的山神"这样的标题,这对我是个打击。这次名古屋水灾,又有写着"水神"的标题。

"神发怒的时候只有自己互相帮助"——人的渺小和相互帮助。在山形那里如果下了大雪,大家都一起扫雪,这样人和人的关系会变得很好,比如前段时间在葬礼上有过什么不愉快等事情都会忘却,大家都可以互相原谅了。我不是在概念上说"神"或"宗教",而是说我们在日常当中体验着自然之神愤怒时候的相互帮助。

今田高俊:如果只是"神愤怒了"这个程度是完全没有问题的,因为它是没有教义的信仰。

原田宪一:刚才薮野先生讲到了"间隙",在具体共同灾难体验的人们当中是没有间隙的。比如在名古屋都还记得伊势湾台风的人们当中就没有间隙。灾难体验在地域社会是最大的共同体验。没有这样共同体验的人,无论是外国人还是日本人,我们都会在思想意识上认为他们是异质的。即便是在山形,如果来了不知道几十年一遇大雪的外人随意建造房子,我们同样想排斥他们。

当然,像阪神大地震这样地域广阔的灾难,具有共同体验人们的范围会很广泛,所以,迄今虽然存在但没有觉察到的传统便显现出来,成为"志愿者"这种新的时髦。其实,日本人当中本来就有相互扶助的意识。

论题二

少子老龄化与共同支撑的福利社会

这里主要有三个论点。第一,从"共与互"这一"辅助线"的角度来考虑"公与私"的问题。第二,在普遍性(universalistic)与特殊性(particularistic)这个基轴当中,通过对特殊领域的实证研究积累具有普遍意义的研究成果,进而探讨"少子老龄化"和"福利护理"领域研究当中的"公私问题"①。第三,运用公共哲学不可欠缺的"社会的矛盾"论考察"公与私"。

1. 作为内压的少子化社会

(1)老龄化=100×老龄人数(长寿化)/总人口(少子化)

老龄社会论是由长寿化和少子化这两个方面构成的②。一方面,人口结构发生大的变化,在这一过程中全体国民的寿命变长,进而老龄人口占整个人口的比重增高。2000年日本男性平均寿命为77.64岁,女性为84.62岁,都名列世界第一。根据2001年9

73

---

① 这里当然要用帕森斯的模式指数。
② 参见金子勇:《老龄社会与你》,NHK 1998年版。

论题二　少子老龄化与共同支撑的福利社会

月厚生劳动省发表的数字,100 岁以上的老龄人口总数达到 15475 人,同时,2001 年 9 月总务省推算的老龄化率为 17.9%,日本老龄化率连续 30 多年每年都创新高。这些指标都是长寿化的体现。

另一方面,0 岁到 14 岁的少年人口比率在 2001 年 9 月末下降到 14.4%,这个数字也是每年都在刷新日本的纪录。日本的年号变为平成以后,日本每年平均有 120 万人诞生,2000 年出生 119560 万人。在少年人口比率降低的同时,表示一个女性一生所生产孩子数量的"总合生育率"2000 年是 1.35,仅次于 1999 年的 1.34,少子化的趋势日益显著。

根据以上情况,我们不难理解,由于老龄人的不断增加和年轻人的不断减少,而更重要的是整个人口数量的下降,结果导致老龄化的急剧发展。不管怎么说,我们研究老龄社会,不仅要研究人越来越长寿,而且不能忘记要研究少子化方面的问题,我们需要包括这两个方面在内的宏观的老龄社会论[1]。因此,我们应该认识到"少子老龄化"这一表述是很权宜的,其实它包含着少子化和长寿化这两方面的内容[2]。

我一直以"互相支持"为关键词来分析少子化与长寿化的现状,认为应对老龄社会要有综合的对策,应对少子化不是要实现"男女共同参与社会",而是要实现"育儿共同参与社会"。[3] 应对长寿化应该实现以国家护理保险这种典型的共同"相互支持"或

---

① 参见金子勇:《老龄社会什么会变? 会变成什么样?》,讲谈社 1995 年版;金子勇:《老龄社会与你》,NHK 1998 年版。

② 使用"少子老龄化"一词的例子不胜枚举,从 20 世纪末的《厚生白书》到 21 世纪的今天一直都在使用,比如富永健一(参见富永健一:《社会变动中的福利国家》,中央公论新社 2001 年版,第 240 页)就依然在用。

③ 参见金子勇:《从男女共同参与社会到〈育儿共同参与社会〉》,载金子勇编:《老龄化与少子社会》,密涅瓦书店 2002 年版。

"支援"为基轴的"老龄社区福利社会"①。

一般说来,人都是要老的,大家都必须要考虑自己老了以后的事情,因此,对于老龄社会对策的重要性整个社会是比较容易达成一致认识的。但是,对于少子化的认识并不那么统一,有许多国民对少子化的负面社会影响还缺少充分的认识。其中还有些人认为不需要少子化对策,甚至表示赞成少子化。有人主张,少子化也有正面的社会影响,比如可以解决住房问题和粮食问题,可以缓解上下班时间的交通拥挤。② 甚至还有人极端地认为,世界人口已经达到了61亿,所以从环境问题、能源问题及粮食问题等方面看,日本等发达国家的少子化是值得欢迎的。但是,应该说这些观点非常短视。③

因此,今后在讨论少子化问题之前,首先要明确对少子化现象的基本认识。如果不明确立场,讨论也是空谈。这一点,与讨论老龄社区、福利社会不同,老龄社区、福利社会的前提是需要长寿化对策。我一直认为少子化是不利的,这是我一贯的观点。

(2)少子化不利论

对于少子化,我的观点是立即从"共同支持"的观点制定对策并马上实施④,这是因为,少子化不仅会缩小婴幼儿和中小学生市场,而且会缩小整个市场,会使经济活动僵化。结果,劳动人口减少,失业率增高,犯罪增加,整个社会系统将失去活力。即便像少

75

---

① 参见金子勇:《城市老龄社会与社区福利》,密涅瓦书房1993年版。
② 参见森永卓郎:《推荐〈非婚〉》,讲谈社1997年版。
③ 参见金子勇:《老龄社会与你》,NHK 1998年版。
④ 代表日本智库的三菱综合研究所(1999)和富士综合研究所(1999)对"少子老龄化"的认识是有差别的,前者以"恐怖"为关键词,而后者则发出了寻求"希望"的声音。

子化有利论所说的那样可以消解住房问题,但新建住宅数量剧减,它约占 GDP 的 10%,拥有 600 万员工的建筑业将受到巨大的打击。少子化的负面影响已经在妇产科和儿科等医疗领域、婴幼儿服装和食品领域、儿童学习教材等领域显现出来。活力低下的社会系统一定会变得封闭。

少子化还会对外交战略产生大的影响。在最近 10 年间开展 ODA 的是世界上的 21 个发达国家,但如表 1 所示,可以开展 ODA 的国家总合生育率都在持续下降。如果不采取对策,出生率的下降会越来越夺走经济活力,降低 GDP,使国家预算陷入困境,所以也不得不缩减 ODA。如果世界每年缩减 5 万亿日元(日本 1 万亿日元)的 ODA,那么那些发展中国家将会遇到困难。从这个意义上讲,少子化问题必须要从整个世界体系来考虑,我就是要从这个角度来开出处方。阿藤曾对我的这一观点做过不加判断的介绍:"也有人认为,发达国家的经济特别是具有世界第二经济实力和政府开发援助(ODA)排名世界第一的日本经济,因超老龄社会和人口急减社会的到来而陷入停滞,从发展国家的开发和环境保护角度讲,这也绝不是人们所希望的。"①

即使 IT 革命继续进行,但如果少子化带来了人口结构的巨变,那么对内将造成经济活力的削减,对外还将面临出现一国孤立主义(发达国家门罗主义)的危险。②

(3)育儿共同参与社会

我的建议是构建着眼于"共同支持"的"育儿共同参与社会"。

---

① 阿藤诚:《现代人口学》,日本评论社 2000 年版,第 210 页。
② 在这个意义上,一国的少子化与世界体系直接联系在一起。

这是一个改变"男女共同参与社会"的概念。这是因为:"男女共同参与社会法"不是为解决少子化问题而制定的法律,靠这个法律来制定少子化对策是有局限的。① 这一点,与认为"男女共同参与"理念实现了,它就可以成为少子化对策的观点完全不同。② 我积极提倡"育儿共同参与社会",把它作为一种新的社会目标。

表1　ODA 排名前几位国家总合生育率③

国　名	总合生育率(％)	1998 年 ODA 总额(百万美元)
意大利	1.19(1998 年)	2356
日本	1.35(2000 年)	10640
德国	1.41(1998 年)	5589
瑞典	1.51(1998 年)	1551
英国	1.70(1998 年)	3835
法国	1.75(1998 年)	5899
美国	2.03(1997 年)	8130

表2除第2章和第5章外,建设"男女共同参与社会"的很多内容我都赞同。但遗憾的是,我命名为"托克维尔问题"的平等与自由的乖离没能得到很好的解决,缺乏代际论的视角,没有讨论上一代人要怎样培养下一代人。它主张"男女共同",但却不关注"老弱男女共同"。另外,它对家庭的把握和强加于人的"两立生活"也值得商榷。④

　　例如,有人归纳一些人的观点,说"自己不生孩子也不

77

　　①　参见矢野恒太纪念编:《世界国会 2000/2001》,国势社 2000 年版,第 391 页。
　　②　把纠正性差别为主要目的的"男女共同参与社会法"或"条例"作为少子化对策的支柱是否妥当,值得怀疑。
　　③　阿藤诚:《现代人口学》,日本评论社 2000 年版,第 211 页。
　　④　参见金子勇:《从男女共同参与社会到〈育儿共同参与社会〉》,载金子勇编:《老龄化与少子社会》,密涅瓦书房 2002 年版。

养孩子，让别人生别人养，自己老的时候也可以让那些孩子来照顾"①，我听起来，这完全是无视代际关系极不负责任的说法。② 根据厚生劳动省的标准计算，如果年收入在 700 万日元，那么一个普通人工作 40 年一生能有 2 亿 8000 万日元左右的收入。生一个孩子并把他培养到大学毕业，父母的花费超过 3000 万日元，如果两个孩子就高达 6000 万日元。但如果不生孩子，不养孩子，就不必支出这 6000 万日元。难道这是公平吗？《平成 12 年(2000 年)版经济白书》说："对每个孩子的平均支出日益增加"。这项支出全部由那些生儿育女的父母负担。我们无论如何都需要代际论的视角。

表 2　平成 13(2000)年度所采取的关于促进
建设男女共同参与社会的措施

第 1 章	扩大女性对政策、方针决策过程的参与
第 2 章	站在男女共同参与的视角重探社会制度与惯例,进行意识改革
第 3 章	在雇佣等领域确保男女机会均等和待遇均等
第 4 章	在农山渔村确立男女共同参与
第 5 章	支援男女职业生活与家庭、社区生活的两立
第 6 章	完善老龄人可以安心生活的条件
第 7 章	从根本上杜绝对女性的所有暴力
第 8 章	对女性进行终生的健康支援
第 9 章	媒体要尊重女性的人权
第 10 章	推进男女共同参与,充实教育学习,使人们可以做多样的选择
第 11 章	对地球社会的"平等、开发、平和"作出贡献
第 12 章	推进计划

(出处:http://www8. cao. go. jp/whitepaper/danjyo/plan2000/h13/index. html.)

---

① 高山宪之:《出生率下降的经济原因与生产、育儿支援对策》,综合研究开发机构编:《少子化、老龄化的经济效应与经济对人口动态的影响》,综合研究开发机构 1998 年版,第 236 页。

② 这不是高山的观点,是他自己归纳的。

（4）育儿搭便车

男女共同参与社会法和政府以及媒体等大多主张少子化论,都在强调担负着下一代的孩子们要提供现在护理保险、养老金和健康保险的基金,但它们却对没有直接参与培养孩子的人们等闲视之。我把那些没有直接参与培养孩子的人定位为"育儿搭便车"。据说,"育儿搭便车"的特征就是最大限度地强调育儿的负担。①

确实,生孩子,不生孩子,不能生孩子,这几种情况是不同的,人们也有婚姻的自由和生育的自由。但是,如果因为如此就容忍"育儿搭便车"的增加,那么在国民中间就会产生不公平的情绪,也就不能建设男女共同参与的社会了。如果没有解决如何调整个人的自由与社会的公正及平等问题,那么在自由与平等、平等与公正之间就会发生社会性矛盾。

对这个人的合理性和整个社会的不合理性,可以用基于"合成推理谬误"的"寄生单身论"来表述:"可以使个人富足的寄生生活会使整个社会贫穷"。② 所谓寄生单身,是指"与父母吃住在一起,过着富裕生活的男女未婚者"③,如图 1 所示,它在我所说的"育儿搭便车"中占有一席之地。"对于个人来说是对的,但对于整个社会来说未必是对的"。④ "所谓公共财是指所有人都可以从中获得利益的资源。即公共财具有非排除的性质,结果就是它诱惑人们,即使不对创造和维持它作出贡献也去享受它。这样做的

79

---

① 对于育儿负担重的这种大合唱,媒体自身有很大的责任。希望媒体能更多地报道育儿的快乐。

② 山田昌弘:《寄生单身时代》,筑摩书房 1999 年版,第 103 页。

③ 同上书,第 21 页。

④ 萨缪尔森:《经济学》(上),都留重人译,岩波书店 1971 年版,第 24 页。

人被称为搭便车,从个人角度看搭便车是合理的,但如果大家都那么做,那么公共财就得不到供给,所有的事情将变得很糟糕。"①

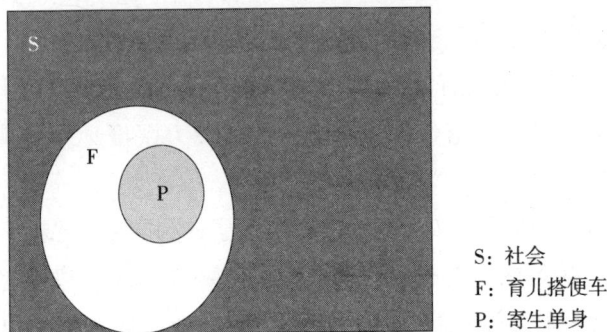

S: 社会
F: 育儿搭便车
P: 寄生单身

图1　在育儿共同参与社会中的寄生单身与搭便车

(5)社会性困境

社会性困境论常常介绍"公用品悲剧"这样的事例,说既然是困境那么就要想办法解决,而这又很难做到。②"社会性困境研究就是个人与集合的合理性之间紧张关系的研究。在一种社会性困境当中,个人的合理行为会导致所有人犯难。"③"所有人"也就是"全员",绝不只是"他人"。个人的合理选择使整个社会增加不合理性、非合理性的现象也就是社会性困境。育儿搭便车的合理性

---

① Kollock, P. , Social Dilemmas, "The Anatomy of Cooperation", *Annual Review Sociology*, 24, 1998, pp. 188 - 189.

② 许多先行研究都说道,"要防止搭便车的发生就要在制度和规则上下工夫,并严格执行这些制度和规则"(竹内靖雄:《推荐经济伦理学》,中央公论社1989年版,第163—164页),"社会性困境基本不是人们的心理问题,而是社会制度的问题"(山岸俊男:《社会困境的结构》,科学社1990年版,第11页)。从这些先行研究当中,我们可以理解,解决社会性困境重要的是最终包括改变社会制度。

③ 山岸俊男:《社会困境的结构》,科学社1990年版,第188页。

具有增加社会系统不合理性和非合理性的作用。

"每个农民都想尽可能地得到更多的灌溉用水,每个渔民都想捕到更多的鱼,进而从中获得利益,但这些个体决定集合起来的结果就是灾难,就会导致地下水枯竭,鱼类灭绝。"①科罗克的这一观点可以原封不动地用于"育儿搭便车"②及整个社会系统。"育儿搭便车"没有"合理地"负担养育儿女的父母必然要背负的育儿成本,但要在养老金、护理保险和健康保险上依靠孩子们。

如今女性主义系列的言论多得让人吃惊。可以想象,如果只优先自由的个人,不负担社会育儿费用的人增加,那么少子化就会更加严重,就会发生养老金、护理保险和健康保险等公共财遭到破坏这种不合理、非合理的"灾难"。

(6)需要进行超越保育的讨论

研究一下少子化的原因,就是因为生育孩子的父母负担太大。分析其"负担"不外乎有四种,即时间的、精神的、肉体的负担和经济企划厅白书或大家常说的金钱上(教育费)的负担。"保育"是教育负担的一部分,但不是全部。其中,时间的、精神的、肉体的负担从孩子诞生到 3 岁这个期间是父母直接面对的,需要把这期间的负担社会化。另外,孩子上大学后每年的学费和生活费达 250 万日元,金钱上的负担在这期间达到最高。也就是说,育儿负担有 3 岁前和 18 岁以后两次高峰,对策也应该有两种。对应这些负担不仅要从男女两性的角度,还要从代际之间、阶层之间、地区之间的共同支持来考虑,否则就看不到克服少子化社会的未来。

81

---

①　山岸俊男:《社会困境的结构》,科学社 1990 年版,第 184 页。

②　参见金子勇:《老龄社会与你》,NHK 1998 年版,第 57 页。

"要为对'谁来支付'这个问题准备一个公平的答案,就不仅要考虑由哪个世代来支付,而且还要考虑由特定世代的谁来支付"。① 负担的问题不但是男女性别论通常解决不了的问题,甚至也是代际论通常不能解决的难题。作为解决这一问题的指针,我们可以先从男女老少、全体国民共同负担的角度开始讨论。也就是说,我们只能走把个人负担转换为近似于公共的"共同负担"的道路。社会学研究今后要做的就是在 21 世纪初使这鸟瞰图具体化。

这个思路最近的依据就是护理保险的理念。护理保险的法律规定,无论是不是有父母,只要过了 40 岁所有国民都要平等地支付护理保险费,共同支持长寿化,这里没有搭便车的机会。平等地共同负担护理保险费直接与社会公正相连。以"育儿共同参与社会"为目标的少子化对策,也应该有全体国民共同承受时间的、精神的、肉体的、金钱的负担这样的内容。②

但是,如 1999 年度"少子化对策临时特例补助金"所示(见表3),政府和男女共同参与社会论者所考虑的对策只是保育和育儿。

表3 "少子化对策临时特例补助金"细目

保育园、幼儿园:完善保育园设施、设备 1136 亿日元,完善幼儿设施、设备 311 亿日元,实施延时托儿保育 78 亿日元
其他:完善儿童馆等设施 210 亿日元,在车站前设置保育所 53 亿日元,完善公共设施中的儿童室 49 亿日元,完善育儿支援中心等 47 亿日元

① Kotlikoff, L. J.:《世代经济学》,香西泰监译,日本经济新闻社 1993 年版,第 127 页。

② 参见金子勇:《长寿化与少子化进展的日本社会》,载于金子勇编:《老龄化与少子社会》,密涅瓦书房 2002 年版。

令人吃惊的是对少子化问题没有进行彻底的讨论,说的都是完善和扩充保育园、幼儿园的设施。① 他们甚至没有理解父母或家庭分别育儿的意义与由陌生人的保育员集中保育的意义有什么不同,当然也完全没有"育儿搭便车"增加这样的视角。因此,特地准备的补助金不能阻止少子化的发展,大部分都被用在了保育园的修缮工程上。少子化是使整个社会系统发生变革的社会变迁,仅靠完善小小的保育所设施是什么都达不到的。②

(7)护理和育儿都是 care

我认为,唯一的办法就是:与老一代的护理负担社会化一样,少子化对策要让四种育儿负担由整个社会来承受。这是因为,老人护理和育儿都可以用 care 来表述。care 这个词对老一代和下一代都可以使用。如今,我们不是要从"男女共同"的视角,而且要从"老少男女共同"的视角来看少子化的普遍性和紧迫性,情感中立地各自从有限的方面提出解决问题的办法,展现我们的业绩。

"代际会计"这个概念在这里应该得到运用。要真正确立由整个社会解决少子化问题的方针,那就需要把育儿搭便车也包括在"整个社会"的处方里。孩子这公共财不是由特定世代的男女来支持,而是要建立由所有"老少男女共同"支持的体系。由此可以获得解决"托克维尔问题"③的指针,也会看到育儿共同参与社会的未来。

---

① 参见厚生省儿童家庭局编:《我们这里的少子化对策》,厚生省儿童家庭局 2000 年。

② 我们还要注意的是,这里根本没有考虑如何评估政策的效果。

③ 参见金子勇:《从男女共同参与社会到〈育儿共同参与社会〉》,载于金子勇编:《老龄化与少子社会》,密涅瓦书房 2002 年版。

这里有一份资料可以让我们对解决问题的前景抱有希望。这不是我做的调查，是1999年8月在札幌市儿童家庭部所进行的调查结果。这个调查以札幌全体市民（20岁到69岁）和年轻人（20岁到34岁）为对象，询问了育儿是否也与护理保险一样由全社会来支持。我从这同时进行的两个调查结果中得到了一种展望。

首先，看图2"由全社会支持育儿吗"，结果表明，在札幌市年轻人赞成的多，有90.2%的人认为要"支持"。这个结果具有统计学意义，说明年轻人比札幌全体市民更认为要由全社会来育儿。

令人感兴趣的是，在图3"由全社会支持老龄人护理吗"问题上，全体市民与年轻人之间完全没有差别。这说明由于护理保险开展的宣传，大家都有了"全体支持老龄人"的意识。也就是说，年轻人和全体市民在老龄人护理问题上已经达成了大家都支持的共识。

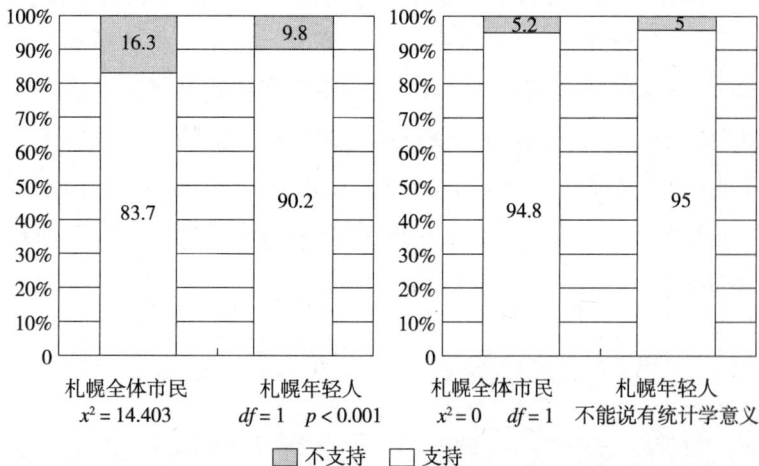

札幌全体市民
$x^2 = 14.403$ 　　札幌年轻人　$df = 1$ 　$p < 0.001$

札幌全体市民
$x^2 = 0$ 　$df = 1$ 　札幌年轻人
不能说有统计学意义

▨ 不支持　□ 支持

图2　由全社会支持育儿吗　　**图3　由全社会支持老龄人护理吗**

接下来,在老龄人护理和育儿哪个应该"由全社会支持"问题上(见图4),全体市民认为社会应该支持老龄人护理的意见更多。在图2和图3的年轻人当中也有很多人回答要由全社会支持老龄人护理,这也有统计学意义。

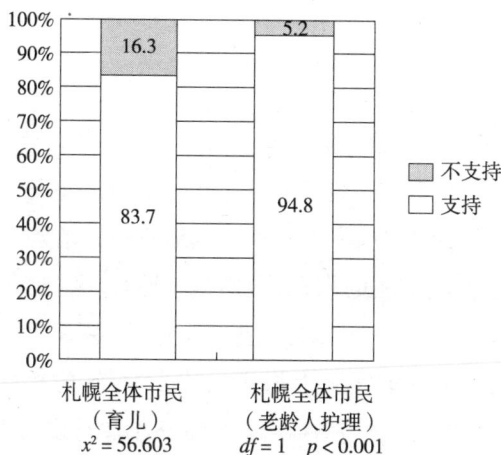

札幌全体市民
(育儿)
$x^2 = 56.603$ $df = 1$ $p < 0.001$

札幌全体市民
(老龄人护理)

札幌全体市民调查,分成两阶段随意抽样法20岁到69岁,男女共3000人,邮寄法实施时间:1999年8月27日—9月10日,有效回收:910人(30.3%)

札幌年轻人调查,分成两阶段随意抽样法20岁到34岁,男女共3000人,邮寄法实施时间:1999年8月27日—9月10日,有效回收:755人(25.2%)

图4 由全社会支持吗

可以认为,由于护理保险示范事业已经进行了3年,在这期间,由大家来支持老年人这种意识越来越强烈。继续就是力量,育儿的社会化也与护理保险一样,需要包括北海道医师会在内的各种团体、企业和行政机构不断提倡下去,"全社会支持育儿"绝不是一句华丽的口号,而是一定要实现的社会目标。从札幌的情况看,年轻人很多人表示要"全社会支持育儿",年轻人是21世纪高负担时代的主角,他们支持育儿的社会化。

85

这个发展方向可以避免社会性困境的出现，所以，它是各方面都应该积极摸索具体对策的紧急课题。我提议，特别是地方行政自治体，要尽快重新整编"儿童家庭课"，设立"育儿共同参与社会室"。

2. 老龄社会与老龄人

（1）长寿化

下面谈一下老龄社会的动向和对策。与少子化相对应的长寿化，是一个以平均寿命的延长和后期老龄人比率的增加为基轴的概念。与少子化不同的是，对于长寿化对策意见相当一致。

但是，对老龄人的援助仅靠政府是不够的。比如，现在有资格证书的服务员和家访护士作为职业人士援助需要护理1和需要护理2的老龄人，但他们实际上每周只能去两次，每次两个小时左右。在此以外的时间里，在社区还需要一种共同性或相互性的援助基轴，否则就难以支持老龄人。

日本平均寿命世界第一，但在日本国内也有地区差异。这几年日本第一的长寿县，男性是长野县（女性在全日本排第4位），女性是冲绳县（男性在全日本排第4位）。实际上调查一下最大公约数的原因，促进长寿的社会因素从公的方面看，是平均每1万居民所拥有的保健护士多，保健护士积极工作；从私的方面看，老龄人自身热心于预防因不良生活习惯而引发疾病，接受健康诊断的比率高；从共同参与的方面看，老龄人积极参加社会活动。去医院看病的期间和住院时间越短，人均老人医疗费越少。①

---

① 参见金子勇：《城市老龄社会与社区福利》，密涅瓦书房1993年版；金子勇：《社会学的创造力》，密涅瓦书房2000年版。

"老龄,大多数情况是丧失关系性的时期。从工作岗位上引退,丧失的不仅是工作本身,还意味着丧失在工作岗位上与他人的接触。"①从生活方式的角度看,老龄人所拥有的网络的扩大对长寿化有益。社会网络是关系相互性的代表。比如,人过了60岁一般来说收到的贺年卡就会减少,根据1999年对长野县长寿社会开发中心诹访支部成员(老人大学毕业生与在校生)533人的调查和2000年对佐久支部成员721人的调查,分别有38.8%和53.0%的人回答说,现在收到的贺年卡比60岁时收到的还要多。② 作为比较的素材,在北海道千岁市541位老龄人当中只有14.3%的人认为收到的贺年卡更多了,在同样随意抽取的冲绳县宜野湾市500位老龄人中仅有9.4%的人认为收到的贺年卡多了。③

仅仅是因为上了老人大学就有这么大的差别,这个结果真是让人惊讶。这里有一种智慧,它超越了"(变动)是使私人关系消失的动因"④这种说法。不过,要充实老龄人的私人关系虽然需要公共支援,但仅靠这一点还是不够的。这是因为相互关系和共同关系性的契机,也可以产生于公共支援之外。

(2)85%是自立的老龄人

与少子化一样,长寿化的关键词也是"共同支持"。我通过20

---

① 吉登斯:《社会学》,松尾精文等译,而立书房1992年版,第569页。
② 诹访调查参见金子勇:《支撑城市老龄人的社区福利结构的比较研究》,[基盘研究(B)(1)]2001年文部省科学研究费补助金研究成果报告书。佐久调查参见金子勇:《关于培养老年人人才事业的评估结构》,载老龄人人才育成事业评估研究会编:《培养人才事业追踪评估研究》,长寿社会开发中心,2001年。
③ 参见金子勇:《支撑城市老龄人的社区福利结构的比较研究》,[基盘研究(B)(1)]2001年文部省科学研究费补助金研究成果报告书。
④ 吉登斯:《社会学》,松尾精文等译,而立书房1992年版,第534页。

年的研究,找到了四个需要注意的问题,认为这样才可以做到"共同支持"。第一就是"老=考",我认为老人的"老"其实就是思考的"考"。这不是记忆力的问题,而是意味着对事物的调整力、判断力、综合力等于"思考力"。就像人们说的那样,"老是考,考是老",全体老龄人并不是一群迟钝的人。长期以来在日本大家都觉得人上了岁数就会痴呆,这在很大程度上受到了有吉佐和子《恍惚的人》①的影响,由于这本小说,大多数日本人都相信岁数大了就会成为恍惚的人。为了描绘新的老龄社会,首先就要解除这咒语的束缚。

很多老龄人超越国界,超越时间,有85%的人过着不麻烦别人的生活。② 居家过着自立生活的老龄人是绝大多数。在居家生活的老龄人当中一人单独生活和老夫妻两人生活的人在增加,合计超过了40%。避免孤立和孤独,预防痴呆应该从走出大门的第一步开始。所以,让自己周围有"人气儿"(不是人气)的生活方式对于老龄人最为重要。这是要注意的第二点。

(3)15%是依靠别人生活的老龄人

尽管如此,还有15%的少数人需要借助别人之手来生活,他们是需要护理和支援的老龄人。在2030年之前日本老龄人总人数会逐渐增加,所以这种老年人的实际数量也会增多。截至2001年9月日本老龄人总数为2272万人,它的15%约为341万人。在老龄人总数达3000万人时,需要护理、支援、治疗的老龄人要增加到450万人(见表4)。

---

① 吉佐和子:《恍惚的人》,新潮社1972年版。
② 参见金子勇:《老龄社会什么会变? 会变成什么样?》,讲谈社1995年版。

表4　老龄人当中需要护理人比率(‰)

区　分	65 岁以上	65—69 岁	70—74 岁	75—79 岁	80—84 岁	85 岁以上
居家需护理的人	48.7	15.4	24.8	45.1	92.3	208.8
特别养护老人之家	12.7	2.1	4.7	11.1	24.2	60.6
老人保健设施	8.0	0.8	3.1	8.3	18.6	33.2
医院、一般诊所	15.6	7.1	9.1	14.7	26.8	53.5

资料来源:根据厚生省大臣官房统计情报部"国民生活基础调查"(1998 年)、"社会福利设施等调查"(1998 年)、"老人保健设施调查"(1998 年)、"患者调查"(1996 年)制作。

注:"医院、一般诊所"的数据为"患者调查"中住院 6 个月以上估计患者数。(出处: http://www.somucho.gojp/roujin/hyo634.htm.)

福利服务分为自助、互助、共助、公助、商助①,所谓公助的代表就是护理保险,它具有直接进行护理和援助的功能。

我的印象是,在长寿化对策成功的历史上,曾经有家庭上门服务、日托服务、短期居住这所谓居家福利的三根支柱。2000 年开始用 5 年时间实施"黄金计划 21"(见表5)。加上社区福利的三根支柱共有六根支柱,来支撑今后的老龄社区、福利社会。

两者的不同在于,居家福利的三根支柱都是由有资格的专家来担任服务,而社区福利的三根支柱都不需要有专业资格。在这里也可以从领域的专一性、自获性、普遍性、公益性、情感中立性的角度来理解专家对居家福利的参与。但是,从共同支持的观点看,社区福利的主要特点在于没有福利护理资格也可以参加的志愿者活动、紧急通报系统协助员和町内会(社区)活动这三点上。这些都具有帕森斯的模式变量所说的扩散性(所有的)、特殊性(身边

89

———————

①　参见金子勇:《社区福利社会学》,密涅瓦书房1997 年版。

的)、私利性(自己的)、情感性(喜欢或讨厌)的特征,符合非专业性,以共同性和相互性为基点。①

表 5　黄金计划 21 的主要内容

2004 年度的目标	
家庭服务员	可容纳 35 万人
访问看护站点	9900 处
日服务/日护理	26000 处
短期居住	96000 处
特别养护老人之家	可容纳 36 万人
老人保健设施	可容纳 297000 人
小组之家	3200 处
护理之家	可容纳 105000 人
老龄人生活福利中心	1800 处

(出处:厚生省,《2000 年版厚生白书》,行政出版 2000 年。)

(4)出于 free will(自由意志)的志愿者活动

特别重要的是要重新认识志愿者活动的意义。我认为,志愿者活动的原点是 free will。基于自由意志的活动才是志愿者活动,所以也要认可别人不做志愿者的自由。这恰好与大地震时是否捐助义捐款(不是义援款)相同。"义捐金"的"捐"是不要求回报的意思,它接近志愿者活动的原义。志愿者活动本来就是不要求回报的活动。从这个意义上讲,"清爽福利财团"的"志愿者券"和"交流券"等形式是不自然的。没有比这样的说法与志愿者精神离得更远的了。参加 5 个小时的活动就有 5 个小时的权利,这种

---

① 帕森斯:《社会体系论》,佐藤勉译,青木书店 1974 年版。

形式与志愿者精神无缘。"不要回报"意义的"义捐性"才是志愿者的真谛。①

当然,即便把"交流券"改称为时间货币也有同样的问题。虽然这种活动是让人们想起"邻居照顾邻居邻人的时代"②,但这个时代的交流不是来自权利和义务,关于这一点,日本农村社会学和城市社会学很多研究成果都可以证明。

有人大胆地主张说,只要不断地发展网络就会改变美国社会③,但我认为无论是网络还是志愿者活动,社会系统还没有虚弱到仅靠网络或是志愿者活动的积累就会发生变化的程度。相反,对于我来说,志愿者活动是很细小的活动,我把它称为"微助人"(biscuit),两者相加就是"义捐、微助人活动",这才是日语所表现的志愿者活动。这是第三个要注意的问题。④

第四点就是在进行志愿者活动的时候不要强调"为别人"。因为从"为别人"当中会产生虚假,"义捐、微助人活动"本来就是为了自己而做的帮助他人的小事,从这点上看,支援和被支援这种关系更接近相互性而不是公共性。志愿者活动具有很浓厚的自我的一面,但它积累多了就会产生相互性和共同性。在上述少子化和长寿化的研究当中也不能不谈到"公、共、互、私"的关系。这种讨论问题的方式在各个领域都很重要。这里以本丛书第 2 卷《社会科学中的公私问题》为素材来对这问题做一个素描。

---

① 在这点上,用权利和义务去理解志愿者活动存在一种逻辑上的矛盾。

② 田中尚辉:《市民社会的志愿者》,丸善 1996 年版,第 239 页。

③ 参见 Lipnack, J. & Stamps, J. :《网络》,正村公宏、社会开发统计研究所译,总裁社 1984 年版。

④ 参见金子勇:《社区福利社会学》,密涅瓦书房 1997 年版。

3. "公私问题"的辅助线

(1)跨学科的公私论

《社会科学中的公私问题》记录了第 2 次公共哲学共同研究会的讨论情况,从多个方面进行了讨论,其中包括很有启发性的内容。比如给人印象很深的一部分词句有:"公共"是多样的①,对"活私开公"的展望②,不应该仅细分"公共"还要更加细分"私人"③,"公很远"④,"公的担负人"在哪里⑤,"公私未分"、"公私合一"⑥,"实践系列的公共性"⑦,"公私共进"⑧,"实践的公共性"与"规范的公共性"⑨,等等。

在上述很充分的已有议论的基础上,为了更深入地讨论"公"与"私"的问题,我想画几条辅助线。因为我觉得只讨论"公"与"私"会有 lost cause(不可能成功的讨论)的危险。因此,我提议在"私"与"公"之间加上辅助线——"互"(相互)与"共"(共同)⑩。

在福利社会论方面自不必说,就是在环境社会论里最近也常

---

① 参见佐佐木毅、金泰昌主编:《社会科学中的公私问题》,东京大学出版会2001 年版,第 71 页。

② 同上书,第 86 页。

③ 同上书,第 117 页。

④ 同上书,第 134 页。

⑤ 同上书,第 139 页。

⑥ 同上书,第 70 页。

⑦ 同上书,第 56 页。

⑧ 同上书,第 154 页。

⑨ 同上书,第 197 页。

⑩ 长期以来我一直在"公、共、私"的基轴上理解这个问题(金子,1982),现在我认为加上"互"后更能使"共与私"结合到一起。

常把公私问题作为一个主要的论点。这是因为公的功能有限，人们对民间力量有很多的期待，同时非营利的 NPO 论也推波助澜。传统的 NPO 论者用"公"、"民"、"非营利"这种基轴来分类。就是说，"公"是政府和行政，"民"是民间企业，"非营利"就是 NPO。他们把这三者的用三角形连接起来，认为今后"非营利组织"、"公组织"、"营利企业"这三者的关系将很重要。① 同样也有政府部门、民间营利部门、民间非营利部门这样的分类。②

但是这些分类还是比较模糊的。因为"公"本来应该是"官"，"私"应该是"民"，所以，不应分类为"公"、"民"、"非营利"，即便用这种分类法也应该分类为"官"、"民"、"非营利"或"公"、"私"、"非营利"。而且，如果 NPO 不成为 new professional organization（新职业组织），我也不能接受"非营利时代"这样的说法，同时认为其活动本身也不会有社会影响力。③

（2）城市景观与公私问题

对在乘坐公共交通工具时使用手机的行为通过"公"强制禁止是最终手段。比起公共限制更应该提倡个人自律，从这个角度讲，"规范＝公"限制"自由＝私"是很难的。所以需要有一条辅助线，由它来发挥相互监督的功能，使更广泛的人拥有共同的体验，进而自发地不在公共交通工具上使用手机。

在环境与城市景观方面也存在公共限制的局限和个人方便优

---

① 参见小岛广光：《非营利组织的经营》，北海道大学图书刊行会 1998 年版，第 208 页。

② 参见初谷勇：《NPO 政策的理论与展开》，大阪大学出版会 2001 年版，第 8 页。

③ 参见金子勇：《老龄社会与你》，NHK 1998 年版。

先的问题。札幌市内的风景胜地由第一类住房专用地被改为第一类中高层住房专用地,随之有建设高层住宅的计划,于是便有人组织了反对建设的居民运动。从"公私"论的角度应该怎样评价这样的居民运动呢? 反对建设高层住宅运动强调的是保护城市景观的公共性,但高层住宅的建设也具有履行了法律手续意义上的公共性,这样讨论就复杂了。

在法律规定的提出异议期限内,没有任何人通过书面方式提出异议。但是,是整个城市景观具有公共性,还是"保护城市绿色"这特定价值观抵触高层住宅建设呢? 哪方面"有利于增进公共福利"呢?

任意团体"北海道自然保护协会"之所以反对在别人的土地上建设高层住宅,就是因为它"有利于增进公共福利",可以满足市民的需求,让更多的市民居住在这个地区的高层住宅也"有利于增进公共福利",这种情况是不能得到合适的答案的。

类似这样的问题,仅靠"公、私"的视角或者仅提倡居民参与是不能解决的。① 需要在"私"和"公"之间加上"互"(相互)和"共"(共同),从多方面来探讨解决问题的对策。顺便说一下,市民中间也有人提出买下那块住宅用地,然后种植掬树,保护景观,但房地产公司所说的 7 亿 5 千万日元与市民提出的 3 亿日元之间,价格的差距太大了。对这次反对运动还有许多第三方意见,有的从"公"的角度,有的从"共"的角度,现在也正在摸索把住宅的高度降低的途径。

---

① 解决城市问题需要居民的参与,这不过是解决问题的前提,而不是解决问题的对策。类似这种居民参与的说法举不胜举。

(3)"公、共"讨论的辅助线

这里，我们把"私（private）——互（mutual）——共（common）——公（public）"都画在一条直线上。我的提议就是在最左边的"私"与最右边的"公"之间加上辅助线 mutual、mutuality、common、communality。《简明牛津英语词典》的解释，common 包括 public。还有解释说，public 当中有 community、government 和 the people 的意思。翻看《简明牛津英语词典》的收获，就是发现了 common 当中其实包括 public 这样的解释。同时，又一次确认 public 中有 community、government、the people 的意思（见表6）。希望能有机会进一步探讨和梳理这种语言学意义上的关系。仅靠 private 和 public 不适合通过严谨的讨论来分析今后复杂的社会现象。应该用 mutual 和 common 这条辅助线进行更多层面的分析。

表6 《简明牛津英语词典》的概要

> private: (a) of or confined to the individual; personal.
>   (b) belonging to a particular person or persons, as opposed to the public or the government.
> mutual: (a) having the same relationship each to the other.
>   (b) directed and received in equal amount, reciprocal.
> common: (a) belonging equally to or shared equally by two or more; joint.
>   (b) of or relating to the community as a whole; public.
> public: (a) of, concerning, or affecting the community or the people.
>   (b) maintained for or used by the people or community.
>   (c) connected with or acting on behalf of the people, community, or government.

（出处：*The Compact Oxford English Dictionary*(2nd), Clarendon Press, 1994. ）

95

4. 共同支撑的福利社会

（1）共同性与相互性

下边来谈谈福利社会的"支援"问题。支援模式如表 7 所示，有三种形态，即可把支援关系梳理为"多→多"、"多→个"、"个→个"。其中箭头"→"所指一方是被灌能的一方，也就是可以通过支援活动得到活力的一方。研究表明，这一方的灌能感觉越强烈对其进行支援的活动越频繁①。社会系统本身也就是大家帮助大家，是"多→多"的典型例子。作为一种公共支援形式，我们可以想象，护理经纪人作为福利护理专家会为许多居家老龄人制订护理计划，家庭服务员或上门护士会提供各种福利护理服务，等等。

表 7　支援的形式

（1）多→多：由专家来进行的居家护理公共支援 （2）多→个：志愿者为独居老龄人扫雪是共同支援 （3）个→个：问候独居老龄人活动是相互支援

在福利方面，很多时候是多数人支援一个人或者少数人。这就是"多→个"。拿札幌市来说，冬天志愿者活动小组上独居老龄人的房上扫雪就是一个很好的事例。但这不是公的支援，而完全是共同援助，不是有谁下了命令，而是人们自发地集合到一起来进行的共同支援。

第三种形态就是个人支援个人，也就是"个→个"的形式。最

---

① 参见 Mesch, G. S., "Community Empowerment and Collective Action", *Research in Community Sociology*, Vol. 8, JAI Press Inc. , 1998, p. 52。

有代表性的支援是陪独居老人聊天,这对有自立意愿的老龄人来说是身边重要的援助形式。这是"一对一"的支援形态,有时是单向的,有时是互相的,但它不属于共同性的范畴。

可见,福利护理中的这些形态不能仅靠公的支援或私的援助来区分,从共同性和相互性的理念上更容易读解其大部分内容。不管怎样说,在福利护理方面有许多事例不能仅用"公与私"来解释。

即便在今天,人们仍然坚持表 8 所列的对"公"与"私"的标准理解。① 这种对比说明,无论如何让"私"积分或加分,它也不能变为"公"。秩序不能从混沌状态中自动形成,整体也不是各个部分的联合。社区论有代表性地反映了社会学的一个传统,那就是使"共同性"独立出来。② 因此,作为理解"公共性"意义的手段,也应该探讨其前一阶段的"共同性"。

表 8 公与私的特性

"公":圣 秩序、规范、整体、共同、献身、上位 "私":俗 混沌、自由、特殊、部分、利己、下位

公共哲学共同研究会有很长的历史,它长期研究的主题之一就是"中间团体"的媒介性,关于这一点从 Whyte③ 那里得到了很多启发。他认为,个人通过中间团体一方面体验了自由,另一方面也体验了束缚和合并。他把个人通过中间团体所体验的自由和束缚理解为"组织人"。"其成员与团体的合并越紧密,他们用其他

97

---

① 参见安永寿延:《日本的"公"与"私"》,日本经济新闻社 1976 年版。

② Poplin, D. E., *Communities*(2nd), Macmillan Publishing Co., Inc., 1979.

③ 参见 Whyte, W. H.:《组织中的人》(下),辻村明、佐田一彦译,东京创元社 1959 年版。

方法表现自己的自由就越受限制"。① 也就是说,私的生活与公的生活之间有相关性,一方的贫困化容易引起另一方的贫困化。

两者之间如果能保持适度的平衡当然好,但如果偏重于一边,就会或堕落于自由名下的放纵或陷于束缚之牢狱。② 我认为这种不平衡是中间团体论的一个基准点。所以,个人可能会准备几个中间团体,以从中选择的中间团体为媒介使自己与社会系统结合在一起,这可能就是最大公约数。托克维尔③的"平等与自由"和涂尔干④的"社会分工论"也有同样的最大公约数⑤。

(2)普遍性与恣意性

迄今为止,在"私"与"公"之间标准的问题设定是:"国家"和"自治体"也就是"公"致力于新干线建设、核能发电⑥、核燃料周期设施⑦、高速公路建设等公共事业,而"私"则对这些进行群体性反对。开始于 20 世纪 60 年代的行为阻止型居民运动具有代表性⑧。其分析的基轴在于逆转(公与私的)历史定位,即"公是具有普遍性而又公正的,私就是私欲,具有慈惠性,两者仍然是上下

---

① 参见 Whyte, W. H.：《组织中的人》(下),辻村明、佐田一彦译,东京创元社 1959 年版,第 263 页。

② 当然,"逃离自由"也是一个途径。

③ 参见托克维尔:《美国的民主》(上、中、下),井伊玄太郎译,讲谈社 1987年版。

④ 参见涂尔干:《社会分工论》,井伊玄太郎译,讲谈社 1989 年版。

⑤ 参见金子勇:《从男女共同参与社会到〈育儿共同参与社会〉》,载于金子勇编:《老龄化与少子社会》,密涅瓦书房 2002 年版。

⑥ 参见长谷川公一:《后核社会的选择》,新曜社 1996 年版。

⑦ 参见船桥晴俊、长谷川公一、饭岛伸子编:《巨大地域开发的构想与归宿》,东京大学出版会 1998 年版。

⑧ 参见西尾胜:《权力与参加》,东京大学出版会 1975 年版。

关系,同时也是善恶关系。"①

也就是说,传统的居民运动大多否定"善＝公,恶＝私"这个传统的世界观,清一色地提倡"善＝私,恶＝公"。② 阪神淡路大地震时,神户市真野地区持续不断的居民运动所带来的团结曾经把受灾程度控制到最小,这是"善＝私"的稀有的事例。③ 但是要注意,那也不是直接"善＝私",而是从町内会的"共"和近邻的"互"相互支撑开始的。一般来说,传统"公"与"私"的关系虽然以"私"的扩张为基调,但到了一定的基准点后,"公"是要介入的。有人提出的功能论认为,"家庭的失败"应该由福利国家来承担其功能性责任。④ 共同性还没有成熟的时候,在私权贪婪的扩张面前国家不得不直接介入,但不能说这是日本的特殊现象。伊兹欧尼的共同体主义者宣言,也是发送给美国等世界各国的信息。⑤

认为个人开办的儿科医院与国立公立医院的儿科同样可以信赖的人,有时也会觉得公立的托儿所比私立托儿所更可以信赖。在医疗方面不分公私的人,在儿童保育上也往往不会区分公私。

(3)恢复共同性的契机

为了理解公私关系,我主张要灵活运用"共"与"互"这两条辅助线,其主要线索也在社区论当中。⑥ 最近我提出如下几条是恢

99

---

① 参见安永寿延:《日本的"公"与"私"》,日本经济新闻社 1976 年版。
② 不仅学界持有这种观点,日本的媒体也认同。
③ 参见今野裕昭:《城市中心社区的形成》,东信堂 2001 年版。
④ 参见富永健一:《社会变动中的福利国家》,中央公论新社 2001 年版。
⑤ 参见 Etzioni, A. :《新黄金律》,永安幸正译,丽泽大学出版会 2001 年版。
⑥ 参见金子勇:《社区的社会理论》,柏拉图出版会 1982 年版。

复共同性的契机。

①找到与自己有共同兴趣的人。

②找到自己可以信赖的人。

③找到可以称为亲密朋友的人。

④找到对自己怀有敬意的人。

总之，是要"实现密度高而又积极和多义的关系"，我把它转用于共同性的定义。

上述四点是自动重合的，但其中最重要的是④。是否能找到对自己怀有敬意的人，无论是对于一般市民还是对于老龄人的自立都具有决定性意义。那是因为，如果和那人一起前进一步就会产生和发展共同性。老龄人知道自己被无视时候的辛酸，所以希望得到社会的认知。无论那个人是志愿者还是邻居都没有关系。当然也可以是提供公共服务的家庭服务员，也可以是上门看病的医生。虽然它是属于私的世界，却有"共同性"或"相互性"。至少在町内会小集团地区网络活动和志愿者活动以及紧急通报系统协作员等社区福利第一线，很难看到"公共"的"公"，所以，可以考虑使"相互性"和"共同性"复合在一起，让它们成为看得到的东西。

"我们来看看社区，其实体就表现出了几种共同性的类型"①，来分类一下"表现形式"，"协议"和"决议"是比较容易的，但说到"调整"和"实行"，"公共"这种权力就具有很强的功能。在"共同性"方面，"是否能找到给予自己好评的人"决定它能否持续。

---

① 名和田是彦:《社区的法理论》,创文社1998年版,第153页。

5. 支援学与"私、互、共、公、商"

如果在"支援学"①当中来设定"公"、"私"问题,可以发现在福利护理领域很早以前就有各个层次的支援学。从个人的支援到家庭的互助,再到家庭以外与志愿活动相关的相互援助,志愿者活动大体上都带有相互的或互助的特质,它不是单行线,应该称其为"互助"。

再进一步说就是共同援助。比如町内会、老人俱乐部及志愿者到独居老人那里拜访,为这些老人做有益的事情,我把这些命名为"共助"。

在护理保险方面,有护理资格的家庭服务员、护理经纪人及保健护士所进行的专业服务,就是典型的"公助"。

相类似的还有老人商业。也可以称为福利商业,我把它称为"商助"。② 从福祉护理的观点产生的新的支援学,课题就是把这些体系化(见表9)。

表9 支援的五种类型

私的援助→自助	自己和家庭的援助
相互援助→互助	支援者与被支援者之间的志愿关系
共同援助→共助	社区对独居老龄人的支援,小社区的福利活动
公的援助→公助	专家提供的专业服务
企业活动→商助	福利商业

101

---

① 参见今田高俊:《面向支援型社会系统》,载于支援基础论研究会编:《支援学》,东方出版 2000 年版,第9—28 页。

② 参见金子勇:《社区福利社会学》,密涅瓦书房 1997 年版。

对于"支援学"来说，还有"管理"与"支援"是否可能直接对应的问题。比如，支援行为"常常考虑到他人（被支援者）的情况而重新组织自己的行为。"①从这个文脉来说，与其说是"共同性"，还不如只能说它是"相互性"。这是"彼此彼此"的思维方式，就是我说的"相互性"。我所讲的 private-mutual-common-public 图式里的 mutual（相互性）问题，包含在"支援"当中。

还有一种关于"控制"与"反射"对应的评价："自我组织论中最适合的系统就是反控制，其具体的例子就是支援系统"。②也就是说，它对这篇论文提出了这样的疑问：反控制是否可以变为支援？"瓦解管理的支援"这样的说法就是一种根据。如果瓦解管理可以成为支援，那么，以没有管理者为理由认为"互联网是活动已经陷入无政府状态"③的说法就不能成立。

我的观点是，要维持支援系统就需要一种管理功能。这里也需要贯彻官僚体制。这关系到 NPO 组织的自我目的化，把"支援"与"管理"对立起来并使其具体化，在理论上和现实上是否可能，这也是我的课题。

本论题整理了关于"少子化"和"长寿化"的基本论点，为了使"公"与"私"的讨论更加活跃，从实证研究的角度做了思考，同时主张，使个别领域的问题成为普遍性设定的努力是必然的。另外，提出了共同性与相互性这条"辅助线"，并认为它有助于进行"公"与"私"的深入讨论。为了发展理论社会学方面的讨论，应该更多

① 今田高俊：《面向支援型社会系统》，载于支援基础论研究会编：《支援学》，东方出版 2000 年版，第 13 页。

② 同上书，第 17 页。

③ 同上书，第 21 页。

地运用有关"公"与"私"的"社会困境"论和"搭便车"论。①

参 考 文 献

阿藤诚:《现代人口学》,日本评论社 2000 年版。

Bell, D., *The Cultural Contradictions of Capitalism*, Basic Books, Inc., 1976;《资本主义的文化矛盾》(上、中、下),林雄二郎译,讲谈社 1976—1977 年版。

Durkheim, E., *De la Division du Travail Social*, 1893;《社会分工论》,井伊玄太郎译,讲谈社 1989 年版。

Etzioni, A., *The New Golden Rule*, Basic Books, 1996;《新黄金律》,永安幸正译,丽泽大学出版会 2001 年版。

富士总合研究所编:《不可怕,老龄社会》,读卖新闻社 1999 年版。

船桥晴俊、长谷川公一、饭岛伸子编:《巨大地域开发的构想与归宿》,东京大学出版会 1998 年版。

Giddens, A., *Sociology*, Polity Press, 1989;《社会学》,松尾精文等译,而立书房 1992 年版。

长谷川公一:《后核社会的选择》,新曜社 1996 年版。

初谷勇:《NPO 政策的理论与发展》,大阪大学出版会 2001 年版。

今田高俊:《面向支援型社会系统》,支援基础论研究会编:《支援学》,东方出版 2000 年版,第 9—28 页。

金子勇:《社区的社会理论》,柏拉图学院出版会 1982 年版。

金子勇:《城市老龄社会与社区福利》,密涅瓦书房 1993 年版。

金子勇:《老龄社会什么会变? 会变成什么样?》,讲谈社 1995 年版。

---

① 参见金子勇:《老龄化的宏观社会学》,载于铃木广监修:《家族、福利社会学的现在》,密涅瓦书房 2001 年版,第 225—240 页;金子勇:《城市少子化与社会的困境》,载于金子勇、森冈清志编:《城市化与社区的社会学》,密涅瓦书房 2001 年版,第 308—324 页。

金子勇:《社区福利社会学》,密涅瓦书房1997年版。

金子勇:《老龄社会与你》,NHK 1998年版。

金子勇:《社会学的创造力》,密涅瓦书房2000年版。

金子勇:《老龄化的宏观社会学》,载于铃木广监修:《家族、福利社会学的现在》,密涅瓦书房2001年版,第225—240页。

金子勇:《城市少子化与社会的困境》,载于金子勇、森冈清志编:《城市化与社区的社会学》,密涅瓦书房2001年版,第308—324页。

金子勇:《支撑城市老龄人的社区福利结构的比较研究》[基盘研究(B)(1)],文部省科学研究费补助金研究成果报告书,2001年。

金子勇:《关于培养老年人人才事业的评估结构》,载于老龄人人才育成事业评价研究会编:《培养人才事业追踪评估研究》,长寿社会开发中心,2001年,第1—27页。

金子勇:《长寿化与少子化进展的日本社会》,载于金子勇编:《老龄化与少子社会》,密涅瓦书房(近刊)2002年版。

金子勇:《从男女共同参与社会到〈育儿共同参与社会〉》,载于金子勇编:《老龄化与少子社会》,密涅瓦书房(近刊)2002年版。

Kollock, P., "Social Dilemmas: The Anatomy of Cooperation", *Annual Review Sociology*, 24, 1998, pp. 184 – 214.

Kotlikoff, L. J., *Generational Accounting*, The Free Press, 1992;《世代经济学》,香西泰监译,日本经济新闻社1993年版。

厚生省:《平成12年版厚生白书》,行政出版2000年版。

厚生省儿童家庭局编:《我们这里的少子化对策》,厚生省儿童家庭局,2000年。

小岛广光:《非营利组织的经营》,北海道大学图书刊行会1998年版。

今野裕昭:《城市中心社区的形成》,东信堂2001年版。

Lipnack, J. & Stamps, J., *Networking*, Ron Bernstein Agency Inc., 1982;《网络》,正村公宏、社会开发统计研究所译,总裁社1984年版。

Mesch, G. S. , "Community Empowerment and Collective Action", *Research in Community Sociology*, Vol. 8, JAI Press Inc. , 1998, pp. 43－63.

三菱总合研究所编:《读解少子老龄化的恐怖》,中经出版 1999 年版。

森永卓郎:《推荐〈非婚〉》,讲谈社 1997 年版。

名和田是彦:《社区的法理论》,创文社 1998 年版。

西尾胜:《权力与参加》,东京大学出版会 1975 年版。

Parsons, T. , *The Social System*, The Free Press, 1951;《社会体系论》,佐藤勉译,青木书店 1974 年版。

Poplin, D. E. , *Communities*(2nd) , Macmillan Publishing Co. , Inc. , 1979.

Samuelson, P. A. , *Economics*(8 ed.), McGraw——Hill Inc. , 1970;《经济学》(上),都留重人译,岩波书店 1971 年版。

支援基础论研究会编:《支援学》,东方出版 2000 年版。

高山宪之:《出生率下降的经济原因与生产、育儿支援对策》,载于综合研究开发机构编:《少子化、老龄化的经济效应与经济对人口动态的影响》,综合研究开发机构 1998 年,第 236、241 页。

竹内靖雄:《推荐经济伦理学》,中央公论社 1989 年版。

田中尚辉:《市民社会的志愿者》,丸善 1996 年版。

Tocqueville, A. , *Democracy in America*, 1835－1840;《美国的民主》(上、中、下),井伊玄太郎译,讲谈社 1987 年版。

富永健一:《社会变动中的福利国家》,中央公论新社 2001 年版。

Whyte, W. H. , *The OrganizatiOn Man*, Simon and Schuster, Inc. , 1956;《组织中的人》(下),辻村明、佐田一彦译,东京创元社 1959 年版。

山田昌弘:《寄生单身时代》,筑摩书房 1999 年版。

山岸俊男:《社会困境的结构》,科学社 1990 年版。

安永寿延:《日本的"公"与"私"》,日本经济新闻社 1976 年版。

105

围绕论题二的讨论

金泰昌:有个根本性的问题,这是一个今后也要请大家继续关心和思考的问题。我想从关系到本研究会存在理由的角度讲几点。

首先，对于从第一线构筑理论并使其成为一种学问，有两种态度。一种是如何说明第一线，另一个是如何改变第一线。听了今天的论题，在说明第一线方面我有同感，但在改变第一线方面如何呢？这里，我提出两个问题。

一个问题是：少子化不利论认为，孩子数量减少社会和国家就会失去活力，所以要对少子化作出回应。虽然没有明说，我却从这种说法中感到这样的意思，即为了不让日本减少活力，日本人必须要多生孩子。那么是不是这样呢？极端地说，为什么不能考虑通过外国劳务来增加劳动力呢？

为什么要说这个问题呢？是因为血统利己主义已经引发了很大问题。从我个人来讲，坦率地说，家庭是很重要，但学问更重要。所以我刚从韩国来日本的时候只带了学生。家人埋怨我说："为什么不带妻子和女儿，却带学生呢？"（笑），就是现在她们还有意见。

家庭是很重要，但自己所做的学问当中有某种社会责任，有种不能回收到家庭关系中的意义或人生价值。比起家庭，学问更产生于志同道合的师生关系当中。所以，为了合理分配有限的资源（收入和时间），我决定通过与学生的共同作业来完成在日本的研究工作。结果，尽管我不认为牺牲了家人，但妻子和女儿都认为自己作出了牺牲。学问的继承与发展不能与血统和情感共有。

我想搞活日本社会的问题也是一样。无论是劳动生产率还是文化文明的发展，认为只有血统与情感共有的日本人的孩子才可以做到的想法，是不符合时代要求的。即便是外国人，只要他们有为日本社会增加活力和发展做贡献的意志和能力，那么他们不就可以不断地来工作吗?

另一个问题是:金子勇先生刚才讲到时间的负担、精神的负担、金钱的负担等,都是"负担"。收集数据有两个方法,一种是聚合数据,这样读出的统计数字就被定位为"负担",另外一种是观察动机。比如分析人们为什么不想生孩子,如果我们不是从聚合数据的角度而是从每个人的动机来看,就未必得出人们不生孩子是因为孩子是"负担"的结论。

也就是说,不能从是否是"负担"的角度看人们不生孩子,而是要看大家不生孩子后在做什么。比如日本的女性学历高,有能力,那么她们不生孩子而为日本和世界去做公共事业,这也是很好的。同时,非洲的女性生的孩子可以来日本工作(补充因少子化造成的劳动力不足)。从整个世界来考虑,这样是很好的,也可以解决发展中国家的人口问题。如果我们真要构想"跨越国境的公共性",那么至少作为学者的研究课题需要这样的视角。

1亿2千万日本人不会都这么想,但我希望至少在学者中间进行这方面的理论探讨。我真是感叹大家为什么不能大胆地把思维方式转换到这个观点上来呢? 如果我们不是从"负担"的观点而是从"机会开发"的观点看,那就会作出许多有意义的事情。使女性的机会多元化不是比强制女性生孩子更好吗? 让那些只有在生孩子当中才能感受到人生价值的女性生孩子,她们的孩子再来日本工作,这样也是可以的吧!

107

最后我要说的是,金子勇先生提出的辅助线问题是最为重要的。迄今为止,我曾经三次提出了同样的建议。但是,也许因为这样的想法在日本没有扎下根,所以没能开展广泛的讨论。有一天,我和薮野、原田三人一起吃早饭,大家都说起了"今后还是应该有这样的视角"。

坦率地说,这是思维方式由二元论向三元论的转换。因为把"公"与"私"分为两个方面分析它们的相互排斥和相互性,所以才有金子先生那种"需要辅助线"的修正论。对这点我也有同感。

那么什么是三元论呢? 那就是灵活运用汉字文化圈的思维方式。对 public 和 private 这两个词,为什么把 public 既翻译成公又翻译为公共呢? 我们应该来考虑一下这个问题。

"公"与"私"这两者永远是对立的,所以它们中间需要某种媒介。(日本人)翻译的时候(我现在想起了朱子和横井小楠文献里的"天地公共"一词)也许没有清楚地意识到,但在潜意识里一定认为只有"公"是不够的,所以加上了"共",翻译成"公共"。我觉得应该重新认识"共"这个字,这也是发挥汉字文化的想象力。"共"是"公"与"私"之间的媒介领域,这点与金子先生一致。但对"共"这部分如何把握和解释我们之间是不同的。

金子先生在英语的 private 和 public 中间加入了 mutual 和 common。我不明白为什么金子先生要用英语进行说明,但为了尊重他说的主旨,我想举一个英国现实生活中的事例。最好的事例就是英国住宅(虽然不是全部),有代表性的住宅首先有道路,住所都面向道路,屋后有庭园。在城市里一户人家不能有一个大的庭园,所以会有五六家甚至九十家住户出钱共有一个庭园。如果这是 common,那么,道路是 public,住房就是 private。

从语意结构上讲,这里不能用 mutual 这个英语单词。mutual 这一概念表示的是许多人相互关联,在 common 和 public 当中它都成立。既然它包含在 common 和 public 当中,就没有必要把它设定为另一个层次。common 这个概念的基轴是大家一起出资共享利益。

日本、韩国和中国都使用汉字,更容易理解相互的想法。为了便于理解,权且把"公"视为国家,"私"为个人。这样两者无限对立,不能融会,所以要设"共",要它发挥媒介的作用。但是,"共"有两种意思,这一点很重要。一种是"共同",也就是"同";另一种是"共和",也就是"和"。对于和,孔子说"和而不同"。极端地说,"共"有两种情况,即有时"和而不同",有时"同而不和"。如果把"共"作为"公"与"私"之间的媒介,那么它就包含了这两种情况。

和中国的学者说,相互什么都明白。我不明白为什么一定要用 public、private、common 这样的英文来说明。就算可以用英文来解释,也应该看看用汉字文化圈的共有媒体——汉字可以作出怎样的说明和解释。

为什么我们(学者)总要用希腊语、拉丁语、英语来说明汉字文化圈的事情或者将汉字文化圈的情况对比那些语言呢?从根本上说,我对这样的做法是有疑问的。比起这样的做法,我们应该把我们东北亚人长期使用的共有财产——"汉字"作为思考的原点来重新审视。

重要的是"共同"和"共和"。在日本提到"共和"也许人们想到的是共和制或反君主制,但实际并不是那样。"共和"这个词确确实实是有源头的,它与西洋的共和主义、共和制没有关系。大家不过是没有做过考证。

近于"私"的是"共同",近于"公"的是"共和"。金子先生在 private 的边上放了 mutual,然后是 common、public,弄反了 mutual 和 common 的顺序。正确的顺序应该是"私"——"共同"——"共和"——"公"。"共同"与"共和"合到一起是"共",所以就有了"私"——"共"——"公"这三元论。

如果再说点相关的问题,那就是希望在日本能对"和而不同"

109

的"和"展开哲学上的研究。这样就会发现"和"不是"同","同"可以强有力地吸收和消化他者的异质性,是一种同化逻辑。"和"本来的意思是通过异质之间的相互认定、相互尊重来不断继承和发展。"同"是在"私"的扩大和膨胀当中吸收、同化他者的,从这个意义上说,它到什么时候都是"私"。基于这一逻辑的结合体是共同体,它绝不是公共性。所谓公共性,是自他相互自立,向相互媒介的方向运动的过程和意识。这是"和"本来的面目。所以,尽管都是"共",但应该认识到有"同"带来的"共",也有"和"带来的"共"。

日本有独白但没有对话。为什么没有对话呢?因为日本到处都是 I。I 只能是独白,不会有以他者(you)为前提的对话。

独白的交换到什么时候都是独白的交换,绝不可能是对话。我们需要的是从独白向对话的转换,由共同向共和的转换。那就是"和而不同"。

如果这样可以达到"公",那么也就不必讨论(以前那种指官家和国家的)日本的公是错误的了。可以先把"公"作为日本的东西放在那里,切实确立日本还没有完全确立起来的"私",然后再在"公"与"私"之间确立"共",用三元论来重新审视这个问题。今日,金子先生在论题当中所提出的问题几乎都在当中,我认为有可能创造出更有动力的公私观。

但问题是就像金子先生反复强调的那样,在日本怎么都看不到"共和"那部分。日本本来在圣德太子以后说"以和为贵",有了"和"这种精神,但为什么它没有发挥出来呢?那是因为它完全被"同"吸收了。因此,日本所说的"和"是"同",而不是"和"。我们需要使"和"成为真正的"和"。

如果能做到这一点,虽然我们不是为了与西方对抗或对立,但就有可能建立起一个符合日本以及汉字文化圈实际情况和文化背景的公共哲学的基轴，就会发现一种观点（不是绝对的，只是一种）用以重新审视各种问题。

因此，如果用金子先生的话说，"相互性"更接近于"和"，先生所说的"共同"是"同"。我们需要"同"与"和"这两方面的逻辑。

从这样的观点来看，我们可以对这里提出的问题进行多层次的整理。由于今田先生和其他这次新来的各位先生的发言，从某种意义上讲，今后的公共哲学将从普遍层次上的讨论向个别层次上深入，然后重新审视和重新确立。我们已经为此迈出了很好的一步。对具体的问题我想也应该从这样的观点来看。

我还想再说一句，那就是如何来看待孩子。是把他们看作为一个地区的共有财产、国家的共有财产，还是地球的共有财产呢？如果把他们看作为地区的共有财产，那么就可能导致福冈的孩子很重要而东京的孩子无所谓的结果，台风躲开福冈而刮到东京大家就会说："啊，真不错。"这就是只要福冈得救了东京怎样都行的自私想法。如果把孩子看作国家的共有财产，那么本来向韩国刮来的台风却到了日本，就会有报道说："啊，真好。"这样的想法积累起来就一定会出问题。

因此，至少应该用学者的理论去改变现实，如果有这样的变革意识，我们就不会去巴结现在人们的一般想法，而会认为这样的想法是有些问题的，并积极地去改变它。我觉得这样的学问才更有意义。上述内容就是我的建议。

足立幸男：我讲两点意见。第一点与金先生提出的重要问题有很大关系。金子先生指出少子化问题对于我们是非常重要的问题，我有同感。他还认为，回应少子化问题的方策仅有保育方面的措施是不够的，需要建立一种社会体系，让女性在人生多种选择当

111

中做"生孩子"这种选择时感到喜悦。对这个观点我完全赞成。

在为什么少子化对于现在的我们是问题的问题设定上,我也有与金先生类似的担心。金子先生认为,因为少子化问题非常重要,所以如果置之不理日本社会就会失去活力。但这样来设定问题可能不能进行很好的讨论。有人提出为什么一定要是日本的孩子也是当然的,但我担心的是,如果使用冷冻的受精卵来大量培育有强壮体格和相当程度智能的人,并把他们作为劳动力来用,难免会出现赫胥黎所讽刺那种"出色的新世界"。

也就是说,我担心的情况是:为了满足现在人们的欲望,我们把子孙作为劳动力培育出来,并以此维持国力,支援外国。如果这只是担心还好,现在看来这种担心在逐渐成为现实。这是第一点。

第二点,也许我的用词不够准确,对子孙来说公平的福利体系、年金体系是什么呢?我不相信要求子孙"相互支撑"就是对他们的公平。

这是因为,从子孙和我们的关系来说,显然不是对等关系。我们可以对子孙的生活产生很大的影响,但子孙不可能影响到我们。所以,我们和子孙的关系绝不是对等关系。

我们会给子孙留下了环境破坏等很多负的遗产。有人说,我们发展了科学技术,这会给子孙带来无限的方便,所以对环境造成的破坏等负面影响也就抵消了。但真的是这样吗?

在福利、年金问题上,我们这代人的相互扶助精神非常重要。把巨大的财政负担留给今后,并因为少子化来设计一种少数人支撑我们这一代或我们上一代人的体系,这是好事情吗?特别是要求我们的子孙要有"相互支撑"的精神,这样好吗?

我的这种想法也许从事福利工作的人不愿意听,但从我们的下一代来看,现在的体系会让他们在年金等方面领取的额度比支付的少得多,而且,50年后这种情况会更加严重,这已经是很清楚的事情。我们把这样的体系留给后人,并要求他们要"相互支撑",这能不是很大的问题吗?我想,这样的看法和福利专家的看法是不一样的。

我们应该考虑的是,我们这代人要做些什么,如何不给子孙留下负面的遗产。否则,我们就不是以公平的态度对待子孙。

薮野祐三:我讲三点。我对把少子化和老龄化放在一起来讨论这种做法是很有异议的。我要讲的第一点是,少子化本身和老龄化本身都没有问题,所谓问题不过是时间的问题。过早的老龄化和过早的少子化才是问题。实际上日本人口约是法国的5倍,问题在于65岁以上人口的增加速度,而不是各年龄层的人口规模应该多大。少子化的进展速度和老龄化的速度比我们预想的要快,对不考虑"进展很快"这个要素就说少子老龄化有问题这种说法,我表示异议。

1945年日本战败后,人口增加了一倍,不从时间的角度看人口的激增和不用时间的观念来谈人口的减少,都是不公平的。

第二点,正如金泰昌先生所指出的那样,关于老龄化的聚合数据都是"负担",比如时间成本、精神问题、财政等等。但"育儿"是非常关系到个人动机的问题,不是靠社会援助就可以解决的。现在有夫妻共同谈论"育儿"的机会吗?也就是有女人和男人一起谈论"育儿"的机会吗?男人的考虑仅限于这种层次:"女性怀孕生孩子,就是选择工作还是原则上生育的问题"。今天在夫妻二人不能一起谈论生育孩子的日本,一些混蛋政治家却说"只要出钱就会生孩子",完全靠聚合数据来说明问题。

今天金子先生说的那番话如果在女性团体当中讲,一定会被掀翻。不客气地说,金子先生什么都没有搞清楚。我在参加男女

113

共同参与课题时,多次听人家说我"你不懂"。

我是女性的朋友,但男人是歧视女性的。金子先生的太太工作吗?……是在工作。那么在因为家庭护理、育儿或其他理由必须要有一个人辞职,你会辞掉九州大学的工作吗?我就被问到("你辞掉九州大学的工作吗?")。我回答说:"我不辞职。"于是,她们就责问我说,"那你为什么要让太太做(家务)呢?男人的前提就是女性要离职吗?这就是根源",听到这里我真是无话可说。

那时候我清楚地意识到,我也在歧视。我作为男人的歧视思想还是在这里表现出来了。金子先生讲"第一线",但如果用统计数据的思维来讲话,女性就会非常生气。老龄化问题是投资与收益问题,而育儿却不是那样,它是非常关系到动机的问题。这一点必须要搞清楚。

第三点,金子先生说孩子少了社会就没有活力,确实是这么回事。但我想从相反的角度说一点,那就是现在日本孩子们的生活给地球环境造成了影响,在这方面世界上没有别的国家的孩子能比得上日本孩子。我坚决反对增加这样的孩子。这些孩子夏天在有冷气的房子里出生,冬天在有暖气的房子里出生,用微波炉热汉堡包吃,用电脑玩游戏,他们一个人就用了几百倍于非洲孩子的能源。从能源问题上讲,危及地球环境的孩子减少得越多越好。

对这个问题只讲"日本的活力",一看就是日本40—50岁的叔叔伯伯们说的话。在今天的中学生和高中生或者大学生看来,他们出生时经济就在走下坡路,他们出生那时候就开始了过疏化,他们是在失去了活力的社会中降生的人。现在不过是那些团块世代的人在乱管闲事地说"会失去活力"。应该从下一代人的视角,看看现在18岁的年轻人是怎么想的。

林胜彦:谢谢三位先生多个不同角度的发言,下面请金子勇先生来回答。

金子勇：大家的意见都很严厉啊！请问从本人动机的角度为搭育儿便车人辩护的薮野先生，年金制度和健康保险制度怎么办呢？有什么具体的对策吗？如果没有的话，那么你应该在退休的时候放弃领取年金的资格。另外，你应该更广泛地和女性团体交流，不要偏颇。女性团体也有各种各样，价值观也不相同。"女性生气"是可怕的事情吗？

薮野祐三：是不是放弃一会儿再说。我现在还在付公共年金的保费，现在 60 岁到 70 岁的人平均付 1800 万日元，可以领到 6000 万日元；40 岁到 50 岁的人付 6000 万日元可以领回 6000 万日元。可按现在的制度，现在 20 岁到 30 岁的人付 6000 万日元到时候只能领到 5000 万日元。所以，我虽然不能完全放弃，但可以少拿一半。当然，我是作为倡议人来说这样的话。

金子勇：前半部分的少子化成为了话题，这一点我想到了。金泰昌先生说，与其讨论增加多少日本人的孩子还不如从世界层次上来考虑人口问题。从道理上来讲，的确是这样，但想想德国的土耳其移民和法国的马格里布移民问题就知道那并不简单。就是说，社会摩擦和社会成本非常大。当然还会发生犯罪和出现类似新纳粹那样的问题。德国大约有 10% 的土耳其人，法国大约有 10% 的马格里布移民。正是因为有这样的先例，我才认为，日本也那样轻易地引进外国人的这种提法是不对的。我们需要好好地学习已有的事例。

还有，关于外国人参政权问题，不说自己国家应该开放只要求其他国家开放，从相互性的角度讲，我表示质疑。

当然，在处理各种"负担"问题时，最好的动机就是创造各种机会。其实，从同样的角度说，现在我们必须要强调少子化对策要

115

从"超越保育"开始。现在育儿完全是"私"的领域,为了超越这种现实,我从相互性和共同性的角度出发探讨了对策,并导出了由大家来共同支撑部分育儿负担的结论。我是应用搭顺风车的理论提出了今天的建议。

我认为孩子是"地球的共有财产",也就是公共财。但我的想法就像烛光一样,越是近的地方照得越亮,这也是事实。我只有在身边的社区、市街村、都道府县以及在整个日本的不断积累当中去展开这些讨论。基督教号称"普遍的人类爱",但却做了帝国主义的先锋为其侵略殖民地作出了贡献,这个事实是抹不掉的。身边的现实支撑着我所做学问的骨架。仅靠看岩波书店的《世界》,是不能理解整个"世界"的。

比如对到约旦从事开发的人来说,约旦人就是他们身边的人。但对于没有到过约旦的人们来说,虽然从道理上是一样的,可亲密的程度不同。但不管怎样我们都要重视约旦的问题。

在少子化问题上我之所以提出"日本的活力",这是因为我认为日本问题实际上是世界性问题。日本仅是说说要重新评估ODA,就有许多国家站出来说那会让他们非常困难。如果日本交联合国的会费要减少一半,那么联合国和世界体系都会面临困难。国家666万亿的日元贷款,无论是对外还是对内都应该讲清楚。在这样的情况下我们需要研究和探讨如何履行国际责任,这才是在21世纪应有的生存方式。

但请大家注意,在少子化问题上我没有说过一句"生吧,养吧"这样的话。即便是搭育儿顺风车的人,也可以量力配合培育别人生的孩子。那就是相互性,是共同性,我要强调的是这一点。如果和女性团体这样说,她们就会误解,她们会说:"我没有生孩子,你有意见吗?"于是我说:"都有生和不生的自由,但为了支持生了孩子的人,你也根据自己的力量负担一些,怎么样?"

我不是担心劳动力不足,因为人并不是仅作为劳动力而存在的。我说的是"市场"问题。市场缩小会减弱经济力量和社会力量,日本也就不能再对世界作出 ODA 等国际贡献。

从人本身所蕴藏的可能性来考虑,仅认为"人是劳动力"这种定位也许是不够的。根据研究老年问题的经验,我感到仅用"劳动力"这种定位来看人口问题是危险的。

什么才是对于后来人的安全的体系?对这个问题我也没有完全想好。大家都说不能给以后的人留下负面的遗产,可大正时代以后的人们也给我们留下了很多正面的遗产。比如世界最低的婴幼儿死亡率,大正时代平均 1000 人中有 138 人死亡,现在 1000 人仅有 4 人死亡。所以,如果讨论为今后的人们留下遗产,那么不仅要说负面的遗产,也要说还有许多正面的遗产,否则就是不公平。我觉得不应该只强调负的一面。

不过,足立先生说的问题非常重要。因为很难给"下一代人"定位。对于我来说,直接的下一代就是我的孩子。对于现在 30 岁的人来说,下一代是"蜡笔小新"那么大的孩子。岁月绵延不断。一代人要差 30 年。对于 60 岁的人来说下一代是 30 岁的人,对于 40 岁的人来说下一代是 10 岁的人。所以,对下一代的定义非常难。不同年龄的人都有不同年龄的下一代,没有一个整体形象。在议论我们给下一代留下负面的遗产之前,我们应该优先讨论的是如何具体把握下一代。

117

在薮野先生严厉的评论当中,关于少子化速度的问题是我考虑不周。但对于少子化已经快速进展的现实,我们需要作出富有智慧的回应,不能说因为少子化的进展比想象的快就没有办法了。人是有回应能力的,如果预想到"21 世纪少子化的速度快",那么不努力回应就是很严重的懈怠。正因为如此,我才通过札幌的事例来思考构建超越"育儿"的"社会体系"时应该注意的问题。女性主义者的最大公约数的意见是,不实现男女共同参与社会,少子化会更加严重,要创造让育儿充满理想的社会。现在"意想不到的效应"是"因为看不到未来所以就不生孩子"的搭顺风车的人增加了。"什么都不明白"的是那些搭顺风车的人。当然可以"和女性站一个战壕",但做学问必须要超越敌我这种范畴。

社会对于少子化问题的援助的确非常困难,但如果把援助的内容分解为金钱、时间、心理负担、身体负担等,在社区层次上就可以进行一定程度的援助。

在带广地区2年前成立了育儿协议会,以40—60岁的女性为中心,支援现在20多岁和30多岁的年轻母亲。比如以0岁到2岁的婴儿为对象发放名为"育儿通信"的明信片,对出生一个月到1岁生日的婴儿每月发一次,对1岁到2岁的婴儿两个月发一次,内容也完全不同。

这虽然是个小尝试,但它考虑的是下一代,比起"没有未来所以不养育孩子"要强得多。对于这项活动,当地的女性倒很积极。我认为,生或不生是每个人的自由,问题是对已经生了孩子的人,包括那些搭便车的人在内具体可以做哪些方面的援助。

薮野先生最后说到孩子们的生活给地球环境造成了影响,我们当然要对使用微波炉,放暑假就开空调的生活方式提出质疑。但我举个例子,我所在的大学原来的一位副教授,现在已经辞职了,他没有孩子所以买了两辆奔驰,我虽然是教授,但开的车不过是科罗那。两辆奔驰的费用正好是一个大学生4年的生活费。当然这不过是打个比方(笑)。育儿负担对家长如此之重,但有与此毫无关系的人。我把买两辆奔驰车的钱用到了育儿上。

薮野祐三：我有孩子，但是我没有车，也没有给孩子买微波炉和空调。

小林正弥：接二连三地对金子先生提出的意见都很严厉，我倒想声援一下金子先生（笑）。

我在读大学的时候成立了名为沙龙的讨论小组，和东京大学法学系同年代的女生们讨论过这个问题。她们当然都想当职业女性，当时也是男女雇用机会均等法出台的时候。我不反对制定这部法律，但关于与此相关的问题，基本上是我一个人对女性主义提出了反对意见，所说的内容和今天很相似。

女性主义的观点对于像东京大学那样的女性在形成自身的经历上是合适的，但我主张的是，我们应该考虑在它成为了整个日本的共同理念会是什么样的结果。那一定会带来日本国力的大幅度下降。当时几乎没有人积极赞成我的意见，但坦率地说，看看最近的福利问题、年金问题等发生在日本的问题，我觉得被我言中了。

但是，尽管有了如此明确的结果，可还没有多少学者作出逻辑说明。如果今天金子先生所说的事情完全直截了当，那一定会招来强烈的反对。尽管我这么想，但还没有公开说过，只是说出一点点（笑）。从这个意义上讲，我想为正式提出这个问题的金子勇先生鼓掌。特别是对于搭便车的问题，我完全赞成。但我不是仅把聚合在一起的数据结果作为问题，另外还有实质性的根据。我本来就认为应该承认（荣格心理学所说的那种）男性与女性的性差异的存在。我觉得不仅是波伏娃说的"（由于教育、社会的压力）成为女性"，与生俱来的"男性的/女性的"性的差异在相当程度上也是存在的。比如男孩子会追着汽车和电车跑，但对好看的衣服和玩具娃娃却不感兴趣。从根本上说，最大的问题是，主流派女性主义所主张的女性社会参与是以近代社会男性中心原理及个人主

119

义原理为前提的社会参与。如果是根据与其价值观不同的其他原理(如女性原理)的社会参与我也非常赞成。如果按政治的说法就是为开创与民生密切相关的充满活力的政治的一种参与。如果不是这样,而是要参与到一直持续的管理社会和竞争社会当中去,我就不赞成。关于女性主义,我对生态女性主义是有好感的。对于没有考虑到超越个人的共同性和连带性的女性社会参与,我不想表示声援。

女性主义者说养育孩子要花费时间,这样就失去了参加社会工作的机会,但"养育孩子"本身就是一件非常有意义的工作,是不是自觉地认识到了这一点,如何作出选择,那是个人问题。我认为生产和育儿都是很有意义的。不认识到这一点,是很严重的问题。

刚才金泰昌先生讲的有些方面我也有同感。移民问题是当然要考虑的一个问题。我认为,我们应该从最终"日本"这个国家和民族共同体要消失这个前提来考虑。或者用今天的话说,最多它将降到县的层次、县民性的层次,我们应该从这样的角度来考虑。① 日本人到了外国可以得到另外的公民权,从这个角度讲,长期来看日本这个民族共同体到了某个阶段或不再具有历史意义或会变小。我们应该以这种文化全球化为前提来思考问题。因此,从原则上讲,接受移民当然没有问题。

但是,我多少有些担心的是,如果这个过程太快就会出现金子先生所说的"内向"问题。然后就会有人说"外国人滚出去",将来我们国家就要混乱,不仅不能对世界作出贡献,反而排外的民族主义有可能又一次取得胜利。我们必须要规避这种风险。从这个意义上讲,金子先生说的我赞成。

———————————

① 日本的县相当于中国的省。——译者注

另外一点,金子先生提出了共同性这个辅助线的问题。对此我也非常感兴趣,非常赞成。我也同意金泰昌先生所说的在到达"公"之前的阶段需要"共"这个媒介。特别是在这样思考"公共"问题时,美国的"共同体主义"思想当然具有重要的意义。它有一种以"集体性"或"共同性"为基轴的人际关系,在进入政治层次时就应该把它考虑为"公共"问题。应该把集体主义或集体性与共和主义作为一对来考虑。因此,也可以从某种意义上把"集体性＝共(同性)"称为"媒介"。

　　刚才(金泰昌先生说)把"共同"与"共和"在"共"当中进行分割,我是第一次听到这样的说法。他说从汉字文化圈当中引入"共和"概念以区别欧洲的观念,这是很有意思的想法。我想再用一点时间来仔细思考,也许共和主义(或共同体主义、集体主义)与金先生所讲的从汉字文化圈当中展开的"共和"结合在一起也不会有什么问题。

　　从这个意义上说,我们一直讨论的主题(共同体与公共性)可以通过今天金子勇先生所说的辅助线和金泰昌先生提出的建议得到很好的扬弃,将来会有很大的发展。

　　原田宪一:在少子化与老龄化问题上我有一点感受。我很幸运的是,在妻子生最小一个孩子时我能在分娩室陪她,而且在以后的两年半时间里我与妻子一起养育孩子。因为那时我们在国外,不可能让妻子一个人来承担这一切。那时候我体验到了育儿就是"绝对忍耐"。不管你有多困,不管你是不是明天要去参加国际会议,孩子一哭你就得哄,也不能对他说"不许哭"。从这个意义上讲,我确实成熟了很多。有人说"老"等于"考",我想以后的问题是,没有体验过绝对忍耐而思考能力却下降了的老人会增多。

　　我的一位学长有了孩子,我对他说:"恭喜您有了孩子,是上

121

帝给的礼物。"他说："不,孩子是社会寄存在我这里的。"他接着说："我替社会代管二十几年,然后就还给社会。接下来社会要验证我的育儿方法是不是很好,一直到我死去。"当我自己的孩子20岁走向社会的时候,我感到他说得真对。从自己身边离开的孩子要经受到社会的评价,我们必须忍耐着、注视着。这也是让人感到"有孩子真好"的原因之一。"子孙"这个观点也是来自于育儿体验,这可以与今田先生讲的传承联系起来。

从这个角度来看,现在的育儿有些太还原于"个(体)"了,而且想的尽是"女性问题"、"成本问题"、"负担问题"等消极方面。连我的女儿都说："如果是这样,真是不想生什么孩子。"但情况并不是那样。在德国的时候妻子住院我也去看她了,那里的德国丈夫们早晨和中午都会来医院看望他们的妻子,有的人晚上也来,每天去医院3次。他们工作的单位竟然那么宽松。

到儿童医院也几乎都是夫妻一起去,没有母亲一个人绿着脸抱孩子来的,夫妻一起听大夫说。日本从根本上缺少这些。都说日本的男人幼稚,长不大,那是因为他们被剥夺了这种体验机会,我甚至倒觉得日本的男人很可怜。

那些没有育儿体验的丁克(Double Income No Kids)到了老年的时候,既没有代际观也没有对社会的义务感,但会有没养育过孩子的寂寞。他们在死亡之前回顾自己,会感到一无所有。对这种寂寞如何进行精神上的护理?我想靠金钱是不行的。当没有儿孙的人们年老后(因为寂寞)甚至想杀人的时候,由谁,用怎样的方法来拯救他们呢?这是一个大问题。

金泰昌:这是一个与公共哲学共同研究会有关的问题。一般的研究方法是"现在是这样的,所以我们以后不断地积累"。还有另外一种方法是"需要完全不同的角度"。在我们当初从"代际继

承性"的角度谈论传承的时候,今田先生表现出的态度是"这是什么啊?"(笑)

当时今田先生认为,社会学曾经讨论过的代际论现在看很渺小。当时确实是那样的。但是,大家一起讨论发现事情并不是那样,今天,在"子孙"和"代际继承性"问题上,今田先生比谁都说得多。

我还想说件事情。记得最早谈论需要环境意识和生态学认识是在20世纪70年代初。爱德华·肯尼迪上院议员在美国上院主持环境问题的听证会。那时候我是福布莱特奖学金的留学生,在指导教授的邀请下我也参加了那次听证会。当时,包括那些研究最尖端问题的知识界人士都对此持怀疑态度。当然,大家都有这样的问题意识,但还没有要积极作出知性的和道德性的回应。但是,情况发生了根本的变化,现在如果不谈环境问题就是落后于时代的人,这就是20年发生的变化。

为什么会有这样的变化呢?那还是因为"教育",而且还有"学者的讨论"。学者在各种场合展开讨论,人们的意识发生了变化。我想说的是,人们在说"外国人"是危险分子、是不同的人种时,经常举德国的土耳其人、法国的马格里布的例子,如果是一部分保守的政治家信口开河地说这样的话我也理解,但为什么有的学者在做研究的时候也要引用呢? 在进行消极的议论时也有必要举这样的事例,但在向前看的时候不应该只举这样的事例,相反的事例也有很多很多。

至少在将来世代综合研究所,虽然宗旨是从"现场"出发,但不能只巴结现场,同时还应该有改变现场的意识。特别是在外国人问题上,我想日本应该作出示范。不能因为德国做了,法国做了,日本也那么做,而要从日本来思考,做日本需要做的事情。

123

第二点,小林先生讲得非常好。从汉字文化圈来构思观念,使其具有普遍性,并与来自西方的观念相联系,进而成为更好的观念。这看起来很简单,但却是大转换。迄今为止,经常是从外边引入观念,日本化后在日本进行制作。日本现在已经成为世界第二经济大国,现在的日本已经不是以前的日本,而是受世界瞩目的日本。所以,产生于日本的东西具有世界性和普遍性也是划时代的事情。如果产生于汉字文化圈的构想具有了世界性,那么作为一种学问没有比这更有价值了。

但是,我们要注意的是,从外国引入而又日本化了的东西只有日本人懂,外国人不懂,这是问题。同样,汉字不仅是日本人使用的文字,它是超越国境的共有财产,不能只方便日本人自己使用,而同样使用汉字的外人却看不懂。应该注意让同样使用汉字的人都能懂。汉字不仅是日本人的,中国人、韩国人也都使用。需要照顾到这些方面。只考虑自己那就是学问的私有化、私财化和私人化。要使其成为公共性的学问,就要在使用同样的文字方面多注意。

最后说说"将来世代",我们把它分为"下一代"和"将来世代"。"下一代"生活在同一时期,但就像金子先生说的那样,60多岁、40多岁和20多岁都各自不同。对于60多岁的人来说,下一代可以是20多岁到40多岁的人,从40多岁的人看来,下一代就是10多岁到20多岁的人。这就是"代际传承"(直接相连的世代)。

我们说的"将来世代"有的时候也包括上述情况,但从概念上还是有些区别。"将来世代"是指那些现在还没有出生但将来一定会出生的人,是把他们看作"他者"。现在60多岁、40多岁和20多岁的人们都活在这个世界上,但是我们不能只根据这些活着的现在一代人或最近的下一代的角度来决定事物。虽然有些人现在还没有出生，还没有发言权也没有投票权，但是他们将来一定会出生，我们也要从他们的角度来考虑问题。这就是我们"将来世代"的观点。

社会学在某些方面也可以作出回应，但我认为社会学的缺陷是只把"世代"作为"社会现象"来观察。往深处想，"世代"是生命现象。更重要的是我们把"生命"看作个体还是看成一种连续。如果把生命看作个体，那么代际间就要隔绝，就只会想现在这代人的事情。但生命是从过去世代到现在世代再到将来世代的连续。

如果我们能谦逊地认识到，自己的生命不过偶然是过去的生命通往以后生命的一种中继，是一种偶然生来、活着和死去的存在，那么"世代"的观点就要比以往社会学家所认识的"世代"的概念深很多。"世代"从某种意义上讲是外延很深的概念。

我个人的思想是来自于历史哲学，而不是来自于社会学。在讨论问题的时候社会学、政治学和其他各学科领域都会参与进来。希望通过这样的讨论能生成更有深度的将来世代论和将来世代哲学。为什么"将来世代"这个概念会进入"公共哲学"呢？以前讨论"公共性"大体是从空间的角度来讨论，但是不是只有空间基轴就可以了呢？是不是还需要时间基轴呢？从时间角度来把握"公共性"时，作为一个概念能讲清楚的就是世代观。

但是，在环境伦理当中讲的世代观只是一部分。应该进一步对过去世代、现在世代、将来世代之间的关系做综合的、复合的、多层次的思考，所以我们提出了"将来世代"的观点。最初也有否定的意见和冷嘲热讽的人，但通过参与和讨论，逐渐达到了某种意义上的相互理解。虽然还没有最后完成，希望能和大家一起再深入一步。

论题二　少子老龄化与共同支撑的福利社会

金子勇:刚才讲的最后一点我非常理解。以"作为生命的延续"来思考世代问题,"少子化"确实在很大程度上切断了这种延续。方法论另当别论,我想继续把这个问题研究下去。

关于汉字文化圈的谈论确实是那样,"老即考"、"人之为即伪"等,看着"汉字"真是一目了然。我自己也经常写这方面的文章,做这方面的讲话。

非常感谢小林先生热情点评。我也并不是对女性主义的所有主张都赞成,就像小林先生说的那样,女性主义的生态性方面非常有意义。社会参与就只是工作这样的看法应该纠正,从这个意义上讲,我非常赞成对女性主义进行重新评价。

原田先生说不育儿就难以做到"老即考",我同意。从这个意义上说,同时讨论"少子化"和"老龄化"是必然的。

最重要的其实是晚年 20 年的孤独,应该尽早制定对应之策,这是大家一致的意见。我们把它表现为"社区福利",用"相互性"和"共同性"来支撑,并在具体的现场进行着实践。

我在发言当中引用了马格里布和土耳其的例子,可我并没有做过真正的具体研究,确实有些随意了。对此,我现在只能说今后要加强学习。

关于在公共哲学当中如何给"将来世代"定位,我领教了全新的观点。我们社会学家虽然都要学习"世代论",但没有从今天金先生讲的那个角度来看这个问题。从这个意义上讲,我今后也要更多地思考"将来"和"世代"联系在一起的意义。

金泰昌:我们是把"未来"和"将来"分开来考虑的。"未来"如文字所述是"还没有来",有否定的意味。"将来"是"将要来",用英语说是 ready to come,正在到来的时间当中。从这样的时间角度来考虑,会真实地感到将来世代就在我们身边。"未来"很遥远,未来的问题是很难考虑的。我们在用词上真是费了心思。

金子勇:只有人能看到"将来"。看到之后具体考虑如何来回应,要靠大家各自知性的诚实。从这个意义上讲,"将来世代"或者"少子老龄化"都可以看到前景,大家把各自的处方拿到一起讨论这种做法很重要。

林胜彦:谢谢! 大家的讨论涉及了本质问题。

论题 三

从家庭与世代看公共性

今田高俊

1. 家庭的受难与面向世代的视点

从古至今,家庭一直是在个人与社会之间发挥媒介功能的集团。它在众多中间团体当中是具有首要重要性的集团。但是,今天以家庭为主题来谈公共性的确是件难事,因为随着现代社会的发展家庭被定位为"私人空间"。在作为私人空间的家庭当中,将来的人才和将来的世代被引向社会,从社会角度看这就是公共性功能。作为私人空间的家庭却要发挥这种公共功能,从这点上说,家庭是负担沉重的团体。

现在家庭面临着解体的危机。这种趋势不是最近才开始的,而是随着现代化的进展,以前家庭所承担的功能许多都已经社会化,家庭功能缩小,这是漫长历史演进的必然。经济功能的外部化、教育功能的外部化、社会保障功能的外部化、余暇功能及处理紧张问题功能的外部化等等,家庭功能在不停地缩小。假如今后这种趋势一直持续下去,那么家庭的功能就要消失,家庭也许会失去存在的理由。

现代化论认为,家庭之所以存在,主要是因为它可以进行孩子

129

的再生产并使其社会化,并且家庭内有充满情感的人际关系。但是在现实当中,伴随着私生活主义的个人主义的进展和现代社会所推行的法理社会(利益社会)的浪潮已经波及家庭这个私人空间,甚至有可能打碎家庭存在的最后的理由。实际上家庭本来所具有的礼俗社会的(共同社会的)方面已经受到了侵蚀,出现了出生率下降、青少年犯罪恶性化、虐待婴幼儿、家庭内暴力、离婚增加、非正式婚姻关系同居夫妻的增多、自由恋爱与性自由的增加、家庭功能衰竭(单纯地说功能衰竭也许有些不妥)等状况。

但是从构成社会的要素讲,家庭这个基础团体不可缺少。没有了家庭,社会很有可能会解体。需要想办法保留家庭存在的理由,维持家庭制度。为了做到这一点,应该怎样给家庭定位呢?如果因为家庭是担负公共功能的集团,就认为应该向家庭注入公共性,那家庭的负担和压迫就太大了,家庭将不能维系。

马克斯·韦伯说"现代就是社会的合理化过程",家庭解体的危机是社会合理化过程所带来的"无约束个人主义"的必然结果。现在的家庭已经难以作为"礼俗社会"(共同社会)的小宇宙来维系全部人格的对应、亲密的交流、个人的充足等纽带,侵入家庭的法理社会(利益社会)化的压力使家庭人员之间的纽带成为一种合理的个人利害关系,这与既是私人空间又是共同空间的家庭相矛盾。为使家庭能作为一个集团维持下去,就需要确保统合力和一体感等共同性,这时从社会角度看才可能把它认知为一个私人空间。因此,家庭成员之间一旦侵入了法理社会化的因素,那伴有家庭共同性的私事性(私人性质)就将被打碎。

现在家庭已经不能维持私事性,不得不带有疑似公共空间的性质。对于家长虐待幼儿和丈夫暴力的法律完善及公共介入的趋势就象征着这一点。公共介入家庭的潮流不会只停留在现状,还可能进一步发展。因为现代的理论不是要把家庭作为伴有共同性的集团来维持，而是具有个人化的趋势。但是，家庭这个中间团体解体，社会会更加个人化，而这对社会的再生产和维持社会连带是一种危机。家庭的共同性被法理社会化的理论打碎，公共介入的制度化使家庭失去了存在的理由，促进了家庭解体。为维持家庭继续作为社会的基础单位，就要在确保家庭私人的、共同的性质的同时开拓公共性。

因此，我立足于"世代"这个概念，谈谈从世代责任的视角开拓公共性的可能性。迄今为止，都是从社会的持续和变化的角度来决定世代的价值，这当中有个关系到家庭定位的大问题。

世代作为亲子关系与家庭相关，同时，它作为同时期出生的集合体也是一种社会存在。世代是跨着社会和家庭两方面的关键概念。就是说，在家庭中有父母、子女、孙子……这种代际关系，在社会上有幼儿、青少年、成人、老年世代这种代际关系。世代是家庭与社会的结节点，家庭不单纯是私人空间，可以把它定位为与公共性相关联的单位，使其成为一种战略性概念。有必要以与家庭和社会两方面相关联的世代概念为杠杆来思考"公共性"。现在家庭作为一种社会制度面临着很大的矛盾，通过发现世代所具有的公共功能，把家庭从其所受的过度压迫中解放出来，确保家庭的存在理由，这是运营 21 世纪的社会不可或缺的。

世代这个概念在社会学上也曾经是个重要的概念，但现在却没占有社会编成的中心概念位置。1928 年卡尔·曼海姆发表了名为《世代问题》的论文，提出了世代论，重点论述了社会变动。但后来世代论荒废了。如同功能主义的社会化论所表现的那样，世代论的主题被教养、价值规范的内在化、社会人格的形成等解析对社会有用之人的形成这种机制论消解了。到了今天，世代概念大致只与生活方式、嗜好的变化或代沟相关，下降到了仅有媒体和市场所谈论的程度。

2. 家庭的法理社会化

现代就是社会的合理化过程，就是重视效率与合理性这种看重功能的结构渗透于社会当中的过程。但是，按这个理论追究到底，家庭对于社会就不是联合的存在了。之所以这样说，是因为功能合理性所要求的是调岗、派赴、调职等无论何时何地都可以移动的劳动力（个人）的可动性，就像典型地反映在市场经济理论当中的那样。只有单体的个人才最符合功能合理性，拖家带口的调职、调岗不会有效率。个人的可动性高，无论何时何地都可以移动，这种状态最理想。因此，当社会功能合理化得到彻底贯彻的时候，最适合的状态就不得不是以个人为单位的单身户。极端地说，不再需要家庭。如果只根据效率性、合理性的理论来说，事情就是这样。现代化如果一直像以前那样进展，那么家庭个人化是必然的。

随着现代化的进展，家庭的主要形态由扩大家庭转变为核心家庭，但核心家庭的体系非常脆弱。因为核心家庭面临着许多问题，如在养育子女方面父亲的功能在缩小，由离婚造成的女性不稳定——丈夫这个家庭经济支柱死亡后，专职主妇就要陷入危机——等。家庭由扩大家庭向核心家庭的转移，不过是只有在满足了可以把育儿托付给家庭，并且可以轻松地移动这种条件下，才能使它存在的理由正当化。夫妻的一方（常常是妻子）做家务、养育孩子，另一方（常常是丈夫）到外边工作，在这种体系稳固的时候是没有问题的，但一旦女性也开始到外面工作，这个体系就会暴露出不稳定的一面，育儿和养育孩子的负担会成为家庭的重压。

反过来看，男性到外面工作挣钱，女性在家庭做家务、照顾孩子这种家庭形态，在人类漫长的历史当中也不过是在这一个世纪左右的现象。说核心家庭是与现代社会结合在一起的家庭形态，在很大程度上是意识形态的启蒙神话，因为核心家庭与其说是事实还不如说它更是曾经被推崇的现代生活方式。劳动者的家庭如果不是核心家庭，就会影响产业有效率地运营。随着产业化的进展，越来越需要确保调岗、派赴、调职等劳动者的可动性。核心家庭化现象的一半以上，有八成左右是由社会和经济因素造成的，剩下的两成是以实现现代的自由生活方式——摆脱原来扩大家庭当中的婆媳关系，从共同体家庭束缚当中得到解放——这种理由完成的，但推崇核心家庭化的对外理由却永远是实现现代的生活方式。

（1）动摇的现代家庭

家庭在人类的漫长历史当中是极难发生变化的社会结构单位。家庭以外的社会结构都随着历史发展发生了很大的变化，但家庭长期以来一直是以夫妻和他们的子女以及其他亲族所构成的扩大家庭为基本形态，是一个选择自由度小、变化难的单位。在现代化的冲击下家庭形态转向以核心家庭为中心形态。但是，现代核心家庭随着女性走上工作岗位也暴露了它的脆弱性。

现在，家庭发生了各种各样的动摇。比如，夫妻别姓与事实婚的问题、同性婚的社会认可问题、歧视婚外子问题、体外受精和代理母亲的问题、离婚后孩子见父母的权利问题等等。这些都是已有的现代家庭观容纳不下的问题。

在现代化论辉煌的20世纪60年代，人们都认为家庭形态由扩大家庭向核心家庭的转变是一种现代趋势。但是现在的情况并不完全是那样,家庭形态已经分化为单身家庭户(单身也许不能称为家庭)、只有夫妻的家庭户、夫妻与其子女构成的家庭户、老年父母与夫妻及其子女构成的家庭户、基于契约关系的同居家庭户等各种形态,已经不能说哪种形态是一种典型的家庭形态。

简单地认为目前正在增加的单身户和夫妻核心家庭将导致家庭的崩溃是危险的。这些现象从历史上看是家庭这个自由度低的结构单位开始进行高度选择的表现。家庭以外的社会制度都在多样化,只有家庭不发生变化,那是一种不平衡。但问题是由于这种家庭形态的多样化是由家庭的法理社会化所带来的,所以它与作为私人共同空间的家庭发生了矛盾。

家庭法理社会化的进展,使仅有夫妻及其子女构成的核心家庭不再是适合社会的存在——人有生育孩子的喜悦,所以不管社会怎样,核心家庭会存续下去这种朴素的逻辑在讨论之外。这时可以选择的就是丁克(Double Income No Kids)这种夫妻共同工作的核心家庭。这种家庭形态目前还可以确保稳定性。但是,如果家庭的法理社会化进一步发展,最适合的将是单身户。

(2)由扩大家庭向核心家庭转变

在经济高速发展以前,日本家庭规模的缩小与欧美各国相比并不显著。从开始国势调查的1920年到完成战后经济复兴的1955年,家庭规模平均为4.9人到5.0人,在很小的范围内变化,而德国、英国、法国、美国等发达产业社会在1955年家庭规模已经在3.5人以下。但家庭规模的缩小对于走上产业化道路的日本也不例外,特别是在经济高速发展时期,家庭规模的缩小更加显著。导致家庭规模缩小的原因是核心家庭化和出生率的下降。

国势调查的数据表明,夫妻与其子女组成的核心家庭户在整个核心家庭户当中所占的比率,1955 年到 1970 年稳定在 72% 左右,但以 1975 年(71.5%)为界开始转向下降,1980 年(69.8%)降到了 70% 以下。此后持续下降,1995 年(58.3%)降到 60% 以下。① 核心家庭的典型结构就是一对夫妻及其子女所组成的家庭,这样的家庭在整个核心家庭中的比率降到 60% 以下意义重大。

刚才我讲过,现代化的理论也会驱逐核心家庭,具有使家庭个人化的趋势。从历史上看,尽管比较缓慢,但它一直对家庭施加个人化的压力,这具体体现在家庭统计当中单身户的增加上。实际上,从扩大家庭向核心家庭的转移自然不必说,在这 40 多年里,单身户的比率也增长了很多。单身户(国势调查的分类为单独户)在整个户数的比率,从 1955 年(3.4%)起持续增加,1995 年(23.1%)接近整个户数的四分之一。究其原因,当然不能不看到的是随着人口结构的老龄化失去配偶者的老年单身户的增加,但还有另外一个重要的原因就是不结婚的单身户的增加——现在人们认为其最大的原因就是晚婚化,今后不结婚长期过单身生活甚至一辈子单身的人会更多。社会的压力使他们不得不那么做。单身户的增加和夫妻家庭的增加,可以说是一种征兆,那就是现代化不仅驱逐扩大家庭带来核心家庭化,它还会使家庭解体。

特别是女性参加工作的增多,是把握这种事态的一种关键性

---

① 这里用的是"普通家庭户"的数据。所谓普通家庭户,是从一般户当中除去租房的单身户及住在公司独身宿舍单身后的户数。所谓一般户,是指共同居住、共同生活的人们和拥有一处住所的单身者,其中,这些家庭户共同拥有住房,但另外租房单独生活的单身及住在公司、团体、商店、官厅等临时宿舍和独身宿舍的称为单身者。1955 年以前没有一般家庭户的统计,对单身户的统计也是用普通家庭户这个概念。

现象。从社会功能运营的观点看，"男人工作，女人管家"这种传统的性别角色分工型家庭形态作为一个体系过于简单划一，缺乏灵活性。从功能理论讲，没有性别角色分工也可以，因为现代功能主义理论认为，无论男女只要能作出业绩对于企业就足够了。这就是社会功能的合理化。因此，如果要彻底做到功能合理化，就是要驱逐性别角色分工。但是尽管如此，事实上迄今为止传统的性别角色分工依然占统治地位。关于这一点，大多数女性主义者都指出，这是旧家庭制度当中家长制意识形态的残存。这种说法也对，但更重要的原因是，家务劳动和育儿负担重重地压在家庭上。

从第二次世界大战后的劳动状况看，随着洗衣机、冰箱、吸尘器、电饭煲等电器产品的普及和托儿所、保育所等设施的充实，女性作为雇佣劳动者走上社会的趋势日益强大。但女性雇佣劳动力主要还是计时工，在正式雇佣方面的性歧视并没有消除。另外，社会功能合理化在现实当中是否具有消除性别角色分工的力量还有待探讨，在这点上，认为还残存着前近代的家长制意识形态具有一定的说服力。

同时，日益发展的 IT 革命通过提高家务劳动方面的技术会进一步减轻家务劳动的负担。家庭自动化技术会简化家务劳动，使人们不再像以前那样在家务劳动上花费很多的时间和精力，提高人们节约时间和灵活使用时间的自由度。① 另外，利用电脑终端在家上班和在分支办公室办公，在缩短劳动时间的同时通过夫妻协作可以有机会从育儿的几年时间里摆脱出来。这些技术的普及

---

① 我们应该注意到，事实上，专职主妇的家务劳动时间与半个世纪前相比并没有缩短。这是因为生活方式的变化对家务劳动提出了新的要求。打扫卫生、洗衣服变得简单了，但其频率却增大了。比如由于全自动洗衣机的普及洗衣服变得容易了，但现在家里都有很多衣服，要频繁地清洗。

还需要很长的时间,但一定在四分之一世纪内实现。与此同时,女性进一步走上社会,以计时工为中心的就业形式很可能被一开始就是正式员工的就业模式所取代。但这并不是女性权利扩大的结果,而应该认为这是社会功能合理化压力的结果。

男性的能力由强到弱因人而异,无论什么事都用男性还不如男女一视同仁,从能力强的人才开始使用,这样对社会来讲更有效率。最近10年,越来越多的企业认识到,即便采用女性雇员需要付出制度性成本,但使用有能力的女性效率更高。这种势头已经起来了,以后进展的速度会更快。我并不同意这种现代理论,反而认为现代理论会产生各种矛盾,但那却是现代功能合理化的必然归宿。

信息技术进入家庭和女性走进职场会给家庭带来很多影响,其中最大的问题是,在家庭受到这种影响后是不是还能继续维持核心家庭形态。

(3)核裂变家庭:面临危机的核心家庭

社会功能合理化得到贯彻,私生活主义、无约束个人主义渗透,核心家庭将面临难以存在的危机。男女以结婚这种形式结合的必要性也会降低。爱情将外部化,不结婚也可以通过性自由等其他方式释放爱情。维持同居关系也不会发生什么问题。孩子的受精与出生,随着生物技术的发展总会在技术上外部化。这样一来,单身的人更容易享受自己的生活,选择单身的人一定会更多。为突出这种极端的家庭变化的特征,我用了"核裂变家庭"这一概念。如果单纯地遵循现代理论,核裂变家庭的出现是不可避免的现象。

所谓核裂变家庭,是把原子核裂变用于家庭,来形容以往典型

137

的核心家庭形态发生裂变,家庭本身发生崩溃。其征兆就是不结婚单身户的增加和被称为丁克的没有孩子、夫妻都工作的家庭的增加。核心家庭是适合妻子负责家务和育儿、丈夫在外工作这种性别角色分工的家庭形态,但是如果妻子也和丈夫一样到外面去工作,即使家务劳动可以实现合理化,但育儿和照料子女对于家庭也是重压。实际上,这种状况一定会影响到孩子,这样一来,由夫妻及其孩子组成的核心家庭的社会适应力就会降低。如果养育孩子方面的社会保障制度不是十分完善,那么由夫妻及其孩子组成的核心家庭就将陷入困境。

我们来假设女性进入职场的速度要快于制度的完善,那么,核心家庭当中连接社会的形态就是仅有夫妻的家庭。这是因为,夫妻所构成的核心家庭不仅可以从养育孩子等负担中解脱出来,而且可以避免离婚和一方死亡时因抚养孩子而面临的危机。想想当前女性地位的提高和日本越来越高的离婚率,想想将被留下的孩子,可以认为,不要孩子、夫妻工作的家庭还会增加。①

极端地说,这种变化不只停留在夫妻工作家庭的增加上,最终单身户会成为主要形态。现代社会理论正在施加这样的压力。信息技术的发展也会为此作出贡献,一个人也可以生活得很好的家务技术会得到进一步开发。使用微波炉就可以吃上饭,杀菌袋装食品可以省去做饭的麻烦。听说最近在年轻人当中流行的生活方式是,为了省去扔垃圾的麻烦,在便利店买盒饭,当场吃掉,垃圾也当场丢掉。也有很多人每周在家只做一两次饭,其他时候都在外边吃。

---

① 夫妻核心家庭的增加,不仅是结婚不要孩子的夫妻工作家庭的增加,还包括老龄化所带来的老年夫妻的增加,所以在用数据进行验证时要加以注意。

利用信息技术使家务效率化、合理化,只能促进一个人生活的生活方式,而不能减少单身生活。单身户当中有从地方出来读书的学生、独身的职员、离了婚的男女、一人生活的老人、与家人分居两地的工薪人员等,它是由各类人员构成的,不能对他们一概而论。但是至少可以说,这种生活形态是适合贯彻"无约束个人主义"理论的模式。想通过离婚从家庭樊篱当中解放出来的男女的增加,讴歌私生活与公共生活分离的私生活主义的蔓延,大多数人个人自立后自我中心主义浸透等等,单身户适合这种价值观。

功能合理化与无约束个人主义的进展,将导致家庭不再需要作为中间团体介于个人与社会之间。当然现在还没有到这个地步,其实绝大多数人还是想养育孩子。舆论调查也表明,很多人认为育儿不是"工作"而是"乐趣"。从这个意义上讲,育儿与护理老年人那种"艰苦"的"工作"相比是完全不同的。但是由于不想被别人束缚的个人主义的进展导致了出生率的下降。

今后有两种可能供人们选择:①家庭的"孩子的再生产与社会化"功能和"充满情感的人际关系"功能向社会外部化,接受家庭的实质性消失(=家庭的死亡);②为尽可能地保留这些功能,维持家庭的存续,要从关系到家庭和社会双方的世代的视角开拓新的公共性(=世代的再发现)。我重视后一种可能。"世代"及"世代继承"问题,是亲子关系这一家庭的私人问题,同时它也是代际关系这一关系到社会可持续性的公共问题。从这个意义上讲,世代是关系到公私双方的概念,在构筑新的公共性方面具有战略性意义。

我认为,应该在保留作为共同空间的家庭的同时寻找与公共相关联的契机。我们不是用"公私"这种二分法来进行区分,而是从"家庭与世代"的观点出发,提出与家庭所具有的私人性质和公共性质两方面相关的论点,确保家庭存在的理由。也许这样的说法有些激进,但这更能唤起大家的讨论。

3. 重新审视世代继承

在探讨社会的将来这个问题上不能避开"世代"问题。在新世代的登场和旧世代的退场这个过程中,社会在不停地延续和变化。在这个意义上,世代是构成社会的重要单位。但是,迄今为止,世代的概念并没有被定位在社会理论的中心概念这个位置上。

(1)世代这一视角的重要性

世代是包括不同于物理时间的社会性时间概念在内的概念。在继承过去的遗产、重新审视现在、展望将来社会等方面,世代将发挥核心作用。对社会的描述如果缺少这个视角,那么,人类的历史就是离散的,描述会陷入缺乏连续性而仅陈腐于某个现实的危险。所谓"世代",是同时期出生、在同一时代背景下长大、具有共同价值观和生活方式的人们的集合体。世代当中既有年龄效应也有时代效应。就是说,世代是生命各个阶段上特定位置的年龄影响与历史上特定位置的时代影响两者相互作用下所形成的人们的集合体。世代通过同时背负着年龄和时代的影响,共有持续与变化的体验。

在世代的生成与灭亡的过程中,旧世代的遗产经过再创造成为新世代的遗产。一个世代创造的遗产在日常生活当中或在一生当中要经历变形和加工。人类的历史就是基于这种运营,如果这种运营中断了,人类也就灭亡了。每个世代都对这历史的持续和变化负有责任。从这个意义上讲,哪一代人都不能被本世代的安宁和现世的满足所束缚,必须要参与将现世代的社会接续到将来世代的运营。

　　我要提出的问题是:现在包括日本社会在内的发达产业社会已经陷入了"世代继承的危机"。迄今为止的世代论主要强调的变化是社会发展。谈论世代继承会让人想到世袭,给人赞扬前近代性、导致社会停滞的印象。

　　如果把世代继承降低到前近代那种印象,那么本来存在的社会再生产就会陷入危机。不仅不能进行再生产,甚至连维持都做不到。况且,现在把一件东西改变为一种新的东西并维持下去,已经是很靠不住了。在变化剧烈的产业社会,人们常常把世代继承与停滞和呆滞等负面印象联系在一起。但是,如果过于强调这种负面印象,那么社会将难以成立。是世代继承还是世代隔绝这种单纯的想法本身,就意味着我们迎来了"世代继承的危机"。

　　社会由儿童、青年、成年人、老人等各种世代构成,世代总是由孩子向大人成长的阶段。在这个过程中,社会成员吸收历史同时为了子孙创造新的历史,这是他们被赋予的命运。如果这不能发挥正常的功能,社会就会陷入危机。一般认为当今经常发生的异常事件,其原因在于亲子关系,这反映了"世代继承的危机"。

　　宣传报道和报界所谈论的是"代沟"、"世代隔绝",父母发出的是愤怒和叹息的声音:"现在的年轻人不接受老一辈的价值观和生活方式,一味追求变化","对我们辛辛苦苦创造的遗产看都不看"。最近,"随他去吧"这种愤怒和叹息之后的无奈占统治地位。父母一代感到无能为力,不能认真地思考什么是世代继承,"世代继承的危机"正在进一步扩大。

(2)人生的纠葛与世代生成力的获得

　　那么在学术上应该如何把世代继承定位为一个正当的概念

141

呢？应该怎样把它定位为不是世袭而是正确意义上的社会可持续或再生产的概念呢？我们这个研究会曾经议论过多次，心理学者爱利克·埃里克森提出的概念当中有"传承"（generativity）这一概念。所谓传承是个与世代有密切关系的词。把它翻译成日文，我们这个研究会译为"世代生成继承性"。这是个用日语很难准确表达的词，我认为应该翻译为"世代生成"。

我们要注意的是，传承具有生成（generate）的含义，所以它不单是世代继承，正确地说还含有世代生成的意思。在这个论题当中，我想根据文章的脉络把传承和世代生成及世代继承分开来使用。

传承包括生育孩子、创造新的文化、教育人等各种意思。埃里克森认为，它的问题是在生命周期中的成年期。埃里克森关于青年期"自我同一性危机"的说法很有名，在日本人们提到的几乎都是这个学说，而对成年期传承问题很少提及。这也是因为他自己也没有很好地对这一概念做理论上的完善。他虽然提出了问题，指出了其重要性，但却没有把它理论化为同一性论。①

埃里克森生命周期论之所以杰出，在于他没有陈腐地谈论人在人生的各个阶段都有必须要克服的成长课题。对于他来说最大的课题是：人在人生的各个阶段（设有八个阶段）都有互不相容的心理冲突并发生危机，十分重要的是如何超越这种冲突。超越了

---

① 关于埃里克森传承与生命周期论，参见以下文献：Erikson, Erik H. , *Child-hood and Society*, New York: OW. W. Norton, 1950, 1963 2nd ed. （《幼儿期与社会》第2 版，Ⅰ·Ⅱ，仁科弥生译，MISUZU 书房 1977 年版，Ⅰ343—345 页）及小册子 Erikson, Erik H. , *The Life Cycle Completed: A review*, New York: W. W. Norton, 1982。（《生命周期，其完结》增补版，村濑孝雄、近藤邦夫译，MISUZU 书房 2001 年版）。另外，译本把传承译为"繁殖性"和"生产性"，这没有准确地表达它的本义。

这种冲突人就可以获得希望、意志、目的、能力、忠诚、爱、关怀、才智等活力——virtue(美德)。如果得不到这些,那么人在各个阶段就会陷入绝望和停滞。

人生的八个阶段是:婴儿期、幼儿期、游戏期、学龄期、青年期、成年早期、成年期、老年期。教科书上的生命周期论,特别是与社会化论联系在一起的生命周期论认为,这八个阶段都存在人生成长的不同课题,克服这些课题可以促进理想人格的形成。但是对于埃里克森来说这不是最重要的。

传承与人生第七阶段,即老年期的前一个阶段——成年期的冲突有关。在这个阶段所获得的人生活力就是关怀。这里所说的关怀不是日语中的照料和客气,而是人生存的力量。埃里克森说它是具备了伦理资质的力量。在成年期的前一个阶段——成年早期的课题是获得爱的力量,老年期的课题是获得才智的力量。

埃里克森在指出同一性危机的同时,还指出了成年期特别是中老年期传承的危机。克服这个危机获得关怀的力量,是由青年期向成年前期进而向成年期过渡的极为重要的课题。可以说,这个危机正是现代日本父母亲世代所面临的症状。

成年期的传承感觉集中了要使下一代幸福的动能,它来自于与停滞感的冲突。这种感觉是从先前世代的遗产当中创造出新的东西,然后传送给下一个世代的感觉,从根本上说,是培育下一代,引导下一代的兴趣。这种兴趣建立起代际关联,是通过大人照顾孩子、中年男女照顾老年等各种方式建立代际关系的源泉。

(3)世代生成的条件

传承主要意味着养育子女,但并不限于此。这个词源于"生成"(generate),所以它含有创造性的意思。它包括生成新的存

143

在、新的产物、新的观念。就是说，世代生成（to be generative）不单纯是养育子女，还是创造产物、创造新观念。这里说的创造是个人"以自己的方式"进行的创造，也就是在自己的生活环境中创造出值得自豪的东西，并不意味着获得诺贝尔奖那种（专业的）创造。另外，进行传承也是获得关怀的力量。要发挥世代生成力，前提是对他人的关怀，比如主动照料孩子，帮助别人，进行志愿者活动，等等。以这种关怀为媒介，不同世代结合到一起，进行代际交流，有价值的东西代代相传。因此，传承包含"生成"和"关怀"这两个内容。

要充分发挥世代生成力，重要的是在此基础上还要有"解放"。传承不是拘泥于生成的东西，而是要把生成的东西释放出来。如果拘泥于自己创造的东西就不能发挥世代生成力。要把自己创造的东西交给下一代和以后的世代，看着自己的创造是不是得到了发展和继承。希望世代生成的成年人都潜在地希望创造和维持好的东西，但同时也要通过释放自己的成果，任凭下一代人对自己伴有辛劳的成果的处置。具有世代生成力的成年人都不会完全控制自己创造和维持过来的成果，也不能把它强加给下一代。比如，孩子随着年龄的增长，父母越来越难以预测和控制，大人只能看着他们离开父母，自己独立。

如上所述，用一句话说，世代生成就是培育下一代，引导下一代的兴趣。要很好地发挥这种力量，需要三个条件。

第一，如字面所示，世代生成包括"生成"新的生活、智慧、文化、物品。世代就是进行生成和创造。所以，无论从事什么职业，充当的是什么角色，都需要构建值得自己自豪的东西。

第二，要发挥世代生成力，需要获得"关怀"（care）这种具备了伦理资质的力量。生育孩子是世代生成的基点，这当中有培养下一代、引导下一代的关怀。超越家庭，发挥这关怀的力量，就可以建立代际联系，搞活代际交流。

第三，世代生成需要用自己的手释放自己构建的成果。一般来说，希望世代传承的成年人都愿意自己的创造能得到维持和继承，但同时他们也必须承受自己的成果要释放到世界，任凭下一代来处置。在拘泥和强加的情况下，不可能很好地进行世代生成。

发挥世代生成力，就是构建值得自己自豪的成果，是培养下一代、引导下一代这种"关怀"，还是对自己成果的"解放"。

4. 世代周期与公共性

（1）从生命周期到世代周期

埃里克森以传承概念为杠杆，提出了超越"生命周期"论的"世代周期"论构想。① 他的世代周期论没有生命周期论那么明确，也不完善。但是，世代周期这个视角在思考世代的生成与继承问题上是富有启发性的。

在上一代（比如成年期世代）的传承与下一代（青年期世代）的同一性产生关联的时候就是世代周期的起点。传承是让自己创造的成果具有独自的生涯，用各种方法让下一代把它继承下去。但这并不意味着控制下一代，也不意味着拘泥于自己创造的成果。要放弃对下一代的强加，从拘泥当中解放出来，守望和帮助下一代确立自我。这样，同一性的确立和传承的发挥之间就形成了周期。

145

---

① 参见 Erikson, Erik H., *Insight and Responsibility: Lectures on the Ethical Implications of Psychoanalytic Lnsight*, New York: W. W. Norton, 1964, pp. 110－157（《洞察与责任——精神分析的临床与伦理》，铲干八郎译，诚信书房 1971 年版，第105—159 页）。

下一代在上一代释放出来的价值和制度之下形成自我同一性,并对其进行选择和取舍。也就是说,下一代通过与上一代传承的对话和格斗,来创造新的价值和制度,并把它们继承下去。这个过程循环反复,持续发生螺旋式的变化,这就是世代周期。重要的是,要通过与过去遗产的对话发挥可持续的创造性,还要释放自己这一代所创造的成果,以支持下一代可以收获这些果实。

现在的问题是,这种世代周期齿轮没有很好地咬合到一起。其最大原因是,老一代陷入传承危机,没有获得关怀(care)这种成人的力量。年轻一代为超越同一性(确立自我)的危机要做拼死的努力。同样,成人也要通过超越传承(世代生成)的危机使世代周期的齿轮咬合到一起。这是成年人为超越目前社会陷入的传承危机构筑可持续社会而应该担负的责任。

世代周期论的前提,是年长世代对年轻世代的关怀及年长世代创造的价值、制度向年轻世代的解放。因此,这里不存在社会统治,只有非控制的代际交流。这种代际交流的前提,是年长世代对年轻世代的关怀,所以需要的不是管理而是支援。从这个意义上讲,世代周期论是把代际关系由管理关系向支援关系转换的框架。

(2)作为公共性的世代责任

在关怀(care)这一活力支撑下的世代生成会开拓公共性的新层次。世代生成的原型是养育孩子,父母养育、照顾、教育孩子,然后让他们自立,让他们从家里走出去。但重要的是,世代生成要超越家庭这一私人领域,在家庭以外的公共领域也能使它的成果发挥作用。

发挥世代生成力就是负起对下一代的责任。参考约翰·柯垂的说法,可以把世代应该担负的责任区分为四种。① 第一,在生物学的领域,人通过养育孩子把作为生物的实体代代相传的责任。第二,在亲代角色领域,亲代养育子代,通过家庭生活方式让他们做好可以在社会生存的准备的责任。第三,在技术领域,教授技能和使用工具的责任(写字、骑自行车、手术的方法、编制程序等等)。第四,在文化领域,保持、刷新、创造意义体系(即社会价值、信念、习惯、象征体系)并把它传给下一代的责任。

发挥世代生成力,从对可持续社会做贡献的意义讲也担负着公共性。即使它发生在私人家庭的亲子关系当中,但作为结果是向下一代负责任,所以它也是公共的。在家庭父母为了孩子将来的成功热心于教育,向孩子传授家庭的文化资本,这种行为一直被认为是私人性质的行为。这源于公共性始终是被作为空间现象来处理的。但是,在世代这个时间性次元上它是关系到公共性的行为。热心地教育自己的孩子,传授文化资本,这是一种公共性行为。不过,如果把世代责任封闭在家庭当中,那就会再次产生不平等。重要的是,不应该把这种责任关闭在家庭当中,要使它扩大到家庭以外的代际关系,扩大到包括其他家庭孩子在内的世代空间中。为此也应该明确阐明作为世代责任的公共性。关键是要用关怀的力量支援其他世代,特别是支援年轻世代。从世代规模上看,发挥世代生成力就是支援行为。

147

(3)支援与灌能

我在第二次公共哲学共同研究会上提出,以"自发支援型公

---

① Kotre, John, *Outliving the self*, Baltimore: Johns Hopkins University Press, 1984.

共性"取代与"私"相对立的"公"为前提的公共性,即行政管理型公共性和市民联动型公共性(收录于本丛书第 2 卷《社会科学中的公私问题》)。我认为,不能对"公"与"私"进行裂变式的处理,应该把公共性的契机编入到私的行为当中。这样一来,就不是只有公共机构和市民运动来担负公共性,而是从每个人日常行为的积累当中开拓公共性。具有战略性意义的就是取代了管理的支援。

要发挥世代生成力成为世代责任型公共性,其条件就是要对下一代进行支援。所谓支援,"是对有意图的他人行为的推动,是理解其意图,维持、改善或达到其行为本质的一系列行动,最终为他人灌能(具有做事情的能力)"。① 也就是说,支援的本质是使他人具有做事情的能力,具有生存能力。

支援的核心是对他人的关怀(care)和他人的灌能,所以它不同于自己随便定个目标,然后高效率地完成这种追求私利的行为。进行支援的当事人,与开展志愿者活动或 NPO 活动的人不同,他的目的不是单纯的慈善行为或单纯的援助。他总是以获得生活意义和实现自我为前提,在这个意义上它是个人性质的行为,但不是利己的行为。个人的自我实现可以直接成为对他人的关怀和支援。

发挥世代生成力以对将来世代的关怀为前提,在这个意义上,对他人的关怀与以灌能为支柱的支援是同类概念。因此,发挥世代生成力即使是为了自己,但如果它是以支援的形式出现,那么它就超越了私的范畴,成为具有关系到其他世代公共性的行为。世

① 今田高俊:《走向支援型社会体系》,载于支援基础论研究会编:《支援学——超越管理社会》,东方出版 2000 年版,第 9—28 页。

代生成的关怀力量,养育着下一代,教授他们关于进步、学习、人际关系、工作和闲暇活动的各种技术,让他们为生成和维持包括习惯、价值、信念等在内的意义体系而开展活动。这些活动以将来世代的灌能为不言自明的目标,相当于正确语意上的支援。

灌能的特征在于,掌握不依赖专家而用自身的知识和技术自己解决问题的能力,也就是提高自己的能力。人们掌握了这种能力,就可以在价值观和制度的变化当中适当地发挥自己的社会作用,这就是灌能。世代生成含义是将来世代要获得这个意义上的灌能,有责任建立一种体系使将来世代可以获得灌能。

所谓世代灌能,包括自我决策的技术和能力、管理价值与冲突的技术和能力,还包括发生悲痛之事和死去亲人时的处理办法。发挥世代生成力就是担负起世代周期中的责任,在世代周期的过程中,与过去对话,在继承有价值成果的同时创造新的东西,把这一代的灌能释放给下一代。

世代生成不是先前世代向后续世代单方向的灌能,而是在世代周期当中进行相互灌能。之所以这么说,是因为先前世代通过为后续世代灌能可以获得关怀(care)这一人生活力。先前世代为后续世代灌能的同时自己也得到了灌能。这就可以实现代际之间相互支援这种超越了追求私利的公共运营。

结　语

我认为家庭不应该直接承担公共功能,家庭应该永远是具备了共同性的私人空间。也就是说,家庭应该维持孩子的再生产、育儿、社会化等功能及精神上的爱情关系。现代的法理社会化理论给家庭施加了破坏这些功能的压力。只要是以现代理论为前提,就不能摆脱这种压力,其结果就是社会将成为由个人化了的个人所构成的社会,届时,每个人都将被剥夺向集团的归属,而这种集团归属的主要内容是全人格对应、亲密的交流及个人的充实。比起做这样的选择,更应该将联系家庭和社会的"世代关系"确立为公共性的一个新层次,进而开拓礼俗社会与法理社会相融合的领域。这个领域不提倡管理型的公共性,而是要开拓支援型公共性,不推崇弱肉强食型的竞争社会,而是建设以关怀和灌能为基础的共生关怀型竞争社会的契机。

围绕论题三的讨论

金泰昌:根据今田先生的论题,我想一起来谈谈两个问题。

第一个问题,是关于如何根据日本的情况来把握埃里克森的传承,也就是是把它看成"世代继承生长性(力)"(我自己的观点),还是看成"世代生成性(力)"(今田先生的观点)。今天在这里不能进行深入的讨论,我只想说,这关系到从生命观、人类观、社会观到自然观、宇宙观的相互关联的认识方法与态度。特别是从家庭(家族)角度看,我认为只有生命的延续(世代继承)成为实际存在的基础才能有新的生长(成),所以在思考世代问题之时,无论如何还是想从继承生长(成)这个角度来看。但是我也尊重今田先生的看法。埃里克森的理论另当别论,今田先生理解和阐述埃里克森所提出问题的问题意识,与我看当今日本和世界问题的方向与层次不同,存在解释上的差异,所以相互承认是很重要的。

第二个问题,是如何理解现代法理社会化理论是破坏家庭这个礼俗社会的压力。费迪南德·藤尼斯的法理社会这一用语有各种各样的译法,一般翻译为结社(association),最近英译本翻译为

（civil society）市民社会。在日本和韩国固定地翻译为利益社会，仅把礼俗社会与法理社会进行对比和从前者向后者的转换这种脉络讨论家庭的位相和功能，太过于古典了。问题在于，如果拘泥于传统的利益社会并从这个角度理解法理社会，那么就会有"共同"与"利益"的对比所产生的固定的概念。在今田先生那里是不是这种影响太大了呢？所以，如果把法理社会理解为市民社会，那么就会有不同的展望。家庭原本是情感的、原始的同质集团，内在于家庭的封闭性、压抑性、私密性产生了男女不平等、虐待儿童、家庭内暴力等问题，要通过与各种自发的、自选的中间媒介集团（团体）的节点，才有可能开辟对这些社会问题采取基于共同认识的共同应对之路。如果是这样，那么作为所谓礼俗社会的家庭当中的问题，在很大程度上也可以由法理社会化理论和现实来解决。

最后要说的是，家庭是一种继承生成的装置，它不得不和其他事物一同在解构与重建的过程中发生变化。这不仅仅是由法理社会化理论所带来的问题。

长谷川公一：对今田先生所提出论题的最后结论部分我基本赞成。但从多大程度上可以说家庭已经从礼俗社会变为法理社会了呢？的确，整个现代社会都在法理社会化，家庭承受着现代化的压力。随着女性就业的增加育儿成为了问题。如果夫妻工作地点不同，比如妻子在大阪，丈夫在东京，还有个在哪里生活的问题。家庭的一个重要方面就是共同进行日常生活，但现在共同的日常生活当中却孕育着法理社会利害对立的契机。

但是不是因为这样就可以说，礼俗社会的家庭在向法理社会的家庭转换，法理社会化带来了家庭的危机呢？作为一种对事实的认识，我想大家所看到的家庭没有很大的不同。家庭的情感中心化这几年反而得到了加强，所以离婚增多了。

151

原来是因为"必要"所以才建立了家庭。家庭功能外部化的结果,导致家庭功能上的必要性降低了。但情感需要在哪里可以得到满足呢?还是只有通过家庭来满足。从这个意义上讲,家庭的情感中心化增强了。

根据文部省统计数理研究所的国民性调查,1970年以后认为家庭很重要的人逐年增加。现在的家庭以爱情为中心,应该说它所遵循的不是法理社会的原理。倒不如说明治时期的家庭更是权威主义的家庭,它不是靠情感来支撑,而是一个生产单位。从这个意义上说,明治时期的家庭才是法理社会的家庭。是不是家庭的情感中心化反倒造成了家庭的危机呢?

美国离婚增多也是因为美国人对爱情更敏感,经常发生"你不再爱我,我也不爱你了。我们离婚吧"这样的事情。反过来说,日本家庭也有一股奔向情感中心化的潮流,它带来了家庭的危机。我认为,家庭不仅降低了它的社会功能,而且还转变为情感中心化,而这是家庭危机的一个非常大的因素。

今田高俊:一般认为,现代家庭的功能主要是孩子的出生及其社会化和情感功能。前现代社会的家庭,如同日本的家庭组织所表现的那样亲属意义上的法理社会原理占优势地位。随着其功能转为外部社会化,家庭转变为礼俗社会家庭。但是不是可以说家庭情感中心化增强,因为情感上不合而离婚就是礼俗社会的呢?

有取缔丈夫家庭暴力的法律,根据情况警察可以进入家庭执法——当然在警察进入家庭之前,民生委员会先进行干预。虐待幼儿的行为也是取缔的对象。无论谁从外面看到了这种情况,只要通报一声民生委员或警察就会来。这不是家庭的法理社会化吗?我是想把这些作为问题。如果这种情况多了,亲子间的对话会怎么样呢?是不是就会出现这样的对话:"爸爸,你要是打我,我就报警!""你再这样做,警察会来抓你!"我是想说这样的情况就是不得不法理社会化。

长谷川公一:我认为"法理社会、礼俗社会"这种看问题的角度并不太适用。的确,在家庭当中个人化的契机增加了很多,而且权利意识增强,妻子开始对丈夫主张各种权利。实际上,因为是同一个家庭所以要一起休闲,一起吃晚饭,而且要吃一样的食物这种同吃同住的规范逐渐淡化了,一家人也开始可以做各自喜欢的事情。家庭社会性功能的逐步缩小与情感中心化密切联系在一起,事实上,正是因为情感中心化家庭才变得脆弱。

但是,我认为,用"从礼俗社会化到法理社会化"或者用"再一次礼俗社会化"这样的解释来说明这种事态,用"法理社会、礼俗社会"的角度来分析这种状况是困难的。

今田高俊:我用这个概念的时候也很费脑筋,我一直注意别太突出"礼俗社会"。实际上,在论题部分我把家族表现为是具有连带和统一性的集团或是以全人格对应、亲密交流、个人充实为基本的共同体。但所谓法理社会是缔结"契约关系",以可以基于"个人决策"进行选择为前提。我是想从这个意义上说明家庭的法理社会化,没有想把重点放在礼俗社会——常常使用共同性这个词——上。如果我用词引起误解,我可以换。另外还有什么好的说法吗?

小林正弥:今田先生今天的论题,同时谈到了"支援"和"传承",感到终于有了综合的讨论。对结论部分我也赞成。关于刚才的论点,我在用"法理社会、礼俗社会"这对用语。而且,像今田先生所说,还是应该把现在的趋势看作为法理化。当然有情感上的问题,但比如也有"结婚契约"这样的观念。因为是契约,所以如果双方的条件不能维持就可以离婚,这也是最近女性主义者的

153

观点。这显然是以微观论的个人为前提。把迄今为止被看作为一个整体的家庭的单位分解为个人，并从个人的角度进行分析。这种观点至少是作为法律的一部分或者作为理论的一部分出现的，所以我认为，从大的方面看应该说是法理社会化得到了贯彻。

下面我向今田先生提出问题。我也认为由个人化了的个人所组成的社会是当今的现代理论得到贯彻的理论归宿。理所当然，我也赞成需要开拓礼俗社会与法理社会相融合的领域。那么，怎么样才能开拓这样的领域呢？这个问题是我最想问的。在其他社会关系上，"支援"这个概念是非常有效的，但在处理家庭关系时怎样才能很好地运用这个概念呢？

还有一个与"公共性"的关系问题。我当然也认为家庭不应该直接承担整个社会的公共性，而是应该一直维持私人空间的性质。原则上应该这样。

在现代家庭法理社会化还没有得到彻底贯彻，当然还残存着礼俗社会的人际关系。从娘胎里生出来的孩子，天生就是那家的，不是（出生后）自己选择要待在那家。所以，这是礼俗社会的人际关系。但是，（随着年龄的增长）他随时有走出家门的可能，所以也有法理社会的因素。从这个意义上讲，这就是两种关系（尽管有比重的不同）相融合的状态。我认为，应该把它看成是"公共"以不同的形式在家庭中的表现。

就是说，以前被看成是"一体"的家庭现在原则上是"个人与个人"，但同时还存在着超越了"个人与个人"的"共同性"这种家庭要素。因此，在这中间既有"共同性"的要素还有"个人"的要素，也就是在家庭内部既有公的要素也有私的要素。在这种情况下，"如何很好地运营家庭"这个问题，也就成了"如何在家庭内实现公共性"的问题。

人们一直说"地方自治是民主主义的学校",今后应该可以说"家庭是公共性的学校",我认为这是可能的。从这个意义上讲,不能简单地认为家庭是私人的,应该有"家庭内公共性"这样的概念。

今田高俊:小林先生真是共同体论者。他告诉我们家庭是具备了公共性的空间,然后采取政策上的应对。把家庭定位为公共性的,从这种定位的延伸可能就要说"为了保证社会的可持续发展,那就应该多生孩子"了吧。

小林正弥:不,不仅是这些。比如我和我妻子的关系,以前"一体的家庭"是前提,但是现在两人可以各自做自己的事情。与此相对应,隐私领域也比以前大了。如果放置不管,很有可能各忙各的,直至离婚。为了维持这个家庭,就需要进行交流,需要切实地做好家庭的各种决策。

以前我们不需要为"家庭的一体性"和"家庭内的"作出努力,但是现在我们必须用心和用脑子去实现它。从这个意义上讲,"公共性"的问题已经在家庭中出现了。

今田高俊:这就像刚才说的,是"共同性"。家庭从社会来看是私人空间,但在其中有共同性。如果家庭的法理社会化进展太多,就要破坏这种共同性,家庭就不能维持下去。

小林正弥:从原则上讲是那样,但我坚持用"公共性",是因为如果只用"共同性"的概念,那么"共同"就成了所有事情的前提。现在家庭不是所有共同性的场所,存在共同性要素的同时,也存在分散的个人,即丈夫、妻子和孩子的要素。家庭中有"共同性"和"个"或"私"这两方面的要素。

金泰昌:刚才在金子先生论题后的讨论中,作为"公"与"私"的辅助线,我提出了"共同"与"共和"的重要性。所谓家庭,不能

155

完全说它是"公"也不能完全说它是"私"。因此,从需要辅助线这个观点看,现在什么是问题呢? 因为说它是"礼俗社会"、"法理社会",问题倒复杂了,都搞不清楚说的是什么。

所谓家庭,就像今田先生说的那样,以前是"共同"的。所谓共同,就是"在一起,而且相同",所以才说"一心同体"、"夫妻一心"、"一体"等等。在这个前提下,家里的许多事情有的是在心照不宣的情况下得到解决,有的是共同商量作出决策。这种情况甚至一直被认为是家庭的本来形式。

但是社会发生了变化。今田先生从家庭的角度认为这些社会变动是病态的,对这些社会变化持否定态度。我觉得不必那么看。从某种意义上讲,它是好的变化。那么,在什么意义上是好的变化呢? 如果用我的话来说小林先生刚才要讲的事情,那就是"现在发生的变化,使原来由共同性一元化规范的家庭这个概念,不引入共和性这个概念就不能得到充分的理解"。

所以,虽然是夫妻但也是"和而不同"。虽然不"相同",但又因家庭这种关系"共同"在一起,在可能的情况下,还一起养育孩子,看重多元意义上的"和"。现在的社会变化,使得我们要用这样的观点来看问题。

那么,社会变动有什么好处呢? 站在女性或孩子的角度看,遵从"同"的理论也有好的一面,但是所有事情都必须要顺从代表"同"的父亲(男性),就会产生压抑,这种情况以前时有发生。处于反抗的角度,出现了女性解放等各种运动。在日本人们对这些运动持全面否定的态度,但认为从女性解放运动产生的背景和情况来看,在一定的时期内还是需要的。因为当时她们只有通过这种方式来说"不"。归根到底,家庭是"公"和"私"的媒介,我不认为家庭要像今田先生说的那样必须彻底地"私"。家庭既不是

100%的"私"也不是100%的"公"。它是通过不同方式媒介于"公"和"私"之间的"共"。"共"原来被一元化为"共同",但是现在正演变为"共同"与"共和"的二元共存,目前尚在反复探索之中。我想从正面来看待这个问题。

关键是,我们不应该从病理学的角度来看这个问题,说这些变化不好,这些变化有问题,而是要像今田先生最后说的那样,应该用"世代生成的观点",看看会产生什么新事物,会不会开拓出新的可能性。这样无论对女性还是对孩子都会有更多的选择,不是父亲可以决定一切的"同",而是可以形成相互不同的"和"。

家庭形成的最初阶段是结婚。那么什么是"结婚"呢?民法是怎么定义"结婚"的呢?大家看过民法吗?根据民法的基点——日耳曼法、德国民法的定义,"结婚"是"生殖器排他的独占及与之相伴的义务"。让我来说,结婚是性交的安全保障体制。排除了竞争的(对生殖器)垄断性使用,可以得到快乐,但还伴随着对快乐的结果负有义务的痛苦。结婚就是这种排他性的契约,这就是民法定义的结婚。表面上可以有各种说法,实际上结婚的本来面目就是我说的这种契约以及与之相伴随的情感附着物。我之所以说得如此严厉,是因为如果不这么说就看不清楚当今以"家庭"或"家族"为中心的问题是什么。

如此看来,家庭也如同一个人(个人)一样,有它的生活周期(发展过程),有幼儿期时候的家庭方式,有青春期时候的家庭方式,也有成年期时候的家庭方式……它们都各自不同。有了这样一种认识,就不必把近年的家庭看成为病态的。幼儿期母子是一体的,所以家庭方式也是一体的,"共同"是家庭的主要内容。但是到了青春期情况就不同了,在这自我同一性受到重视的时期相互都比较松散,或多或少会发生一些冲突和问题。经过这样的过

157

程,家庭也会迎来成年期。

就像长谷川先生说的那样,人与动物不同,可以对迫近的未来作出回应。我们在这里进行讨论,就是要对将来的变化作出设想,如何应对将来的变化是我们研究的课题,也是我们讨论的课题。

那么,什么可以成为我们的课题呢?我认为,重新审视如何应对由"共同性家庭"向"共和性家庭"转变的潮流会更有意义。这样可以减少封闭在无限私事性当中的痛苦与压抑,并更有可能通过开拓共和性得以解脱。我想应该从这个角度来探讨更具体和更细致的研究方法。

在开始讨论的时候,我用了"活私开公"这个词。如果通过家庭"私"可以得到很好的发挥,那么无论是在情感上、功能上还是在成长上,家庭都是最合适的。就像小林先生说的那样,家庭中的夫妻关系和亲子关系都具有某种公共性。所以,通过家庭的活私开公也可以成为体验公共性的过程。家庭是学习公共性的场所。

为什么不能从积极的角度来看问题呢?我觉得一部分日本社会学家的家庭论,不知道是不是因为受到了马克思的影响,他们总是病理地看待现代化。现代化并不那么坏,我们现在能过上这样的生活也是托现代化的福。

但是,如果把"现代化"看成是固体的那就会变成压迫。所以,一方面要流动化,另一方面要气体化,这样就可以进行净化,也会发生变化。我觉得,在日本的讨论,总是提出否定性的意见。对于现代化一定要否定吗?对于已经发生的变化应该更积极地应对,探讨它的可能性,观察它的发展,这才是应有的做学问和搞研究的态度。

今后大家考虑研究课题这点很重要,所以我要说一说。"全球化"是日本想抗拒也抗拒不了的,这是世界的变化。对于"信息化"也有许多人发表各种议论,但信息化也是要进展的。今田先生对家庭使用了"法理社会化"这个词,如果换一种观点,确实发生着"由共同性家庭向共和性家庭转换的变化"。我想这也是阻止不了的,它会进展迅速。

看起来好像以"情感"为中心的家庭好,但是它也有不好的一面。以情感为中心的家庭,如果情感丧失了家庭也就崩溃了。所以,不一定只有情感就是好。相比之下,最近在家庭方面有一个新的概念,那就是不同于情感中心的另外一种好的意义上的"亲密圈"。家庭延伸一下,放到更具体的身体体验的层次上来想,那就是亲密圈。

我们应该珍惜家庭这个亲密圈的空间和场所。但是,我们可以再提出一个严肃的问题,就是在亲密圈里是不是孩子只有通过夫妻间的性交才能出生呢?从科学角度讲,许多孩子可以以完全不同的形式出生。现在还没有到那一步,但随着讨论的深入,它极有可能成为日本的科学政策。到了那个时候,"家庭"又是什么呢?

所以,如果我们只是从期待情感、固定的夫妻等某种实体的角度去考虑,那么就像今田先生说的那样,家庭总有一天会消失。但是,家庭也可以不消失,而是进一步改变功能,作为一种重要人类制度的"家庭"继续存在。"公司"和"组织"也是一样,有各种存续的道路,有概念变了、框架没变的道路;有框架变了、概念没有变的道路;也有二者都发生变化而更有活力的道路。

有观点认为家庭可以不消失,但我不愿意那么看。为使家庭对 21 世纪以后的新时代作出积极的贡献,我们不应该把家庭看成固体形式,而是应该把它看成液体的或气体的,应该更加动态地把握家庭。

今田高俊：家庭是以全人格的对应和亲密的交流及个人的充实为支柱的共同体。可以这样定义吧？我偶然把它称为了礼俗社会，也许叫初级集团更好些。这个词总觉得不很清楚，我不喜欢。家庭以后是不是还会继续保持这种集团的状态？如果不对现在的家庭采取措施它是不是就不能维持初级集团的性质了？我是把这样的背景情况称为"法理社会化的压力"的。

为了避免这种情况的发生，是否可以把"家庭"中的"亲子世代"概念及社会上的"年轻世代"和"年长世代"这种"世代"概念作为关键词，不是单纯地把家庭看成私人空间的共同体，而是把它当成考虑向社会开放的共同性的契机。这就是我的提议。同时，我主张应该从世代生成的视角来思考这个问题。

我也一直在考虑家庭问题。有人说家庭消失了，大家都个人化了，每个人都追求自己的私欲又有什么不好呢？我一直苦恼用什么样的理由来对此进行反驳。在知道传承这个概念之前我没有办法反驳。虽然我可以一直说"家庭很重要"，但却不能在理论上说出重要的理由，感到很有压力。

但是，当我遇到传承这个概念的时候，我确信这是个外延广泛的概念，可以以此为核心重构社会构成原理和公共性。而且，这个概念就像埃里克森阐明的那样，它可以激发个人层次上的人生活力。通过世代生成力确认生活的活力，同时可以联系到家庭中的亲子问题和社会上年长世代与年轻世代之间的问题。虽然关系到将来世代的理论思考还不完善，但原则上可以作出展望，基本上是从个人层次经由家庭到社会这种微观与宏观的连接以及现在世代向将来世代的适时连接。当然这还是理论框架，需要有更具体的内容。

我完全承认现代化把家庭从具有强大规矩和约束的前近代共

同体中解放了出来,不过今天没有说罢了。但是,用现代化理论从旧的共同体中解放家庭的历史使命已经结束了。今后的家庭可能会越来越个人化,必须要在冷漠的人际关系当中来经营家庭生活。现在有几种病态情况让我们不得不这样想。所以,为了阻止这种情况的发生,我想以"世代"问题为支点来思考一种新的家庭方式。我本来想说的是这些,但好像没能很好地传达出去。

小林正弥:刚才今田先生讲的我完全赞成。我想说的就是,在家庭当中可以讨论"公共性"。

今田高俊:但是如果说夫妻之间有公共性,那么所有的相互关系都成了公共性,也就不存在设立公共性这个概念的独自性了。我想还是不要那么考虑问题。

金泰昌:就像刚才讲的,不是作为"公"的二元论,而是对于作为公私媒介的"共同"向"共和"转换的对应,所以不是"讨论公共性"这种构想。迄今为止的夫妻是一心同体,丈夫要求妻子"按我说的做",夫妻之间没有对话。即使说有"对话",那也是单方面的宣言或单方面的发话,而不是对话。

但是"共和"不一样,"和而不同"这句话的出处《论语》是它的典据。那么,为什么现在这一点很重要呢?

以前从所谓爱的观点所看的"对方",就像 I love you 那样,说着"爱",但实际上并不是把对方认作为对方,而是把对方看成为自己的扩大。对孩子说"爱你",实际上也只是用自己的反应和自己的反射这种形式来看重孩子,在他们不相称的时候,孩子就会遭到抛弃和无视。这是不对的,而应该是 I 和 you 的关系,是具有同等人格的 you。所以 I 与 you 之间需要对话。

161

小林先生要强调的是,即使在夫妻之间,也不是"我是这么想的,你也同意吧"这种以心传心的 I 与 I 的关系,而应该是"我这么想,你是怎么想的?"这不是说服而是对话,在对话当中双方达成理解。不是一方理解另一方,而是双方互相达到理解,这是一直以来大家所希望的,现在到了这个时候了。从这个意义上讲,我们要认识到现在已经从"共同"一边倒转变为强调"共和"。

那么,现在为什么说"家庭"不是"公"与"私"这种两极对立,而要把它定位为"中间团体"呢?那是因为,说是"中间"还不如说它是媒介的渠道、媒介的场所、媒介的机会,"中间团体"包括所有这些意思。"家庭"不正是这样吗?如果把它放到法理社会、礼俗社会的概念里,就会变得这个也不是那个也不是。我觉得改变一下角度,重点放在"共"的部分,就会发现新的层次。

我很担心,如果不这样来讨论,而还是从以往社会学的观点来看问题,那么,今田先生谈论"传承",只能有一半的理由能得到认可。

今田高俊:丈夫说"我说的事情你不问也应该懂"这样的情况,不在我说的"核心家庭"范畴内。那是以前近代的家长制为前提的家庭模式。所谓核心家庭,指的是夫妻对等、具有全人格的关系、在那里可以进行亲密交流的家庭。但是在现实当中确实有独裁的丈夫,还残存着家长制那样的夫妻形式。也许我没有把历史认识和现实作为前提,只谈了理论问题,所以产生了歧义。

如果"家庭"不作为中间团体发挥在个人与社会、"私"与"公"之间的媒介作用,那么今后的社会运营就没有希望。我想对此已经形成了共识。但是,家庭以什么样的形式才能发挥中间团体的功能?根据现在的情况来看,我怀疑家庭是不是能把个人的全部都媒介给"公"。如果是"家庭背负着发挥媒介功能的使命"这种定位,那么家庭的负担就太大了。还不如更好地探讨作为私人空间的家庭中的亲子世代,它可以顺畅地连接到世代生成这个社会的公共运营。

以前我在第二次公共哲学共同研究会上发表过以下意见：不要提倡行政管理型的公共性和市民联动型的公共性作为前提的公私二元论，只要通过志愿者活动做可以实现自己生活乐趣和实现自我的事（＝支援），就能顺利地与公共性联系在一起。也就是可以考虑能进入到私人性活动当中的公共性。而且我还说，这可以开拓"新的公共性"（自发支援型公共性）。我很自负地认为，这才是从理论上概括"活私开公"。同样，我也想找到家庭这个私人性集团中的拼命努力的可以直接与社会公共性相连的桥头堡。我强烈地感到，如果不能在身边确保这样的据点，那么无论怎样对现在的人们说"公共性"，都不会有反应。

对那些有公共心，一心想"为社会"做贡献的人的事情，不必考虑过多。对于我来说，问题是如何确保一条途径，让普通人们的日常行动与公共性联系在一起。在考虑这个途径的时候，重要的是要创造出一种框架自然地与公共性的事务联系起来，而不是每每都要高谈"什么是公共性"。我这个观点是一贯的。

迄今为止关于公共性的讨论都限于空间论。但是我在这个研究会里学到的"传承"可以为我们提供迄今最为缺少的公共性的时间视角。也就是说，通过引进"世代"概念使时间论意义上的公共性论成为可能。

金泰昌：还是觉得难以理解。在思考家庭问题的时候，我们要避免"从公共性看"应该这样做、应该那样做这种视角，而是要更重视现场的时间感受。所以，我提出了介于"公""私"中间的辅助线，即作为媒介概念的"共"这一概念。因为我们进行这样的讨论，所以这里把它作为一个概念来使用，实际上"共"这个词是不是作为概念来使用是根据不同场合发生变化的。

163

要点是：接近"公"一方的是"和"，接近"私"一方的是"同"，我们要从这样的观点重新加以审视。其理由正像今田先生所说，我们不能一开始就树立起"公共性"，所有的事情都要和它联系在一起，不能让人感到我们把公共性强加给他们，需要在体验和生活中柔和地开拓公共性。

如果把它设定为"公"和"私"，那么结果就是非私即公。一方容易强调应该彻底贯彻"私"，另一方容易主张"不对，应该是公"。但无论是哪一方，都是实体论和绝对论，都不是开放的，而是封闭的理论。为什么"家庭"在这次的讨论中很重要呢？因为"公"和"私"都不隔离于日常生活的现场，它们在生活的实际感受当中或被开拓或被破坏，最能实际感受到它们的地方就是家庭。从这样的定位来重新审视家庭，今田先生所担心的事情就全部包括在里面了。家庭是生活的现场，是生活的实际感受，并且从那里可以开拓出哲学的东西。我们可以对家庭进行这种动态的把握。这就是我要说的。

金子勇：我一直觉得，家庭这个讨论素材，它的形象在20世纪30年代到50年代期间就固定下来了。从老龄化研究的角度看，有许多人都一个人生活。65岁以上人群的40%其实都一个人或两个人生活。这么一来，刚才金先生说的"共和"在一个人生活的情况下用什么媒介才可能实现呢？

我有一个答案。那就是"亲密的他人"这个概念，它可以具体体现为社区家庭。所以，它不是公共性而是共同性。如果不把家庭的概念扩大到包括这种情况，那么就会有很多问题不能得到解决。

还有一点，刚才金先生说在全球化潮流当中用世代继承的概念是不是能使家庭成为开放系统……这对我观点的批判无非是说

"你讲的是封闭的"。但是我不太明白,把封闭系统改变为下一个阶段的开放系统的契机是什么。

我认为,开放的顺序只能是自己家庭、社区、都道府县、日本社会,然后是亚洲。首先我们的准据是切身相关的地方。"死"的问题、"生命的延续",然后是"开放系统",探讨这些问题是我长期的课题。

足立幸男:我们再通过引进"世代继承性"这个概念,来探讨如何维持家庭所具有的建设性功能。我们自己也正在接近人生的黄昏。无论怎么想,从已经完成了育儿的妻子来看,没有多少在一起生活的意义了(笑)。

说很多事情都是妻子单方面的牺牲也许有些不公,但日本的男人真是没出息。所以,(妻子)总是同情丈夫,只是说说"真没办法"。这也是现在的世代能做到的,等到了下一代,可能等孩子长大了,分开生活的情况就很普遍了。

如果是那样,家庭会怎么样呢?正像金子先生说的那样老年人家庭就成了问题。从某种意义上讲,在人生的护理、情感的管理最重要的时候,我们应该怎样生活下去呢?希望能进行这方面的探讨。

165

综合 讨 论 二

主持人：今田高俊

官民公私论的区域性展开

今田高俊：在中间团体问题上，应该再有一些具体的事例。先请薮野先生讲一点包括他自身体验在内的意见，然后我们进入综合讨论。

薮野祐三：暂定题目是"防止偏人主义——官民公私论的区域性展开"。在"官民公私"这句话中没有"共"。关键是"公≠公共"。我对"公"这个概念并不神经质，但在区域生活空间的日常生活中，经常思考应该怎样来看待"共"。这里，我想用"官民公私"这四个字，重新来探讨一下我们的"服务"。

对于我来说，"公私"是"服务"，是"空间"。从概念上说，"公"是一定的系统，而"官民"是指行为人。

担负着"公"（public）这一空间或服务的不一定就是"官"这个行为人。但是我们是不是经常误认为"官"与"公"疑似或等同呢？用个简单的例子说，我以前就职的北九州大学事务局把停放校长用车的地方误写成 public use only，于是，大家都在那里停车。还是应该写成 official use only 才对。

日本人对 public（公）一词的理解没有"共"因素，与 Public 相近的词有 official（官），也有 authority（权威、权力）。

到了民间企业,他们会说我们是民间企业难道不是"私"吗?可在那些企业里却写着"拒绝私事电话"。那么民间公司中的空间是什么呢?

比如教育这一服务(公 = public),由"官"来做就是官立学校、公立学校。是不是由"民"来做就是"私",就能进行自由的教育呢?其实并不能。在进行教育这种服务的时候,无论行为人是"官"还是"民",只要服务是公共的,那就要接受检查。我就是出于这样的考虑提出了官民公私论,当然这完全是个讨论的方案。

支撑"公"(public)的行为人有"官"也有"民"。"民"翻译成英语应该是 private,但我不知道怎样把 private 翻译为日语。这恐怕也是汉字文化圈与英语文化圈的对立吧。

提供"公"(public)这一服务的有"官"也有"企业"(民),还有个人(私)。我个人觉得很有意思的一句关键的话是"从一个人的 NGO 开始"。这是一位曾经在自治总研工作过的叫内田的人(今是专职主夫)研究自治体国际合作时提出的。在提供"公"这一服务时完全不必一定要是很多人的集团。"公"这种服务一个人也应该可以提供。

实际上,NGO 的解散常常是因为组织方面的问题,谁当领导人,会费怎么办,等等。我们要提倡的是,在理论这些繁杂的事情之前,可以试着先从"一个人的 NGO"做起,然后扩大到"夫妻 NGO"和"恋人 NGO"。从这个意义上说,与"公"这一服务和空间相对应的行为人也可以多种多样。

下边,我讲讲自己经历过的事例。在北九州市,第二届任期的末吉市长把老龄社会综合计划作为基本政策。市长不是把硬件方面而是把软件方面作为基本计划可以说是超前的构想。

第一,在北九州市听听市民的要求,一定会有"老年人"这个词。为了向老年人提供更好的福利服务,由10个人组成的课题组用4年的时间听取了所有市民团体和政府机构以及尽可能多的企业的意见。

从中得到的一个关键理念是,从接受方的老人来看"医疗"、"福利"、"保健"是同一件事。但我们却一直按授予方的理论逻辑做这些事情,也就是按医疗在医院、福利在福利事务所、保健在保健所来做。如果我们不这样,而是要把服务作为公共的综合行政那将会是什么呢? 我们以前经常强调单方面的公共服务,后来我们努力站在受益者的角度使医疗、福利和保健一体化。

福利需要在可以容纳极小规模的空间建立体系,要在可以面对面进行的交流当中建立需要、供给、要求的关系网络。我们提倡基本上以小学校区为单位来进行。在北九州市,小学校区大约有138个,但医师会坚决反对在一体化的区域福利中心配置医生。如何协调医师会的利益成为问题,现在处于停顿状态。

除医疗、福利、保险之外,还在配餐服务等网络中引进 NGO、NPO 和志愿者。行政机构与市民共同发挥协调功能,建立统一的福利行政。我们进行这种实验的目的,就是想在运动员的二元性或多元性当中提供公共服务。

第二,我们8年前开展的活动,当时在日本是首例,那就是运送身体残疾人轮椅服务。北九州市有日产汽车的工厂,我们有意识地做它们的工作,结果日产汽车把运送轮椅的汽车送给了我们。为了能放进轮椅,汽车的顶棚加高了,价值500万日元的车白送给了我们。

开车的是大巴司机。我们与当地西铁公共汽车北九州营业所工会支部签订了协议,闲班司机主动承担起驾驶护理巴士的义务。也就是企业与工会结合到一起,北九州市承担服务的管理(维持)

169

工作。

以前,居民靠行政机构和市政府来提供服务,而且那些服务经常是作为税金的补偿来进行的。所以服务的规模根据它与预算规模的关系而定。但是,在行政机构与企业及工会建立起运动员的网络之后,取得了(超越补偿服务的)成功。现在这种模式在日本许多自治体都得以实现了。

第三,就是我的另外一个身份——CDI 日本。CDI 的正式名称是 NGO Community-based Development Initiative(自治体国际合作推进会议)。就像有人说的那样,"日本的 NGO 虽然可以到海外去,却在自己分驻的城市里睡懒觉。这可不好。"就是开展国际合作,也有一个如何开发我们脚下资源的问题。在当地地方自治体主导下进行国际合作,这就是成立 CDI 日本的理由。成立以来近 10 年,取得了很大的成果。这是一种理念。

CDI 的第二个理念是,以参与国际合作工作的自治体职员与 NGO 的连接为基础。在学习班上自治体职员与 NGO 经常在晚上针对同一个现实问题展开讨论,此时,作为一种连接总会有学者参加。这也就是运动员的多元性。

刚才举的三个事例有一个共同点,那就是在服务内容是公共的还是私人的这种概念争论之前,首先意识到的是"服务运动员的多元性"。

还有一件事,希望也可以是一个事例。我的一位朋友在近畿日本旅行社任课长,他希望自己想做的一件事情能够实现,那就是要把自己所在公司的一个房间向 NGO 开放。其实,NGO 最头疼的就是事务局体制。从旅游角度看,通过 NGO 的人每天在旅行社的一个房间内出入,可以了解 NGO 旅行业务的需求。实际上连接的桥梁应该从我们脚下开始架设。我也想为此出力,希望它一定能实现。这和运动员的多元性(共)相关。

我用80%的生命在做的事情当中有飞艇探测地雷 NGO 系统。九州大学的 4 名教师参与了这件事情。其中两位是制作飞艇的工学系的老师,另外一位也是工学系的老师,负责制作感应器等探测体系,还有一人就是我。

飞艇过去曾经是游戏的道具,面向 21 世纪是不是可以把它作为一种新的手段呢?有位老师就是出于这种想法,利用控制系统完成了带有停止性的飞艇。风会从 360 度的任何一个角度吹过来,安装感应系统可让风扇逆风旋转,使飞艇静止。通过这样的技术完成了可以悬停的飞艇,然后在飞艇上安装地雷探测器。

地雷探测器可以探测到金属、塑料等 5 种材料,可以发现 99.5% 的地雷。飞艇探测到地雷后就会轻微地左右摇晃,如此它的下面就一定有地雷。现在实验终于成功,就要拿到柬埔寨去了。

我们要做的事情有很多。为了能让这个地雷探测器商业化,我去过综合商社和制造飞船的重工业公司。但是为了提供"和平",这个服务需要政府认可,所以我们还去了外务省。小渊(惠三)是对排除人员杀伤雷出了 100 亿日元的人,可以和柬埔寨政府取得联系。为创建一种新的"和平"系统我们要做这样的努力。

这个计划可以让企业获得利润,在政府层次可以成为国际贡献的一部分。我想把它作为一种"教育体系"确立起来。为实现这个计划并使其维持下去,需要同时进行"教育"。我下星期到柬埔寨去动员学生,让学生们也一起加入到这个体系中来。我想忠实于自己经受的考验,同时也取得教育效应,但这很难得到认可。

飞艇探测到的地雷必须要取出来。这方面有实际业绩的是曾经在诺曼底清除地雷的法国。清除地雷必须要手工作业。有人说,不是可以爆破吗?如果爆破会有无数金属碎片飞散到田地里,

171

收拾这些碎片需要更多的费用。我们想和法国政府取得联系,以使我们的探测器与法国的排雷系统一体化。我们想在这种多元运动员共存当中来实现"和平"这一公共服务。这可能还需要5年左右的时间才能实现。

最后与公共的"共"相关,说说"防止偏人主义"。建立运动员之间的连接可以提高服务质量,形成公共精神。人如果偏食就会生病,所以我们总是注意不要偏食。但是,我们平常对所见的人是不是有偏好呢? NGO只见NGO,女人只见女人,男人只和男人在一起互抚伤痛。

我们要有意识地防止这种偏人主义。我制作了"防止偏人主义图表"用于职员研修所培训员工。图表中设置了"早、中、晚"、"星期一、星期二、星期三、星期四、星期五"等栏目,如果和残疾人互问"你好"或进行了日常对话就贴红色,向60岁以上的老人问候说"你好吗?"就贴绿色,对孩子说"嗨,你好吗?"就贴黄色。我们想通过这种方式看看大家一周内都和谁说了话,从这里开始防止偏人主义。我们的重点是如何建立互相连接的"共"。但人们批评说这是给人涂颜色,所以很少有职员研修所用这个办法。

最后我想说一件非常让人高兴的事情。迄今为止,"官"与"民"的关系在政府机构的窗口被区别为服务的接受方和授予方。比如在护理等级认定上,分为给予5级的人和接受5级的人。从这个意义上讲,接受人的痛苦和给予人的辛苦都不能相互了解。但是最近在北九州市和福冈市,由需护理老人的家属来认定护理等级,开始把相互连接带到自己的生活当中。我以上说的是公共中"共"这一运动员的多元性事例,以供金泰昌先生批评。

今田高俊:薮野祐三先生从开展NGO活动第一线的角度讲了自己的意见。他认为由于提供服务的专业分化,对于接受方来说本来很好的援助和帮助却不容易接受,所以要更加处理好运动员的相互连接。

少子老龄化社会、家庭、公共性

今田高俊:现在我们进入综合讨论。金子勇先生提出的论题是:在少子老龄化社会条件下需要用相互支撑的观点来思考公共性,同时,仅用"公、私"二元论来思考这个问题是有局限的,在公私之间需要共同性这个媒介和辅助线。金泰昌先生提倡的"共同"和"共和"也介于"私"与"公"之间,也认为需要超越二元论。

另外,还谈到了搭便车问题,认为这是相互支撑社会的困境。还有护理、育儿、生孩子等负担分配问题,如果从竞争的角度进行负担分配,那么负担就会完全压在弱者身上。有些人会去搭便车,结果最艰难的人却可能不得不负担得更多。我想,负担分配是一个大课题。

在第二次研究会上,京都大学的间宫阳介先生谈到了"共有地的悲剧"。如果特定的放牧人随意让自己的牛吃共有空间(放牧场)的草,从短期看是他自己受益,但结果是放牧场的草都没有了,悲剧将危及他自己。这件事从利己主义理论逻辑出发,指出为什么不能当利己主义者,这也就导出了利己主义理论逻辑的困境。我希望大家也能一起讨论这种困境问题。

我也谈一点我的论题。现在面临着严峻的状况,对于家庭是私的空间还是公的空间这个问题大家有争论,我提出的论题的意图是,通过重新思考世代概念,在保持家庭私人性质的同时开拓公共性。为了做到这一点,需要对埃里克森说的世代生成(传承)的概念进行重新审视。"家庭"是私人与公共的交汇,是介于两者之间的中间团体。希望大家在综合讨论当中进行深入的讨论。

173

金凤珍：有这样一个问题："国家是公吗?"我认为"根据不同场合它也是私"。将来世代综合研究所的口号当中有"活私开公"这一概念，支撑这一概念的经常有"公私共进"、"公私并进"、"公私未分"等词句。我不认同"公私"两分，二元论式的各自行动。正是因为有"公"才有"私"，正是因为有"私"才有"公"。所以才有了"活私开公"这个概念。但是，"公"与"私"之间的距离和关系是非常多变的，如何理解"公共性"、"公私"的概念才能对其进行动态的把握呢?

"公共性"用英语说应该是 publicness 这个词，publicity 有另外的意思。我想可以用 publicness。金所长说"公共性"是 actuality（行为的现实），我认为他说得很对。那么"私密性"是什么呢? 我认为它也是"现实"。

"公"与"私"之间存在价值批判意义上的上下关系。但这种关系也是固定的，在"私"成为"堕落的私"的时候，它作为次极价值受到审判。我想说，如果不看重"私"也就不可能看重"公"。也就是说，"公"与"私"是相互依存的关系，时而分开，时而密切地连在一起，重复着这种动力学的关系。

今田先生在说明家庭时多次用了现代的理论逻辑。我们已经沉浸在现代理论逻辑当中，总想把事物区分开来考虑。筑起一道道墙壁，把它们分为两份、三份、四份，在这个基础上去认识和研究。这么做本身并没有什么问题，做一些区分也是一种重要的研究方法。但是做了区分之后认为它们相互"没有关系"就错了。所以，我用"二元的一元论"或"一元的二元论"这样的说法。

那么什么是 reality（现实、真实）呢? 也许我这么说有点勉强，所谓 reality 是指以"个人"为单位而形成的各种各样的构成体，即家庭、共同体、国家、市民社会等等，或者它也可以是国际社会。首先"个人"作为 reality 存在,根据个人作为演员所采取的行为,行为的现实或为"具有公共性的行为"或为"私密性的行为"。从这个意义上说,可以把公共性和私密性都理解为行为的现实。存在着作为 reality 存在的个人所形成的构成体和作为观念的全球(还可以认为有超越了全球的宇宙)性各个层次的构成体。那么,应该怎样理解这当中所产生的"共同性"这个词呢?我想根据我的理解做一下说明。

首先,我们应该怎样给"公共性"定义呢?我想应该有各种定义的方法,那么是不是可以用"与他者的关系性"这句话给它定义。"他者"包括各种各样的人。刚才有也人谈到了这个问题,它包括 I、we、they、it 等所有人。我想用与它们的关系性这样的形式来归纳整理我的想法。

那么"共同性"是什么呢?此时他者虽然还是他者但却是伙伴,是"认识的他者"。也许他们并不是直接见面认识的,但至少他们有相互认识的意愿,是"与认知的他者的关系"。还有"亲密性"这个词,我想它应该是指熟知的亲属或"与相当于亲属人们的关系性"。可以认为,这样人们增加私密性的领域会逐渐扩大。不过,由于志向和意向性的不同,亲密圈和共同体中的人们在 actuality 中采取的行动,有时会增加公共性,有时也会增加私密性。

我在用英语写的论文当中对此做过探讨。我们是不是可以把作为 reality 存在的"个人"或"人"理解为"无关的存在"呢?就是说不是 being-in-relations(关系中的存在)。这里说的 being 也是 becoming(正在成为)。可以把作为 actuality 存在的自己理解为 becoming,或者可以用 generating(生成)这个词。那么区分公私的基准是什么呢?那就是看是不是与"他者"有关系性。或者说,可以通过其关系性的多少和大小,来设定区分"公"与"私"的基准。

175

刚才说过，国家是"公"，但有的时候也是"私"。根据我的理解个人也同样如此，个人是"私"，但有的时候也是"公"。根据每个人的不同，有的人比起"私"的部分"公"的部分更多，比如人们经常把政治家称为"公人"，就是因为他们出于立场的不同作为"公"的活动的时间更多。

是不是只有政治家那些了不起的人才那样呢？完全不是，我们一般老百姓在不同情况下也经常站在公的立场上。一个人走在大街上，虽然是个人，但有时必须要采取作为"公"的个人的行动。同时我认为，个人的构成体——家、社会、国家、国际社会等等，在是"公"的同时也是"私"。覆盖从个人到全球整体的概念是"公共性"，"私密性"也同样覆盖全体。

说国家也是"私"是指这样的情况：比如总统（或首相）随心所欲地引导国家向前走，如果前进的方向对于更多的"他者"来说不是正确的道路，也就是与"公共性"相反而行的时候，那么就是"私"。可以从"他者"更正当的"公共性"立场对他说："你把国家（政府）私化了"；或者当官僚和政治家贪污受贿的时候，他虽然是公人但却私人化了，所以可以批判他。因此，可以说"公"与"私"常常就是这样处于相互依存、相互紧张的关系当中。

我事先向长谷川先生打听了在日本众议院选举候选人落选运动的实际情况及其结果。好像在日本没有成功。究其原因，长谷川先生大致是这样说的："日本人不太喜欢抵制运动，虽然从文化论角度做解释不是很好，但日本具有在文化上喜好同质性、同一性的性格"。我想这可能也是一种答案。

还有另外一种答案。那就是，原因在于日本人理解"公共性"和"公"的概念时那种来自独特的文化和传统的理解方式。我说国家是"公"的同时也是"私"。所以，个人或 NPO、NGO 及普通的老百姓,他们可能都比国家具有更大的"公共性"。绝不因为是国家它的存在就自然比一个老百姓更"公"。国家这样大的存在有时也会变成"私"。当国家变成"私"的时候,我们(市民)就可以站在"公共性"、"公"的立场对它进行监督、批判、打倒和抵抗。

但是,在日本理解"公共性"方面还缺少这样的观念。之所以我听日本的学者谈论"公共性"总感到有些欠缺,听他们讨论"共同体"和"共同性"感到很危险,原因就在于此。还有日本学者开始把"个"与"私"的关系分得很清楚,但说到中途就混乱不清了。

在今田先生的论题当中,关于"家庭"是这么写的:"(世代是连接家庭与社会的媒介)不是把家庭作为私的空间,而是(可以)把它定位为担负公共性单位的战略概念"。我想这里的主旨是说家庭既是"公"也是"私";既可以成为"公",也可以成为"私"。根据我对公私的理解,这是完全可能的。

但是,为什么在结论部分他却写道:"家庭不应该直接承担公共性。"这很遗憾。不过,对于这部分我想可以这样去理解:他所说的主旨是应该尽量避免作为公共性负面印象的国家权力进入家庭。我认为,今田先生到最后也没有否定他自己开始所说的家庭是"私"也是"公",而且是担负公共性的一个单位。

一人 NGO 与共同、共和

长谷川公一:薮野先生的观点让人很感兴趣,我来谈谈"一人NGO"问题。

我们这次的题目是"中间团体开拓公共性"吧?家庭层次的问题也很重要,但是讨论中间团体这个如此重大的问题不能只落到家庭问题上,我们必须要在超越家庭的中间团体的层次上展开讨论。也就是说,更重要的是我们应该讨论在地方自治休和社区等层次上怎样来培育中间团体。

比如金子提到的带广的事例。我们更应该讨论的是,在保育所和经济支援之外的层次上如何支持育儿,如何得到现在没有孩子的人们的支持,如何让现在育儿的人们相互支持。我想,如果不多做这方面的讨论,那就不会是真正意义上的中间团体相互支撑的公共性。

推崇"一人NGO",作为一个点子很重要,也很让人感兴趣。但反过来说,"一人NGO"成不了中间团体。"一人NGO"的问题是没有"他人"进来。"夫妻NGO"也不会有他人进来。我们需要讨论如何与他人一起组织中间团体。金凤珍女士也讲了"公"与"私"的关系,但却很难看到"中间团体"的影子。"中间团体"本来是这次的主题,我认为应该更多地超越家庭,或者在与家庭的关联当中讨论这个主题。

今田高俊:是很重要的问题。

金泰昌:"一人NGO"是一个很有意思的主意。在日本讨论事情,往往不是"国家"就是"个人",但重要的是"共"。所以这次在"私"与"公"之间开拓了"共"的层次,并把它放到显著的位置。

日本人看上去很有团结心,都说日本有凝聚力,不会和其他国家那样像一盘散沙。但我觉得日本人的团结心不是"共"。日本的所谓集团主义的团体,是软弱的I跟随强大的I所形成的I的集合体,不是we。即使成为了we,那也是软弱I的负数,那里没有you。

因为是没有you的集团,所以就有集团利己主义。我所说的"大家劲往一处使"不仅是I+I+I+……尽管也有这样的层次,但更需要的是I+you+he+she+it+they+……

现在不仅日本,韩国和其他国家也缺少通过对话而形成的

"共"这部分。而且更重要的是不仅缺少"共同"部分,更缺少"共和"部分。

无论一个人的志向有多高,自己一个人能做的事情总是有限的。就像刚才长谷川先生说的那样,没有把"他人"作为前提。从我本身的经验来说,往往容易自我骄傲,只做些自我满足的事情。必须要经常接受他人的批判并不断进行自我反省才行。为了做到这一点,应该建立一种对话,这样才更有效率。所以我先想到了"家庭",因为我认为家庭是个人建立对话关系的最基础的自然体。从家庭到社区有各种各样的位相,我们需要重新把握。

我本身曾经长期参加 NGO、NPO、志愿者团体等各种活动。在那里经常面对的是 I 与 I 之间的领地之争、权力之争、特权之争和同一性的碰撞,在那里经常都是一团糟。在那种情况下,最后如果没有彻底的对话,没有通过对话开拓出新的世界,那么就不能继续下去。还有很多时候自己觉得做了好事,但往往后来的结果会带来弊端。所以,重要的是无论在内部还是与外部都要经常对话,进行意见的反馈和反省。

对"中间团体"这句话人们也许不能马上理解,中间团体的实质是发挥各种媒介作用的空间、渠道、场所和机会。我们大家要一起努力,重新审视中间团体可以发挥的作用。所以,认识到 NGO "一个人做也很重要"的每个"一人 NGO"要合力成为媒介担负人。我们讨论的焦点应该集中到这种集团和网络、这种中间团体的"共"的部分上。这就是我要说的主旨。

179

家庭是中间团体吗

小林正弥:这次到这里之前,完全不知道"家庭"会成为今天的主题,坦率地说感到非常新鲜。政治学上的"中间团体"是指

"个人与国家之间的中间",基本上没有考虑家庭。讨论的都是压力团体、利益团体、政党等等。

所以,我想问一下社会学专家,是一直把"家庭"放到"中间团体(或中间团体)"当中的呢,还是现阶段才开始讨论是否把它算作"中间团体"的呢?

我认为,把家庭看作中间团体是非常新颖的观点。比如共同体主义非常注重"家庭",包括那样的家庭在内对其他集团都适用同样的原理。我就是从这个意义上说"家庭也有公共性"的。

我现在犯愁,从规范上到底用哪个词更好。是用"中间团体"自然呢,还是应该只叫"集团",或者称为"集合体"、"公共体",或者用金泰昌先生今天说的"共和"? 如果用了"共和"概念也可以说"共和体"吧? 我想听听大家在这方面的意见。

今田高俊:技术上的问题由我来做个简单的回答。"中间团体"是"团体",不是集团。不能把家庭称为团体,只能说它是集团或者是共同体。所谓中间团体就是日语所说的"结社",是"基于自发意愿而结成契约关系的集合体"。NGO 也相当于基于自发意愿而结成的集合体。从这个意义上讲,家庭是中间团体,但不能说是中间团体。

金子勇:从福利方面说,比如生活保障是按户进行的,不能分成"个人"来做,只能是"生活保障户"。从这个角度讲,很难把家庭定位为"中间团体"。

北九州市的医疗、保健、福利体系化在全国是很有名气的计划。全国都在模仿北九州的做法,但很难发挥功能,这是因为在福利方面还残存着歧视问题。最有代表性的就是生活保障,现在还有人对享受生活保障的人指指点点。只要福利上还存在着歧视问题,那么医疗、保健、福利体系化是很难进行的。以为是在同一平台上制订了计划,但实际上福利并不在这个平台之上。

所以,我说必须要通过护理保险的灵活运用使福利离自己更近些,逐渐消除生活保障方面所代表的那种福利上的歧视意识,此外毫无办法。

世代继承性与"新公共性"

今田高俊:长谷川先生刚才说,如果不能形成超越家庭的中间团体,那么个人与社会的媒介功能就不能得到很好的发挥。说的很对。只有社会上形成很好的中间团体——团体,才能期待正确意义上的个人与社会的媒介。为实现民主主义这种中间团体的形成非常重要。

实际上,营利企业也是团体。所以,"如何培育不以利益为第一目的的中间团体"是个大问题。最近 NGO、NPO、志愿者团体等多了起来,人们已经认识到它们是在个人与社会之间发挥媒介作用的重要单位。

作为日本人,还有一点我不能理解。那就是不能以轻松的心情加入那些团体,要一直考虑"到底参加还是不参加呢?"最后下决心"还是参加吧!"这样进入团体后就必须要拼命工作,会充满干劲地说这就是自己以后的生活方式。但是,在以后的志愿活动中会越来越辛苦,这样就要为是不是继续做下去而苦恼。应该让人们可以轻松地参加志愿活动,这一点很重要。在这方面日本与非营利结社发达的美国等国家有很大不同。

让我对这事不理解的是原因,是日本的志愿者文化还没有成熟呢,还是没有形成可以轻松提供服务和援助的机制呢?如果是后者,那么只要建立轻松进行志愿活动的机制就会得到很好的解决。

181

关于家庭问题更多。家庭没有通往 NPO 或 NGO 这些团体的渠道。家庭所拥有的渠道是通向町内会、自治会的。町内会和自治也是一种团体(中间团体),但这些渠道的互助与 NPO、NGO、志愿者团体的援助和支援性质完全不同。家庭通往町内会、自治会的渠道有义务感介于其中。

日本社区的代表——町内会和自治会,人们曾经讨论随着现代化的进展它们是否会崩溃,可它们现在依然存在。我在自己居住地区的町内会也做很多义务的事情。町内会和自治会的重要功能是居住区的风险管理。住宅区是不是建造了不该建的建筑,外来人是不是随便扔垃圾,街道的景观是不是受到了破坏,这些都要检查。大家有个不言自明的共识:为了居住地不陷入危机做自己能做的事情。基于这种共识,大家都要承担义务性工作。风险管理发挥着作用。

但是,加入 NPO 和志愿者团体却不是义务,而是自发的行为。现在日本许多人都想参加志愿者活动。但问题是接受这种热情的体制还有待完善,在这方面多下些工夫,志愿者活动就会得到顺利开展。

回应一下刚才长谷川先生的话。不能期待家庭具有 NGO 和 NPO 那样的中间团体的功能。我倒认为如果引进世代生成(传承)的思想,那么就可能有一种不同于现在町内会和自治会所进行的风险管理的方法,那就是介于 NPO、NGO、志愿者团体与町内会、自治会中间的办法。大家怎么看呢?

长谷川公一:我想这是很重要的意见。今天今田先生所讲的关于世代生成的意见,最让人感兴趣的是,以前对家庭赋予某种正面价值的时候,要说劳动力的再生产等等,但今后这种说法不再具有什么有魅力的价值,而世代生成却可以赋予家庭以崭新的价值。

同样重要的是,在说团体创造新的公共时,我们如何才能让人感到团体功能"正面价值"的魅力。

今田先生还说,还远没有在行动上通过团体创造新的公共,由此我想起了偶然在仙台采访一位率先开展老年人志愿者活动的女性时听到的名言。那就是:"永远要与主妇重摆架势"。就是说,现在有许多主妇都想参与志愿者活动,但又总是说"孩子还小"、"丈夫不赞成"等等,找出各种理由不能实际参与进来。所以,她说:"永远要与主妇重摆架势"(实际上不相扑)。我觉得她说的真是名言。其实不仅是主妇,我们也经常说论文要交稿、学校里行政事务忙等等,找各种借口缺席。

为什么在阪神淡路大地震时有那么多志愿者呢?我想那是因为有事情紧急的压力。大家都觉得了不得了,必须得赶紧想办法,也就是有了打破借口的危机感。

我们非常习惯于找各种借口。需要有超越借口的故事,需要团体创造新的公共的故事。小故事也可以,埃里克森说的世代继承性也许就是个故事。我认为"新公共性"的说法是不错的,但我们必须要探讨"新公共性"所创造的具体价值是什么样的价值。我想,从环境角度讲,可持续开发和可持续社会就是一种价值。

他者体验、公共体验

金泰昌:还有很多地方希望今田先生再前进一步。想把家庭留在私人领域的心情我理解,这次之所以把家庭列为主题,具体地说,是这么回事。

比如我们在经历"他者体验"的时候,这就是开拓公共性的第一步。在我留学过的美国有主人家庭,他者体验总是在家庭由家人来完成。这就是家庭成为公共的机会和渠道。他者直接进家来一起住，对孩子就是很好的体验。说它好不是"快乐"的意思，当然有辛苦。但是以后长大结婚，无论是在夫妻之间还是和朋友之间，他都会以更开放的人格去对待，这最重要的体验可以在家庭里完成。所以，具有开放意识的父母会尽量让自己的孩子有这样的体验。

现在想想，我留学那些年几乎每到周六都会被人叫去旅行，一起做各种事情，这对于我是很美好和快乐的回忆。所以，现在十分重要的是，不要把家庭作为神圣不可侵犯的私人领域，而是要积极地把它开放为学习公共精神的场所。这是一点。

还有一点。现在有各种超越了国家与国家之间、地区与地区之间界线的网络，年轻的时候超越国境的体验是很珍贵的。家庭与家庭结合，在种族和文化不同的人们中间的公共体验、他者体验非常重要，但是在日本却很少。我甚至不知道日本有没有主人家庭，问一下留学生除了个别的例外，还真是没有。

我1990年作为东京大学的客座教授第一次来到日本，住在东京目黑的东大宿舍。那时同是东京大学教授的朋友说"一起吃饭吧！"百分之百都是在外面吃，不会往家里叫。虽然最近和原来有些不同，但韩国即使家很小也会请朋友到家来，这是礼仪。叫朋友到家里，请他们吃妻子和女儿亲手做的饭菜。但现在在我家就是想做也没有炊具，不是缺这个就是少那个，什么都做不了……

长谷川公一：也是借口吧。

金泰昌：因为我那里是临时住处，经常保持明天也可以搬家的状态……但是在日本就有很大住房的人也是那样。听了今田先生的话我明白了，也许在日本人们觉得家庭是排除异质的私密空间，尽量不让他者到自己的家里来。

就像小林先生刚才说的，需要努力向家庭引入公共性的要素。

从小的时候经历这样的体验,就会逐渐形成公共精神,对他者持一种开放的心态,形成开放的人格。无论在学校怎么教,回到家庭就封闭起来,那当然不会有学习效果。

日本之所以这样的理由有很多,我也不是不理解。但实际上,人们都说日本人亲切但日本社会冷漠,外国人找房子,没有日本人做保证人就找不到。东京大学客座教授应该是非常切实的身份了,但如果没有日本人做后盾同样也住不进公寓,多少天都要到处跑。另外,还会发生浴池不准外国人进等各种事情。发生这些事情,不是日本人不好,是因为他们小的时候没有他者体验。

为了使社会更开放,不是要一有什么事就说"那不行",而是要自然地让孩子从幼小的时候就开始有与他人交流的体验。我们要关注的不是家庭能不能作为"中间团体"这种用语上的问题,而是怎么做才能使家庭成为可以有公共体验的再开放些的场所。

作为私人空间的家庭的公共性

今田高俊:金先生说的很对,但视角有些不对。说家庭是"私的空间",并不是您说的那种没有同外国的交流,没有开放公共性,而是封闭的情况。我自己到海外留学的时候带读小学的儿子一起在那里待了一年,也让美国的大学生到我家来寄宿。这些事情私下也可以做。

我说家庭是私的空间,是说在家庭里自己做什么事情的决策可以自己决定,不会被外人说这说那。我是从这个意义上讲的私的空间。

金泰昌:那是"自发性",不是"私人"。

今田高俊:但是如果有外部介入,比如政府机构说"你们要生孩子",那就不是私的空间了。过于强调家庭的公共性,弄不好会

185

造成公家介入的口实。

金泰昌：那种情况还是说"自发性"容易理解。按不同领域分为"公"和"私"，说家庭是私的空间，可"私"与"公"并不是实体概念，说家庭"基本上是私人的"，可家庭作为现场，"公"的部分、"私"的部分、"共"的部分都有，是全部混在一起的。平时虽然"私"的部分更多，但有时也会开放"共"的部分，积极引进体验"共"的机会。如果这样动态地认识家庭，就应该不是什么难事。

如果按以前的概念分为"公"和"私"，并把它们作为实体概念来把握，我看这就会成为没有什么意义的意见，容易得出"家庭基本上是私人的"结论。难道就不能有些突破吗？

今田高俊：我并没有说应该死守家庭是私的空间这种夸张的事情。我的意思是，迄今为止，从社会上讲家庭也一直被定位在私人领域，它是具备了家庭成员共同性的私的空间，其主体与外界做各种交流。

金泰昌：如果是这个意思我有同感。

小林正弥：我也完全赞成今田先生刚才说的结论。不过，也许看起来我（关于家庭内有没有公共性的论点）拘泥的是概念上的问题，我觉得今田先生的观点是以国家为中心的"公"与非国家的"私"这种自由主义者的公私二分论。

比如今田先生说的支持的概念或传承，都远远超越了自由主义者的概念，可为什么在公私观上是自由主义者的二分论呢？我不理解。相反，在我看来，共同体主义者和共和主义者的公私概念潜藏着不同于上述二分法的可能性，所以我才提出疑问。

中间团体的可能性

薮野祐三：关于"一人NGO"的中间团体，说因为是肉体上的一个人所以只是 I，但在我这里，从在精神上有 he、有 she、有 they 的"他者"这个概念讲，一个人也是公共。当然要建立组织，要成为中间团体。

政府做的事情也是有私人性质的。是"公"还是"私"要看它是功能性的还是服务性的，难道大组织是"公"，小组织是"私"吗？也许是因为这样，我们才说"因为一人 NGO 是一个人，所以不行"。我们不应该这样。"一个人"也有高贵者之义务，也有公共，所以才有"公共精神"这种说法。

我想提出的是，一个人也可以往来于"公"与"私"之间。千万不能认为"政府做的就是公"，那是"官"做的。所以应该停止"公立学校"这种称呼，因为那是官建立的。

从我在北九州市的经验讲，根据对新日铁这一组织的调查，团体都是由企业搞的，员工宿舍、员工医院、娱乐设施也都是。说"企业全包"，实际上是因为企业全包了团体。退职的老人没有团体，其实那些到老年人才中心找工作的老人，他们的动机不是劳动欲望，而是追求团体。他们没有什么地方可以去。

行政机构一直在摧残团体。比如现在学校之间在进行棒球比赛（高中棒球）。学校的课外活动本来应该在校外，也就是在社区进行。只有日本进行学校之间的对抗。作为一个研究事例有趣的是，学校间进行对抗的只是棒球、篮球等古老的体育活动，游泳、足球、网球等体育活动都在俱乐部里进行。学校间对抗的体育开始崩溃了。游泳俱乐部完全是营利的。

还有一点，学校把孩子都包了下来。早上去了学校，要到晚上10 点才回来。都说"家庭教育"，但进了学校俱乐部就成了人质。我认为高中棒球绝对应该取消。暑假时候想家人一起去旅行，但俱乐部的老师却说"不能去"。破坏家庭教育的学校教育是什么

187

东西呢？

快要看到团体了，在区域这种力量越来越明显。

金泰昌：发言像讲故事一样，很容易听得懂。但我想脑子里应该清楚，通过这次讨论要思考什么问题。我不是说"一人 NGO"不好，但这次要讨论的是，如果可能，有同样志向的人们劲往一处使，看看在中间团体层次上能做些什么，问题是什么。最大的问题是媒介集团还不成熟，这次讨论的要点就在于此。一个人也许可以做，但是一个人的力量有限，所以那时大家"一起做"很重要。

"知识"也是这次讨论的内容。我想通过这个研究会创造一种模式。知识原来是从一个人头脑中产生的东西，但我认为除了这种知识外，大家一起创造的知识也很重要。如果把个人头脑产生的知识称为"个人知"或"私密知"，那么也应该有"公共知"。（如果说由某种制度性权威正当化、正统化的知识是公的知识，那么是不是也可以说，通过对话大家一起创造的知识是公共知识，而一个人的头脑所产生的知识是私密知识呢？）

对个人是好的东西对社会不一定也是好的东西。一直以来，道德是个人层次上的问题，在日本它马上上升到"国民道德"。但那不是意识形态的道德，而是自己与他者混合在一起时公共场所需要的道德。

刚才今田先生说，在日本很难一个人轻松地加入某个中间团体参与公共性活动。我想，这有很多原因，比如，在日本敌视国家以外的集团，让国家来做更确实，等等。

家庭与中间团体

今田高俊：关于如何定位家庭与中间团体的关系，有各种意见，我想大家也还没有想清楚。在日本，传统上的就是从家庭、町内会、自治会经过区域社会与国家相连的。另一方面，还形成了从志愿者团体、NPO、NGO 等自发的团体通向市民社会的渠道。

从"家庭"通往中间团体的潮流有两种：自发的团体渠道和通过町内会、自治会的渠道。以家庭为媒介开拓"公"的时候，怎样做才能引向自发的团体，这是我们要下工夫的战略性问题，如果这方面的工夫做到了，就会形成那样的潮流。不仅要有诱因，重要的是还要修渠道。这就是日本现在要做的事情。"一人 NGO"也是一种办法，也可以利用町内会、自治会渠道建立辅助通道，我想，办法有很多。这不是理论问题，是实践问题。我们还不清楚，现阶段那是什么。

金泰昌：那是不是普遍的情况呢？那是体验问题，因人而异。我们在内部说，人到了 35 岁左右，会有各种大转变。一直以自我为中心的人会一下开放起来，会从更大的框架审视自己与世界。矢崎胜彦理事长研究过伟人的自传，发现他们大多是在这个年龄的时候开始以同一性为中心的生活方式向以传承为中心的生活方式转变。

发生这种转变的契机有很多，每个人都不一样。在人生当中是会发生这种大转变的。如果把刚才说的普遍化了，那又成了一种公式，大家就有种错觉，认为无论是谁都可以做到。其实并不是那样，从人的体验角度看，是会发生某种转变的。有的人因为患病突然人生观发生了变化，有的人因为战争发生变化，基督教信徒通过告白的形式也可以发生转变。有各种各样的契机。

重要的是，我们要让家庭成为更容易发生那种体验的场所。因为家庭是最基本的初级场所。父母应该为孩子着想，要给孩子创造各种机会，这是家庭的根本。不要像今天这样生了孩子后就放任自流，要尽量让家庭本身成为容易体验的场所。

189

也有的地方在学校教育方面做这样的实验。有位大学老师就在大学的附属高中做了实验。他给同学出了作业,让每个人都植树,并关心树木的成长。同学们都尽力使自己的树比别人的长得好,在实践当中有了关怀的体验。后来有人提出,如果把这个活动变成不是植自己的树而是植别人的树会怎么样,也就是 A 植 B 的树,C 植 D 的树,D 植 A 的树,互相植对方的树,这种体验会怎么样呢?

具体地说,把教育现场和家庭等各种地方作为不用很多时间就可以进行体验的场所,看起来是小事,却是可以带来大的结果的一种方法。

小林正弥:对于今田先生提出的问题,我认为地方自治体与团体、礼俗社会与法理社会这种二分法,已经变得不是那么绝对了。

第二次世界大战后日本政治学上一直在说地方自治体是封建的,应该向团体转变。如今,就像女性主义者说的那样,连家庭都在向团体方向发生大的变化。是不是两方面(地方自治体与团体)已经接近了呢? 所以我才说对于两方面来说公共这共同的原理很重要。

假设家庭偏向团体,那么就与以前的町内会合不到一起,家庭通往町内会的渠道也就不能用了。因此,从某种意义上讲,现在(引入与以前相反的原理)反过来更需要这两种渠道的接近。

也就是说,以前地方自治体形式的町内会渠道应该向团体形式转变。反过来说,被称为团体形式的 NPO 团体也需要引入一些地方自治体的要素。自发的结社也应该强调连带感和友爱关系,否则团体本身也会有超越不了的局限。

以前,人们往往把根据团体原理形成的 NPO 理想化,但从现实来看,我认为仅靠它不能实现社会的全面变革。靠近地方自治体的町内会和自治会等当然要发生大的改变,但同时也要出现思考团体的存在形式。仅靠以前的团体原理不能形成改变整个社会的力量,所以我认为需要审视两方面的组织形式。

今田高俊:你说团体要向地方自治体或区域社会靠拢,具体地说,是建立根植于区域的志愿者团体的意思吗?

小林正弥:当然那也是可能的,但我想到的是组织中的人际关系。因为是自发的结社,所以也是自发地决定加入或退出,但结社内部成员之间的人际关系应该向人性化的地方自治体靠近。在结社当中应该在这方面多下工夫。

今田高俊:我们讨论得很有难度,每前进一步都比较困难,但从各种角度提出了很多意见,也差不多到了得出结论的时候了。

足立幸男:通过中间团体、家庭或者 NPO 等学习共同性是非常重要的,而且我们参加这些活动也很重要,这些我都非常赞成。但是,这个层次上的共同性怎样才能与改变整个社会联系起来呢?也许我说的不是今天的主要问题,我想如果有催生社会制度共同性的因素,那么也一定有阻止它产生的因素。

家庭层次上的共同性如何与整个社会层次上的共同性或公共性联系到一起,我想这个问题并不简单。

世代、世代生成、公共性

今田高俊:金泰昌先生说到了 35 岁左右就有了世代生成的意愿。这是埃里克森本身从临床精神分析当中得到的人在生命周期中的需求。它是需求,也是人生存的力量。现在在日本它没有得到很好的发挥。迄今为止,未能很好地设计发挥世代生成力的场所。

进一步地说,我们要从设计发挥世代生成力的场所开始。不是通过地域地方自治体、町内会、自治体的渠道，而是通过志愿者团体渠道来进行。比如，年轻时期育儿和工作很难两立，育儿和工作耗尽了精力，不会想到去做家庭以外的事情。但是，到了不用再花费精力育儿，有了世代生成愿的时候，如果有运用自己的育儿经验和智慧——男人现在没有这些机会，困难很多——的场所，就可以很顺利地发挥世代生成力。

另外，不仅要把自己的文化资本传授给自己的孩子，而且还要传授给其他孩子。我们需要这样的场所。如果可以把自己掌握的文化资本传授给包括自己孩子在内的下一代，对于本人来说是件非常高兴的事情。现在还没有这样一种定位，所以让人感到是一种"奇特的行为"。但这不是出于奇特用心的低层次事情，而是为了整个地球的下一代、再下一代、子子孙孙的事情，应该给它这样的定位，这一点很重要。启蒙了这一点，也就打开了心灵。我在论题当中要说的就是这一点。也就是说，以"世代"为契机，从家庭开始，把关怀和支援扩展到日本和全世界。

比如国际领养制度可以把亲子代际关系扩大到地球规模。把其他国家的婴儿带回家来领养，并把他当成家庭成员之一，这种行为也是担负了一种公共性。同时，是作为自己的孩子领养的，又是私人问题。应该有斡旋这种领养的组织。现在有的夫妻想领养，却没有让他们放心委托的组织。中间团体的媒介作用不可缺少。

还有外国劳动者问题。不应该只把他们看作"劳动力"，要有把他们作为"国民"来接纳的构想，也就是要把他们当作担负国家下一代的人才。就是因为把他们看成了应付现状的劳动力，所以不需要的时候就让人家回去。我们应该放宽视野，用广阔的胸怀，从全球的角度思考可持续社会。最为重要的是，要启蒙人们拥有这样的价值观。

金泰昌:很多时政研究表明,在个人层次上有生命周期,到了一定的年龄,生活体验就要从以同一性为中心向以传承为中心转换。这一点在家庭这一生活场景当中表现得非常明显。

　　现在,我们要在社会上制造这种场所和机会,相互鼓励,个人的传承与社会传承相互激励,家庭、家族和媒介集团更关心传承并为此付出努力,那么有志于传承的气势就会更强大些。

　　不能把这件事说成义务,这不符合日本人的秉性。必须要让这件事成为一种"喜悦"和"快乐"。不会发生足立先生所担心的事情。那是在依赖已有制度的时候才会发生的问题。我们要在市民主导下,不断自发地创建可以发挥新的媒介功能的中间团体,不断地增加创建中间团体的机会。这样一来,我们就可以接着探讨传承、世代、公共性等相互连接的方向。从这个意义上讲,今田先生最后的总结很好。

论题四

在严峻制约之下生成多样性的社会

1. 21 世纪的关键词

到处都在提出关于展望 21 世纪的各种关键词。1999 年 6 月在科隆举行的发达国家峰会上少有地谈到了教育问题,以声明的形式发表了"教育宪章",概括地表明"21 世纪是充满灵活性和变化的世纪"。在变化的社会当中僵化的行为方式和僵化的思维是不能适应的。为了使思维和行为变得灵活,无论如何也需要进行终身教育。我是在这样一个脉络当中把"灵活性和变化的世纪"这句话作为关键词的。

比如在"大学"这个世界里正在发生怎样的变化呢?教育社会学家马丁·特罗在很早以前就提出了非常简单易懂的图式。那就是,在大学升学率不到 15% 的阶段,大学是精英教育的场所。所以,那里的教员和在那里学习的学生都是精英。说明白一点,那时候大学的教师都会说:"学问上的事情交给我们吧!"大学的自治和教授会的自治在这种情况下才可以成立。

但是,第二次世界大战以后,发达国家快速进入了大众教育阶段。从数据上说,升学率在 15% 到 50% 之间。日本现在升学率平

195

均接近于50%,并进行相应的专业教育,向社会输送专业人才,为产业、经济的高度化做贡献。我所在的阪神地区,女子高中生的60%都会上大学。升学率超过50%是了不得的事情。以后日本要进入普遍教育阶段。谁都可以上大学,这是普遍教育的特征。

今天,在日本由于少子化的急速进展,上大学已经变得非常容易。有的大学甚至招不满学生,已经到了谁都能上大学的时代。这样一来,对教育的关心和需求当然要多样化。现在已经不仅是高中毕业的人上大学,而且根据需要各个世代的人都可以上大学。事实上"大学"与"社会"之间的栅栏已经消失了,大学将变成可以自由出入的空间。

大学教育已经无限地接近"公"的教育,不可能再发生以前那种"学问和研究的事情交给我们了"的情况。大学本身将不得不接受各种形式的公共控制。最有代表性的事情,就是去年(2000年)4月开始引入的针对国立大学的第三方评估。出现这样的情况,不仅是因为少子化,而且更多的是因为高等教育已经进入了普遍教育阶段。

从大学这一个例子就可以看出,这种变化有多么急剧而又无休止。自不待言,这是一种转换的表现,是向不同于用数百年时间筑成的"现代"的构成原理(后现代)的转换。大约用200年时间拼命构建的产业社会,将向拥有不同构成原理的(后产业)社会转换。这种长期的大转换现在正在进行当中。所以,说21世纪是"变动的世纪"一点都不夸张。

在这转换期当中,不仅会发生价值的多元化,而且还会出现各种形式的对抗关系。大约在30年前,丹尼尔·贝尔就已经指出,社会将从经济学方式向社会学化方式转移,在其过程中将发生各种问题。目前,在社会学和有关社会科学的学界,新自由主义与共同体主义问题是一个争论的焦点。讨论的内容与丹尼尔·贝尔30年前的意见基本是在同样的脉络上。这种对抗关系中的冲突和价值的进一步多元化将是21世纪的特征。

上面说的是社会方面的情况,个人层次上生活方式的多样化也将迅速进展,波及广泛。比如,不久以前,曾有大众消费的说法,后来说分众消费和小众消费,现在又出现了生活方式消费这个词。这种消费形态的前提,就是每个人按照自己的习惯调整自己的消费。这种用语的变化意味着生活方式的多样化已经渗透到现实当中。所以,我想科隆峰会的关键词"灵活性与变化的世纪"可以再加上"多样性",改为"灵活性和变化及多样性的世纪"。

在我国广为人知的另一个有关21世纪的关键词是"自立的个人是主角的世纪"。也就是,以前由公共组织所承担的位置将由"自立的个人"占有,"个人"将取代"组织"成为主角。

2. 开放性、异质性、多样性

我想用已有的社会学逻辑归纳一下上述问题。为此,我想用"开放性"、"异质性"这组概念。

美国的社会学权威当中有个人叫彼得·布劳。他的宏观结构论,试图从现代的角度对盖奥尔格·齐美尔的社会学进行组合。他用了"开放性"和"异质性"这两个概念。国际化和信息化是大的潮流,它促进社会生活的开放化和异质化,并促进进一步的多样化。开放化和异质化进展之后,任意抽取两个人,他们分别属于不同集团的概率非常高。也就是说,开放化和异质化的进展,将建立多样的集团之间的关系。这就是发生在国际化社会当中的基本宏观结构论的动向。

197

那么是不是开放化和异质化会永无止境地发展下去呢？不是的。会有针对它的逆流产生，那就是"不断产生的封闭的同质性"。也可以说，这是伴随异质化和开放化的陷阱。当然，这当中有"排斥"和"歧视"。也就是说，针对全球化会发生抗力，而这种抗力也会全球化。情况错综复杂。

坦率地看看现在的世界，到处都有纠纷。社会主义解体后，马上就出现了民族纠纷。宗教原教旨主义运动也在很大程度上与它一起联动。宗教原教旨主义不仅伊斯兰教有，新教和印度教当中也有。

另外，在美国那种多民族社会当中经常以激烈的城市暴动形式发生民族纠纷。社会学家用"最下层"这种相当严厉的表现方式来看待这种情况。总之，无国界化同时也一直伴随着国界化，会有逆流现象发生。我想这将是21世纪非常难解决的问题。

3. 社会结合的强度

再进一步从社会学的角度来谈谈这方面的问题。这里我们需要思考一下"社会的结合"。"社会的结合"有强弱之分。接触时间长、感情表露多、亲密程度大、相互援助多等，是结合度强的表现，相反则结合度弱。

大体上可以将这两种结合形式概括为"强连接"（strong tie）和"弱连接"（weak tie）。具有代表性的强连接，是拥有经过长期的直接接触而产生的亲密性和同一价值的同质者之间的连接。当然，凝集性强了就会变得封闭。非常亲近的、人数不多的友人集团是这样，历史上的村落共同体也是这样。而弱连接则是间接接触所产生的淡漠关系，是较为疏远的关系，同时是具有多样价值的异质者之间的连接。也就是说,弱连接不是熟人的集合,而是熟人的熟人甚至是熟人的熟人所认识的人们的集合。

有一篇有名的论文,写的是在美国波士顿对高级技术人员调换工作的方式所做调查的结果。根据劳动经济学家马克·格拉诺维特的调查,对于调换工作有用信息的80%来自于关系疏远的熟人。从关系密切的人那里得不到新的信息,新的信息来自于关系不密切而较为疏远的熟人。这是典型的弱连接。这种弱连接是取得新的有用信息的重要渠道。弱连接因为凝集性弱所以是开放和扩大的,它可以起到桥梁作用,为扩大集团间的关系作出贡献。可以说弱连接这个词就表现了关系的扩大。也就是说,集团间关系在纵横交错之中形成了弱连接的网络。

在社会学中讨论"人们结合"的时候,总要使用"社会交换"这个概念。这不仅限于社会学,文化人类学也是如此。比如,列维-斯特劳斯就是从 reciprocity(互惠性)上出发的。收了别人的礼物,就要当那人过生日的时候送给他礼物。接受了别人的厚意,就感到有了返还其厚意的义务,然后还回去。这样就产生了社会信誉。

这种直接的相互交换被作为一种社会规范来进行,就是"互惠性"。强连接会有意无意地产生直接的互惠性,弱连接会产生间接、循环的互惠性。

金子郁容先生曾写过《志愿者》①一书,这是日本第一本关于志愿者的书,对有关志愿者的讨论很有影响。他在书中这样说过:"在意想不到的时候,会得到意想不到的人的意想不到的帮助。"集团之间的关系纵横发展,弱连接的可能性扩大,对于关系较远的

---

① 金子郁容:《志愿者》,岩波书店1992年版。

人来说，就是"在意想不到的时候，会得到意想不到的人的意想不到的帮助"。在这点上"弱连接"可以制造间接、循环的互惠性。

在日本的文化传统当中自古就有"功德循环"这种思想。为别人做了什么好事，那一定会轮转回到自己这里。"功德"不仅是"无偿的行为"，而且它一定会通过社会结合循环到自己这里来。日本人有这种文化感受。因社会结合形态的不同互惠性的形态也不同。

4. 社会结合的形态趋向：重心转移

在阪神淡路大地震的时候涌现了大量的志愿者，所以那年被称为"志愿者元年"。其实在前一年刊行的《青少年白书》已经预测到了志愿者活动的高涨。只不过偶然发生的大地震这个契机使志愿者活动表面化了，志愿者涌现的基础逐渐成熟了。就是说，在弱连接型社会更容易产生志愿者。甚至可以更大胆地说，"弱连接型社会就是志愿者社会"。从这点上讲，志愿者在本质上是网络工作者。

综上所述，社会结合的时代的趋向可以概括为以下四点。

第一，由强连接向弱连接转变。

第二，由封闭集团中同质者的集合向开放集团中异质者的相遇转变。

第三，由紧密的合并向宽松的合并转变。

就是说，强连接的、凝集的、封闭的社会的特征是非常"紧密的合并"，而弱连接是通过纵横交错的集团间关系，不是让社会分解，而是使其以"宽松的合并"的形式结合起来。

第四，由紧凑的官僚制向松散官僚制转变。（由金字塔型组

织向"缠在一起的毛线团"型组织转变）

以上几点并非不可逆的单向趋向,而是与刚才讲的封闭同质性逆流一样,会不断地产生对抗趋向。这是特别应该注意而又难以解决的问题。

5. 两个课题

在上述的基础上,我想自觉地提出两个课题。

第一个课题,是不是有不同形态社会结合的最优组合。如果有,那么需要怎样的办法和政策才能实现。当然对于个人生活是可以有最佳组合的。但是从整个社会生活观点来看,可能设计出那种最优组合吗？我认为,那不仅非常难,并且任何单一的最优设计从原理来讲都是完全不可能的,甚至我们都不应该去那样想。不过,如果可以进行多元的、各种形式的设计,那么我认为应该展开这方面的讨论。

第二个课题,也是今天的议题题目（"在严峻制约之下生成多样性的社会"）。21 世纪日本社会将面临各种未曾有过的制约,如何在这种情况下生成多样性？如何构筑保持活力的稳定社会？低成长、环境保护、资源枯竭、少子老龄化、国际规则和全球标准等等,都将成为日本近百年来的历史上不曾有过的束缚。

话题说得远一点。若干年前就有人说江户学很有意思。一般认为,江户时代是相对稳定但又有各种束缚的社会。但查一下资料,想不到江户时代民众竟生活得自由自在。如果是这样的话,今后日本的将来会有各种拘束,但我们不应该只是忍耐拘束,而是要想想怎样才能创造出自由。回想一下江户时代,它就是走在前面的榜样。

比如,平贺源内在江户举办了草药博览会。他只是通过当时日本这方面的网络把草药类收集到了一起。另外,武士和店主们制作了钓小鱼的工具,拼命地钓鱼。这时候完全不管什么"身份",就像同友会一样的组织,在那里讲什么身份是俗气透顶的事情。那就是被称作"连"的组织,用现在的话说就是"网络"。它当时以各种形式给江户时代的百姓生活增添了色彩。

一般认为,"江户时代是身份制社会,由于不满拘束太多,民众经常举行试图改变社会的城市暴动",但事情好像也不完全是这样。现在都说江户学很有意思,但在21世纪的日本不可能再现"江户",说"江户"再现是荒唐至极。我们可以从各个角度探讨如何在各种束缚当中创造保持活力的社会。

6. 与之相关的重要论点

那么我们需要从什么样的观点来思考呢?我根据自己的想法,对宏观课题和微观课题做了如下整理。

(1)国家(近代国民国家)的相对化

近代国民国家是19世纪的发达国家创建的。一个民族、一种语言、一个国家这种"国民国家"是民族自决的根本,但我们必须要将国内分权化包括在内对它进行重新探讨。一直到最近,我们受到的谆谆教诲是有"国民文化"。但是,"国民文化"这个概念不过是近代国民国家导演的一种虚构。我们首先要认识到这一点,然后再着眼于国家中的多样性。从这个意义上说,需要对"国家进行国内的重组",进而在国际上进行国家合作的重组。

（2）市场领域、政府领域、NPO 领域之间的三者关系

关于市场领域、政府领域、NPO 领域之间的三者关系,我们一定要做认真的思考。我想在我之后做论题演讲的佐藤庆幸先生会对此做详细的论述。

（3）网络型社区的各种办法

社会学从较早的时候开始就使用 community（网络型社区）这个词,可以说它是个有各种含义的单词。最近我在想,脱离"地缘性"来思考社会生活是不是错了。在城市社会当中从地缘性解放出来的熟人网络被称为个人社区。它的确是支撑生活的一个重要部分。但是,我觉得脱离了"地缘性"来看社区似乎有些问题。

其理由之一就是环境问题。这个问题以各种形式与区域的社区生活相关。从神户地震看也是一样,发生灾害的地点也在包括社区在内的人们生活当中。孩子和老人都不能简单地离开地域上的社区,总要滞留在那里。并且,对于他们的各种形式的服务,是通过人与人之间的接触而提供人道服务的,所以失去地缘性的轻飘飘的联系,无论如何都失去了根基。接受政治分权和社会分权的当然也是"社区"。我所在的神户有从近百个国家来的人们生活在同一个城市里,的确存在作为多文化共生"场所"的社区。

那不是以前那种完全束缚在地缘性上的社区。我们要重新认识刚才所讲意义上的地缘性,在此基础上思考多重弱连接型网络布满其中的社区。

203

（4）核心家庭的动摇与变化→寄生单身问题

"家庭"问题是非常重要的问题。在日本 20 世纪 60 年代到

70 年代是典型的核心家庭时期。美国比日本早 20 多年就进入了核心家庭时期。但是,现在核心家庭开始动摇,并要发生变化。家庭的形态是多样的,选择怎样的家庭生活是个人的决定。今后将进入这样的时代。与此相关,还有一个山田昌弘提出的"寄生单身"(与父母同居的成年未婚者)问题。这将进一步加剧少子化的问题。

最近,在日本学术会议"少子社会多方面探讨特别委员会"上讨论的时候,有人乐观地提出,只要把握两点少子化问题就可以解决。一个是要征伐寄生单身,就是要他们多纳税。另一个是妇产科医生的意见,认为现在分娩医学进展很快,但是在相关医疗制度方面有各种制约,如果这方面改善了就会解决问题。据说已婚夫妻的 10% 不能生孩子,现在已经有各种技术,如果再有经济上的支持,这些人就可能生孩子,所以对于少子化不必过于担心。我想,这两个问题都不那么好解决。

(5)适应性地改变自我同一性——多次收获的人生

从"灵活性与变化的世纪"来看,每个人都需要适应性地改变同一性。一般认为,现代社会的人们像自动旋翼飞机一样,认准了一个方向,一生都朝那个方向前进,而这就是同一性的基本形态。但是今后如果还是这样,就可能引发不适应症。

所以,人生不是一次收获,不是一条道跑到黑,要有"多次收获的人生"观念。数学家森毅经常说的是,"每 20 年改变一次活法"。这话也许有点过激,但我觉得人生只有一次收获不见得就是好事。在老了以后很短的时间里两次收获也是虚幻的事情。我们要思考如何设计色彩斑斓的多次收获的人生,与终生学习联系在一起,这是很严肃的问题。

（6）基于年龄和性别的价值的平等性，尊重多样性

我想再次强调基于年龄和性别的价值的平等性。迄今为止，自以为是产业社会主角的大体是中年男性。但基于"性别"的价值歧视性是有害的。同时，我们也到了和"年轻人不成熟"、"年纪大的人已经没用了"这种基于"年龄"的歧视性说再见的时候了。从这点上说，"平等性"就是"尊重多样性"。

宗教学家镰田东二一直在说"翁童论"。很久以前说"七岁前的孩子是神"，"老翁也是神"，翁和童是很有品格的存在。我们应该用不同于近代社会的眼光重新审视"世代"，为了做到这一点，需要建立整体的平等性这一新的价值体系。

（7）共生的方法

最后要说的是"共生的方法"。"共生"一词对于我们来说很顺耳，说起来也很容易。它总是给人一种相安而居、和平安宁的印象。但研究生物进化论的石川统经常说："所谓共生是非常激烈的过程。"

比如，小丑鱼就不怕海葵的毒刺，据说它与海葵共生。但是，小丑鱼也曾受到过海葵毒刺的折磨，在挑战与应战的不断重复当中达到的平衡状态就是共生。

205

"共生"本来只存在于面对各种矛盾的困扰并想办法解决矛盾的这个过程当中。我们谈论"共生"的时候应该明确地认识到这一点。为了重新思考"共生"的方法、伦理、心理、理论，我所在的大学今年（2001年）4月设立了"多文化共生专业"。

今天我没有说，还有一个问题，就是"宗教"问题。一神教当中存在着尖锐的对立。我认为，"多文化共生"从根本上说，就是要把"多神共生"——许许多多神的共生——作为全球宗教世界的终点。日本以前经常被嘲笑没有宗教的同一性,但在这个意义上,人们反而开始说日本的形式更好。所谓"宗教分权"并没有制度化,它存在于日本人的宗教精神当中。听说"宗教"这个词的语源,是把人们结合在一起的意思。最近我想是否应该对接受这种多宗教世界的日本传统文化给予高度评价,或者要高度评价日本传统文化应该附加怎样的条件。

围绕论题四的讨论

今田高俊:盐原先生综观 21 世纪,提出了高屋建瓴的论点。弱连接带来的松散组合是志愿者社会的原点。这是盐原先生长期以来的主张。即便如此,盐原先生还认为会有各种逆流现象发生,必须要认识到这一点。这就是盐原先生讲的中心问题。

如何根据灵活性、变化、多样性及个人的自立性来组合社会?为了做到这一点,开放的异质性很重要。其具体形式,就是弱连接型结合形成的循环互惠性,如何构筑这种互惠性是一个大课题。对此,可以从"国家"、"NPO"、"社区"、"家庭"、"个人同一性"、"性别"、"年龄"等各个观点提出问题。所以,请大家对今后一定要讨论的主题提出大致的意见。那么,我们现在就开始讨论。

金泰昌:提出的问题真是思虑深远。根据盐原先生的发言,我想谈四个问题。第一是"地缘性"问题。盐原先生在讲社区的时候提出了"地缘"问题。无论是阪神淡路大地震还是土耳其、中国台湾和印度发生的大地震,在发生大的灾难时,除了"地缘"还有一种"情缘"。也就是说,虽然没有居住空间这种物理的联系,但以灾难为契机,对住在那里的人们抱有的同情会连接成为一条线,暂且称其为"情缘"。如果切实感受到了这一点,说明情缘性是很重要的。平时没有什么往来的世界各国会送来各种支援物资,会开展许多志愿合作活动。从这个意义上讲,我重新体会到了当地的要求与全球的呼应相互连接起来的全球—当地的联动。

这种全球—当地的互补共进现象不仅发生在灾难时期,在文化方面同样存在。我喜欢的诗人卡尔·桑德堡的坟墓在芝加哥。20年多年前我找到了那附近,但是问谁都不知道墓地在哪里,甚至连卡尔·桑德堡的名字都不知道。好容易碰到了一位知道墓地在哪里的老奶奶。她说:"在那里呢。不过,这附近的人都不知道,所以没有人管,不太好找。我带你去吧!"于是,我跟她去了墓地。坟墓真的很破旧,完全被忘却了。

盐原先生所说的"地缘",也不是以前那种形式的地缘。也就是说,不能被生长在同一个地方,有共同的记忆这种地缘所束缚,重要的是通过具有相同的问题意识这种机缘,当地与全球联系在一起,两者都可以发挥很好的作用。这是因为,我们所面对的现实是,固定住在一定场所的人数相对减少,而脱离地缘的人却在持续增加。

第二个问题与强连接向弱连接的转变有关。"国家"、"国民"、"民族"、"市民"最近又成了大问题。以前的固定概念发生了"摇摆"和"错位"。有些人对此感到不安,认为这很危险。也有人们持肯定的态度,认为这可以开拓新的世界。我属于后者。

今天,许多人都在为重新构筑概念而进行多种尝试。在日本教育改革国民会议上的讨论也是其一。关于国民同一性问题的基本观点和立场不同,意见激烈对立。

与这个问题相关,我想起了一件事情。那就是20世纪70年代到80年代,我在韩国经历的教育哲学上的激烈对立。那是有关要政治教育还是要人性化教育的基本教育观的对立。这种对立结构甚至可以追溯到古希腊雅典时代所发生的柏拉图的教育观与苏格拉底教育观的不同。按照我的理解,柏拉图的教育观,用现在的话说,强调的是国家教育、国民教育、民族教育,也就是重点在政治教育。它是具有很强目的性的教育,就是要造就适合(国家)共同体的人才。

相比之下,苏格拉底认为,培养人本来应该有的优秀素质和人所应该有的基本德性才是真正的教育。所以,苏格拉底的教育观认为,先确定(国家的稳定与繁荣这种)目的,然后再根据目的进行的教育不是教育的本来面目。一般都说柏拉图继承了苏格拉底,我认为不是那样。关于教育的讨论,无论何时何地都存在根本的对立,那就是基于国家和共同体需要所进行的教育与根据人类本身的需要所进行的教育之间的对立。

曾经在日本,基于一切为"国家"的国家至上教育哲学,培养出了"灭私奉公"的人们,他们被拉上了战场,年轻人相信那些都是对的,最后死在战场上。那时候的教育,是国民为了国家而存在的思想和与之相呼应的价值观压倒一切的(特别第二次世界大战前和战争期间)时代的教育。但是可以说,随着时代的变化,人们懂得了教育不只是那些。

那么第二次世界大战后关于教育的讨论又怎么样呢?可以说是一种实用教育、职业教育。主要讨论的是要全力培养对以公司和企业为中心的产业社会有用的人,说得更明白一点,就是要培养符合市场需求的人。最近人们开始呼吁,迄今为止的教育重点有些过于强调企业和市场了。展望将来,我不认为把集中培养企业私民作为教育的根本这种教育哲学是正确的。培养为国家奉献一切(连生命都献给国家)的国家战士和培养为企业营利最大化全身心投入的企业私民,在某一个时代和一定时期是发挥了重要功能,但当今的时代变化已经在寻求这种观点的变革。

第三个问题是,当我们站在"自立的个人成为主角的世纪"这种时代认识的基础上来思考事物时,就会遇到什么是"个人的自立"这个问题,还有从什么地方自立的问题。这是关系到对现在和不远的将来的基本认识的问题。我个人认为,现在人们对国民国家的位相和作用重新认识,并作出调整,对以巨大企业为中心的经济体系的信赖开始动摇,对物质主义价值观的反省和排斥日益强烈。在这种时代变化当中,到了我们每一个人要从根本上重新审视自己应该怎样活着的时候了。以前,我们依赖于国家的安定和秩序,衣食住所需要的物品都由企业来调配,这样我们就可以安心地生活。

但是,真的可以那么相信和依赖国家和企业吗?真的可以对它们放心吗?现在人们会有这样的疑问。所以,个人的自立,就是"不过于依赖国家的权力结构,自己能做的事情应该自己想,自己做"。还有一点,就是"不能用导致市场蛮横的经济逻辑思考问题,而是要用人性的逻辑去思考"。

但是,听现在的各种议论,我觉得要从组织依存性当中解脱和自立是很困难的。因为人在强大的组织保护当中会有安全感,所以组织还是有魅力的。可在历史的激变当中,已有的组织能给我们所需要的全部保护吗?同时,这种情况能一直存在下去吗?个人和社会在从成长阶段向成熟阶段发展的过程中,自立的需求会日益强烈。如果消极地回避对这种需求的应对,那么从个人、集团、国家都会失去适应情况变化的能力。

第四个问题是,如何思考"共生方法"这个问题。共生是什么和什么的共生呢?我想从根本上说是自己与他者的共生。比什么都最难做到、都最严重、都最根本的问题,就是他者认识的问题。可以说,所谓他者是基本不可能纳入到自己内部加以同化的一种存在。历来人们都是在尝试同化不能成功时,就采取歧视、排斥和抹杀的方法来应对。

但是,人们批评歧视、排斥、抹杀是反伦理、反道德的呼声日益强烈和普及,这种行为已不能正当化,现在不能不尊重他者的存在和尊严。这正意味着灵活性、变动性、多样性已经成为时代的基本要求。现在我们需要从以往那种建立在一成不变的一元自我认识之上的自他(对立)关系,向建立在灵活的,认可流动性的、多元的自我理解之上的自他(共存)关系转变。

我认为,一成不变的一元的自我认识之所以根深蒂固,在很大程度上是受了作为强连接的共同体的影响。它是与国民一体性和安定性为至上价值的国家观相对应的,是近代性的一个中心基轴,所以,它至少在过去两三个世纪的时间里发挥了非常重要的作用。但是,展望将来的人和社会以及整个世界,主流观点认为,今后,生活的多样性、关系形成及结合样式的灵活性、思考和行动基准(目标)的变动性将形成互补价值,那么,一元的自我认识将不再适合这样的时代状况。比起强大、坚固而又不变的自我,我们更应该推崇柔和、开放的自我。

盐原勉:关于第一点,在我回答之前金泰昌先生已经回答一多半了。一个社区的内容,人们结合的方式,作为结合的机缘,正像刚才所说的,人们要共有社区的记忆或共有关于历史时间的影像。这些虽然在平时意识不到,但是在发生灾难时,人们就会想到它们。

有人认为,在城市化当中人们的社区感情和交往都失去了。但实际上在发生地震时,“近邻”这句话就自然恢复了。也就是说,在平时沉静的生活中(我想是在意识中)看不到的东西会浮上来。社区最有可能生成这种情感。

在这点上,企业没有世代连续性,但社区从根本上是有世代连续性的。反过来,也可以说这是社区的强项。近邻交往恢复后,过一段时间又会沉静下去。我觉得,也应该探讨一下这种潜藏的社区生活。

与社区相关,我还想谈谈"教育"的话题。我现在恰巧在女子大学任校长。国家的方针是"男女共同参与社会"。在男女同校越来越多的现在,"女子大学"的存在理由是什么呢? 我必须要拼命想出个理由,并用简明易懂的口号告诉教职员、学生以及考生。

我现在想到的是"人性发展的社区"。看起来它好像脱离了地缘性,其实不是那样。女子大学的毕业生有奶奶、妈妈、女儿、孙女……有各个世代的人。我认为,同是女性的世代连续型、世代纵向网络在今天的对男性有利的社会里也是有意义的。

美国在过去30年的时间里,女子大学减少到了五分之一。减少的就是被淘汰的。日本今后也将进入女子大学被淘汰的时期。是否能继续生存将是很严重的问题。但即便如此,女子大学也有存在的理由。特别是在日本这种对男性有利的社会,建立世代纵向的女性网络是件好事情,并且它将成为赋予区域社会某种力量的基轴。

金泰昌:我认为,"地缘"与"脱离地缘"会同时进行。我们也应该思考从对地缘的固执当中解放出来。我曾经在韩国参加过地方上一所国立大学的结构改革。在那里成为一个问题的是,当地的高中生进不了这所大学。根据全国统一实施的考试成绩来判定是否及格,结果就是这样。这就是国家标准与地方需求发生错位的问题。这不是哪一方好哪一方坏的问题。类似问题也同样发生在国际标准与国家需求之间。

还有一个问题是,因为是"国立大学",所以盐原先生所说意义上的"当地社区记忆"被有意无意地排除和抹杀了。在那里只有趋同国家、国民一元化的记忆被不断地再生产。不知不觉间,"地缘的价值、思维、感性"都被作为反价值的东西而遭到否定。

所以,并不能断言只有当地的记忆重要,何况还有对"地缘的价值、思维、感性"的固执所带来的弊端。特别是从韩国政治文化状况看,破坏性地域感情的纠葛与由它所引起的没有出路的对立所带来的社会、经济、教育的成本太大了。根据我自己的这种体验可以说的是,地方、国家、全球在日常生活的现场当中密切相连,在这种状况下,最为重要的是我们要把握平衡,不过于偏向任何一方。

从这点上看,我们不能不感到,地方、国家、全球相互关联,同时前进,这就是现在和不远的将来的现实状况。所以,我深切地感到"全球—当地"这一视角的重要性。

盐原勉:我以前在大阪大学工作,人们都说"东有筑波,西有阪大",意思是说它们很能向国家要钱。那也许是大阪商人的才智。大阪大学的基本口号就是"生于地域,长向世界"。我参与了这个口号的制定工作。御朱印船在几百年前就从堺港出海了。就是说,那时候就越过国家与外国建立了联系。这个历史是大阪文化的一个原点。适塾和怀德堂曾经是庶民文化的据点,也是大阪大学的起点。刚才,我说到了"社区的记忆",听了金泰昌先生的发言,我再次感到,也必须要重视"团体的记忆"。

鸟越皓之:听了两位关于"社区"的发言,我很感兴趣。阪神淡路大地震之后,我被叫到了神户市灾难复兴本部。那是内部职员的定期会议,是课长助理、科长级别的人参加,类似政策学习会,只有我一个外部人。

在那里邀请了川流不息来到神户的 NPO 领导,征求他们的意见。他们所说的内容有两点是共通的。一是 NPO 缺钱。看起来神户市有能力准备一些钱。但是,在会议上在是否给 NPO 钱的问题上却犹豫不决。这是因为,虽然需要的钱的呼声很高,但也有一部分人说"不希望给钱"。尽管是少数,但有一部分 NPO 的领导提出了这样的意见。还有关系到自律性的问题,所以在这个问题上出现了踌躇。从那里我知道了,并不是像社会上说的那样,有钱就好。

另外一个,是邀请来的领导的一致意见。他们说:"NPO 活动能力有限,这一点我们知道。"那么他们需要什么呢? 他们说:"希望尽早强化社区。"在这一要求上 NPO 人们的意见一致。这是我们应该关注的事情,他们所说的社区显然是指"地缘社区"。

这说明了什么呢? 我来举例说明。比如,志愿者可以定期用车将受灾的老爷爷、老奶奶送到医院,收取 200 日元左右的费用。这一点 NPO 可以做到。但是,当这些老爷爷、老奶奶回到家的时候,如果没有近邻等人对他们说"爷爷,怎么样? 还好吧?"那是不行的。NPO 的人越来越认识到了这一点。这个事实告诉我,今后的社会弱连接当然很重要,但从这个角度上说,我们也不能忽视看起来似乎比较稳固的地缘社区。

金子勇:与这一点相关,我认为还是需要最小限度的约束。我听了盐原先生的论题,我深深地感到,自己的研究一直是在与之对抗的立场上。尊重多样性、松散的结合、弱连接、价值的无歧视性等确实重要,但如果超过了一定程度,变得散漫放纵,那社会系统就不能得到维系。我现在就是站在这样的观点上研究少子化。我认可寄生单身的自由生活方式。但是,那不能演变为整个社会都

213

不关心育儿。从这个意义上说,社会上应该有与刚才鸟越先生所讲的内容相关的最小限度的约束性。我认为应该建立一种机制,使寄生单身对整个社会的育儿更多一些关心。

就是说,盐原先生的分析非常清楚易懂,很好。但即便如此,我认为仅靠无歧视、尊重多样性是不够的,还有逆流。如果忽视了逆流,那就会只看见个人而看不到整个社会。这是社会学上最可怕的事情。所以,还是需要对抗性的观点。

今田高俊:鸟越先生讲到,如果不能确保脚踏实地的"地域紧密型"共同性,那么到了关键的时候就会有问题。大家对这方面有什么看法呢?

金子勇:我认为他说得对。从社区论来讲,地区不强大个人也不能强大。就是说,当个人集合在一起,从弱连接开始强连接的运动时,它的前提是区域社会的力量,这比自立的个人更重要。也就是说,统合在共同的团体之下更可能进行强连接运动。

金泰昌:这一点原则上我也承认,但是现在这个时代的课题是,要留神它所附带的排斥性和压抑性。以区域理论和心理为基准来排斥他者的做法,过去也带来了很大的弊端,我们对于这样的事实难道不需要反省吗?我是在今后应该对这个问题更加关心的意义上接受了盐原先生所讲的内容。所以,我们不能认为一方好另一方不好,应该认为要反省与改善这种循环。

我认为,更有意义的是分两个阶段来思考问题,就是对区域紧密型的共同性与区域脱离型的结合性既相互关联,又相互区别。在人格形成及与之相关的社会形成的第一阶段,作为人们生长基础环境的地缘共同体应该比什么都优先。在这点上,盐原先生和金子先生的意见与我的意见之间几乎没有什么不同。但是问题不是到这里就结束了,现在同时发生的多样化、多层次的复杂问题,仅靠地缘共同体框架和从中生成的规范、价值、立场、观点是不能解决的。为了能动、适时地应对这种时代状况，需要在某种程度上自立于地缘共同体的全新的集团来应对。我认为，进行这种多层次集中应对的主体与其叫"共同体"，还不如称为"自发的中间团体"更合适。共同体的确有很重要的作用，但也需要有其他的结合模式。这就是我的视角。

今田高俊：中间团体当中有町内会、自治会、区域共同体等一直就有的形式。作为新的形态有志愿者团体和 NPO 等。现在的状况是，随着产业化、现代化的进展，町内会、自治会、区域共同体的功能降低和减弱了。在这种情况下，一旦发生阪神淡路大地震那种危机就会出问题，所以需要唤醒对与区域紧密联系在一起的中间团体的重视。我想，应该很好地建立志愿者团体、NPO 等新中间团体与旧中间团体之间的合作关系。

我在 NHK 的"视点、论点"节目中以"中间团体开拓公共性"的主题说到这里的时候，一起参加节目的解说委员振奋地说："对，町内会、自治会非常重要。"一问情况才知道，他曾经做过町内会、自治会的干部，看到女性那么有干劲很吃惊，同时也第一次了解到町内会、自治会能做这么多的事情。

现在大多数情况下，町内会、自治会的功能是危机管理，考虑的是在本地区发生灾害和治安问题时怎样做等等。但是，就像鸟越先生说的那样，为了能向前走一步，确保和搞活区域连带，难道不需要从外部注入新型的中间团体吗？

昨天吃晚饭的时候说到，我不知道"村八分"①剩下的"二分"是什么。我是社会学家，但却不知道这"二分"是什么，感到很难

215

———————————

① 全村制裁。——译者注

为情。其实,所谓"八分"是日常生活等平常因素,被"村八分"就是从日常活动中被排除。剩下的"二分"是火灾和丧葬仪式,就是被"村八分"了,这些事情也不会被排除在外。这"二分"不是平常因素,而是危机管理或是特别因素。火灾和丧葬仪式要帮忙,其他事情一概不与之交往。我觉得日本的区域共同体有某种独特的"交往方式"规范。大家认为如何呢?

鸟越皓之:做一点小的反驳。你说的也对,但如果直接说留下自治会、町内会,它们很重要,可能会有误解。奔向弱连接的潮流是社会现象,弱连接也有很多好处。但尽管如此,在现场发生情况,真正需要组织来解决的时候,靠弱连接是解决不了的。NPO和志愿者组织的人很清楚这一点。这很重要。

正像你所指出的那样,现在的共同体有各种形式。有的只有很有趣的女性,有的只是一些中年男性在那里干得很有兴致。也有的地方传统的支配关系强大,陈旧得让人不忍目睹。不是说"组织"如何重要,虽然有了某种强连接,但要考虑的是如何让每个人更有意义。这就是我们的课题。

足立幸男:说"地缘",特别是自治会、町内会很重要,我不反对。但是从现实上讲,看看郊外的状况,未必就可以举起双手说"请吧"。因为在自治体、町内会、自治会之间已经有了"恶劣"的勾结。比如,自治体规定不搞一定数量的活动就不在财政上给予支持等,增加了束缚。结果,特别是一些新的社区喊着"友好相处,建设社区",自治会接二连三地开展活动。

我所在的地区每月要交1000日元左右的自治会费。我也曾经在自治会做过事。对于靠养老金生活的人来说,每月1000日元也是不小的支出。自治会只要能做让人们心情愉快的最低限度的事就行了。集中精力做危机管理方面的事就可以了,其他事情可以让我们这里说的松散的弱连接组织去做。所以,体育运动和文化活动方面的事情自治会完全可以不做,可以由那些喜欢的人自己去组织松散的联合。

自治会、町内会等如果不是做最低限度的危机管理的组织,那么今后就会顺利发展。我们也提出建议认为,如果不是这样的自治会还是解体为好。这样的自治会已经到了解体的边缘。自治会当然是必要的,重要的是要对一些问题重新审视。

盐原勉:危机管理也不做了吗?

足立幸男:不,帮助真正有困难的人,让有关部门在危险的地方设置红绿灯等,对应该做的最低限度的事情重新审视和梳理,根本上要让自治会的会费便宜下来。否则,它就不能长期存续下去,在需要它的时候帮助人们。

今田高俊:明白了。这个问题我们在综合讨论的时候做进一步的探讨。问题是甚至连曾经是强连接的关系,现在弱化得不要说弱连接,可以说是变成无连接了。

小林正弥:我接近政治哲学上所说的共同体主义者立场。所以对社会学的先生所说的"社区"非常有同感。反过来说,在政治哲学和法哲学领域只要一说"社区"、"共同体"就要遭到批判。所以,我很赞成弱连接与强连接相结合的新型社区或网络型社区的想法。当然,它的前提,就是不能仅依赖礼俗社会那种传统的共同体。

我住在城市,所以原本不太习惯强连接的社区,但还是遇到了让我感到需要社区的事情。我住在千叶的时候,由于经济不景气,周围出现了许多空房子。为了防止坏人进入,由自治会进行巡视。这就是危机管理。用板报传阅,互相提醒,这样的事情行政机构做不到。在不想让警察权力介入或者无法依赖警察的时候,只有由

217

社区来做。

町内会让志愿者分成小组，开展各种各样的活动。没有人要求我们"必须参加"，会费也不多，没有感到有什么负担。在最低限度的危机管理方面我们也进行合作，在我们感到不安的时候自治会做的事情让我们觉得很难得。从这个意义上说，现在大家的讨论是非常切合实际的意见。我真想让研究政治哲学的人来听听。这是我的感想。

下边是问题。我研究的是庇护与被庇护关系，也就是头目与部下的关系，所以谈论的事情经常与"交换"有关。我认为盐原先生今天说的一个要点就是交换。彼得·布劳是交换理论的代表。就像盐原先生说的那样，彼得·布劳在论述宏观理论时谈到了开放性、异质性、多样性。

另一方面，盐原先生还说到了列维-斯特劳斯，他的观点与彼得·布劳和霍曼斯不同，用我的话说，他重视整体论，提出了使信赖成为可能的一般交换，即盐原先生所说的"间接互惠性"的观念。

我认为在这两个理论当中有很强的紧张关系。列维-斯特劳斯是从野蛮社会开始论述的，所以，一般交换确实不是极端的强连接，但在社会上存在强连接。因此，还是应该把他说的一般交换（间接互惠性）与限定交换（直接互惠性）看成是强连接社会中的两种类型。就是说，在强连接当中有直接互惠性与间接的、循环的互惠性两方面，在弱连接当中也有这两方面。但我认为与您刚才说的不同，相比之下，在强连接社会一般的、间接的互惠性更容易成立，而在弱连接社会，一般的、间接的互惠性衰退，而向限定的、直接的互惠性转变。

我本身也站在"一般交换，或间接的互惠性非常重要"的观点之上,我认为,非常重要的问题是,"现在弱连接不断增多。在这流动的社会当中,如何确保间接的、一般的互惠性"。直接的互惠性就是平等交换。相比之下,共同体具有一体性,所以可以在其中进行互相帮助。并且"单向赠与,可以发生连锁反应,一直赠与到最后一个人"。这就是一般交换关系。这种一般交换关系在列维-斯特劳斯调查的古老社会中就已存在。我认为那是人类伟大的智慧。如何让它在现在的社会中再生,是非常重要的问题,我认为,这才是关系到人的"动机"的问题。就是说,如何确保不是平等交换情况下的"动机",这是"志愿人生观"的问题。

我觉得如果把盐原先生说的"重新构筑循环的互惠性"与"志愿人生观"联系在一起,观点就非常清楚了。

盐原勉:我在论题当中说,从总体上看,强连接向弱连接转变,由紧凑的结合向松散的结合转变。

用下面的图来说,A 是典型的强连接,是同质的、封闭的世界。整体趋向的重点是向 D 的方向转移。但实际上也存在 C 那种同质却又开放的世界。也有 B 那种异质却封闭的世界。那么 B 是什么呢? 异质的东西在一个封闭的世界里。这是典型的正在育儿当中的家庭。如果人生 80 年,育儿时间大体需要 20—30 年。"家庭"就像奥古斯特·孔德说过的那样,是"社会的学校"。家庭当中的"分工"、"上下关系"、"平等关系"等各种关系错综复杂。没有比它更难以归拢的集团。正因为如此,它甚至被称为诸恶之根源,是难以应付的一种存在。

C 这种形式有很多,宗教团体、政治团体大体上都是 C 形式。也就是仅为了同样的目的而结合到一起。足球拉拉队的世界是C,可能奥姆真理教也是 C。

刚才说到了"年龄"和"性别"的无歧视,如果真要搞男女共同

219

同　　　　　　异

A　　　　　　　B

闭

开

C　　　　　　　D

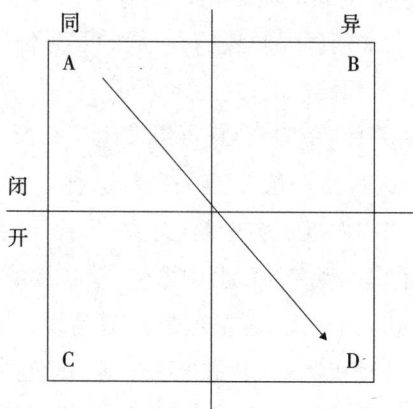

参与社会,那就要认真思考 B 的世界。也就是说,怎么样才能以不同于"家庭"的形式,使异质的人们虽有一定程度的封闭性但又能结合在一起做事情。从开拓这个世界的伦理讲,还不得不强调"价值的无歧视性"。在开放的世界当中如何确保一般交换的可能性,决定于用什么样的形式设计 C 和 B 的世界。

最后要说的是,当然也会经常发生从 D 向 A 的逆流。我极简单地用"逆流现象"这个词让大家警惕的就是这种情况。

论题 五

志愿部门与社会系统的变革

佐藤庆幸

把图 5 和表 10 做一下解释就可以说明我要讲的所有事情。但这是非常重大的问题。特别是图 5 所描述的情况，都会以各种形式出现在政治学、经济学、社会学以及其他学科当中。在日本也终于要对"共的部门"赋予市民权。日本社会学终于站到了起跑线上，可以对这个问题进行直接的研究，探讨它的功能。图 5 把中间团体部门放到了中心，并且画得很大，但在现实日本，共的部门并没有这么大。不仅不大，而且还很小，是今后的事情。之所以画得大，是表示讨论的焦点在这里。

我甚至感到，日本社会一直被"公的部门"和"私的部门"操纵着。虽然日本政府依然只对"公共经济"和"市场经济"感兴趣，但日本社会终于出现了志愿活动、NPO，还制定了有关 NPO 的法律。从这个意义上说，终于站到了起跑线上。

在图 5 当中最重要的是画在最下边的"社区部门"。社区是我们生活其中的日常世界。用胡塞尔的话说就是"生活世界"。我想把这"生活世界"与"共的部门"结合起来。

图 5 当中的"共的部门"我在论题中也称为"志愿部门或 NPO 部门"，其内容多种多样。既有个别的差异性又有异质的多样性，

有规模非常大的,也有像草根那样小的,形式多样。有封闭的也有追求利害关系的。刚才盐原先生所讲的 C,从某种意义上说就是非常封闭的、以会员组织为中心的团体,D 是社会奉献型的开放的组织。这种分类比较好。

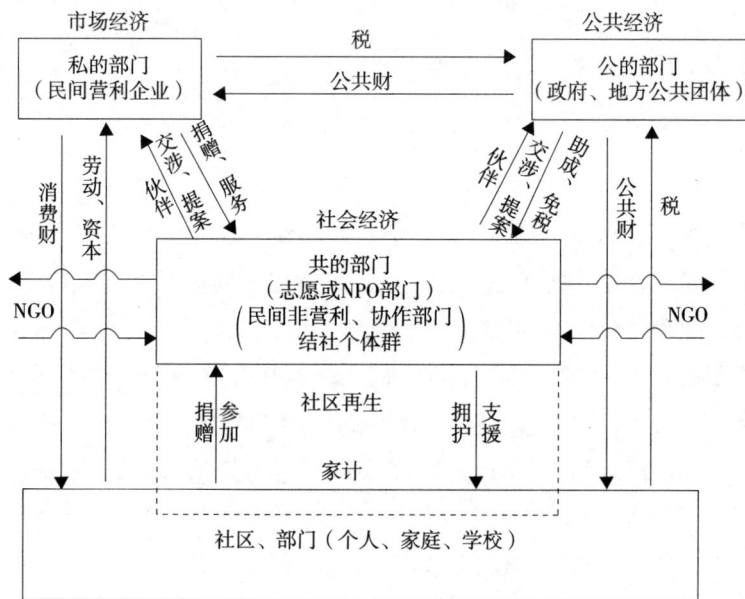

图 5 NPO 部门与社会系统

无论在学术上还是在科学上,无论是国家还是市场,最重要的问题就是要"丰富我们的精神生活和物质生活"。这就是我的基本观点。但是在今天,可以说"市场经济"和"国家"的存在方式常常撕碎我们的日常生活和人际关系,或制造环境问题和其他各种问题。从这个意义上说,"私的部门"和"公的部门"确实是通过建立体系把"社区部门"殖民地化了。

表10　经济社会部门的三种类型

	私的部门	公的部门	共的部门
组织形态	企业官僚制	国家官僚制	结社
组织化原理	利害、竞争	统制、集权	参加、分权
控制媒介	货币	法权	对话(话语)
社会关系	交换	赠与	互惠
基本价值	自由	平等	连带
利益形态	利益	公益	共益
经济、经营主体	私企业	公共团体	民间非营利协作组织
经济形态	市场经济	公共经济	社会经济
合理性	目的合理性	目的合理性	对话的合理性
问题	市场的失败	政府的失败	志愿的失败

胡塞尔说,当学术和科学非常发达之后,它们就要脱离生活世界,各种理论在与生活世界完全无关的地方展开。出于对它的反省,有了"现象学"这门学问,社会学上有了"现象学社会学",使人们日常生活世界的结构得以解析。

从图5可以看出,生活世界是由社区中日常世界的人际关系所构成的世界。

如图5所示,"社会系统"由公的、私的、共的或志愿部门以及社区部门这四个次级系统间的相互作用关系所构成。"公的部门"是国家(中央政府)、地方公共团体(地方自治体)及其所属机构的集合体,也称为"第一部门",其经济称为"公共经济"。"私的部门"也被称为"第二部门",其企业活动以市场为媒介,所以其经济被称为"市场经济"。

接下来是"社区部门"。它的基础是人们的家庭生活以及对与家庭生活联系在一起的孩子们进行义务教育的学校,是人们建

223

立社会关系的一定范围内的生活空间,是人们日常的生活世界,从经济上说是家计、消费的场所。

最后是"共的部门"或是志愿部门、NPO 部门,它们也被称为"第三部门"、"社会部门"、"市民部门"、"中间部门"或"媒介部门",包括各种各样的志愿结社(本论题下面简称"结社")。因此,从组织论上说也被称为结社个体群(population)。NPO、NGO 也在这个部门。其经济被称为"社会(的)经济"(或志愿经济),包括民间非营利、协作组织或社会经济。

这四个部门分别具有区别于其他部门的固有的组织、功能和价值(见表 10),但是,它们并不是独立存在的,而是在与其他部门的关联当中才有存在意义。与其他部门之间的关系形式——如对等关系、支配关系、互补关系、协调关系、支援关系、对抗关系等——是决定社会系统存在方式的重要因素。这四个部门之间的关系非常复杂,对这些关系进行经验的、实证研究是社会科学的课题。

本论题的课题,是以"共的部门"的志愿部门或 NPO 部门为主题,探讨它与其他部门,特别是与国家和市场之间的关系,寻求社会系统变革的方向。关于四个部门之间的相互作用关系已在图 5 用箭头标出。

除基础部门的"社区部门"以外的三个部门,都建立在作为人们进行日常生活世界的社区这个母体之上。国家、市场、志愿部门,无论是肯定的关系还是否定的关系,都与社区人们的生活关联在一起。另外,其他一切事物,宗教、科学、学问、文化等所有一切都只有在与人们的生活产生关系的情况下才有存在的意义。"共的部门"从与社区人们的生活紧密相连的各种地域型结社到可以进行空间自由活动的广域的国际性结社(如特赦国际、无国界医生),有各种形式。这些结社的活动超越了特定的社会系统和国家。考虑到这种情况,不应该把"社会系统"封闭起来,而是要把它理解为对外开放的系统。为了表示这一点,我在图5中的志愿部门或NPO部门画了向左右横向延伸的箭头。地域型志愿结社的活动是面向社区内部的(这总归是相对的,在今天,经常存在对外开放的信息空间),所以在图5中用虚线圈到社区内部的部分来表示。当然,公的部门和私的部门也都是对外开放的。

总之,各部门之间的关系总是在变化的潮流之中。它处于怎样的变化潮流,那属于经验性开放问题。

本论题的焦点在志愿部门或NPO部门,对各部门之间的关系建立了怎样的社会系统做一些历史的和理论的考察。

1. 历史的考察:美国的志愿部门或NPO部门

为什么今天在社会学或者更广泛意义的社会科学上志愿部门、NPO部门成为了问题呢?有必要考察一下其历史背景。NPO是美式语汇,在欧洲不用NPO这个词。我在后边还要讲到,比如在法国用的是"社会经济"(économie sociale)这个概念。

由于同民主主义的关系,最早关注美国志愿结社功能的是托克维尔。关于美国的志愿结社,我自己在教科书中写到过托克维尔,他很有洞察力。托克维尔的观点,就是在今天,也是观察美国的基本视角。

托克维尔作为法国的司法官,为了调查美国的监狱制度,于1831年到1832年视察了美国,作为副产品出版了大作《美国的民主》(1835—1840)。美国在1776年宣布独立。托克维尔认为,美国民主主义基于个人主义文化,之所以避开了专制政治的危机和无政府状态的危险,是因为美国中作为中间团体的志愿结社创造了建国的历史,支撑了当时美国的发展。正是位于个人与国家之间的结社抑制了国家权力的膨胀,保卫了个人的自由。因此,结社是作为自发的自由个人之间的相互作用关系而成立的。托克维尔是这么说的:

"在民主的国家,结社的科学是科学的母体,其他所有科学的进步,都取决于结社的进步。在管理人类社会的各种法则当中,有一种比其他所有法则都更正确、更明了的法则,那就是:为了人们作为文明人,成为文明人,与人们之间地位的平等增大成正比,需要结社策略的发展与完成。"①

托克维尔所说的"结社",完全是一种理念。他提出的理念是,结社当中不存在支配与服从关系。只有通过对等的人际关系的相互作用(reciprocity),感情和思想才能更新,人们的心灵才能丰富,人的精神也才能发达。

Individualism(个人主义)这个词,是托克维尔为了说明美国人的性格特征而创造的新词。美国国民有健壮、强有力的个人主义,个人主义与结社(连带)不容易结合到一起,两者之间总是存在紧张关系。但美国可以比较好地在紧张关系当中共生。私的领域与公的领域,或者个人与共同体,这相反的方向性总是孕育着紧张关系,为什么美国人可以使其两立呢? 其实那是因为有中间团体。

考察美国的志愿结社,前提是"自立的个人"。说"自立的个人",是说在意识到自立的个人基础之上与他者进行连带,而不是

---

① 托克维尔:《美国的民主》下卷,井伊玄太郎译,讲谈社1987年版,第208页。

说一开始就有"自立的个人"。就是说,"自立的个人"和与他者的连带,都是在过程中同时形成的。这好像就是托克维尔的观点。

个人主义的美国人,也许同时感到了一人生存的"个人"是很弱小的,所以要和"他者"结合在一起成立结社。社会科学的最大课题就是"自立与连带"。进一步地说,就是竞争社会与连带社会,如何在两者之间把握平衡。

托克维尔最重视的是"关系性"(reciprocity)这个概念。刚才盐原先生讲到了"互惠性",对"互惠性"这个概念托克维尔非常重视。重要的是,"志愿结社"完全是一个关系概念,而不是一个实体概念。用关系概念把握共同体。可以说,美国的个人主义和共同体存在着紧张关系,但又同时可以两立,其理由之一,就是没有把"共同体"实体化。归根结底,"根基是人与人之间的关系性",这一点非常重要。

美国社会学开始研究志愿结社是在20世纪20年代,也就是在第一次世界大战之后。它是作为社会人类学对整个社区研究的一部分开始的。在这个过程中进行的研究,有沃纳在20世纪40年代进行的杨基城研究。在这个研究当中,关于志愿结社的研究是附带在对社区阶层的研究中进行的。这项研究认为,志愿结社通过把人们在社会阶层的等级中定位,发挥了维持社会秩序的功能。通过阶层研究,沃纳对结社的功能做了如下阐述:

"秘密结社、友爱结社及市民组织,在合众国成立之初就是美国生活显著的重要特征。这些结社渗透于美国的各个层面。无论是为了无聊的目的还是为了非常重要的目的,美国人几乎在所有活动上使用结社。在合众国,在有必须要做的事情的时候,在有重大问题必须要解决的时候,一般情况下,或私的市民一起成立新的结社,或使用可以利用的已有结社。对于祈求自己是私的市民、自由的个人,但同时又希望自己在日常生活当中是与社会结合的公的市民的美国人来说,结社是最合适的手段。"①

这说明,作为市民社会的美国社会,是以多种多样的结社为基础而成立的共同体。有共同体这个基础,然后才有非常多样的结社。而且,共同体和结社总是对外开放,而不是封闭的。今天有信息空间,所以不得不更加开放。请大家注意,我所画的图5,就是建立在经常开放这个前提之上的。

沃纳他们所研究的"杨基城"是代用名。实际上是马萨诸塞州一个叫纽伯里波特的地方,这里是美国典型的传统社区,很早以前就以中产阶级的多元社会结构为特征。非常重要的是,在人口仅有1.7万人的这个城市里却有800个结社。平均每20人就有一个志愿结社。美国就是这样的国家,现在美国大概有130万个的NPO组织。

马克斯·韦伯晚于托克维尔在1904年去了美国。他到各地视察,并写了著名《新教伦理与资本主义精神》的续篇《新教宗派(Sekte)与资本主义精神》。所谓Sekte就是宗教性的结社。韦伯认为,美国的民主主义并不是由散沙一样的个人构成,而是基于俱乐部、小组、教会结社形成的。他的这一观点非常有名。

黑人作为奴隶进入美国是在17世纪初,南部的种植园用了黑人奴隶。另一方面,"杨基城"所在的马萨诸塞州是新英格兰中心,俱乐部、协会等结社是白种美国人的组织,在此基础上建立了多元的社会。托克维尔、韦伯、沃纳都没有关注南部的黑人奴隶制。这是很重要的问题。就是说,种族歧视和性歧视不言自明,但

---

① Warner, *American Life——Dream and Reality*, University of chicago Press, 1953, p. 161.

没有把它作为问题。人们的生活建立在歧视结构之上。中产阶级的结社个体群也有一定的等级结构。当然也有黑人的结社，但它也受到歧视。还有各民族的结社。

的确，在美国历史初期的舞台上结社非常繁荣，但它主要是以创造了建国历史的新英格兰地区为中心。这个地区之所以结社繁荣有几个理由。其中之一就是对专制权力和集权化的国家权力根深蒂固的敌意。这种敌意是到英国殖民地（新英格兰）寻求自由的舶来巡礼者们带过来的。他们对专制权力抱有敌意，到这里来寻求自由，他们掌握了自己决定、自己做这种自立自存精神。这种精神又在扎根于新世界开放空间的个人主义精神的作用下得到了加强。结社的形成，在维持个人主导权的同时，促进了人们为解决共同问题的连带意识。

在美国形成结社的第二个因素是，19世纪中后期到来的众多新移民。他们给结社的形成进一步增加了动力。那动力就是共通的同一性和相互扶助。在同一民族和同一宗教框架内形成的结社，为新加入者顺应新大陆，很好地适应快速发展的城市化和产业化提供了重要的机制。新加入者通过结社学到了同时形成自豪和自尊的自助和相互扶助精神，也就是志愿精神。

但是，个人主义、对专制权力的敌意以及民族同一性，并不是推进在初期美国文化中发挥作用的结社的唯一要素。与其并行的还有反协调主义的源流，这至少在某种程度上阻碍了福利团体的公的部门化。这些背景就是今天美国有很多NPO存在的原因。NPO并没有代替国家做国家应该做的事情。

从历史上看，美国这个国家，在形成国家之前就有了社会。回顾历史，美国人是从英国斯图亚特王朝的绝对专制主义下逃出来寻求自由的人们。所以对国家和专制权力有很深的敌意，有自己决定、自己做的自立自存精神。这就是托克维尔给美国人的性格起名为个人主义的原因。

在美国对于有强大集权的政府抱有传统的、非常根深蒂固的怀疑。在最近进行的对政府机构的信任度调查结果表明，回答信任州政府的人有 20.8%，信任联邦政府的人更少，仅有 19% 多一点。

用托克维尔的话说，美国是以结社为中心的社会。不是国家不能做的事情由结社和 NPO 来填补，而是结社不能做的事情由国家来填补。因此，在其他国家当然要靠国家提供的社会服务，在美国必须要由美国人自己来想办法解决。即便是联邦国家成立和发展之后，美国人也不是把社会服务功能全面交给国家，而是与国家结成伙伴关系，得到来自于公的部门的资助，同时非常重要的是结社和 NPO 要从国家中自立。

随着美国资本主义的发展发生了各种社会问题，特别是贫困问题，为了应对这些问题成立了许多慈善志愿组织或 NPO 组织，这些组织的规模也在逐步扩大。在这个过程中，美国的 NPO 进一步加强了与政府之间密切的伙伴关系，政府对 NPO 的资金援助也多了。即便如此，志愿部门或 NPO 部门在 19 世纪的那种形象仍然作为志愿精神的神话活在普通市民心中：自立与连带、爱他主义、慈善、帮助受虐待的人们和有困难的人们。这起到了让普通市民支持志愿或 NPO 组织的作用。但是，通过与政府之间的伙伴关系得到赞助金，扩大了规模的 NPO，又遇到了各种各样的问题。下面再说这方面的问题。

在这样的历史背景下考察美国的结社或 NPO 的兴盛固然很重要，但也要注意到在 20 世纪 60 年代以后，迎来了新的历史转换期。为反抗以前不言自明的种族歧视、性歧视，出现了黑人解放运动或公民权运动、女性主义运动,还发生了对已有文化的对抗文化运动和学生运动,发生了反战运动、反核运动以及环保运动等,这些"新的社会运动"使固有的美国秩序解体了,同时相应地形成了新的结社。肯尼迪总统被暗杀后,约翰逊继任总统。他为了通过"伟大社会"这一社会项目解决贫困和压制问题,恢复秩序,扩大了对志愿或 NPO 部门的资助。他没有搞大政府,而是支持 NPO。这一时期发生的正是哈贝马斯所说的公共圈的结构转换。

这里换个话题。德国有位社会学家叫乌尔里希·贝克。他写过 *Risikogesellschaft*(《风险社会》)一书。贝克认为,美国以 20 世纪 60 年代为标志由"第一现代"向"第二现代"转移。所谓第一现代,对美国而言,就是怀旧时代。像新英格兰那样的美丽社区现在也有,所谓第一现代就是指那个时候。在那个时代,人们根据自己的民族、宗教、阶层在社区中参加复数的结社,通过这种形式确立了自己的同一性。

在推进城市化与产业化的私的部门以及公的部门的组织原理,是男性占统治地位的"家长制"(patriarchy),社会建立于种族歧视原理之上。社会性别结构通过性角色分工制约了家庭。向这些结构原理发起挑战的是公民权运动、女性主义运动、性革命。在那以前,说起人权只是白人男性的人权。不仅在美国,在发达工业国家,由于资本主义产业化的进展,"所形成的政治、产业、社会框架都从结构上造成了女性(黑人和少数人,论题人注)在所有方面的不利。而且,如果没有女性(黑人和少数人)的不利,资产阶级产业社会就不能发挥功能"①。第一现代化就是在这样的框架内

231

————————

① 拉方丹:《超越国家的社会民主主义》,住泽博纪译,现代理论社 1989 年版。

进行的。

进入 20 世纪 60 年代,这种框架受到批判,开始了第二现代化。在那以前的普遍主义模仿开始暴露出来。尽管有些时间上的差别,但这第二现代化已经在发达国家开始,今后还将持续下去。

贝克认为,这第二现代同时也是"个人化"的时代。过去尽管存在着歧视,但个人依存于各自的集团,并受到了集团的保护,现在曾经被歧视的人们开始通过从集团的自立来确立自我,要和曾经拥有特权的男性一样参与市场经济的竞争,自己的生活要靠自己去做计划,去实践,自己必须对其结果负责。女性要自立,就必须置身于这种状况当中。个人化对于个人来说,是必须要自担风险的"风险社会"。这是个需要自我决定和自我负责的时代。

第二现代的个人化倾向,在市场资本主义情况下日益推崇能力主义,结果将发生贫富差距扩大及其他社会问题,如毒品和酒精中毒问题、母子家庭、无家可归、学校的荒废、城市贫困等等。提高老年人医疗和福利等社会服务的需求也会增加。这些问题都是公的部门不好解决的。在美国,出于志愿精神从传统上触及这些问题的是志愿或 NPO 组织(结社)。

当然,在所有发达国家,公的部门都扩大了提供、运营、实行社会服务的部门,但仅靠它们还不够。社会服务也需要委托给民间的志愿或 NPO 组织等非营利团体来做。如上所述,在美国,志愿部门或 NPO 部门通过与公的部门之间的伙伴关系在社会服务发挥了很大的作用。公的部门自不必说,志愿或 NPO 组织规模大了以后,也会伴随着官僚主义和专业化而发生少数人统治(寡头制)现象,在营利主义的私的部门排斥贫穷的人们。社会服务如图 5 所示,共有四个部门组成,但其组合方式因不同国家而异。

美国管理学家德鲁克在《后资本主义社会》的第 9 章"通过社

会部门恢复市民性"中写道:"在过去40年间,美国政府试图通过成为'实行者'来解决社会问题的计划没有一项取得了有意义的成果。相比之下,独立的非营利组织(NPO)却取得了显著的成果。比如,纽约、底特律、芝加哥等城市的公立学校已经到了危险水域,但教会运营的学校(特别是天主教系)虽然与这些公立学校在相同社区,学生们也是同一种族、同样崩溃了的家庭的孩子,但却取得了惊人的成果。"①

德鲁克还说:"今后,培育这些属于'社会部门'的社区非营利组织,将使政府转换方向,是政府为再次取得成果的重要一步"。"独立非营利组织可以做的最大贡献,是成为恢复新的意义上'市民性'的'核心'"。"没有市民性的国家是空洞的。当然会有民族主义。但是,没有市民性的民族主义会从爱国心陷入排外主义。社会如果没有市民性,其政治机构无论是称为国家还是称为帝国,只不过是'权力'。联系国民的也只有权力。在后资本主义社会这剧变和危险的时代,政治要发挥作用,首先要恢复市民性。"②

恢复或形成市民性的核心力量,是从公的部门和私的部门自立的志愿部门或NPO部门,是由它们所形成的多样的市民公共圈。今天,市民的公共圈,已经从身边的生活区域圈、全国性的问题扩展到超越国境的国际问题。比起作为公的部门的官僚制组织,志愿部门或NPO部门更可以灵活地应对个别性问题。

233

---

① 德鲁克:《后资本主义社会》,上田惇生等译,钻石社1993年版,第284页。

② 同上书,第288页。

2. 社会经济的复权：作为一种结社的非营利协作经济

现在我们看看与美国非常不同的欧洲。这里主要以法国为中心谈谈欧洲的情况。最近在欧洲，开始把不同于市场经济和公共经济的 économie sociale（社会经济）的复权作为主题。如下所述，社会经济这一概念比 NPO 这个概念要宽泛。

推动了法国革命的民众结社——工人团体、政治团体、文化和文艺团体等活动，被大革命后的政府所制定的《禁止结社法》（1791 年）所禁止或限制了。其理由之一，就是因为当政者担心，革命胜利了，《人权宣言》法制化后，这些结社的活动会成为分裂共和国的威胁。《禁止结社法》把结社也禁止了。结社的目的就是把个人从集团当中解放出来，保卫个人的自由，它不仅把个人从传统的共同体和身份集团制度中解放出来，它还是从传统集团自立的个人之间的相互作用关系。《禁止结社法》在"禁止结社自由"的同时保障了个人"经济活动的自由"。而这对资本家阶级有利，成为推进资本主义产业化的法律基础。

《人权宣言》受到了美国《独立宣言》和卢梭启蒙思想的影响。"为了充分表示一般意志，在国家当中不存在部分国家，重要的是每个市民都发表自己的意见。"①就是说，中间团体是"部分国家"。所以不能得到认可。法国从《拿破仑法典》以来，只正式认可"国家"和"个人"这两极，每个人自由相识的空间是被否定的。

---

① 卢梭：《社会契约论》，桑原武夫、前川贞次郎译，岩波文库 1954 年版，第 28 页。

法律上完全否定了建立公共圈的场所、每个人自由相识一起讨论各种问题的公共空间，"结社的自由"被禁止。

如果不是通过对话的交流来集中意见，就很难有社会的实效性。为做到这一点，"结社的自由"是根本的需要。这是我的想法，也是对卢梭的批评。实际上，结社集中自己的意见，把某一问题作为主题，通过媒体向社会呼吁，用哈贝马斯的话说，这种批判的公共性、政治的公共性在今天是非常重要的问题。

即便有《禁止结社法》，法国革命后也形成了很多工人团体、文艺和学术团体，还形成了被称为"小组"的社交团体。不仅在资产阶级中间，在工人和民众阶层也出现了这种团体。虽然其形成背景当中有对某种思想（社会主义）的共鸣这种契机，但支撑结社的人与人之间的结合关系形态多样，不能只用对某种思想的归属意识来把握。在目的和思想的背后，是自然产生的人们日常的共同生活。这种日常的共同生活与新的思想交合之后，才可能以共同性为基础析出个人，同时共同性本身转变为结社关系。①

所以，从历史上看，大的潮流是从公司向结社转换。最初，工人团体曾经是工人公司，也就是有师傅，有徒弟。工人团体没有师傅，但在最初也曾经存在过。历史潮流不会因革命而轻易改变。过去的东西还会残存，要在摸索中一点一点地前进。特别在法国，情况更是如此。在前进的过程中出现过拿破仑、复古君主制度、再次爆发革命等等。1901 年才正式废除《禁止结社法》。

在日本，尽量不析出"个人"。人们受的教育是"官尊民卑"、"灭私奉公"，完全不显示"私"而要为"公"服务。所以（第二次世界大战后）丸山真男一直强调要"析出个人"。"个人"与"个人"

---

① 喜安郎：《近代法国民众〈个体与共同性〉》，平凡社 1994 年版，第 141 页。

要结合。但是，如果这种结合变成了实体，那么就会出现为"国家"和"共同体"服务、做贡献的问题。

在 19 世纪 30 年代的法国，与作为初期社会主义思想基本原理的结社思想一起讨论的不是市场经济也不是公共经济，而是作为第三经济的"社会经济"（économie sociale）。"社会经济"是在法国提出，在初期社会主义伟大思想的交流过程中形成的。但是，因为受到国家权力至上的苏联社会主义国家的影响，加上第二次世界大战后 60 年代的经济成长和以此为基础的社会福利政策的产生，作为结社的"社会经济"概念消失了。社会系统由市场与国家的两者关系来决定这种思想成为主流。用哈贝马斯的话说，开始了"系统所造成的生活世界殖民地化"。对照图 5 来说，就是出现了"公的部门"与"私的部门"联手支配作为生活世界的"社区部门"这一命题。但是，这一命题由于没有考虑到作为中间部门的志愿部门或 NPO 部门的存在，因而在这点上有经验性的不足。

靠 20 世纪 60 年代的经济发展所支撑的福利政策，后来由于经济的停滞，在财政上遇到了困难，作为一种反作用力，推崇民营化的市场经济趋势强大起来，并在某种程度上恢复了经济。但是在这个过程中，医疗、福利、教育等公的部门的一部分荒废了，人们越来越感到不安。面对这种状况，EU 各国开始摸索既不是社会主义也不是市场主义的第三条道路。在这种背景之下，20 世纪 70年代"社会经济"这一概念复权。

可以认为，"社会经济"这个概念是在美国的"NPO"上加上了"合作社"。也就是，因为它包括事业体，所以它比美国的 NPO 概念要宽泛。霍普金斯大学的莱斯特·萨拉蒙等人为 NPO 国际比较所规定的 NPO 的要件之一就是"非利益分配原则"。也就是说，NPO 为了获得活动资金，可以在获得捐赠和资助以外进行事业活动,但是不能把通过事业活动获得的利益分配给资金提供人、创始人、代表和干部等。美国联邦税务法第501项(c)(3)所规定的联邦所得税的免除,适用于不进行利益再分配的民间组织团体——"公共服务型"与"会员服务型"的所有NPO。同时规定,"公共服务型"NPO有资格接受免税的捐赠。这部分NPO是NPO部门的核心部分,大约有74万个结社。相比之下,"会员服务型"的NPO不能接受免税捐赠,这类NPO大约有40万个结社。

主要担当社会经济的是作为结社的合作社。因为它把剩余钱款退还给合作社的会员,还雇佣专职职员并付给工资,所以从NPO的国际分类中被排除出去了。但是合作社是比会员组织还要强的组织。它把一部分剩余款作为社会贡献和社会活动的资金计入预算。在EU各国,地区开发、创造新的就业、职业训练、对少数民族的教育等都采取合作社的方式,其资金由公的部门、有关组织以及EU的"结构基金"等提供。

这些领域的活动是"社会经济"活动,支持这些活动的非营利协作结社也在这个过程中形成。这些社会经济活动虽然是个人性质的活动,但因为它是非营利协作活动,所以被认为是志愿经济,是NPO的一部分。其实为了进行国际比较而分类为NPO的组织,为开展活动,或者其活动本身常常与经济——活动资金和经济效益等——联系在一起,所以更应该从社会经济的概念看这些NPO的活动。比如,如上所述,美国大约有130万个NPO组织在活动,据说其活动相当于GNP的7%,拥有740万有薪雇佣者,吸收了整个美国社会就业人口的10%,推算起来每年大约有9000万人参加志愿者活动(这个数字也包括相当于日本公益法人的组织)。民间非营利部门包括志愿或NPO部门的经济部门。

社会经济在图5当中是志愿或NPO部门经济,在表10中是共

237

的部门经济。这里它是包括合作社、互助工会以及作为结社的NPO 的概念，所以比美国的 NPO 概念更宽泛。之所以这么考虑，是因为今天越来越需要用社会经济与市场经济或公共经济来进行比较。

卡尔·波拉尼在名为《落后于时代的市场意向》(1947 年)的论文中写道："人类经济从原则上说埋没在社会关系当中。从这种社会向埋没于经济系统的社会转换，真是新奇的事态。"①我们就是不得不在这种新奇的事态当中生活。越来越肥大化的市场主义经济脱离了人们的日常生活，完全以追求利润为目的，生成了各种社会问题，瓦解了人们的社会关系，使社会关系的再生变得困难。今天我们需要做的是，或者把过于肥大化的市场经济（哪怕是其一部分）再次埋于社会关系当中，或者创造出埋没于社会关系当中的经济。这种经济就是志愿经济或 NPO 经济，当然其中也包括合作社方式的经济。表 10 中共的部门的特征所表示的理念就是届时的社会关系。

还有一位，他就是写了《影子工作》的伊里奇。他的想法也与波拉尼相同，这里引用一段："我们需要的是，简单而直接地表示没有交换动机的人们活动的语言。那应该是表示满足人们日常必要性的自立而非市场行为的语言。在性质上避免了官僚管理的这种行为，可以满足总以不同形式出现的日常需要。方言(vernacular)是可以为这目的服务的古老语言。……它来源于每个生活场面互惠性的人们的生活，它区别于交换和来自于上边分配的人们

---

① 卡尔·波拉尼:《落后于时代的市场意向》，载卡尔·波拉尼:《经济的文明史》，玉野井芳郎、平野健一郎编译，日本经济新闻社 1975 年版，第 44 页。

生活。"①

伊里奇的文章指出市场经济(交换)、公共经济(赠与)和社会经济(互惠性)这三种经济类型,主张社会经济的必要性。伊里奇从拉丁语的 vernaculum 中发掘出的 vernacular 这句话,意味着存在于现代产业社会各种制度之外的"人类生活的自立、自存"活动。与市场交换和作为财产再分配的赠与无关的"自立、自存生活",是通过与他者之间的相互作用关系(互惠关系)与他者共生的生活,它意味着民众(市民)自身"自律性合作"(conviviality)的生活。支撑志愿行为的志愿主义思想,它的志向就是自己与他者之间的、自立于国家和市场的自律性合作。

波拉尼和伊里奇都是通过人类的过去即文明以前的人类生活与现代产业文明的人类生活的比较来进行这种考察的,但他们的研究绝不是源于对过去的乡愁。他们的研究基于这种反省:现代经济方式完全成为合理主义的产物,脱离了对于人们很重要的伦理、共鸣、生活乐趣。我要在志愿部门或 NPO 部门当中找到这种思想。

社会学研究对于人们很重要的伦理、共鸣和生活乐趣是理所当然的,但经济学却很少研究这方面的问题。研究这一问题的人是 1998 年度诺贝尔经济学奖获得者阿马蒂亚·森,他写了名为《合理的愚蠢者》的论文。关于这篇论文佐和隆光是这样说的:"阿马蒂亚·森指责经济学教科书上那些使本身的用途最大化的家庭和使利润最大化的企业是'合理的愚蠢者',认为在家庭和企业的行为规范当中,与用途、利润最大化同等重要的还有使命感和

---

① 伊里奇:《影子工作》,玉野井芳郎、栗原彬译,岩波书店 1982 年版,第120、118 页。

共鸣。比如,有人出于保护环境这种使命感而采取行动,也有很多人出于对别人的关怀而克制自己的私利、私欲。人们价值优先顺序的后唯物化,将使使命感和共鸣进一步优先于用途和利润的最大化。"①我们需要把这个问题与志愿或 NPO 部门联系在一起来思考。

3. 结社的原理

与公的部门及私的部门相比较,共的部门的各种特性如表 10 所示,它们也是结社的基本特征。"结社"从语源上说是人与人相结合的关系概念,不是实体概念,这一点很重要。所谓人与人结合时候的人,是指向往结合的意志永远是基于"自由意志"的人。从这个意义上讲,构成结社的基本单位是自立的个人。从自立的个人之间的关系构成结社这个角度讲,必须把它与由传统的共同体规定维持秩序的集团——如行会、同业行会、村落共同体自治组织——区别开来。当然,结社不是官僚制组织。

"结社,在作为静止的制度以前,首先是行为,是活动。结社,是一个应该经常以动词形式来把握的单词。associa 一词本来就是一种连接的活动,是作为吸引、趋同、集约力量的活动。它不是为实现特定具体目的的特定的具体活动,也不是对象化的活动,而是非对象化的、只注重结合和吸引的活动,是一种'流动'。它的活动正是一种'动态'。"②

结社不是为了创造某种具体事物的对象化劳动行为,而是人

---

① 佐和隆光:《市场主义终结》,岩波书店 2000 年版,第 156 页。
② 今村仁司:《劳动本体论》,劲草书房 1981 年版,第 254 页。

与人结合的非对象化行为或是一种对话。特别是有关福利方面的服务不是人与人结合之外的任何东西。在同样的空间、同样的时间,福利服务被提供和消费。而且,在这过程当中人与人之间关系的存在方式极为重要。在这里,人与人结合的媒介是对话、是信任,而公的部门的媒介是法权,私的部门的媒介是货币,它们大有不同。社会价值不是基于法律平等的普遍主义,也不是效率主义,而是对每个人的生活和生命的尊重。从这个意义上讲,是个别主义,是对个别差异性或多样性的尊重。因此,结社的个体群是存在的。作为具有这种特性关系的结社的基本行为就是志愿行为,结社表现为志愿行为之间的社会相互行为关系(互惠关系)。

今年(2001年)1月1日的《朝日新闻》登载了一篇题为《与"难民的世纪"诀别》的文章。在文章当中,联合国前难民高级事务官绪方贞子说:"通过武力的人道介入是幻想。很难只通过力量的战争进行介入。特别是保护在一个国家当中避难的人们,没有一定程度的交涉不会有实际行动。"

没有交涉,没有对话,政府不可能进行单方面的援助。特别是没有武器的民间志愿行为,不是可以无视对方的立场、对方的意志和意见,完全根据自己的决定可以进行的行为。支援他者的志愿行为,如果不是在他者接受的同时也改变自己,那是不能成立的。那需要尊重他者根本的人性欲求。那根本的人性欲求,根据状况的变化而表现出多样的形式。志愿或 NPO 部门比公的部门更具有多样的活动领域,因为它可以应对公的部门不能满足的人性欲求。这样来看,作为志愿行为关系的结社,总是根据与对方的关系来适应情况,行为人自我的绝对性是行不通的。

可以说,结社作为人与人关系当中的流动形态,是能根据当时的状况灵活应对的网络。给它赋予特征的词汇有对话式的交流、

241

对话、问答，还有与他者的相互反映性（reflexivity）、连带、灵活性、状况适应性、多样性、革新性、使命感等。它与以统治、指令、等级、划一性、非人格性等为特征的官僚制组织相反。对具有这种特性的志愿结社可以做如下定义："它是人们用自由、对等的资格，根据自由意志自发地、肩负某种社会使命而相互结合的网络（相互作用关系）。"这里所说的"自发"的基本要件，是个人摆脱了货币和权力，自由地与他者通过对话交流而构筑协作关系，在这个意义上是自立的个人。进一步地说，是能与他者分享喜悦、分担痛苦，可以站在这种同感世界的人。这种同感的世界，是所有人都可以共约的世界。使它支离破碎的是国家间的纠纷。

当然，就像"政府的失败"、"市场的失败"一样，我们同时也必须考虑"志愿的失败"。那就是伴随自发性的脆弱性、暧昧性，伴随个别主义的温情主义，还有伴随活动资金不足的活动不频繁等。另外还有随着结社发展而产生的官僚制化问题。虽然也有志愿的失败，但要克服各个部门的失败，还要政府、市场及志愿进行最优组合。如何进行这种组合是今后的课题。

我是研究组织论的，一般来说，结社壮大之后就会官僚制化。"寡头制铁律"从很早以前就是社会学的命题。社会学上结社对官僚制这一构图，是组织论的一个重要论点。为什么结社会向官僚制转移？其最大的原因，就是随着活动的扩大包括政府资助在内的活动资金多了，组织法人化，理事会的权限增大，组织管理日益重要，官僚制的效率主义和自我保护主义扩散，创立之初的社会使命感丧失了。当然也有不同的事例，后边再讲。结社不成为官僚制效率主义的条件是什么呢？这也是组织论上非常重要的课题。

刚才讲过，根据美国"伟大社会"的计划，政府对 NPO 的资助增加了。里根执政后为了减少财政赤字,办小政府,大幅度削减了对 NPO 的资助,所以 NPO 特别是大型专业化的 NPO,比如大型医院和老人设施等,有一些已经把客户收费作为主要收入来源,转变为参与市场的营利企业。结果造成本应需要更多救助的人得不到救助。为谋求小政府而强化市场的政府,结果造成了贫富差距的扩大,产生了贫困问题和教育、福利、医疗等领域的问题。但是,在这种状况之下,许多基于志愿精神的小规模草根 NPO 以社区为基础开展活动。美国的志愿部门或 NPO 部门,一面经受着市场意向强烈的政府财政政策的考验,一面经常变换形式,在市民志愿精神的基础上生存和繁衍。

在出于社会使命而设立的日本"公益法人"(大概有 2.6 万人)当中,也有得到政府资助而又成为个人私有物的例子。最近的一个例子,就是财团法人 KSD(中小企业经营者福利事业团)的前理事长古关忠男,因为完全把这个财团变成了自家的私有物而以业务上占有罪遭到起诉。与此相关,自民党的小山孝雄和村上正邦参院议员因涉嫌受贿被捕。公益法人经常是退休官僚的去处,经常发生官僚贪污事件。原厚生事务次官冈光的事例我们还记忆犹新。他为特定社会福利法人提供了方便而作为回报收了对方的贿赂,因此受到起诉。他在学生时代就热心于社会福利运动等社会事业活动,他是肩负一定的使命感进入厚生省的。这样的事例大大小小有很多。这些公益法人没有志愿的要素,完全职业化了,有的代替公的部门行使职能,所以应该与 1998 年所制定的 NPO 法人相区别。在制定"公益法人"方面法律的时候,完全没有把"市民活动"放到视野当中。

243

4. 官僚制向结社的回归:瑞典的事例

从结社向官僚制的转变,是组织论上大家都讨论的话题,但我在这里想介绍一下从官僚制向结社回归的瑞典的事例。我对日本的生活合作社很感兴趣,为了了解合作社非常发达的瑞典的情况,前年(1999年)到瑞典呆了半年多。在日本零售总额当中生活合作社占2%—3%,而在瑞典占15%—16%,比率很大。瑞典的人口只有890万人,但也发生了大型合作社官僚制化、商业化的情况。于是就从对这种情况进行批判的角度建立了新的合作社。

瑞典是福利非常发达的国家。在瑞典基本上保健医疗、社会服务、教育这三个领域完全由国家垄断。在国家垄断以前,教会等民间的各种组织在这三个领域进行活动。后来这些都由国家继承成立了公的部门。所以连大学都免交学费。孩子出生后,一直到16岁都可以得到儿童补贴,生产后有一年的产假,并有70%的工资。老人福利也非常好。但是到了20世纪70年代经济衰退,财政负担越来越重,年金的给付额减少。失业率也开始升高,最近才有了很大好转。

社会福利服务方式,根据不同的国家大体分为两类。

在福利国家形成的过程中,作为民间的志愿组织或民间营利组织运营的社会福利、医疗和教育,通过使更多的普通国民可以享受这些的社会运动,全部或者其一部分成为公的部门的制度。以向普通国民平等地提供社会福利服务为目的的政策称为福利平等主义,相比之下,还有一种政策是国家提供一定程度的社会福利服务,而更多的服务由个人来保证,这样的政策称为福利个人主义。

前者最典型的例子就是瑞典,后者是美国。因此,可以说在瑞典几乎没有这个领域的志愿活动或 NPO 活动。和它形成鲜明对照的是美国，美国在这个领域有很多 NPO 活动。

在瑞典重要的是，从传统上国民运动就是非常自豪的运动。社民党就是乘着国民运动的东风出现的。社民党像日本的自民党一样，执政 40 多年，在这期间确立了国家福利服务，形成了福利国家。但是在瑞典福利国家也出现了官僚制化，有传统的国民运动也失去了批判精神，进入了协调主义的框架。1976 年政权落入反社民党派系之手。但瑞典还是社民党的影响力和工会力量非常强大的国家。因此，在各个领域兴起了试图通过再次搞活国民运动再生瑞典民主主义的运动。这种方向在社会学上称为"自反性现代化"（reflexive modernization）。这与乌尔里希·贝克的"第二现代"相对应。

这个运动具体的担当者是以开发"社会经济"为目标的"新合作社"运动。另外在 EU（欧盟）机构当中设立了以促进社会经济为目的的委员会，准备了为支援 EU 加盟国地区开发、项目开发、雇佣、教育、职业训练等方面的"结构基金"（structure funds）。

瑞典也加盟了 EU，探讨"社会经济"的概念，把它作为正式的用语。在瑞典，社会经济的概念包括了民间非营利、协作组织（NPO）和志愿活动。从内容上看，与社会经济相对应的瑞典语是 folkrorelseekonomi，也就是国民运动经济。它包括 NGO，被理解为与国民运动联系在一起的社会经济和志愿部门或 NPO 部门有很多的共同点。在这个部门市民掌握主导权，形成了讨论各种问题的民主组织（结社）。

在瑞典各县都有一个（斯德哥尔摩有两个）支援"新合作社"的"地区合作社开发机构"（Lokale Förening for Kooperativ Utveckling），共有 24 个。LKU 在法律上是独立的法人经济团体，约有

245

800 个成员组织对 LKU 进行财政上的支援。它也接受 EU 结构基金的分配。政府也通过与 LKU 的协作关系提供资金。LKU 的活动是向开创新事业的人们提供信息,对他们进行建议、教育、训练、法律手续等方面的援助。值得关注的是,瑞典政府通过与 LKU 的密切协作关系,在开展新事业、创造就业机会、地区开发、职业训练以及其他项目上积极进行财政方面的支援。

LKU 与政府的关系,建立于自立与共生的紧张平衡之上。为什么接受政府的援助又不依存于政府呢?是因为它不仅从政府那里得到援助,同时还接受其他众多利益攸关者的资金援助,这些众多的关系者构成理事会。"新合作社"是一种尝试,它试图在 20 世纪 70 年代以前人们信赖和依存的瑞典式社会福利系统内部开拓民间非营利、协作的社会经济领域。

"新合作社"当中,有的是从高度专业化、官僚制化的公的部门转换形成的(如地区医疗中心、图书馆、保育所,或建筑物业部门等),也有市民为满足自己的生活欲求而用自己的力量自发和自主成立的(如家长运营保育合作社)。从这些事例当中可以看到"从官僚制向结社的回归"。重要的是,它不是向民间营利企业(市场)的回归,而是向结社或 NPO 的回归。实际上这些是反社民党派系做的。这种动向逐渐出现在保健、医疗、社会服务以及教育领域。

这样一来,以前要听官僚的指令,但在"新合作社"必须要自己负责、自己运营。当然,80% 的资金来自国家,另外 20% 必须由自己想办法。从这个意义上说,工作当中有了乐趣。一般来说,发展包括志愿部门或 NPO 部门在内的社会经济领域的意义在于,通过把国家的责任拉近到市民身边,也就是通过分权化,发展草根地区民主主义,搞活地区的自立,建立一种可以快速应对市民更具体、更多样要求的体制。不仅如此,今天超越国境形成的各种

NGO,已经成为促进超越国境的市民(民际)连带,使国民国家的存在方式向国际国家方向转变的原动力。这个方向,就是包括新志愿或 NPO 在内的社会经济的方向,社会经济以地区民主主义为目标,同时它也以国际连带为目标。

5. 对将来的展望:日本社会的可能性

那么日本的情况如何呢？日本没有像美国独立革命和法国革命那种市民与专制的统治体制做斗争进而建立新社会的历史经验。过去有过的是官尊民卑与灭私奉公这种统治者的意识形态。"官"是"公",是统治者,它们永远是正确和尊贵的,"民"是"私",是卑微的。作为"民"的"私"要靠作为"公"的"官"引导正确的方向,这样才可以生活,所以,作为"民"的"私"必须要抛弃"私",报"公"的恩。这种报恩的意识形态一直统治着国民。明治维新通过王政复古恢复了古代天皇制,把天皇放到"公"的顶点,通过教育把对天皇的绝对恭顺的感情根植于国民当中。维新以后的慈善组织经常由天皇家族中的人员任名誉总裁。志愿活动在大多情况下必须要为公益服务。这里所说的"公益"不是"民益",而是"国家益"。

这种官尊民卑的意识形态在现代社会依然存在,最近首相的咨询机构"教育改革国民会议"提出的"服务活动义务化"方案就如实地说明了这一点。它提出小学和中学要用两周、高中要用一个月的时间,通过共同生活等方式进行服务活动,将来"满十八岁的所有国民都有义务进行一年左右的服务活动"。以国家的名义附加上义务的服务活动,不仅不能培养孩子们的自发性,反而会掐断其萌芽。第二次世界大战前对"公"报恩的意识形态现在依然在感情层次上占据地位的大人们是该国民会议的成员。他们一方面提出这样的提案，一方面又告诫自己不要发展成为国家主义。有人认为，这里暴露出了日本志愿者活动的脆弱性和危险性。这是为国家而动员的志愿者动员论。而志愿者动员论是一种词语上的自相矛盾。

在第二次世界大战前的战时体制下，对于许多国民来说灭私奉公是理所当然的。国家的教育就是如此，只有那样才能自我表现，没有其他可以选择的余地。当时只有那么做。不可能作为志愿者为国家灭私奉公，因为作为"个人"的"私"不能得到认可。志愿者活动是由从国家权力当中自立的个人行为。义务化的服务活动是强制的，在国民会议成员当中有人认为教育需要强制。义务化的服务活动不是志愿者活动。

在日本民间非营利组织（NPO）开始受到关注是在1995年，契机就是1995年1月17日黎明发生阪神淡路大地震后有超过130万的国内外志愿者来救援受灾群众。为持续支援志愿活动，根据不同状况进行组织，需要的不是任意团体，而是法人化的非营利组织。这是众多市民活动团体的一致意见。日本关于公益法人的法律在1896年就颁布了，但它完全没有考虑市民活动团体的法人化。在许多有关市民活动的人士和超党派议员团体的呼吁下，1998年颁布了《特定非营利活动促进法》，即NPO（市民活动）法。

尽管时间晚了，但市民活动由此开始得到法律上的认可，并且还制定了对"认定NPO法人"税制上有优惠措施的法律。可以享受这优惠措施的条件非常苛刻，在超过4000个的NPO法人当中，被认定的只是极少数。据说，在美国享受税制上优惠措施的"公共服务型"NPO约有74万个。日本的志愿或NPO部门包括没有法人化的在内也不过12万个左右，而人口仅有890万的瑞典就有

18万个。从这一数字上看,不得不说日本还是官僚制国家,不是市民社会。因此,在日本几乎没有关于志愿部门或 NPO 部门的研究。

当然,第二次世界大战后实行民主化政策以后出现了工会、生活合作社、文化团体等许多志愿或 NPO 组织,但在经济高速发展过程中有关研究主要关心的是具有日本社会特征的日本企业社会的发展。虽然对 NPO 组织活动有些个别研究,但对其作为一个部门在社会系统中具有怎样的功能和意义,社会学方面基本没有做过研究。当然,日本在经济高速发展过程中也与其他发达国家一样,发生了反对公害运动、学生运动、反战平和运动、环境保护运动、反核运动、居民运动、女性主义运动、消费者运动和生协运动等新的社会运动,但对这些运动也只是做过个案研究,没有把它们作为志愿部门或 NPO 部门来研究。

当然有人认为,这些运动也发生了变化,从与政府和企业的对抗、阻止型运动逐渐转变为提出替代方案型或政策建议型。但是,人们把志愿部门或 NPO 部门与公的部门和私的部门联系起来进行探讨,是在阪神淡路大地震以后。包括市民志愿者活动在内的志愿部门或 NPO 部门活动终于受到关注,社会学或社会科学最近才开始认识到,它作为社会系统的一个构成部门影响社会系统的存在方式。日本的市民社会位相终于成为了学问的对象。

在日本也制定了以从法律上促进市民活动为目的的 NPO 法。但与美国和欧洲的志愿组织或 NPO 组织以及社会经济部门相比,日本这些部门今天还刚刚站在起跑线上。在日本,国家与市场之间的关系依然很紧密,人们的生活还经常面临着被这种关系吞没的危险性。为了避免这种情况的发生,志愿部门或 NPO 部门要有从公的及私的部门自立的力量,要有作为对抗势力与它们进行对等交涉的能力,要自觉认识志愿精神的原理,确立志愿同一性。为此,需要对抗的自律性和对抗的合作性,要具有不被政治权力和市场追求营利利用的主体性。这是志愿部门或 NPO 部门的基本要件,也是形成市民社会的要件。

只有在不断自觉意识到这种要件的形成,志愿部门或 NPO 部门建立与公的及私的部门之间的紧张和共生关系、维持相互作用的关系的情况下,这三个部门之间的关系才能发挥合作效应,才能让社区部门人们的生活丰富,才能实现社会系统的变革。只有到了那个时候才能说下边的话:

"志愿部门或 NPO 部门的活动空间,是在国家与市场之间的比较自由的活动空间。在这个部门与其他部门之间没有固定的关系。责任的分担、部门之间的关系——国家、私人企业、团体或 NPO 以及家庭、社区之间的关系,是建立在通过不断对话交流这种交涉之上的'社会契约'。"①

要走到这一步,还需要很长时间。特别是日本,需要的时间更长,但这个方向上有 21 世纪日本的市民社会。

参 考 文 献

网野善彦:《无缘、公界、乐》增补版,平凡社 1987 年版。

井上达夫:《向他者的自由》,创文社 1999 年版。

今井贤一、金子郁容:《网络组织论》,岩波书店 1988 年版。

今村仁司:《劳动本体论》,劲草书房 1981 年版。

伊里奇(1981):《影子工作》,玉野井芳郎、栗原彬译,岩波书店 1982

---

① Lundstrom, Wijkstrom, *The Nonprofit Sector in Sweden*, Manchester University Press, 1997, p. 133.

年版。

金子郁容、松冈正刚、下河边淳:《志愿经济的诞生》,实业之日本社1998年版。

川口清史、富泽贤治编:《社会福利与非营利、协作部门》,日本经济评论社1999年版。

喜安郎:《近代法国民众〈个体与共同性〉》,平凡社1994年版。

经济企划厅生活课编:《市民生活报告——市民活动团体基本调查报告书》,大藏省印刷局1997年版。

小岛广光:《非营利组织的经营——日本的志愿者》,北海道大学图书刊行会1998年版。

佐藤庆幸:《结社的社会学》,早稻田大学出版部1982年版。

佐藤庆幸:《从韦伯到哈贝马斯——结社的地平》,世界书院1986年版。

佐藤庆幸:《生活世界与对话的理论》,文真堂1991年版。

佐藤庆幸:《女性与合作社的社会学——来自生活俱乐部的留言》,文真堂1996年版。

佐藤庆幸:《现代社会学讲义》,有斐阁1999年版。

佐藤庆幸:《瑞典福利国家与 NPO》,《生活合作社研究》,生协总研2000年版。

佐藤庆幸:《瑞典的"社会经济"与"新合作社"》,《早稻田大学文学研究科纪要》2001年第46辑。

佐藤庆幸编:《女性们的生活网络——来生活俱乐部的人们》,文真堂1988年版。

萨拉蒙(1992):《美国的"非营利部门"入门》,入山映译,钻石社1994年版。

萨拉蒙(1997):《NPO 最前线——站在十字路口的美国市民社会》,山内直人译,岩波书店1999年版。

萨拉蒙、安海尔(1994):《兴起的非营利部门》,今田忠译,钻石社1996年版。

佐和隆光:《市场主义终结》,岩波书店2000年版。

阿马蒂亚·森(1982):《合理的愚蠢者》,大庭健、川本隆史译,劲草书房1989年版。

托克维尔(1835—1840):《美国的民主》(上、中、下),伊井玄太郎译,讲谈社1971年版。

德鲁克(1993):《后资本主义社会》,上田惇生等译,钻石社1993年版。

哈贝马斯(1990):《公共性的结构转换》,细谷贞雄、山田正幸译,未来社1994年版。

乌尔里希·贝克(1986):《风险社会》,东廉、伊藤美登里译,法政大学出版局1998年版。

贝拉等(1985):《心的习惯——美国个人主义的前景》,岛园进、中村圭志译,MISUZU书房1991年版。

卡尔·波拉尼:《经济的文明史》,玉野井芳郎、平野健一郎编译,日本经济新闻社1975年版。

本间长世编:《美国社会与社区》,日本国际问题研究所1993年版。

宫本太郎:《福利国家战略——瑞典模式的政治经济学》,法律文化社1999年版。

山本启编:《政治与行政的制作》,未来社1996年版。

拉方丹(1988):《超越国家的社会民主主义》,住泽博纪译,现代理论社1989年版。

利普耐克、斯坦普斯(1987):《网络工作》,正村公宏监译,总统社1984年版。

卢梭(1762):《社会契约论》,桑原武夫、前川贞次郎译,岩波文库1954年版。

Lundstrom, Wijkstrom, *The Nonprofit Sector in Sweden*, Manchester University Press, 1997.

Salamon, Anheier, *Defining the Nonprofit Sector——across-national analysis*, Manchester University Press, 1997.

Warner, *American Life——Dream and Reality*, University of Chicago Press, 1953.

围绕论题五的讨论

今田高俊：刚才佐藤庆幸先生以结社,特别是以志愿结社为中心、讲了美国、法国和瑞典的事例。说美国以结社为主,国家为辅,听起来让人深有同感。而日本恰恰相反,今后应该怎么做确实是个大问题。

关于法国的"社会经济复权",谈到了作为结社的非营利协作经济。瑞典的非营利经济在 GDP 当中占相当大的比重。这种经济的特征是：不一下子市场化,而是由 NPO 和 NGO 这种中间团体来运营。在日本被称为第三部门的领域与此相当,但从现状看,日本的第三部门没有很好地发挥其功能,也许日本要学习瑞典方式。在日本,这种非"公"即"私"二者选一的情况已经是一种常规,"上边"不做的事情就"市场化"。日本应该重新探讨中间团体(集团)功能。这就是我听了佐藤先生论题后的感想。

坂口绿：佐藤庆幸先生讲到瑞典有"家长运营保育合作社"。我在 13—14 年前读高中的时候曾经到丹麦留学,还在那里的保育园做过志愿者。那里就是家长运营的保育所。我在那里和家长们聊过天。她们说："有了孩子才第一次到这样的地方来真是很辛苦。"当然,她们大多数人都是抱着向前看的态度,说因为辛苦

253

才有乐趣。运营方式好像是做过公务员的人领头，其他人参加。我那时候还是高中生，所以没有理解那是什么样的组织。

"自由意志参加的结社"中的"自由意志"，在多大程度上是自由的呢？这当然根据不同的个人而不同。地区共同体和家庭会因受到某种偶发事件的左右，而产生必须参与其中的动机。但在说"自由意志"的时候，它的前提就是自己作出某种选择，根据自己的使命感作出选择，而如何才能具有使命感并不清楚。就是说，个人根据自由意志到某个结社或中间团体活动的时候，看他出于怎样的动机这一点非常重要。人们为什么"根据自由意志参加"呢？

佐藤庆幸："根据自由意志参加"这一点是根本。在更现实的方面"必要性（需求）"非常重要。家长们创办保育所，是因为出生率上升后如果等普通保育所的空位需要很长时间，还不如自己办。生活上有需求的人们，大家来办这些保育所。这当中当然有"自由意志"，也有"需求"这一问题。重要的不是"理念"，而是"需求"。

所以，在思考社会运动时非常重要的不是要"变革社会"，而是如何根据需要表现和实现现在的自我，或如何拥有同一性。过于理想主义的乌托邦社会会完全失败。合作社方式基本上是大家协商出资，从国家获得补助金，自己运营。其动机还是"需求"。

金泰昌：听了佐藤庆幸先生的论题，感到论题设定的基本方式和论点展开的基本方向与我迄今为止的研究有很多重合。但为了今后的拓展能前进一步，这里提出四个论点。

第一，我们尝试通过将公、私两极对立的关系结构转换为公、私、共三元相关关系结构，摆脱认识和探讨的闭塞状态。在公共哲学共同研究会已经讨论过几次同样的事情。如果要说的话，那就是根据我个人的意见需要把"共"作为"公共"，明确它与"公"的区别,进而重新构筑公共性的概念。"共"也可以,但我希望通过重新审视和构筑"公共性",从理论上和实践上打破今天日本和世界上"公私论"、"公共性论"的僵局。

第一个论点当中的第二个问题,是关于 association(结社)这一单词的认识问题。Voluntary(志愿)一词也有同样的问题。我并不是语言沙文主义者,但无论是 voluntary 还是 association 用西洋文字来表示就是日本和东亚完全没有的概念,所以人们容易过于强调要从西洋引进,要向西方学习,而这不利于培养概念(化)的自立性(力)。因此,虽然我们不能说强行自制用语,但也需要一个摸索的实验过程。作为个人,我考虑到各种意思,想把 association 改为(自选的)结合体,与(生得的)共同体区别开来。所谓自选,就意味着是根据自己的选择意志参加的(结合体)。关于 voluntary,我想把它称为自发或自意。对于 Volunteer(志愿者)我想创立"志民"这个概念。虽然不能说全体市民都成为志愿者,但我认为市民中的一部分人就是志民这种人物形象。

英语文化圈的人们用英语构筑概念理所当然,身处汉字文化圈的我们自然也需要用汉字来构筑概念。

第二,是关于分部门思考事物这种认识方式的问题。我们认为"公"、"私"、"(公)共"是相互区别的领域和部门,但同时我们也应该认识到它们在规范、基准、方向、观点、价值、活动方式等方面也进行多方位、多角度的相互浸透和相互修正,这一点同样重要。

比如,无论是公的部门的国家官僚制还是私的部门的企业官僚制,都是官僚制,这种基于法权(用佐藤先生的表 10 说就是公的部门的控制媒体)的组织原理在公的部门和私的部门这相对立的两个部门当中都存在(相互浸透)。所以,为了便于分析、思考

255

和讨论需要把他们分开来探讨,特别是在第一阶段这是不可避免的。但是对"公"、"私"、"(公)共",将盐原先生的论题联系起来考虑,不是把它们看作强连接而是看作弱连接,那么就需要在做部门区分的同时,把它们作为可以相互交换的流动概念来把握。

第三,佐藤先生讲的志愿部门与其他部门不同的基本功能是什么的问题。假如政府所代表的公的部门的基本功能是确保安全和秩序,企业所代表的私的部门的基本功能是生产财富和对其财产和所有的权利,那么多样、自发、自选结合体所代表的公共部门的基本功能是什么呢? 有人说是连带、是共存、是共益,说法有很多。但我认为是相互媒介。在"公"和"私"之间起媒介(共媒)作用。"结合、连接、搞活"整体与局部、国家与个人以及其他各种对立的关系,这才是(我所说的)自发的志民自选的结合体——用佐藤先生的话说就是结社——所代表的志愿部门的固有功能。但我还想在部门区分当中加上活动原理的视点,从共媒功能(活动原理)的角度看问题。那就是志愿的公共性——用我的话说是公私共媒、活私开公的公共性——的内容。

我要强调的是,我虽然也把"公"、"私"、"(公)共"按部门分为不同的领域,但我并没有把它实体化、固定化和物象化。特别是(公)共的部门,作为其组织形态的结社在"成为静止的制度以前,首先是行动,是活动","是一个应该经常以动词形式来把握的单词"。它"本来就是一种连接的活动,是作为吸引、趋同、集约力量的活动"。"它不是为实现特定具体目的的特定的具体活动,也不是对象化的活动,而是非对象化的、只注重结合和吸引的活动,是一种'流动'"。它的活动"正是一种动态"。我想说的是,佐藤先生引用的这段今村仁司的观点,与我对复数的志民通过自发的结合体不断生成的公共性所描绘的形象很相近。所以它与共同体是不同的。站在这个观点上,用另外一种说法就是,以前对"公"的认识是强连接的——国家(共同体)的——形式,与之相对的"私"的认识也是强连接的(固化在原子论那种个人封闭意识及内在自己认识之上的)形式。作为"公私共媒"、"活私开公"的公共性是弱连接,应该经常用动词形态去把握,它是非对象化的、对话共进的、生气勃勃活动的连续。所以它不以特定不变的目的为前提。比什么都重要的是,我所想的公共性是一种自我修正和一种生成过程。

最后要说的是,佐藤先生(也许特别讲的是美国的情况)说社区和结社经常都是开放的并没有封闭。但就我(根据在美国的生活体验)的感想而言,应该理解为社区基本上是封闭的生活空间,但它与各种结社有许多节点,通过结社它有很多开放的可能。马克斯·韦伯说的教派也是由于作为社区的教会有结社的性质它才有开放的一面。

盐原勉:在佐藤先生的论题中谈到了美国、法国和瑞典。结社的建立和形成方式不同的社会有不同的做法。就像欧洲有复数的资本主义类型那样,资本主义这一种类型不能涵盖全世界。从这点上讲,我深感除对结社进行总括的探讨之外,还应该把握交叉社会结社的创立和形成方式。

在那种情况下,总伴随着作为中间团体的结社的转换方式这一问题。就法国来说,涂尔干做过关于培养第三共和制市民道德的课题,这个课题是他当时的老乡文部大臣交办的。他想的最多的,就是如何限制和瓦解教权制型的教会和保守的地区团体,培育职业团体等自治制,建立市民社会的支柱。我想这也是当时法国流派的中间团体的转换。

在不同的社会,都会以不同的办法来对中间团体即结社进行转换,使它们更有活力。我深感我们这个共同研究会一个重要课

257

题就是要搞清楚这方面的情况。日本的中间团体还不成熟,我们更重要的工作就是要使日本的中间团体成熟起来。

金子勇:老早以前在这个领域人们常常就对图5中的市场经济和公共经济抛出 NPO,以一种不言自明的感觉使用公、民、非营利这种三角。果然可以这样做吗?

刚才说到了"关系概念",比如说"市民参加",从担当市场经济的企业和一线现场来看,政府和自治体的职员可能会参与进来。这样一来,公、民、非营利这种三角就不能说是特定的东西。请考虑这个问题。包括 NPO 在内是需要恒常关系的,但在日本数量不多。基本上是"市场经济"和"公共经济"加上家计和地区等传统框架,在其中任何地方都可以出现志愿关系。这就是我的想法。

佐藤庆幸:我完全同意。在图5当中看起来好像是各自孤立的,但实际上就像箭头画的那样,它们之间有各种复杂的关系,最后显示出分工合作效应,也就是既相互独立又相互依存。重要的是要在部门之间建立这种网络。今后日本会成为怎样的社会呢?很有可能全部开放,哪个部门都可以相互结合。但是我们什么都不做它是不会结合的。问题是我们应该开展怎样的运动和活动。

这里我想说的是,图5中四个部门的区分归根到底是功能关系的区分,并不是实体的区分。因此,四个部门的功能相互交叉,也就是个人同时履行这些部门的功能。比如某人是公司职员或是公务员,但同时他也是社区的一员,是家庭人,是消费者,是纳税人,是选民,是若干个志愿结社的成员。就是说,这个人与这四个部门都有关系。图5所表示的正是这种关系。人们或多或少都与复数的部门有关系。这样来想,不就可以明确地回答金子先生提出的问题了吗?

论 题 六

志愿行为与社会秩序

鸟越皓之

这个研究会在"公共性"、"公私"等各种表现当中，无论是对康德还是对哈贝马斯都一直是从思想史角度进行讨论。但哈贝马斯自身的研究是不是可以说是"思想史的"研究呢？我这样说，是因为哈贝马斯有意识地进行时代限定，并做了很好的历史的记述和分析。进入日本以后，大家的关心转向了抽象层次，从偏于思想史的角度进行研究。可以说，这些研究基本上都是与"市民社会论"联系在一起的理论逻辑。对于康德也是一样，"世界市民"成为很大的话题，但也总是在与"市民社会论"的关系当中展开讨论。

我今天的论题不是思想史的、抽象的公共性，而是要探讨以考问现在政策为前提的公共性。也就是，把如何具体制定政策放到视野当中。因为考虑的是"政策"，所以和今天两位老前辈的论题相比，我的叙述也许像一块块叠砖一样，从理想论来看可能过于现实了。

我今天要讲的，不是"知道的事情"，而是"思考的事情"。没有明确的答案才要"思考"，所以总会有不稳定性。但"思考的事情"当中容易进入研究者的理想，这样也许会与"市民社会论"等

259

理想论(社会科学所定义的"市民社会"是一种理想,现实当中几乎是不存在的,所以我把它定位为理想论)有某种关系。就是说,论题的要点是探讨现在的政策应该考虑的事情和犹豫不决的事情。通过这种探讨建立与现在社会的紧张关系。

我和在座的几位社会学先生一样,经常和行政机构的人们聊天,听 NPO 领导人倾诉烦恼,给他们提供一些建议和信息,也从他们那里学到不少东西。我今天想说的是,我在这个过程中思考的一些事情。从这个意义上讲,我所说的也许有的地方不是很清晰,其实人生和生活一直都不十分清晰。

1. 志愿行为与公共性

我想以"政策"为前提,谈谈更热衷于志愿的人和志愿公共性这一关于今天主题的事情。关于志愿的人,作为社会学家有很多地方不好谈。佐藤先生的研究和发言当中也很少出现"志愿"这个词,那是因为在社会学的研究史中几乎没有"志愿"这个单词。我想在这没有研究积累的新领域的艰难基础上,谈谈它的可能性。

我先说说容易招致大家反驳的事情。我想说,所谓志愿行为,是"国民国家政策以外的剩余范畴"。这种断定的说法更容易讨论。有的人会说,如果我们这里讨论的最重要事情是"剩余范畴",那有什么意义。这种反应是很自然的。

请看下页的图。作为保证社会秩序的权力组织的"国"已经成为过去,现在是国民国家。我们把这"国民国家"放到视野当中来思考志愿行为。关于"国民国家"在历史上什么时候出现这个问题意见会有分歧。有观点认为是在法国大革命《人权宣言》以后,在日本可以说是在明治政府以后。除此以外还会有其他意见,但关于今天的话题我们把握大概就可以了。不管怎么说，今天"国民国家"是存在的。说"国民国家"存在的坏话没有意义，我想以它的存在为前提，来思考应该采取怎样的政策。

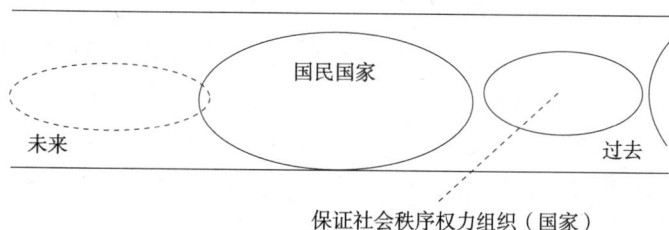

保证社会秩序权力组织（国家）

我想说的是，在看"国民国家"的时候，把它看成是以总理大臣为顶点的金字塔这种视角有些缺乏有效性。我们不应该用这样的视角来看。用比喻的说法，我们需要从金字塔下面的入口处看金字塔。入口处那长长的宽度是与人们的生活密切相连的公共领域，从那里看去，景色会与以前看到的不同。那里从过去到未来，一直都出于生活的需要创造各种东西。

这里我暂且给"国民国家"下个定义。"所谓国民国家，是以保证和充实国民所需公共性为目的的政府组织"。什么是从金字塔的入口处呢？就日本来说，政府（形式上是国家）除中央机构以外还有地方自治体和事务组合（具有特定功能，基础自治体的联合）。我们有必要通过这些地方自治体或一部分事务组合现在做的事情来看"国民国家"。我讲一点具体事例。

261

实际上有很多公共的事情。如"教育"、"消防"、"道路"等等，还有与环境相关的"水"的问题。以"教育"为例，国民国家在"教育"方面做了很多事情，但国民国家的"教育"也有做不了的事情。那应该怎么办呢？

翻阅一下江户时代的地方文书和明治、大正时期的书籍，可以发现"教育"在国民国家形成以前是由小的共同体(村等)来做的。关于这一点,柳田国男也说得很清楚。

最近有人说家长不教育孩子了,其实过去家长也没有教育孩子。老人们说"没有从父母那里学来什么东西",江户时代的文献也是那么写的。进入现代以后情况也是一样,但村里却会告诉人们很多,甚至让人头都要裂了。礼仪礼法、如何做人、如何和异性相处、如何和神相处、失火了如何消防等等,都不是父母教的。如此说来,我们(关于家庭教育)的基本认识就错了。大户人家另当别论,至少在老百姓当中家庭和父母负责教育是很例外的事情。

柳田国男的见地很有意思。他在《平凡与非凡》的论文当中说,庶民教育教的是成为平凡。就是说,普通人学到的只是成为平凡。学习朋友之间的相处方式和消防的方法,对 A 先生(女士)和 B 先生(女士)没有什么不同。人与神的相处方法也是一样。还有,年轻人总会和异性做错事,学习怎样才能减少失误也是平凡教育。

但是,到了家庭教育就开始了非凡教育。说"成绩要比隔壁太郎好","要上好学校",这不是与别人一样的教育,是与别人不同的非凡教育。家庭做的是非凡教育。在这两种教育当中,初期的国民国家和那以前时代的庶民世界进行的是平凡教育。其中有一点不是平凡教育,那就是村里对一部分人进行的首领教育。首领教育不仅村里做,家庭也不得不参与其中。今天没有时间不能详细说明,总而言之,平凡教育基本由村里,也就是今天说的共同体来进行。这是我首先要指出的一点。

后来,为了读书、写字、打算盘,开始了学校教育,出现了训导(后来为教谕)。当初训导的工资并不是由户长公所、村公所发,在明治开始相当长的一段时期,是由当地更下层的单位即所谓共同体发放的。在"消防"方面现在还有很多地方同时有消防署和消防团。阪神淡路大地震时,我当时任教的关西学院大学的理学部着火了,消防署的消防车马上就到了。但后来,所有地区都进不去消防署的消防车,没有人手,只能眼看着火势蔓延。那时候可以自由活动的是消防团。比起那些消防团力量强大的地区,没有消防团的灭火救援活动就显得落后了,因此,在阪神地区认为有必要恢复消防团(自主防灾组织)的呼声强烈。

但是,如果没有平时的交往,只靠自主防灾这种特定功能而成立的组织几乎不能发挥作用。反而兴趣团体在赈灾的时候更能有效地发挥作用,因为那里形成了人与人之间的联系。也许我说的都是些多余的话,但我确实感到身边的组织和平时交往其所具有的功能非常重要。

国民国家负责"防灾"、管理"水"等问题。相对之下,我辛辣地称为"剩余范畴"的志愿行为就一定要承担起周边的事情。以"水"为例来说明。行政机关习惯把水分为用水(上水道)和排水(下水道),但是在现实生活当中经常会发生把使用过的用水再用一次这种很有意义的事情。

另外,行政机关不会想到水流的毛细血管问题。所谓毛细血管就是家门口的小水沟。这毛细血管脏不脏直接关系到大河脏不脏。行政的力量顾及不到这毛细血管。这些对于"剩余范畴"来说就是非常大的问题。

263

2. 志 愿 行 为

公共性的实现,即社会性福利(不是私利)的实现,从理念上说应该由国民国家来完成。这关系到我们为什么建立了国民国家并认可它。也就是说，在理念上公共性的实现应该由国民国家来完成。但是从经验上说它没有完全实现过，而取代它的志愿行为不可缺少。不过，即便志愿者的行为和国民国家的行为都是同样的对象和同样的效果，但其行为性格从根本上是不同的。也就是说，国民国家所进行的行为应该称为"服务"（service），它经常伴随着命令的、义务的一面。而志愿行为不同，它被称为是自由意志。当然"自由意志"这种说法也有不适当的一面，这后面再说。

这种"服务"不可缺少。今天我想强调它的"不可缺少"。如果所有的都变成了基于自由意志的柔和组织，那事情就不好办了。比如"水"、"消防"、"教育"问题，如果没有命令的、义务的因素它们就不能得以恒常地实现。在上面的图中"未来"（与国民国家相连）是虚线，它意味着在考虑今后怎么办的问题上不能无视国民国家所担负的作用。

思考抽象的"国民国家"虽然有意义，但现在开展具体活动的是作为基层自治体的市町村或它们上一级的都道府县。展望21世纪的公共性，国家在有些地方还没有制定出明确的方针。这里，我来举一个例子，看看现在的情况如何。我最近写了几篇关于"有趣的町公所"的文章，说的是市町村公所和地方行政机构的职员开始了解到"公共"的内容发生了变化。

我们那个世代没有出息，选择公务员工作的很多人都出于自己的一生可以得到保证这种动机。但现在的年轻人却是出于"公共服务"的意义选择了公务员工作。在课长助理以下的公务员当中很多人都是这样。这些人在工作当中，甚至工作结束以后经常聚集到一起，讨论"我们这个地方应该怎么办"。这样的自治体在现实当中还是少数，至多占10%左右，但在各地都开始出现。我把它们称为"公所青年团"。

为什么称它们为"青年团"呢？过去,村里出现了青年团(年轻帮),大人们就会让他们有一段时间的自由。他们说"那些家伙也许会失败,不过应该让他们试试",那时候就有让年轻人自由活动的传统。公所的职员大体都是高中毕业(有三分之一左右是大学毕业),有的上司给那些课长助理和科长们很大的自由。

有的地方先不给公所的年轻职员发任免命令,而是让他们自由地按自己的想法去做。不发任免命令就是说在形式上他们还不是公务员,如果出了事故是市町村长的责任。这样年轻人就可以自由活动。这就是"青年团"的构想。不拘泥于公所部门,在公所上班时间大家聚到一起商议"要想办法把我们这个地方办好"。课长看到他们做自己课工作以外的事情只是说说"真是没办法",还是会让他们自由活动。这种方式之所以多了起来,是因为町公所、市公所的干部们在信息交流中听说别的地方这么做很成功,于是学到了"是啊,现阶段不应该发任免命令,还是应该让他们自由活动"。

这种从事没有任免命令工作的国家末端部分,是一种刚才说到的可以称为中间团体或某种结社的动向。它还会与当地居民结合在一起。比如兵库县生野町,以前因为有生野银山非常繁荣,现在没有多少银可采了,只剩下了很大的工厂,人口也减少了。如果放置不管城镇就会衰败。怎么办才好呢？这时候住在这个地方的"公所青年团"开始了活动(具体事例请参见鸟越皓之《同意市民计划的方法》①)。也就是说,我称之为"国民国家"的现在的行政机构存在于这种动向当中。这样的事例有很多。

265

什么是志愿行为呢？尽说私事不好意思,但还是想说说我个

① 鸟越皓之:《同意市民计划的方法》,《地域社会学年报》2001年第13辑。

人在地震时候的经验。发生阪神淡路大地震时，我马上就上了自家的二楼，想去看看孩子是不是没事。我这个年代人的孩子，都（在年龄上）有些老成，有不马上回答家长问题的毛病。我说："还活着的话就吱一声"，于是听到了不太高兴的"哦"。我们家的孩子活了下来，但周围有很多人家都全家覆灭，河对面的街道有一半人都死了。

我因为在大学担任了一些职务，所以那天早上我先去了学校。我当时也不知道情况如何，凭自己的判断，在正门前贴上了"停课一天，硕士论文提交时间延期三天"的告示，现在回想起来，当时的情况那么严峻，可我还作出了那么乐观的判断，真是很难为情。那时候有个学生说："老师，有什么要帮忙的吗？"那是我经历的志愿者当中的第一个学生。后来的 10 个月在那个地区有 30 万志愿者在工作，其中 70% 是 30 岁以下的年轻人。

发生震灾的早晨，我就是从这种应付一时的判断开始的，听学生们说"老师，阪神电车脱轨了"，"新干线高架塌了"。当时还不太相信，没有根据这些事实作出判断。因此，当时才贴出了"停课一天"这张后来被人笑话和被报纸打击的告示。另外，当时还停止了所有各系教授会的判断权，学校管理部门由上至下地作出了关于入学考试和定期考试的决定，因为这在很大程度上关系到大学生死问题，所以实际上在内部发生了很严重的问题。

回想我那时候的经验，经常想起的就是和我们大学有合作关系、位于京都的大学的老师们，他们好不容易坐电车到西宫北口，然后走到学校。他们说："还好吧？"站到了我的身边。那时候有了许多志愿者，但他们是从受灾地区最先来的大学方面的人。他们只是站在身边，可我十分感动，这个岁数还流眼泪样子太难看，只有拼命地控制着，不让眼泪流出来。

也许关于志愿者（因为没有经验等理由）是不是可以发挥作用有很多议论，但比起那些议论，只要"来了"、"站在身边"就是志愿者。我深深感到没有比这更重要的志愿者了。我作为接受好意的一方，从这件事情上看到了志愿者的某种本质。

换句话说，我认为说志愿行为的本质是"自由意志"过于表面，它应该是"想停都停不下来"。也有的志愿者没有"想停都停不下来"的心情，这是可以的，但至少我认为在探讨志愿者论的时候，在各自的动机上应该认识到"想停都停不下来"是本质。刚才说到的"公所青年团"的人们，对于人口过疏等严重问题，超越了本来的职责（作为任免命令以外的事情），以"想停都停不下来"的心情开始活动。这是我和他们谈话的实际感受。

从社会学角度看这个问题就有些难办了。"想停都停不下来"是没有"目的"的。这和以守护家乡山林为目的的志愿者不同。我要从这"目的"之前开始的志愿者、从"想停都停不下来"的心情来思考志愿行为。

如果在秩序层次上给志愿行为定位，可以说，它是到秩序遭受破坏或有可能遭受破坏的场所保护秩序的行为。有的时候它会采取通过破坏秩序来保护秩序的手法。阪神淡路大地震就是这样。比如在地震地区面向外国人的各种外语立体声广播，它打乱了已有的广播秩序，但这却是符合现实的广播。

这种破坏秩序进而保护秩序的事实有难以理解的一面，我再用完全不同的事例来解释。我曾经写过在日本几个地区都有的习俗"偷新娘"，我就以它为例来说明。在日本特定的地区有"偷新娘"的传统，有人说外国也有类似的情况，批评说"那是下流行为"。所谓偷新娘是偷来婚龄期的女性让她和男方结合。日本的实际情况是这样的：

在日本"家"制度曾非常牢固。在生产、消费和亲属网络等各种关系当中都有"家"的存在。家是各种关系的总体,如果所希望的结婚与家的立场相矛盾,那么即使孩子恋爱了,父母也不会允许他们结婚,这种情况一点都不稀奇。父母只能说"你在恋爱,我们很理解。但我们做父母的没脸面对乡里,你们不能结婚。"与身份和门第不同的人结婚是很难的事情,这种事情在现实当中发生过。

这时候怎么办呢?实际上还是有办法的。年轻人去"偷"新娘。被偷的新娘也知道"自己几点几分被偷"。年轻人偷了新娘后带到恋爱的男方那里。这样一来,父母在亲戚面前和村里也保住了面子。他们会认为:"我们做父母的坚决反对。但是年轻人(青年团)偷去了,我们也没有办法。"村里的人也表示理解:"都到那个程度了,也是没有办法的事情。"偷新娘是"年轻帮"特定的权限,所以才能用那样的解决方法。作为一种结果,这种办法保证了家制度。现在人们经常说家的坏话,但在过去,日本的家制度、家经营是大家生存的一种智慧。这种为了生存的智慧制度是不允许破坏的。但是人的恋爱是什么东西都不能阻止的,所以就有了另外一种智慧——"偷新娘"。这是通过破坏秩序达到最终保护秩序目的的手法。它存在于现实当中。

接着往下说。那么"志愿行为"面向哪里呢?它面向 this place(私的/公共的场所、现场)。我深感到"是啊,是那样"的事情是,佐藤先生在论题讨论当中说"共同体是地缘",金泰昌先生说"不是,而是从外部去'那个场所'"。this place 就是那种情况。因为没有可以传达那种语感的日语,所以暂且用了英语。关键是要进入到相信"是那里!"的 place。那里不仅是公共的场所也是私的场所,不是不能进入到个人的世界。那就像肩膀酸痛的人的穴位一样,实际上不到现场去就不清楚它到底在哪里。

这里我需要指出"志愿行为"与普通"帮忙"行为的不同。面向 this place 的人们的志愿者行为,根据公共主张(正当化的逻辑)也可以进入私的场所,并一定要把那个场所公共化。但是,如果公共化失败了,那它就成了单纯的私人帮忙。成了私人帮忙就不是NPO 的活动了,也失去了作为志愿者行为的意义。所以,志愿行为需要不断形成公共主张。

举一个例子,比如美容师说"我们也要做志愿者",于是开始做有偿志愿者。就像医生和护士为有难处的人做各种事情一样,他以便宜的价格为那些有困难的女性理发。人们常常想和作为自己行为对象的对方进行个人交往,有一对一聊天的愿望。但如果是一对一的交往那就不是志愿者。我曾经和美容师志愿者谈过这种矛盾和痛苦。完全一对一的情况下,那就是个人帮忙,是私人行为。所以,在说"那是志愿者"的时候,一定要有"距离"。支撑它的理论逻辑就是"公共主张"。

根据公共主张,志愿者对所有人都是开放的,它不分 A 先生(女士)、B 先生(女士)、C 先生(女士)。见 A 先生(女士)的时候进入 A 先生(女士)的私人领域,谈私人的事情,见 B 先生(女士)和 C 先生(女士)的时候也是一样。假如与 A 先生(女士)开始了亲密交往,那也是偶然的,这样他们的行为作为开放的志愿者行为才有意义。也就是,绝对需要具有社会的、公共的意义这种主张。志愿行为就是这样把私人场所变为公共场所的。

269

3. 超越市民国家的志愿部门的成立与意义

在上述什么是志愿行为的基础上,我想谈谈面向将来的事情。在法国和德国等国家除了"公的部门"、"私的部门"之外还经常用

"志愿部门（社会经济部门）"这个词，关于这一点刚才佐藤先生已经讲到了，我这里就不说了。①

关于超越国民国家的志愿部门的成立与意义，我想介绍两个实际例子。这是大家听了会想"现在已经有这样的事了吗?"的突出事例。一个是市民计划，另一个是所有的零化。是不是说让国民国家这样发展下去就可以呢? 不可以。和行政机构的人说起这个事情，他们也说"不可以"。正因为如此，上边说的公所青年团才成了活动的一个契机。就是说，需要从金字塔的底部发生改变。许多人都认识到了这一点，并有热情做这样的事情，也有各种各样的事例。也有人仍然称之为"国民国家"，一直拘泥于这一点，是不是只要国民国家就什么都可以做呢? 那当然是不可能的。国民国家有致命的缺陷。

第一个事例说的是国民国家的缺陷是什么。事情发生在岐阜县郡上八幡。这是我在广播大学教授环境社会学时在外景地了解到的情况。这个地方有两条平行的路，一条是商店街，还有一条是连接两条大路的小路，可以通过拉啤酒的小型货车。边上有条河沟，说起来是条又脏又没有魅力的小路。

从行政机构的角度看，居民有时会说些毫无道理的事情。那是些什么事情呢? 他们说："这附近没有公园，没有空间，把道路（小路）改造成公园吧!"听他们这么说，行政机构的人一定手足无措了。但那里的居民对道路进行了改造，既保留了道路功能，又把它改造成了公园。这样的点子行政机构是绝对想不出来的。那么为什么那里可以成为公园呢? 那是"因为居民说了"，为什么会有

---

① 详细情况参见鸟越皓之:《志愿部门与共同体》, MINERVA 书房 2001 年版; 鸟越皓之:《现代社会与志愿者》, MINERVA 书房 2001 年版。

那样的点子呢？因为是居民想出来的。

他们建了个什么样的公园呢？放置了椅子，清洁了河水，架起了半圆形拱桥。在椅子旁边栽上了柳树。这是当地的居民做了计划，请行政机构介绍的咨询公司做的。道路用凹凸不平的石头和柏油铺设。椅子上坐着老人，年轻的女孩牵着狗站在那里，看起来那里是个很悠闲舒服的场所。小酒店等店铺的轻型货车依然在边上的路上通过，但由于路不平，只能慢慢开，所以没有危险。就是这样，有了车和人都能通过的公园。也就是说，从法律上讲还是道路，但有了公园的功能。关键的是，这种构想没有停留在市民计划阶段，而是实际上在各地都得以实现。可以说，这是源于志愿构想的地区计划的实现，它超越了政府所构想的地区计划。

第二个事例，说的是在北海道有名的钏路湿地以东80公里处的雾多布湿地的事情。明治时代以后这一带是搬运海带马匹的放牧地。但从昭和30年（1955年）左右开始就停止了捕捞海带，交通手段也发生了变化，牧马湿地失去了它的价值。于是，当地人分割了这块作为共有地的湿地，它成了个人所有的空间，后来湿地的一部分变成了垃圾场。

这时候有位 I 先生来到了这里，他赞叹地说："这块湿地太有魅力，太漂亮了，太好了！"天气变暖的时候植物同时发芽，青青的湿地上百花缭乱。当地的渔夫从小的时候起就路过这片湿地，知道这里有开放的花朵，却一直没有注意过。从城市来的人说这里"真漂亮！"渔夫们也开始有意识地去观察，他们看到："今天花开了"，"到了傍晚枯萎了"，"季节变换的时候会有不同的花开"。当地的人当中也有人认为要保护这片湿地，他们站出来和 I 先生等外来人一起开始了保护湿地的运动。

这以后的事情才了不起。他们把湿地变成了大家都可以进入

271

的场所。以前由于这片湿地是牧马地的关系,周围有铁丝网,还发生过偷盗花卉的事情。但夏天他们让人们走湿地内的林木道,冬天让大家到这里来滑雪,从这以后再没有发生偷盗事件。谁都可以进到湿地里面,城市的人们也开始光顾这里。当地人开办一些简易旅馆和咖啡店,受到了人们的欢迎。

我把这种战术称为"所有的零化"。当时,是托拉斯运动的鼎盛时期,但托拉斯是有局限的。这里我插入一个另外的事例来简单说说托拉斯运动的局限。我曾经应邀到在托拉斯运动中很有名气的 NPO 组织龙猫财团做过演讲。我记得,龙猫财团在埼玉县狭山市附近为了保护丘陵不断地购置土地,宫崎骏拿出了数以亿计的资金。但它们的事务局长到我这里说,"不能再买地了",因为东京都周边的土地很贵。因此,像英国那种不断买地的民族托拉斯的构思是有限度的。正好那时候我在研究土地所有论,不仅是龙猫财团,计划继续购置土地的任何托拉斯运动现在都在战术上需要新的土地所有论。我下面说的就隐含着思考这一问题的启发。

也就是说,任何有钱人的好意到了某种程度都会气喘吁吁。出钱人减少,但还需要很多钱。所以可以说,博得好评的托拉斯运动在资金方面也有限度。这是很难解决的问题。那么雾多布湿地是怎样超越了土地所有呢?如上所述,那里是私有地。位于保护湿地运动中心的 I 先生等人也知道当时托拉斯运动盛行。但是他们没有搞买土地的托拉斯运动。没有这么做的理由是:如果分割湿地从所有这些土地的地主那里购买土地,那么地主们就会置身于运动之外。地主才是当地人,需要的正是把他们拉到运动中来。于是,I 先生让城里来的人写了"谢谢"书信(称为"谢谢运动"),把这些书信全部定期地送到了地主那里。

地主们出租湿地,收取费用。一次有位地主说:"我受不了了。我从人家那里收钱,还让人家说谢谢,真是受不了。"(笑)其他地主也说:"其实我也想说,是受不了。不能再这么收钱,让人家说谢谢了。"于是,大家就都"再不要钱了"。虽然在登记上这些土地还是地主们所有,但他们放弃了一切权利。结果就是"你们随便用吧!"I先生他们说:"这里是大家所有。"所有已经完全零化了。我说的这"所有的零化"用另外的表现方式,就是"大家所有论"。

郡上八幡公园道路的清扫,在建成公园后都是由当地人来做。一般来说,公园和道路由行政机构负责清扫等管理,但当地的人们说这是自己计划建设的公园所以要自己清扫。他们也说:"这里是大家的"。这种具有 this place 要素的志愿者活动一旦在现实中实现,它们都会说"是大家的"。这是应该关注的重点。那么所谓"是大家的"到底是什么呢? 这个"大家"是个似懂非懂的概念。我很想听听各位先生的真知灼见。

小孩经常说"某某也买了那个,大家都买了"。就是有一部分孩子没有买,他也会说"大家",这样来磨家长要东西很有效。最后总会出现不需要有成员资格的"大家"这种说法。"这块湿地是大家的"——这到底是什么呢?

我讲的这两个问题:"市民计划"和"所有的零化"。我认为计划和土地所有是很重要的问题。我做的工作与环境问题有关,在政策进行不下去的时候,这两个典型的事例就浮现在我的脑海里。如何把它们所展示的"大家计划,是大家的"与"共同体"和"结社"等"中间团体"的讨论结合起来,现阶段在理论逻辑上还没有做到。如果各位能告诉我用怎样的方式可以结合,我将十分荣幸。面向未来,现在出现了这种"大家"形式的动向。对它做怎样的解

273

释,"大家"才能成为替代现有"国民国家"的新的未来形象呢? 这里,我想以这种提出问题的形式结束我的论题。

围绕论题六的讨论

今田高俊:鸟越先生谈到,要从有生活实感的身边的"这个场所"(this place)开拓公,并且要用"大家"这个理论逻辑去开拓,这是我们迄今为止没有想过的视角。人有"想停都停不下来"的行为这一点,我也有自己的意见,等到综合讨论的时候再说。留下"弗洛伊德没有看到这一点"这句神秘的话,我们向下进行吧。(笑)

薮野祐三:"大家"有积极和消极两方面。九州有个叫由布院的地方,有个小说家说它"美丽",由布院就一下子有了价值。这时候如果是积极的就会产生"大家"这种意识。

但是在九州福冈边上的久留米那里建立垃圾处理场时就不说"大家的垃圾"。就是说,刚才举的事例都是通过说"大家"会有好处或回报。隔壁的老奶奶有困难的时候,人们不会说"是大家的老奶奶"。所以,在说"大家"的时候也要区别对待。

如果是被称为公共财或公共的这种积极的东西就会说是"大家",而如果是消极的就全部成了"他人"。刚才举的都是积极的事例,在这方面必须要做好心理上的分类。

金泰昌:我认为有点不对。我们现在要"重新审视公共性",所以才在这里讨论。这里有个如何理解与"公"不同的"公共"的问题。在这个问题意识的前提下,就像我以前反复说过的那样,所谓"公共"应该理解为,是"为大家做的事情,是应该让大家知道,向大家开放的事情"。

我再归纳一下我的观点。日语中的 OYAKE（公），归根结底是"为国家"。有"国民"、"国土"、"国益"等各种东西，包括所有为国效力的代表人物和为国工作的、国家创立的国家的机关、团体、组织、活动。

"私"是"为自己的事情"。"自己"当中有"自我"、"亲戚"、"朋友"等等，根据为了自己的动机、构想、课题、目标，确立自我，形成关系的生存、生活、活动的位相叫做"私"。

只有"公"和"私"这两个就要在"灭私奉公"和"灭公奉私"当中二者选一，所以要设想一个"公共"，让它把"公"和"私"结合、连接起来，并让它们发挥更大的作用。这就是"公共"的基本功能。作为一种结果，它会"成为大家的东西"。我们应该通过不排斥任何人，对大家开放，任何人都可以参加自发志民团体、组织的活动网络来开拓公共性。

关于今天鸟越先生的论题，我从完全不同于社会学的角度思考过完全相同的事情。那是我在学习日本、中国、印度、韩国的思想时想到的构想。鸟越先生说的"想停都停不下来"是东亚思想资源中也有的思想。

比如，孟子就抓住了这个问题。他说，看到有人要把婴儿丢到井里，大人瞬间就会跑到那里去救，这是源于人与生俱来的"不忍之心"。这不是"自由意志"，而是"想停都停不下来"。

前几年，有位日本人作为国际志愿者去了战祸之中的柬埔寨，在那里被杀害了。他正是"想停都停不下来"地投身到了异国他乡，却在那里殉职了。关于这种行为的理论逻辑，鸟越先生认为是"公共主张"或"正当化"，但我总觉得这种说法有点问题。他们的行为动机可能与那种理论逻辑不同。

在柬埔寨失去儿子的父母能从悲痛和痛苦当中站起来，是靠自己的意志。也许有很多人安慰和鼓励他们，但最后还是要靠自己的意志。他们想到"是啊，自己的孩子已经死了，总在悲痛当中没有意义。我们做父母的要继承孩子的遗志"，于是他们建立了活动基金，还成了联合国志愿者亲善大使。问题是我们应该怎样看待这父母的行为。

Volunteer 在中国称为"志愿者"，强调"志"。但是在韩国，使用自发的"自"，称为"自愿服务者"，表示是自己愿意做的行为。无论是志愿还是自愿根本上都是用自己意志做的选择，这一点是共通的。也有人出于感情上的因素，认为说从难以忍受的悲痛当中站起来的心情是"自由意志"或"志愿"有些过于顽固。可我认为，虽然有别人的帮助，但最后还是靠自己的力量站起来的，所以更对那种"自愿"感到共鸣。我们应该站在这样的基点上。正因为如此，我想使用"志民"这个词。

还有一个问题。我和将来世代国际财团的矢崎理事长关系很好，但我们也经常因观点不同而展开激烈的争论。矢崎理事长强调"内发的公共性"，这也有我同意的一面，因为这样思考问题更符合日本文化的特征。日本文化的特征就是内向性，就是强调内面性。但我对公共性是内发的这一点持有疑问，因为我认为公共性基本上不是意识内在的东西。我的观点为：公共性是意识间在的。因为它不是某种存在的内面的问题，而是存在间的媒介的问题。

所以，认为公共性是内发的这种观点符合日本文化的特征，也需要从这个角度进行思考，但即便同意这一方面也需要从另外一个方面进行探讨。

前段时间，为了救喝醉酒从车站（东京 JR 新大久保站）站台摔下去的人，一位韩国学生和一位日本人不计后果地跳了下去，结果都死了。几天后，另一名日本青年救起了摔倒在站台下的孕妇。在那个青年回答采访的朴素的言语当中我看到了非常重要的东西。他说："没有时间考虑后果，那是自己对那种情况的本能反应。所以，请不要当成很了不起的事情。"采访的人问道："看好电车是从哪个方向来，想想如何保证自己的安全，然后再跳下去救人不是更好吗?"那青年说："没有时间考虑那么多，只是对眼前发生的情况作出了反应。"这一点非常重要。这是应答式应对。所谓意识间在就是应答，是相互响应。从这个意义上可以说它有公共的因素。

公共性的人的内面性问题很重要，同时也应该重视应答性。今后，日本和世界应该重视的是内发哲学和应答哲学这两方面。如果没有应答部分就只剩下了内发，那就会成为内发根本主义或意识内在主义，结果就会变为"外"与"内"完全是不同世界这种坚固的二元论，如果过于极端就可能成为独断论、独在论。

不应该是那样，重要的是要"同时啄"。雏鸟从卵的内侧啄壳，如果母鸟不同时从外面啄，雏鸟就不会从卵中解放出来。人也是一样，需要在好的时机有来自外面的呼唤，自己内发的部分对其作出应答。如果在降临到自己身上难以忍受的痛苦和悲痛面前败下阵来，那就不能成为公共。

但是，用自己的力量站立起来，那就是对话，就会有各种结合，这当中孕育着开拓新的公共性的机缘。

277

在救助孕妇的报道当中，主持人说："以前没怎么发生过救助从站台上摔下去人的事情，但这次有种圈子扩大了，出现了一种氛围，那就是看到有人掉下去不装作没看见，应该想办法去救。在今天的日本，负面的事情太多了，这种友善圈子的扩大真让人高兴。"主持人这自然的评论我现在还记得。总之，不正是这样的东西吗？

薮野先生说"大家"有积极的也有消极的。但是哪里只有积极的却没有消极的东西呢？任何事物都有正负两面。所以，我们应该注意防止负面，积极地扩大正面。现在这个时候，我们正应该重新思考"为大家的事情"。让我高兴的是，鸟越先生和我从不同领域开始研究，却有相同的问题意识和探索方向。

最后一点。我听着鸟越先生的论题，想到了天球仪和地球仪看问题的方式多么不同。地球仪把自己放到外边看整个世界。而天球仪却不是那样，它进入其中向上看，看上边更广阔的整个宇宙。迄今为止，地球仪的构思好像很酷，但今后重要的是要像天球仪、天象仪那样，自己作为当事人站在地球的内侧，切实凝视自己的脚下，让自己所想扩大到更宽广的世界。

鸟越皓之：谢谢！金泰昌先生的发言好像支持了我朴素的想法，和我的观点完全一样，我感到很高兴。但是，作为讨论还是回答让自己为难的问题更好，所以，我想回答薮野先生的问题。

薮野祐三：我要问的是，"政策"这种理念是没有积极和消极的，但到了现场怎样把消极的变为积极的呢？

鸟越皓之：我认为需要思考薮野先生指出的问题。在产生消极现象的时候，那些人大多都会孤立，不能成为"大家"。这也是到处发生的现象。我想有两种应对方法。一个是短期看是消极的，但最终结果还会趋同到"大家论"上。

说说我的经验。我曾经被推选为"保护绿色之会"这一非常孤立的自然保护运动组织的会长。我并没有什么能力，却做了几年这个会长。一直有人说我的坏话，常常被人说"那家伙是红色的"。

我虽然没有什么出息，但在会员当中有刚才说的那种"想停都停不下来"的人们。特别是家庭主妇,她们更是那样。她们无论被人家说什么都还那么坚强。孤立后更坚强。我们在三四年之间一直抱着"想停都停不下来"这种心情,后来在行政方面失败了。(笑)

这下,作为行政机构的教育委员会那里有人出来说:"其实你们支援我们做那件事,我们也是得救了。"市议会当中在野党的议员们也支持我们。在这个过程中,逐渐培育了"大家"。我们一下进入了一种状况,开始看起来是孤立的,但等时间更长一些,情况就会发生变化。

这就是从孤立状态摆脱出来的情形。还有一个应对方法。在现实当中,人们都有难以忍受长期孤立的经历,那时候的应对方法用我的话说就是"主张论"。说句不好听的,到了现场,一定会有背叛的人,说些和原来说的不一样的事情。这样的事情在我所了解的环境问题现场经常发生。不得不让人思考这是为什么。

那时候就会出现"主张"。有一群人会说:"开始的时候自己并没那么想,但他那么说,我就以为是对的。"也许是一旦进入那群人当中,就怕被排除在外,于是很多人都开始支持这样的理论逻辑。所以我把这种情况称为使自己正当化的"主张"。

这时候就会现出各种团伙,有坚决反对派、有带条件的赞成派,各有各的伙伴,都会成为人们的心理支撑,以避免孤立。于是,大家就要讨论下边怎么办。如果顺利就不会发生分裂,最后在一个适当的地方相互妥协,使问题得到解决。但也不能否定,有的彻底分裂了。

这种粗野的说法也许会让一些人不高兴,但那些彻底分裂的人们只有哭去了。社会上是会发生这种事情的。有些时候行政机构和其他人不能介入,只有自己说:"在这哭吧!"以居民为主体的

279

活动绝不是总那么理想。也许大家会觉得我这样说是没有智慧。（笑）

金泰昌：不是"只有哭"。应该有各种生存方式和处理问题的办法，但现在最缺少的是"大家一起开创的公共性"。重要的是要看到这一点，进一步搞活和扩大。但并不是有了公共性就可以一下子解决整个地球的问题。所以，需要我们采取的态度是：经常感到局限，做自己可以做的事。

今田高俊：不要只说积极的，关于消极的有什么意见呢？

薮野祐三：如果是积极的，那么就会有齿轮效应和雪球效应，马上就会运转起来。但一旦进入消极歧路瞬间就会枯萎。我在一次选举的时候想搞一次公开讨论，开始的时候大家都很积极，但一到财源问题，说"大家出 10 万日元"的那一瞬间，就都跑到后边去了。这是我所经历的事情。

鸟越皓之：我喜欢历史的方法，经常看古文书籍。比如在江户时代"井里没有水，怎么办？"就会有人说"那里有水井"，于是五六个村里的人就会带上三天左右的盘缠一起出去找。按现在的说法就是取经，取经的传统，日本在很早以前就有。刚才说到了汤布院的事情，如果听有人说和自己所在地方相类似的问题在汤布院得到了解决，那就都会去那里请教。汤布院就会因接待来自全国的取经人而应接不暇。从别的地方学习这种"取经文化"是直接解决问题的途径。去取经的人们还会学到其他东西，有意外的收获，那会解决他们面临的其他问题。在我的印象里，这种习惯以前就有。

薮野祐三：圣经上说"善行不露"。但是使善行成为公共，并得到外部的好评，这是让人高兴的事情。如果有一种系统能让"我们"这种意识在某种程度上具体化，外部评价能在某种程度上作为客观的信息传入进来,那么就更容易说服人,运动也会更容易进行。

从这个意义上说,由志愿者来做就变得很内向,不会在全国扩大"我们"的圈子。您说的取经和外部评价可以看到人们开展活动的阶段,是另一种系统。如果没有另外一种从外部进行评价NPO或志愿者的系统,靠人们自己很难得出客观的评价。有了这种系统,活动就会更有动力。

今田高俊:说是公共(公共的)活动就应该让自己的活动真正成为公共的,否则就不能得到认可。需要在方法上多下工夫。

小林正弥:鸟越先生和金泰昌先生所讲的"大家"我完全赞同。我一直很重视 commu 这个词。它就是"共"。我想对鸟越先生在提纲当中写了但在发言中最后忍痛割爱的问题(共和主义＝志愿者,自由主义＝活动家)请教一点,commu 也就是"大家来做"与共和主义思想有很密切的历史渊源,您是怎么看"共和主义"与"志愿者"的关系呢? 请说明一下。

鸟越皓之:我认为志愿者活动不能缺少共同体。就是在阪神淡路大地震当中,有的时候志愿者也不得不停止活动。因为志愿者以达到特定的目标为前提,所以有的时候必须要依存共同体。这种思想实际上在很大程度上与共和主义思想的志愿者相关,不是出于自由主义思想。因此,我的发言出于共和主义的思想。也许各位都感觉到了,刚才讨论的"大家"有共和主义的味道。对此我就先回答这么多。

我把话题再延伸一点。大约 10 天前我参加了一个晚宴,当时坐在我边上的是位叫肯·阿廉的人。他是美国志愿者活动推进国际协议会这一国际志愿者组织的会长。那天正好是布什总统就任的第一天。这位美国人明确地说:"今天对于我们是很重要的日

281

子。从今天开始布什是总统。但我是戈尔派,支持民主党,不支持共和党。"

他接着说:"我们民主党员不用志愿者这个词。志愿者是保守的。"我问:"那么你们用什么呢?"他说:"我们叫活动家。"我后悔当时没有问他"活动家是什么",但我对他说的"志愿者是保守的"这种说法特别感兴趣。

这也许就是"共同体"这种概念文化的差异,或者是理解"志愿者"这一事物的差异。我们现在亚洲的一角,总有种"志愿者"这个词很先进的印象,这又是为什么呢?

小林正弥:美国共和主义是和共和党结合在一起的。比起民主党来更受到富裕阶层支持的共和党员认为人们有这样的传统:"即使是无偿的也会有志愿者","他们会不顾自己的利益而为公益献身"。也许因为基督教背景的关系,这个词具有保守的语感。

但是,支持民主党的大多是生活不那么富裕的人,所以不容易说出"志愿者"那样的漂亮话。另外,他们与靠近富者的保守秩序相对抗,志向于能动的、行动的、革新的秩序变革,所以喜欢"活动家"这种说法。我想这里有美国特有的情况。

鸟越皓之:共和主义的思想当然站在对封建体制的批判之上,所以它不否定"自立"的一面。它与自由主义在很大程度上是重合的。但"大家来做"这句话所表现的一面对共和主义更为重要。

在现场它(大家来做)是起作用的,但在我们的讨论当中,采取这个切入方式会是个"有点没觉醒的人"。因此,共和主义思想在日本不受欢迎。我说"自己是共和主义者",但不受欢迎。(笑)

金泰昌:我所思考的"共和"问题与鸟越先生和小林先生所谈的角度不同。我认为需要这样的角度。我的想法是从中国古典当中学来的。我们在思考如何把零散的每个人这种"私"与"公"结合、连接一起，并使其充满活力，如何开拓这种公共性的时候，要假设"共竞"、"共同"、"共和"这三个基本原理。这是三个共媒原理。

所谓"共竞"原理，是在相互对立、冲突、斗争的双方之间建立共通的场所、规则和礼仪，将对立的当事人结合、连接在一起，并发挥其作用，不使其成为散沙。"共同"原理是通过共同的理论逻辑结合、连接和搞活自我和他者。大多数情况下采取在扩大和重新构筑自我的过程中吸收和同化他者的方法。

"共和"原理是"和而不同"的原理。它不是通过在扩大自我过程中的吸收和同化来消除他者的他者性，而是承认他者的存在，把自我和他者放在自我和他者的不同位相当中来寻找"结合、连接、搞活"的道路。在《国语》这部中国古代经典第十六卷当中，《乡语》一文说："和实生物，同即不继。"所谓"继"是与世代传承相通。在"和实生物，同即不继"的说明当中，举了这样的例子：异性（男女、阴阳）实现了和合新的生命可以得到传承；具有相异风味的各种食材和合之后可以作出美味的饭菜；众多完全不同的乐器集合协调会产生绝妙的音乐。

从这个脉络上说"以他平他谓之和，故能丰长而物归之。若以同裨同，尽之弃矣。"但尽管如此，愚蠢的人还是"去和而取同"，这是普遍的社会风潮。

"共和"原理以相异、自立的个人为前提。自立的每个人基于共有需要、目的、手段这种认识之上自我选择参加的志民自发中间团体，是"共和"原理发挥作用的代表性结合体。所以，我个人的看法是："公私共媒"、"活私开公"的公共性只能是"共和"原理。

今田高俊：我想从不同的观点谈谈。我在读一位叫韦斯伯格（Robert Weissberg）的人最近写的名为 *The Politics Of Empowerment*

（《灌能的政治学》）的英文书。他认为，所谓灌能，是安顿好自己的生活，控制自己周围的世界，提高自律性（autonomy）、独立性（independence）和熟练程度（mastery）。可以简单地说，所谓灌能，就是人们获得做事情的能力和生存能力。具体地说，有女性的灌能、残疾人的灌能、地区的灌能等等。从美国的情况说，一般寻求残疾人、种族、女性等少数人的灌能都是自由主义者，是民主党的立场。相比之下，地区的灌能、家庭的灌能等是保守派，属于共和党的立场。

总之，如果对积淀和继承了习惯的传统单位说"大家"、"灌能"和"援助"，在美国来看，那就是保守派的立场。这里不是说保守派的立场不好，从可以盘活好的传统这个意义上，保守派是有基础的。民主党派的人被称为"活动家"这种气氛可以理解。

安立清史：我在报纸上写过，美国也存在有偿志愿者。在肯尼迪任总统的时候联邦政府做过。去年（2000年）我去采访，听说了很多事情。

我在奥克兰听说，这个地区有很多黑人、中南美人、亚洲人的老年人。那些没有车、没有在外面吃午饭钱的人如果说"要做志愿者"，政府就会提供这样的机会。那里负责这项工作的人明确地说，这是联邦政府志愿者振兴项目的目的。

相比之下，到了红十字会，那里的志愿者几乎都是中产阶级的白人女性，这是一种志愿者分界（志愿者活动机会歧视）。而且对做志愿者的人给予很高的评价。

关于联邦政府振兴志愿者活动的意图，在对联邦政府的采访当中，他们并没有做明确的说明。但据实际执行这个项目的人说，这个项目的目标就是以黑人和亚洲人的志愿者活动为振兴的焦点。这是一种平权行动（为消除对于社会弱者的歧视而积极采取的措施）。另外，还有很多项目对参加志愿者活动的学生发放奖学金，这些奖学金发给中南美人、亚洲人和少数民族学生的比率很高。

无偿性、有偿性的问题很复杂，这里不深入讲。在美国联邦政府内部关于领取补贴参加活动的人是不是志愿者这一问题也有争论。不征税，而且费用低廉。这从社会角度看就是一种社会统合，是灌能（给予力量），是平权行动，同时也是为了不发生志愿者分界而做的社会努力。

鸟越皓之：可以从美国学到很多东西。我觉得那是很好的事情。我现在说这样的事情很唐突，美国是没有村落的国家。东亚国家都有村落，有街道。我在论题的开头部分讲到必须要一块块添砖加瓦，意思是说，应该根据有效性的基准来思考（现在自己所在场所）怎样的思想和措施更有效。

不仅要自己想明白了，还要让今后制定政策的人认可，否则没有意义。从这个意义上说，需要经常把固有的社会、文化放到视野当中。之所以比较难，原因就在这里。

这样看来，是不是说是"共和主义"就可以呢？我觉得有点危险。但是，作为一种权宜的说法，这共和主义的构思具有较高的有效性。我想，可以根据有效性基准来建立有效的理论逻辑。

小林正弥：我做一点补充。我认为不应该只从美国来思考共和主义。共和主义本来源自古典古代 respublica（公共事物）。比如，近代的卢梭就以"怜悯"这种（自然人的）感情为原点重新构筑理论。这种"怜悯"正好和鸟越先生所说的"想停都停不下来"的状态完全相同。

在共和主义思想当中古典古代以来的"公共事物"是中心。在近代，王权专制，"私自"垄断了权力。共和主义从批判个人私

285

有物化的角度与"反君主制"联系在一起,它的核心是反君主制的宪政论。我们应该注意到,在美国等国家,今天的共和主义或共和党大多属于这种情况,其中包含古典期以来"公共事物"的意思。

金泰昌:特别是美国,还有一点需要考虑。那就是基督教的博爱(人类爱、邻人爱)思想。不能否认,它具有相对富裕的社会强者的善意。从这个意义上讲,也许在政党上共和党要更多些。相比之下,贫穷而受歧视和压迫的一方会作出对抗体制、打破现状的反应。可以说,这是对抗的、批判的、变革现状的意志和热情。但没有确认过民主党是不是有这样的倾向,所以这里不能乱说。我想不能说这两方面哪个好哪个不好,两方面都需要。

那么日本的情况如何呢? 以前有人说过"在日本搞不起来抵制运动"。在日本协调、合作都会很顺利,但是抵制运动和落选运动等批判性运动不符合日本人的秉性,所以很难搞起来。日本存在这种国情和社会习性。所以,用同样的理论逻辑来看待美国和日本有局限性。

看看全世界各种有关志愿活动、志愿组织、志愿关系的文献和运动,再仔细阅读一下美国的文献,美国还是有它的特征的。基督教、个人主义有它们的政治历史。日本可以参考美国的情况,但需要用符合日本国情的方式去做,需要像砌砖一样踏踏实实地做。从这个意义上讲,是不是可以原封不动地使用志愿和志愿者这样的词需要考虑。

出于这种考虑,我研究了东洋思想、日本思想和韩国思想等等,考察了历史的变化,把这些情况综合到一起,我感到非常有意思,在实践的一线也会经常出现思想背景的不同。很多时候善意会变成麻烦,真心会得不到传达。但是,体验学习的积累会带来好的结果,这也是重要的教训。虽然要注意一些用词,但越深入就越感到，"人"其实都会对同样的事情感动和感谢，并被赋予勇气，拥有希望。虽然有时间和场所的不同，但对真是想认真做事的人来说，那不会成为多大的障碍。

那么作为一个实际问题，在不同思想文化的背景当中相互的同感和共鸣是如何生成的呢？这是我经常要想的问题。当然，有的时候无言的微笑也会成为深深交感的原动力，有时候伸伸手互相就会感到温暖。但根据我个人的经验——主要根据我参加国际志愿活动的经验，我深切地感到真心的对话非常重要。

干完白天艰苦的工作，晚饭后一起望着夜空的星星，聊着互相的心情、烦恼、快乐、喜悦、家庭、恋人、学校的老师和朋友，进行真正意义上人与人之间心灵的交流，我有过很多次这样的体验。我这里用"对话"这个词。有学者说不是对话，应该说是会话。我觉得不对，见面交谈当然也很重要，但是更重要的是相互面对面。一对一，人对人，眼睛不看别的地方，看着对方（的眼睛），打开心扉。在相互对视当中，不拘泥于过去，超越当前的利害，一起开拓更好的未来。这种心与心的交流，比什么都重要。

我在菲律宾的山里、韩国的农村、中国台湾城市里的贫民地区、非洲的沙漠以及世界其他很多地方都有过这样的体验。这是我人生中最珍贵的一部分。

是对话，不是会话。我认为我们的实践、活动和行动也应该是对话。因为，即使我们出于善意，但有时对于独白的人来说也许也会是很大的麻烦。

287

综合讨论三

关怀、灌能、支援

今田高俊:今天以"志愿者与公共性"为基本主题,请三位先生讲了很有益的论题。因为这是世代生生研究会第一次会议,所以在进入综合讨论之前我先谈谈世代生生研究会的主旨。

"世代生生"的"生生"是"生生流转"的"生生",在英语当中设想的是爱利克·埃里克森 generativity(传承)这一概念——它被翻译为世代生成性或世代继承性。目的是想以迄今没有很好研究的"世代"问题为媒介,思考社会的生成变化,探讨 21 世纪社会的前景。关于"公共性","公共哲学共同研究会"已经讨论了 3 年,我们认为应该在此成果的基础上,思考一下在实际当中构想新社会的问题。这就是成立"世代生生研究会"的宗旨。

我想了三个关键词来说明这个研究会的特征。一个是"关怀"的概念。它不是医疗当中的护理和对他人的照料、客气等狭义的关怀,而是关心和担心(对方),"向他者开放"的广义上的"关怀"概念。第二个是"灌能"。它给人以控制环境、完成事物的力量。这不是一般人们认为的作为权力概念的力量,而是赋予"生存力"的意思。我个人认为,它相当于尼采所说"通往力量的意志"当中的力量的概念。第三个是"支援"。今后的社会,不应该是以管理为主体的社会,我们应该向以"支援"为基轴的社会进行建构。世代生生研究会把关怀、灌能、支援这三个概念作为关键词。

刚才我在对鸟越先生的论题进行讨论时关于"想停都停不下来"说了"弗洛伊德没有看到这一点"这句神秘的话,那正是"关怀"。弗洛伊德在论述本我(人类的根源和活动的源泉)的时候举出了性冲动和攻击冲动。人们经常说弗洛伊德是家长主义思想的权化。也许是那样的。他所举的人类样本都是成年男性。所以恋母情结(在无意识中有憎恨同性的父亲、思慕异性的母亲的倾向)是他精神分析的重要支柱。

但是,埃里克森认为,如果在成人期不获得"关怀"的力量,人生就会陷入停滞感和无力感当中。他因论述青年期的同一性危机而成名,他指出生命周期当中成人期的冲突是传承问题。他认为,人到了成人期,特别是建立家庭有了孩子后,就要面对世代生成与继承的冲突。超越了这种冲突,就能获得作为具有伦理资质活力(virtue)的"关怀"这种力量。

我也做了认真的思考,人类也许本来就具有"关怀冲动"。刚才金泰昌先生讲了韩国学生的事情,他为了救醉酒摔下站台的人义无反顾地跳了下去,还说了日本青年救助掉到站台下的孕妇的事情。救助孕妇的那个人在采访当中说没有时间来考虑"怎么办"。如果他要是想了,就不会瞬间采取行动。那时的行为就是"冲动",所以不考虑后果就跳下了站台。幸运的是日本青年没有被电车轧死。

动物也有关怀冲动。自己的孩子出生后要保护和养育它的这种关怀,连动物都有。人类的关怀程度要比动物高,所以,如果关怀冲动受到某种压抑而不能发挥出来,那么它就会转化为攻击冲动,发生家庭暴力和虐待儿童等事件。

前几天,发生了父亲踢死 3 岁孩子的事件。在这以前那个孩子受到保护,不在父母身边,父亲来接孩子回去,这是因为在根底里有无法述说的关怀冲动。这次发生这样的事件是因为关怀冲动没有得到适当的发挥。我不知道他的成长过程如何,我想如果他在小的时候就关怀自己的妹妹、弟弟,积累了经验和方法,就不会发生这样的事情。他没有受到满足关怀冲动的训练,或者关怀冲动的发挥受到了某种压抑,所以发生这悲惨的事件。关怀冲动没有得到满足,从本人来说这非常痛苦。

从这个意义上讲,我认为应该在"攻击冲动"和"性冲动"之外再加上"关怀冲动"。也就是引入弗洛伊德没有看到的女性和孩子的视角,我认为,需要把"关怀冲动"作为成人、孩子、女性、男性所共通的东西来考虑,以此为基础思考人类和社会。

"灌能"是在 20 世纪 90 年代初社会关怀领域提出的概念。灌能本来是使那些因歧视和偏见而被弱化的弱者恢复其生存力。所以,人们一直在对女性、少数民族、残疾人等弱者讨论灌能。最近开始提出共同体的灌能、家庭和教育的灌能、专业的灌能等等,它开始扩大,已经超出了弱者问题。

关于思考"支援"的必要性,需要回溯到里根总统、撒切尔首相、中曾根首相登场的 20 世纪 80 年代。当时,新保守主义的潮流席卷世界,与"管理"对抗的放松规制路线具有很大的影响力。但是,对放松规制后构筑怎样的社会机制没有替代方案,听到的只是关于怀旧的共同体、怀旧的家庭等保守的论调。

由于出现了这种空白,新保守主义又是"不彻底的",20 世纪 90 年代积极推动市场万能主义竞争原理的新自由主义具有很大的影响力。就是说,"复兴怀旧的家庭和共同体是不彻底的",要彻底贯彻市场竞争主义，积极推行自我责任，然后确保公正就可以了。当然，会有竞争的失败者，对于他们可以通过"安全网"（这里要说的一句是，关于安全网也有与新自由主义不同的观点）采取救济措施。就这样，在90年代弱肉强食型的市场竞争思想越来越盛行，一直持续到今天。但是，这种潮流很容易关闭公共性，对公私背离置之不理。最近人们开始对这种情况进行反省。

现在，我们要用"关怀"、"灌能"、"支援"这三个关键词，重新审视担负着新社会的中间团体。从这个角度把握的中间团体，可以覆盖"市场的失败"和"政府的失败"，发挥应有的作用。一方面，有志愿者团体、NPO、NGO这些新型的中间团体；另一方面，有家庭、町内会、自治会、地区共同体这些以前的中间团体。这两个系列的中间团体同时存在。如何处理它们之间的关系是关键所在。

当然还有"志愿的失败"。由于经营手段不成熟，还有外行所遇到的困难，所以要考虑到这个问题。不管怎么说，世代生生研究会的方向就定位在摸索既不是企业的利益追求主义，也不是官僚的行政管理主义的所谓"第三条道路"上。

我们谈到了托克维尔。对于在法国中央集权社会长大的托克维尔来说，志愿结社非常活跃的美国状况一定是新鲜的震惊。日本的中央集权行政管理业很强大，我们应该构想一种社会，如果托克维尔还活着，在对今后20—30年的日本有所见闻的时候，会让他再次感到震惊。

盐原先生讲了志愿者活动作为"弱连接"所形成的松散统合的意义。佐藤先生以美国和法国为例，谈了志愿社会经济这种包括与以前利益中心主义不同的合作社在内的新经济的崛起。志愿经济最近已经成为大家谈论的话题。不仅是合作社经济，大家还讨论了志愿者经济的可能性。我们需要思考不以利益为主要目的的经济的可能性。最后，鸟越先生通过在一线的体验讲了很多让我们有现场感的事情。我认为，"想停都停不下来"就是"关怀冲动"的一种表现。

埃里克森所说的"关怀"和"传承"，美国人基本没有接受过。前几年在日本与美国的埃里克森研究人员召开国际会议的时候，他们对在美国没有很多人进行评价的埃里克森为什么在日本会成为话题，为什么会召开这样的会议感到吃惊。特别埃里克森的儿子凯伊·埃里克森一直用吃惊的目光看着。

以上讲了这个研究会的主旨和方向定位。下面就请大家大胆地进行讨论。

志愿者活动与国家

长谷川公一：大家的发言让我很感兴趣。我想鸟越先生的发言在某种程度上意识到了这一点，佐藤先生的论题和鸟越先生的论题都在某种意义上蕴涵了非常紧张的关系。就是用美国、法国、瑞典的模式，并用具有普遍性的构思来思考在日本展开结社的可能性。这就是佐藤先生的意向。

鸟越先生多次强调了民俗学，他是想从日本社会的传统当中找出志愿的东西来。所以，二位的意向性不同。刚才金泰昌先生强调了类似性，从这个意义上讲，二位的论题内容含有非常紧张的关系。

293

所以，一定请二位相互做一下评论。非常抱歉的是，我今天没有赶上盐原先生的论题。如果盐原先生也参与进来，三位一起评论会更让人感兴趣。

如果我只提建议就太不负责任了，所以我向鸟越先生提一个问题,是个非常现实的问题,在论题的开头部分您说"所谓志愿行为,是国民国家措施以外的剩余领域",这是非常具有挑衅性的说法。鸟越先生所举的事例都是共同体层次上的事例,对于地区居民来说都是些身边的事情,所以才可以在现实当中做到"想停也停不下来"。

现在逐渐出现了关于都道府县或道州制的议论,但从鸟越先生的构思来看,会出现超越共同体的某种区域的或国家层次上的变革意向性吗?佐藤先生,您论题的题目是"志愿部门与社会系统的变革",但是用鸟越先生的框架有可能实现改变现状的政策转换吗?

今田高俊:请先回答提问,然后再进行意见的交流。

鸟越皓之:我对您提出的问题的主旨只理解了一半。我说只理解"一半"的意思是,我不明白为什么说需要有国家层次上的意向性呢?倒也可以做一点推测,但我不明白为什么要从那里开始。所以,以我只理解了一半为前提,勉强做一个应答。我的意思是,如果需要可以成为国家层次的,那么它也可以超越国家。仅此而已。从您提的问题当中可以感受到国家层次上某种东西的重要性,但我不明白那是为什么。

我举了金字塔的例子。我们需要的不是从上向下看,而是从下向上看。我还说,实际上在接近行政一线的地方,机构本身已经开始了变革。我们首先需要对机构本身的变革。从那里形成的(新的)世界观和行政内部机构的变革会导致整体的变革。

具体来说,现在最难办的问题就是条块分割的行政。行政机构内部也有很大争论。像我这样的人们随便地提出"需要相当于推销员的人"。当然不是因为我说了的缘故,但事实上已经有一些地方在思考怎么做才能克服官僚制。

政令指定城市①都在做些什么？横滨市的事例已经做了很清楚的说明。神户市刚开始了一半,大阪市和京都市没有什么作为,但它们的区公所开始比市政府更有力量。市里想要做什么事情,如果区公所的人说"那不太好办",市政府只能说"哦,是啊"。就是说,接近一线的"推销员"开始有了权限。我也不知道这种事情在多大程度上是正确的,横滨市的人在很早以前就对我说过这样的情况。在一线现场发生着各种形式的变化。我再用些具体事例来谈谈都道府县的变化。

比如最近的事例,兵库县再过几个月后就会在议会上提出志愿条例。在制定这个条例的过程中,我们有几个人进行了讨论。一共有6个人,根据讨论的内容,在我看来正好是有三位共和主义者,三位自由主义者。从讨论的结果也可以看到这种不同。在经济学者当中有许多我平时很尊敬的人,我感到"啊,这就是自由主义的本质"。

双方的力量逻辑发生碰撞。先说我提出来的主张遭到否决的负面事例。我提出在"行政责任"和"议会责任"之上,应该加上"县民责任"这不可缺少的一项。这就是共和主义。相比之下,有人提出,这种事情是行政本身的责任,条例不应该约束县民。这就是自由主义思想。两种思想发生了碰撞。就是这样,今天,在都道府县层次上对于志愿部门的形成正在进行摸索。

国家就在这都道府县的延长线上。今年环境省发表的《环境白皮书》上有"今后的环境政策"部分,我的意见基本上都采用了。长谷川先生也知道,我所引用的神户市都贺川的照片和几个事例

---

① 政令指定的人口在50万以上的市。——译者注

都放进去了。以前这种源于市民生活需求的环保想法得不到国家的支持。《环境白皮书》只能指示一个大概的方向,但可以说明在国家层次上也出现了这种具体的动向。

长谷川公一:我们的课题意识不同。日本的市民运动和社会运动为什么软弱?这也许关系到明天安立先生的论题。或者说,日本NPO非常大的课题就是特别缺少国家中心性的组织。之所以建立各都道府县的认证制,也与此有关。在复数的自治体设立事务所,由内阁府(原来由经济企划厅)认证,但基本上大多都由自治体来认证。所以,90%以上都是都道府县的认证。

从这个意义上讲,我期待市民运动、社会运动等第三部门对国民国家或中央政府层次的政策进行监督和对抗。在寻求更能搞活这些活动的萌芽时,不能从今天鸟越先生的论题当中看到那种契机。

用我感兴趣的事情来说,现在一个非常大的课题,就是对政府层次上的电力政策、能源政策及环境政策提出对抗性的替代方案。比如,从美国的NPO情况看,日本在这方面就非常弱。对这样的问题,从鸟越先生的问题意识当中会得到怎样的答案呢?这就是我提出的问题。

鸟越皓之:我自己也是从国家政策上转入环境社会学的。曾经有个琵琶湖综合开发这一大型土木政策,那时候,由于当时的知事贪污,一个小市的市长武村(正义)成了新的知事后选。那是个国家级的大项目。

我可以感到骄傲的事情不多,其中之一就是从琵琶湖走了过来。我说走,不是简单的散步,而是走遍了琵琶湖周边的所有地区,在走过的地区都做调查。结果,我切身感受到,如果不从住在那里的人们的所想当中总结出理论逻辑,就是通过国家项目也不能发生变革。

刚才您谈到了国家论,琵琶湖综合开发从结果上看是国家政策,是与国家相遇的问题。是从国家开始,还是把国家放到视野当中来做事情,这两种构思是不同的。我属于后者,我认为不把握地区一线现场就不能开展本来的政策。

今田高俊:您讲的是一线现场主义,根植于"想停都停不下来"这种意识之中。另外从自由意志角度讲,还有为国家、为天下这种构思。想听听佐藤先生的意见。

佐藤庆幸:从一线现场主义那里举出实际的事例,就会觉得"是啊,是那样啊",很难进行反驳。不过,在国家、县、市町村层次上对 IT 革命等项目都投入了很多资金。NPO 也得到了有关 IT 的资金,派遣专家,开讲习班,对 IT 的发展作出了贡献。

从根本上说,对于符合国家政策的项目会给予很多资金(国家预算)。NPO 没有钱,那么 NPO 能真正从国家自立,成为市民的志愿部门吗?这一点我非常担心。从通过媒体研究 NPO 的人那里听说,NPO 都是这样被公的部门吸收了。如果是这样,那么日本的市民社会不是要完全被公的部门殖民地化吗?

在社会组织论层次上就像刚才鸟越先生说的那样,现在政府机构与以前的官僚组织机构不同,那里的年轻人完全在自发地做各种事情。但是,实际上官僚制组织没有非官僚制的要素就动不起来,这种情况从组织论方面讲以前就有。

297

在官僚制方面存在指令关系。职务关系虽然是清楚的,但问题是实际上负责具体事务的每个人在多大程度上是志愿的或非正式的,也就是能否建立起自立于官僚组织机构的人际关系。如果演变为日本固有的那种头目和部下的关系是不行的。官僚制组织的形式因社会是否有民主的价值而发生很大的变化。如果和我平时的研究联系起来,我觉得鸟越先生讲的内容可以说就是这方面的问题。

是不是可以把它普遍化我说不好。不同的国家有不同的文化。法国和美国都是个人主义的国家,但法国孤立的个人主义色彩浓厚,坚定地守护自己的领地,而且,阶级和职业意识等壁垒也许现在仍然非常厚。法国不会脱离这种情况志愿建立团体。同样是个人主义,美国个人主义的个人却很弱小,所以要建立连带关系。一般来说,是这样的。

如何看待日本的志愿一面这非常重要。什么是志愿?所谓"想停都停不下来"和我刚才说的是同一个层次上的问题。关怀也是同样。那是共鸣层次上的问题,是同感层次上的问题,它超越国境。NGO、"无国界医生"等都是"想停都停不下来",在国家出面之前,这些人就前去开展救援和支援。

确实有志愿的一面。各种志愿者活动根植于社区,但志愿从某种意义上讲更普遍,同时也会具体到帮助每一个人这种非常个别的行为。所以,它是基于普遍主义的个别主义活动。重要的是,它如何才能保证公平,用怎样的形式支援和关怀每个人的生命。

还有一点很重要,就是"志愿者活动"与"志愿行为"的关系。"志愿者活动"是"志愿行为"的一个方面。有人在研究"志愿者活动"与"新社会运动"的不同。这也是我非常关心的问题。关于这个问题还要请教长谷川先生。

"新社会运动"当中有推翻政府或批判政府的对手,有修改法律、改变政府所依存的权力结构的一面。比如,反核运动是志愿者活动吗?那不是志愿者活动。"志愿者活动"不会批评政府的政策。但它是不是可以改变社会结构呢?我想"志愿者活动"也可能改变社会结构。

如果问为什么要进行"志愿者活动"，那就会说是"想停也停不下来"。慈善活动也是一样。但是现在，我们为了今天的生活，为了实现自我，为了确立同一性来开展志愿者活动，也就是从"私"出发。从"私"这个出发点与社会产生关系，成为不同的"私"返回到自我。这样的行动到底能不能改变社会结构，是个非常难的问题，但我认为，它可以做到。

但是另一方面，教育改革国民会议提出了志愿者动员论，要对小学生、中学生、高校生实行志愿者义务化。义务化了的服务活动完全不是志愿者活动。在定义上确实是那样。志愿者行为即便是"想停都停不下来"，但"自发"是其基本要素。所以，根据我的理解，国家所动员的志愿者活动是"疑似志愿者活动"。

我是在看了许多学生的毕业论文之后来到这里的。一个男学生写道："我是同性恋。我想让老师在看我的论文之前就了解这一情况。"自己长大后，非常偶然地喜欢上了同性而不是异性，同性恋是自然的偶然性。

在美国有的州从法律上承认同性恋的权利。在日本人们对这个问题的理解还很不够。那个学生在得到法律权利之前让大家理解同性恋。也有同性恋的NPO。都是同性恋，但每个人都不一样，所以大家要相互联系，交换信息。

为什么我要把同性恋作为问题呢？对基督教来说，异性恋绝对正确，而完全否定同性恋。我就是要谴责根据这异性恋（绝对主义的想法）所建立起的社会结构。少数民族的情况也是一样，通过提出少数民族的权利和种族歧视问题，来质问已有的统治价值观。从某种意义上说，这也是一种"志愿活动"，但即便如此，它也不是"志愿者活动"。

我绝不否定"志愿者活动"，它作为生活方式是非常重要的问题,它可以改变社会。但它与"社会运动"尽管有交叉,却不同。这是我在听鸟越先生的发言时所想到的。

鸟越皓之:我来简短地回答一下。我非常理解佐藤先生所讲的,他说的完全对。并且在听他发言的过程中也明白了长谷川先生所讲的意思。

归纳一下,我好像是从"志愿者活动"这方面来看待问题的。长谷川先生说"新社会运动"有应该打倒的敌人。按照这个想法,很容易就出现"国家"这个问题。我现在理解了他说的意思。

但有个问题,我想还是应该说一下。那就是刚才佐藤先生所讲的担心志愿者部门被公的部门吸收的问题。比如有孩子们在做的橡树果银行,是把橡树果积攒起来绿化森林的非常好的运动,橡树果银行没有被公的部门吸收的可能。

现实是这样的。下边我所说的,不是推测,而是有具体的事例。

有一条河,一个中年男人从桥上向下看,水流得很急,但桥桁上挂着垃圾,岸边附近漂着很多浮游物,很脏。那个男人觉得自己居住的地方这么脏很可悲。一般来说,大多是40岁以上的女性做志愿者,很少有中年男性做志愿者。那个中年男人呼吁"大家一起清理河川",和他有同样感受的人都来参加活动,那条河变得干净了。这样的运动也不会被公的部门吸收。它是自立的。

但是,参加这一运动的人们感到,只是自己清扫河里的垃圾还不够,还需要把河水变清。为了使河水变清,就需要与行政部门进行很好的对话与合作。于是,他们到负责河川的行政部门要求合作,通过协商,他们与行政部门之间建立起了密切的合作关系。如果这时候以他们与行政部门的密切关系为理由,说:"他们依赖行政部门,没有自立性",也许有些道理。但为了把河水变清,不可能没有行政部门的财政支持。但是我想还是应该说他们"有自立性"。他们"做什么"才是（评价）依据，不能看现象（与行政部门合作）就说"自立或不自立"。

仔细调查一下这"河水变清运动"，如果出于恶意，就会明显地发现依存行政部门的一面。但这是不对的。"志愿者部门"被"公的部门"吸收的危险显然存在，必须要注意。指出这一点是正确的，我们应该继续注意。另一方面，我们也需要注意有上述不同的情况。

意志人

金泰昌："志愿者"、"志愿活动"、"志愿组织"这三者都有重合，但要分开来思考。这个意见很对。

如同今天提出的问题所说，思考作为每个人生存方式的志愿者这种人的形象非常重要。这种形象是以前的人的形象当中没有明确存在过的。我有位西方朋友，这30年来一直专门研究志愿活动、志愿者和志愿组织。他说最后得出两个结论，其中之一就是作为"新的人类类型"的"意志人"（homo voluntas）。

以前的人的形象从"智人"（homo sapiens）开始，后来有了"工匠人"（homo faber）、"经济人"、"社会人"、"政治人"。其他还有很多，但大体上可这么划分。但是，无论用它们哪一种来说明都不能很好地解释现在出现的"志愿者"这一人的形象。所以，他认为这是新的概念，他把这"新的人的形象"称为"意志人"。

从经济上支持这个研究会的矢崎理事长也经常说一定要讨论这个"新的人观"问题。"意志人"对作为一种人的生存方式、观察方式、存在方式的"志愿者"从学术上做了一些归纳整理。最近的一个问题就是如何对它进行总结。对此感兴趣的不仅是社会学，哲学、心理学等学科都有关于这方面的研究。我多次说过，我尝试构筑"志民"这个概念，用以区别"市民"、"国民"、"私民"。

还有一个是参加"志愿活动"的动机问题。出于怎样的动机和机缘，这也和人生观的问题相关。以前一些除了金钱以外在其他方面也比较富裕的人们，不是自己一人独占富裕而是与他人分享。这是他们的动机。这与爱邻人和孟子的仁（不忍之心）有关系。

我们现在有必要重新审视日常用的"服务"这个词。"服务"本来的意思是什么？政府公务员做的事情称为"公共服务"，还把公务员具体的人的形象称为"公仆"。公务员的生活方式是"公共生活"，他们的工作是"公共政策"，都有"公共"，它与"国家"的意思相近。那么，"为国家服务"是什么呢？还有，"政府（国家）为国民提供的服务"又是什么呢？

"服务"本来的意思是奉献。比如宗教的服务精神和兵役服务，都不是明确地以金钱的补偿为前提。即便（在广义上）与金钱有关系，但当事人还是有很强的自己（单方面）为国家、为教会、为别人奉献的意识。后来这个词发生各种变化，变成了服务这个复杂的词，但重要的是，我们在用"服务"这个词的时候还是应该把它和工作、职业、实业、专业等单词区别开来。

志愿者的志愿活动不以金钱、权力、名声为前提（即便结果是那样）。作为动机还是出于"想停都停不下来之心"，主动提供自己的力量和能力。它是这个意义上的"服务"。如果这样，无论提供"服务"的人是以前那样的有钱人、有学历的人，还是有技术的人，或者是其他什么人，只要他们有那种意志就可以用自己拥有的东西，为他人、为大家做事情。

也许可以说，美国有这样基本的前提，所以有民主党的想法与共和党的想法之分。日本现在还在摸索之中、形成之中。到了某个时候,这些观点会得到进一步的整理,但如果现在不能把握基本就不能开拓未来。这一点需要进一步的讨论。

小林正弥:关于长谷川先生刚才的提问,重点与我所说的共同体主义与共和主义的关系相关。鸟越先生所说的"大家"和"想停都停不下来之心",一般来说首先从地区共同体等身边开始。

如金泰昌先生所说,孟子说恻隐是仁的开始,但不是"仁本身"。从恻隐向仁发展。卢梭也是一样,他说在自然状态才有"恻隐之心"那种"怜悯"。它在国民国家层次上定式化为共和主义的时候,还需要一种道德。可以说它由"怜悯"发展而来,但它是一种比"怜悯"层次高的伦理意识。

也就是说,它从身边开始,但不是暂时性的东西,在把它提升到国家层次的时候,"需要进一步净化意识,提高伦理层次"。共同体主义者当中的很多人都对共和主义抱有兴趣并产生共鸣,所以他们主张有必要树立公共民道德。进一步地说,在超越国家层次发展为全球规模的时候,情况也是一样。

从身边开始,向高层次的意识提升。我认为在鸟越先生的发言当中有这方面的内容。可能长谷川先生的意思是,"应该更突出这些内容"。这是我对两位发言的理解。

鸟越皓之:听了小林先生的发言,我很受启发。就是说,共同体主义者或共同体思想是从个人的动机开始,向更高的层次发展的。不是扬弃,而是向上发展。这是很重要的意见。不过现实如何呢?用刚才讲过的琵琶湖综合开发问题来说,国家说"要进行综合开发",然后为此准备巨大的资金(预算)。但一线现场人们(当地居民)的生活会遭到破坏,可是湖和河都属于国家所有。对于国家所有会建立怎样的反所有理论呢?是有这种需要的。

303

在一线现场要有另外一种所有论,先消灭掉对方的所有论;或者居民需要有一种势均力敌的理论。可居民没有,所以紧急提出了要求,然后建立了所有论。

回想一下结果,我们并没有进行思想斗争。有人问起,我们才想到:"是啊,没有进行思想斗争。"不过,对方也没有什么思想。他们只是想投入资金,进行开发。仅此而已。所以,我想那时候就是说出什么思想也不会起什么作用。

但小林先生指出的问题我同意。还是有思想层面的问题。需要考虑这个问题也是事实。不过,我们在社会学方面实现了理论化,但在现实当中有不得不用现实的方法来应对的一面。

长谷川公一:小林先生非常准确地指出了问题,刚才鸟越先生也做了回答。也就是说,要在一线现场从金字塔最下边有趣的事例开始。但从逻辑上说,还有第一层的砖如何成为第二层的砖,第二层的砖如何成为第三层、第四层的砖的问题。如何发现这样的逻辑呢?

现在日本的各种市民运动或 NPO,都因面临如何抖落自己身上的火星这停也停不住的现实而开展各种运动。但如何发现超越这一点而向第二层、第三层、第四层发展的逻辑或某种价值观呢?我想这是 2001 年这个阶段的 NPO 或志愿活动的课题。所以,我问了那样的问题。这是一点。

还有一点。您已经做了比较好的论述。刚才您讲美国民主党系列的人们说自己是活动家,正像佐藤先生和金先生说的那样,他们是把既成的 WASP① 和体制作为敌手,把自己放到与之对抗,对

---

① White Anglo-Saxon Protestant,盎格鲁-撒克逊系的白人新教徒。——译者注

其进行批判的位置上了。那不是共和党的志愿者，而是实实在在的活动家，他们做的是揭发、批判和对抗。所以我认为，肯·阿廉说的是图式的、非常美丽的真实性。

金泰昌：刚才小林先生讲到，在把容易成为暂时性的生活感觉中的"怜悯"的心情提升到国家层次的时候，需要"进一步净化，提高伦理层次"，并在此基础上接受了共同体主义者对共和主义抱有兴趣和产生共鸣的命题，展开了鸟越先生和长谷川先生的理论逻辑。我对他的观点和思想源流多少有些感到不舒服。首先我和卢梭观点不同——孟子也与卢梭的着眼点不同。我认为，不能断言每个人天生的伦理意识上升到了国家层次就会净化和提高层次。那虽然是从卢梭到黑格尔的一种强有力的思想视角，但我的观点不同。

那么，（如果需要的话）什么可以净化和提高人的当初的伦理意识呢？我认为，它产生于这样一种过程当中，即人们根据需要、目的、能力自发地选择、参加，在与他者的相遇和协作当中不断改变自己的过程当中。所以，我认为应该再考虑一下净化、提高层次这种说法。"净化"排斥"多样"，"高层次"歧视"低俗"。如果它与以国家为目标的统合、秩序、一体性结合在一起就会变得很危险。

我认为，更好的做法是在多样的、自发的中间团体当中多层次地逐渐积累。我们需要的不是国家进行统合和净化，而是要用面向国家和世界的视角，同时站在应对生活世界需要的原点之上，切实地、分阶段地成长、成熟。这种伦理意识才符合志愿的公共性。

全球—当地的视角

薮野祐三：我完全同意金泰昌先生（多角度、多层次地一步步

305

积累）的意见。这里举两个例子。

一个例子是生病。迄今为止，本来健康的人生病后都到国家成立的医院接受治疗，病好了回到家里。人们都喜欢选择国立医院。但是，现代的疾病都是生活疾病，从医院这国家管理的地方回来后，高血压、糖尿病等还需要社区的关怀。如此一来，缺了一线现场国家项目就不能成立了。

以前有国家照顾，所以不需要自己添砖加瓦。但现在已经到了由当地烧砖的时代。在疾病方面，原来是把国家的砖变为自己的砖，这种"交换运动"是关怀，不是"积累"。

九州大学医学部有位叫野本龟久雄的主持心脏移植的老师。对心脏移植也是一样，非常大的国家项目、世界项目要与关怀日常生活等非常微观的关怀结合起来，否则就不能很好地发挥作用。

另外一个例子是我所研究的政治学。人们经常说"现在的年轻人不关心政治"。以前政治既有金钱又有权力，我们那个时代的学生进行过权力斗争。如今生活富裕了，比起经历成为政治家来发表自己意见这个过程，还不如通过自己的行动直接烧砖更便捷。所以，年轻人不去投票。这不是对政治不关心而是对"选举"不关心。比起成为政治家到国会上发言，还不如自己直接烧砖自己用，这样更快。因此，在阪神淡路大地震当中和在柬埔寨，都是年轻人自己带着砖去的。

今田高俊：我们现在讨论的话题——志愿活动，不是依靠政府，而是靠自己能做的事情自己做这种构想。长谷川先生讲的核发电问题是非常大的一个问题，这样的问题另当别论。的确有自己能做的事情赶紧做这种想法。这种想法，按哈耶克等人的说法是保守主义，通过贯彻到底的行为来形成自发的秩序。计划和管理过了头，人们的活力就会枯萎。试图对这种状况进行重新审视的就是接近共和主义的潮流。志愿者恰好赶上了这个潮头。

长谷川先生讲的国家项目问题，我想反对核发电的运动也有责任。如果反对核发电，重要的是要首先确保自己可以生产出来电力，必须要看到这一点。提出方案后，再从自己身边可以做的事情做起。

金泰昌：不对。我认为长谷川先生的发言很重要，我理解他要说的是，分散于各地的运动不能形成力量，所以需要某种形式的全国中心，在全国层次上与国家对抗，否则就不能形成强大的力量。

长谷川公一：是的。

金泰昌：那是个重要问题。不过，根据我的观察，从日本传统的风土、风潮看，即使这么做了，一旦形成全国性的中心，它也会被压迫地方这种国家的理论逻辑吸收进去。可以说这样的事例很多。所以，还是应该从当地这一线现场可以做的事情开始一点点地积蓄力量，否则难以培育一线现场的力量。

我只强调论题讲演的类似性是为了进一步展开议论。首先提出共同点，然后通过今天和明天的深入讨论进一步具体化。

在现在这个阶段，这个时点，我们更应该强调来自一线现场的构思、理论逻辑、伦理、事理。我们需要当地的视角。不依靠国家和政府，可以做的事情在一线现场靠自己的力量去做，并把它扩大开来。在必要的时候从全球的角度去思考。所以，重要的是要有全球—当地的视角。在这个过程中，把一线现场的力量与全国性中心和全国的力量结合、连接起来，并使其共同发挥作用，这也非常重要。所以，可以说我所想的和长谷川先生一样。

今田高俊：谢谢！我想如何让两个车轮步调一致地前进是个大课题。

金子勇：我要说的也许和刚才金泰昌先生的发言相似。鸟越先生说的 this place 也是很重要的问题。也许大家头脑里所描绘的 this place 各自不同,所以鸟越先生说的 this place 与佐藤先生讲的更大更高的"志愿活动"之间,在某种意义上有一种紧张关系。

我看到过"推动移居北海道之会"这一 NPO 的活动。他们说要支援移居北海道的人们,但人们说他们"多管闲事",这时候他们只能沮丧地回去。我对此感到吃惊。实际上,现在有很多 NPO 都在好心做坏事,不仅是今天话题当中出现的国家层次那样很大的事例。从数量上说,停留在 this place 上的情况更多,其实那也与志愿相关。

志愿是 free will(自由意志),比如不去支援印度地震恢复工作也完全没有关系。不能把它与照顾邻居卧床不起的老爷爷相比较来评价哪个更好,也就是不能评价动机。需要准确地认识到这一点。不是说做的事情越大就越好。

那么,是不是可以多管闲事呢? 那是为了自己,应该可以吧。但是人家说:"多管闲事,滚回去!"那就回来。也要认识到这种现状,在 this place 层次上分开来讨论,否则议论就会发生混乱。

也许有人想做大事,但也有人像我这样,想到的是那些计划怎样为隔壁的老爷爷扫雪的志愿者、NPO。其他还有外交、教育、反核发电、关怀等许多问题,我们应该分开来讨论,如果我们只讨论志愿行动或志愿者活动,那么我们的讨论就成兜圈子了。

薮野祐三:我不知道"想停都停不下来"是宏观还是微观的,在把它具体化的时候,我想在某种程度上需要对宏观与微观之间的中位部分进行讨论。去年(2000 年)12 月我们在福冈召开了学生论坛。学生做了《大学崩溃》的报告,与社会人士进行了讨论。对成人做的调查表明,他们认为现在学生的学力下降了。对学生做的调查表明,他们也认为自己的学力下降了。我觉得这很奇怪啊,于是问他们:"哪方面的学力下降了呢?"学生们说:"考过试了,英语、数学的能力下降了。"学生们认为,因为"考试能力下降了",所以"学生的能力就下降了"。可见"学力下降"的内容完全不同。这是中位部分搞错了。

另外还有这样的情况,对成人进行调查,他们说:"现在的年轻人属于等待指示综合症,大人不说就什么都不做。"那么年轻人怎么想呢? 他们说:"现在的大人完全没有起到带头人的作用。政治家也是一样。在没有带头人的情况下,我们只有等。"在入口处的不同动机,到了中位部分会让人感到妙趣横生,同时也让人感到可笑。

小林正弥:不久前,我们(千叶)大学的政治哲学研究会(2001年1月31日)请地方议会的四五位议员来校,和我们一起举行了关于公共哲学的讨论会、对话会。我也简单地解释了共和主义,说了"在现实当中,在现阶段我们可以具体做些什么"。以前,"哪位政治家了不起"这样的话很难出口,不太好说带有现实性的问题。但这次好像找到了一些线索。

比如(原来是东京都世田谷区区议会议员)在都议会的补选中落选的年轻原议员(花轮友文)就是个好的事例。他在竞选演讲中堂皇地说:"请不要到我这里来请愿。我不是为了诱导私人利益而成为政治家的,我参加竞选是为了做更公共的事情。"演讲结束后,他的赞助人和支持他的人都对他说:"先生,请不要那么讲。"他在竞选当中占到了相当好的位置,但最后还是落选了。所以说他的演讲未必是成功的。这次听说要参加都议会的选举。在我看来他的这种想法就是共和主义的思想,我感到,终于出现了公共主义的政治家。(注:后来他当选了都议会议员)

共同体主义重视小的共同体。所以,它从家庭和小共同体的事情做起,这种(原)议员出现在地方共同体层次上,是一种新的动向。正像由区层次向都层次的挑战所表明的那样,我感到现在已经出现一种征兆,可以从地区的小共同体层次发展到全球和世界层次。

对于政治家来说,竞选演说就是他的日常活动。他的讲话之所以有意义,是因为他有在地区层次上共同体的关怀。所以,我认为,地区、全国、全球应该同时平行开始。我刚才说了"提高伦理层次"的必要性,当然也有"提高宗教和伦理思想"的途径,为了提高层次可以有各种媒介渠道。可以有行政媒介,也可以有政治媒介。

在我看来,共和党的政治家之所以一边进行竞选演说一边到处走访,从某种意义上讲,就是在制造这种媒介。从这个意义上讲,没有必要只限定在共同体层次上。我觉得也可以同时在全国层次和全球层次上尝试。

金泰昌:这次我们用了"中间团体"这个词。在我们的意识当中,所谓"中间"未必是空间配置(定位)的意思。为了使构思和理论逻辑的内容从以前日本的"公"与"私"这两极对立的关系当中摆脱出来,而设想用"公"与"私"中间的"中"媒介"公"与"私"的"公共",在这个意义上引入了"中间"这个概念。在对这种公共性的把握上必须要思考担当"公共"功能和作用的担当者。我们分别把"公"与国家和政府,"私"与市场和企业联系起来,那么"公共"应该和什么联系起来呢?那就是中间团体。它由"公"与"私""之间(间、中间)"结合、连接、搞活"公"与"私",是有中间媒介的集团,所以称为中间团体。它也是志民根据自我自己选择参加的自发结合体。再进一步地说,"媒介"也与以自我为中心的媒介(严谨地说是 self-mediation)不同,它强调两者之间的相互媒介(我称为中间共媒：inter-mediation），所以称为"共媒"。因此，中间很重要。

还有一点，薮野先生说的中位层次也是中间。只有宏观层次和微观层次是不够的。不久前的成人仪式问题就是个好的事例。为什么现在成了煽情的问题？那是因为以县知事为代表的县这个"公"举办的成人仪式，是县请新成人的人们到那里去的。

看看那后来的调查，参加仪式的人说："我不知道为什么一定要来参加。年轻人长大成人是县里祝贺的事情吗？而且还说什么成人了就要有责任感什么的，真是有些可笑。"

想想看，还是只有"公"与"私"这两极。"公"把各自不同的"私"叫到一起，单方面把"公的责任"强加于人，所以人们才反感。提高成人仪式是公共性的，那么就不应该由"公"（县）来举办。

第二点，祝贺新长大成人的年轻人的演说，从性质上讲，不应该由（作为公仆的）县知事来做。那有点可笑。所以，这次的问题是重新思考真正公共性的一个好事例。在哪里举办仪式另当别论，至少不应该由公的机关来做。可只是在每个人的家里喝喝大酒就过去了，这种做法也不好。

因此，需要自发的中间团体这样的媒介。这时候，应该从社区的角度来做，"这不是你们每个人自己的喜事，我们大家一起庆祝吧！"听每个刚成人的年轻人诉说感想，年长者也说自己的想法，一起交换意见。年长者说："从我们身边的社会一起努力吧！"年轻人说："请多关照！"不应该由"县知事"来说这说那。

追溯一下成人仪式的发祥，好像情况并不是那样。但听说不知道从什么时候开始县政府开始把它作为自己的业绩，成人仪式被歪曲了。成人仪式到什么时候都是"公共的"，而不是"公的"，也不完全是"私的"事情。我们需要转换构思，回到成人仪式的原

311

点。现在有很多和成人仪式问题相类似的事例。

今田高俊：在日本"公"是由"上边"来做的这种意识根深蒂固。如果是个有革新意识的知事，就应该对那个场合（主席台上）讲话反省。如果因为习惯而无意识地那么做了，就需要消除这种习惯。如果不在实践当中一个一个地消除这种习惯，那么这种"上边"意识就会一直存在。

金泰昌：还有一个人（以游戏心态搅乱了仪式）因涉嫌妨碍公务被警察逮捕。我怎么想也觉得那是现在日本社会问题的一个根源。事情可以那么做吗？县知事随便把人家叫来，自己在那里讲话。人家用行动表示不愿意听时，警察就像取缔叛军一样逮捕、处罚。应该是这样吗？我想这是性质不同的问题。

今田高俊：如果认为搅乱仪式的行为涉嫌妨碍公务，那么成人仪式也就变成了奇怪的仪式。

所谓"礼法"

薮野祐三：盐原先生今天的论题是"在严峻制约之下"，这对我来说十分新鲜。关于中间层次的问题也是一样。不仅在公共的"公"的部分，在"共"的中间层次问题上，我们的生活环境也超越了学习行为，发生着变化。比如手机的使用方法就是一种新的道德。

在电视机上我们也没有预测到一次性使用的问题。买电视机也许是经济行为，但在处理它的时候，为保护环境社会就要提出要求和约束。还有女性升学和全球化也一样。我大学毕业的时候，没有想到自己会用英语给外国人上课，现在眼前有各种各样的人，在我自己的生活方式当中每天都有"严峻的制约"。（笑）

性骚扰也是。可怕的是，从逻辑顺序上应该是先有加害者，然后有受害者,但现在是先有受害者然后有加害者。是跟踪者(stalker)还是恋爱得由受害者决定。我们读书的时候,恋爱是从追踪开始的。都说,如果女孩跑了,"男人就要追到底"。可是现在男人要追,就成了跟踪者。

具体地说,去年(2000年)3月,毕业的女学生对我说:"老师,我毕业了,真高兴!"于是和我拥抱。那时候我要是说:"别,别过来!"她就要说:"老师真冷酷!"要是我拥抱的时候劲大了些,她就会说:"流氓!"这种距离感真是"严峻的制约"。(笑)

我们身边有为保持亲密人际关系的"严峻的制约"。每个发言就是那样。这种"严峻的制约"深入社会之中,远在我们的预想之上。志愿者、环境、全球化、NGO都是如此。

我想,如果能在中间阶段像教科书那样用图表来说明时间上和精神上的错位,我们就更容易理解了。在环境问题上说不能扔垃圾,但到处都是饮料瓶。为了让自己的生活多一些再利用,到电器商店说:"电锅坏了,只卖给我锅就行。"商店的人说:"只买锅更贵,还是买新的电锅吧!"这个时候,应该怎样开展志愿行动呢?每天都有这样的相互责难。

这种中间层次上的事例像橱窗里的商品一样,有很多很多。在这"严峻制约"的压力当中,我们应该怎样生活呢?社会学的先生们能给一点指点我将感到十分荣幸。

盐原勉:我现在也在担任女子大学的管理职务,每天都切身感受到了"严峻的制约"。众所周知,女子大学所处的环境相当恶劣。有要注意校园性骚扰的束缚,甚至出现了男老师丧失积极性的负面现象。我就是根据这样的现状很自然地说了刚才那些话,如果要具体到教科书上的话,还是请教长谷川先生更好。(笑)

刚才今田先生以"关怀的冲动"为关键词做了发言,"想停都

"停不下来"这种关怀冲动是志愿行动的根本。行动的人就是意志人。"关怀冲动"有的时候多少带有一定的攻击性,比如18世纪英国的粮食骚乱,还有江户时代几次比较大的城市百姓暴动都属于那一类。

那不是单纯地发泄怒火,它在民俗学和人类学上被称为"民众暴力"。它是根据一定的礼法发起集中的行动。它的基础有一种民众方面的分配正义或什么是政治正统性这种民众意识,他们就是根据这个基础行使了民众暴力。

改变世界伴随着破坏。他们冲进米店,把米放到路上,然后卸下了大门,取下了各种防雨木窗,最后他们放火了,但小心翼翼地不让火烧到隔壁的人家。他们分了取出的米,但留下了他们认为价格合适的钱。他们是非常有礼法的。刚才鸟越讲到了"所有的零化"问题,民众是基于他们的分配正义重新构成所有。看起来好像是发泄怒火的行为,但其中有一定的礼法和民众的价值观在起作用。

其他也有与其相似的事情。比如在发生大灾难后人们面临各种资源匮乏的时候,根据公共的定义,那个社区存在的所有资源就是民众生存的共同资源,人们要对它进行分配。在外部人看来,那好像是掠夺,但那不是掠夺,而是公共的定义发生了变化。

在发生大灾害的时候会经常发生集中的民众暴力。从这个角度来看,我认为应该重新思考志愿行动的某种深层次问题(在某种意义上包括精神分析的一面)。我是受了刚才"所有的零化"的启发,讲了连自己都没有想到过的事情。

鸟越皓之:讨论越来越有意思了。听了今田说的"关怀"和盐原先生说的"礼法"很受启发,我来讲两句。

我主要是到一线现场,也去过很多农村。那时候不能总有关怀这种紧张。但为了不给对方以不快的感觉，所以要学习"礼法"。只要按礼法做了，看起来也如同关怀对方一样。那些"礼法"在农村是一定要学习的。比如对神的礼法、对异性的礼法等等。即使不相信神，你如果按礼法做了，看起来也如同相信神一样。

人不是总有紧张，也不会对所有的事情都紧张。但大多数人都要生活得幸福，这时"礼法"就有了很大的意义。以前的教育教授"平凡"，具体地说就是教"礼法"。

把刚才盐原先生的话延伸一下，原来意义上的"礼法"不能原封不动地使用，这是事实，但我们现在还没有"新礼法"可教。如果现在可以发现有一种相当"新礼法"的东西，那就会看到某种道路。这就是我听了盐原先生发言的感想。

长谷川公一："礼法"还是很重要的。数野先生提出的性骚扰问题，也是因为男性和女性一起工作，一起研究，或者一起受教育的时候没有确立起"礼法"。反过来说，是女性一方对以前的礼法提出了异议。关于亲密性和距离这种形式，怎样的礼法是适度的距离感这一问题，现在是一种混乱状态。从这个意义上讲，如果确立了"礼法"，这个问题就在很大程度上得到了解决。

关于佐藤先生提到的"志愿的失败"这一萨拉蒙的观点，也许在各种 NPO 和志愿活动当中效率非常低，或者理论逻辑混乱。特别在日本，这方面的历史很短，如何建立志愿或自发行为的"礼法"呢？在日本社会当中，使一定的礼法对象化很重要。

还有一点。关于"所有的零化"我想提出，能成为"大家"的东西当然是很好的事情，但那个"大家"到底是多大程度上的"大家"呢？我想向鸟越先生确认一下，道路变成公园，变成"大家"的公园的时候，郡上八幡人们的"大家"是街坊邻里、共同体层次上的

"大家"呢？还是从来到这里的人都可以使用的公园这个意义上包括观光客人、旅游人们在内的更普遍的"大家"呢？雾多布的事例也是一样，那里的"大家"是所谓第一层砖层次上的"大家"还是多大程度上的"大家"呢？

鸟越皓之：是使用者，从根本上说是使用者这个"大家"，这是一个答案。但如果分开说，还有这样的情况：就是在现实当中，不可能把周边完全剪切掉。在中心部分活动的人进行扫除和维护公园，当然事实上也有不干这些事情的"蹭车人"。但是，没有把他们（从"大家"）删除的意思，所以"大家"当中也包括这些人。简短地回答，可以说使用公园的人就是"大家"。

足立幸男：作为构成社会秩序原理（不知道说原理是不是合适）的"礼法"是个非常重要的问题。

佐藤先生在论题当中，以乌尔里希·贝克的《风险社会》为例，谈到以志愿结社为主轴的美国在 20 世纪 60 年代以后发生了很大的变化。我想，这在历史上是非常重要的事件。

60 年代以后，在美国出现了很多对原有统治阶层提出异议的团体。在那以前牧歌式的美国社会当中活动的众多 NPO、志愿结社，都或多或少地共有一些美国价值或最低限度的某种东西。反过来说，对脱离了那种价值的人们有一种排斥的理论逻辑。

最近，在日本研究 NPO 活动的人当中，有人朴素地期待着在NPO 网络当中自然地形成新的社会秩序。但事情不会那么简单。看看 60 年代以后的美国，民权运动等反抗和破坏已有秩序的运动蓬勃兴起，但距离适当、让人感到愉快的小镇却逐渐消失了，比如洛杉矶就成了要塞城市。现在出现了排除异质，在此基础上建立愉快空间的构想。

不会从自然产生的志愿结社当中无缘无故地形成秩序。如何在极为异质，甚至相互残杀的团体的各自活动当中建立和维持社会秩序？这是今天我们必须思考的问题。如何处理"权力"问题？这是长谷川先生提出的问题。它在我们的讨论当中时隐时现。我想，我们需要寻求异质团体相互协调、共存的"理论逻辑"或"礼法"。

今田高俊：我觉得"礼法"是个很保守的概念，为什么突然说起它很重要了呢？（笑）特别是长谷川先生说"礼法"很重要，我有点吃惊……

吉田公平：我完全不懂社会学，只是以一种市民感觉来发言。现在说到了"礼法"，我是研究过去的事情的，从这个角度说两句。

"礼法"在中国称为"礼"。（尊"礼"）儒教发挥核心作用的时代农业是基础产业。因为那是缺少急剧变化的社会，所以从规范上讲"礼仪"是一种模式化了的行为方式，人们都非常严格地遵守。教授基本"礼仪"的学校称为"小学"，即基础学校。

明治初期近代日本开始学校制度的时候，还没有准备好在学校这个场所教授"礼法"。所以在学校教育当中用的是中国一个叫朱熹的人编的《小学》这本书。"小学校"这个称呼也是从那里来的。

现在社会没有教授这种"礼法"的地方。以前在家庭、小学、中学都教。不久前公司进了新员工要在员工训练当中学习小学那样的内容，如怎样打电话、怎样鞠躬等等。听说现在的公司没有时间做那些事情了。现在社会上还有组织起来教授礼法的地方吗？

看看我的孩子就觉得他们没有礼貌，连自己孩子的举止都让我惊讶。我看这在很大程度上都是因为礼法、礼貌、社会规范等小学内容的丧失。

但是，我们不能把以前所用的那种"小学"搬来。我们应该立

317

足于完全不同于以前的人观和社会观,建立符合现代要求的"礼法"。其实,虽然这不是什么特别的事情,但也许一说这样的事情会遭年轻人讨厌,所以谁都不说。我想,这样是不行的。

"同的理论"之问题

金泰昌：如果拘泥于"礼法"这个词过去的概念,就会有误解。所以,我用了"逻辑"、"伦理"、"事理"。关键是问题在哪里？为什么由于性骚扰和全球化日本国内有困惑呢？是因为日本一直是"同的逻辑"。以前,男女在表面上不同,但基本上都认为自己(男)想的事情对方(女)也一定同样想的。但是,这种逻辑崩溃了,有"他者"(女)的实在。

所以,刚才薮野先生说得好,在性骚扰问题上以前的想法是"有加害者才有受害者",这是过去的"同的逻辑",但是,实际上有"他者"的存在。为了自己怎样想,实际存在的"他者"如果说"不",自己一直想着的好事就破碎了。以往的男人心理上都直接或间接地认为,"女人基本上会按我想的去做"。但无论你想得怎样好,对方怎么想是对方的事情,不是男人可以随便想的事情。

最典型的事例就是东京大学前校长林健太郎完全不能让人相信的发言。这是很久前的事情,他在关于韩日关系的研究会上做演讲,说："19世纪60年代的韩国像一个女人,周围有像熊一样的俄罗斯、病夫一样的中国和老实的日本这三个男人,它的命运就是被强奸。如果是这样,还不如让老实、温柔的日本男人强奸。"他当时就是这么说的。

当时我的朋友是主持人,他说："这里也有来自韩国的学者,听听他的意见。"于是我说："你不懂女性心理。认为女人愿意让老实温柔的男人强奸这种想法,是男人的武断。女性是怎么想的要由女性来判断，不是你判断的事情。"林健太郎根据的是以往"同的逻辑"。他的前提是，自己想的事情，对方也那样想。

在这里我们要再次思考的是"他者"的存在。为什么我们的"他者感觉"不够呢？我认为是因为"善意的同的逻辑"。不一定是恶意，但善意更不好处理。如果是恶，打烂它就是了，可对基于善意的东西，却很难指出它的不正当性。给对方的善意泼冷水，总是不好。所以只能置之不理。这样一来，"同的逻辑"就会不断扩大。

如今到处都在谈论应该认定和尊重女性、孩子、外国人、特殊疾病患者等"他者"的他者性、异质性。我之所以想再次建立"共和的逻辑"，是因为所谓自己不是一个人可以成立的，是"有了他者才有自己"，不是先有独立的自己然后才有他者。"同的逻辑"是危险的。

所谓"应答性"是什么呢？它就是对他者的召唤作出应答的"自己"的成立过程。如果自己与他者没有关系，无限扩大自己的"同的逻辑"，当大到宇宙那么大的时候，就把他者全部卷入到自己当中。只是把他者同化在"同的空间"。这种逻辑就是迄今为止的"基于善意的同的逻辑"。无论是"大东亚共荣圈"还是"大同思想"的逻辑，都是这种"同的逻辑"。

盐原先生说的"共生的礼法"这句话十分重要。用另外一种说法，"共生的礼法"就是"共和"的逻辑、伦理、事理需要建立的"礼法"。

从这个观点看，性骚扰问题也不是很难解决的问题。不要自以为是，多想想别人就可以了。以前人们总是以为只要自己出于善意就可以了，其实并不是那样。那只不过是自己一个人的善意，有时会给别人添麻烦。

正像刚才大家说的那样,有许多好心办坏事的例子。对社会说"不管怎么说,我也是善意",但并不能说只要是善意就什么都可以做。如果有"他者"的感觉,就可以明白尽管人的动机是善意的,但结果也会发生给他人造成很大的麻烦这种情况。但是,今天在我们的意识和行动当中却没有"他者"的存在。没有"他者",只有"同的逻辑"单独游荡。这种社会会发生很大的问题。

今田高俊:基于善意来行使"同的逻辑",这是家长主义的表现。感觉到"他者"的存在,这正是关怀的要点。不理解他者的意图就不能进行支援,所以这是个重要的问题。

难波征男:我想从东亚思想方面来谈谈。没有"他者"的地方是不可能真正进行关怀的。但是,我认为在东亚思想当中有一种通过关怀来实现自我的思想。相异的阴阳之和合,这是互补之道。"一阴一阳称为道"。阴气为柔,地、女是阴;阳气为刚,天、男是阳。"天地絪缊,万物化醇;男女构精,万物化生。"①就是这样阴阳、天地、男女等异质的东西和合,生成万物,实现每个人的自我。这就是诚实地活着的人"想停都停不下来"这种冲动的根据。用"想停都停不下来"的心情去关怀,那个过程就是自我实现。

我们周围有与自己不同的"他者",我们每天都遇到崭新的自己和"他者",如何一起生活,如何共生,如何生活得快乐?我想那需要一种秩序,就是日日新的"礼",是"礼法"。朱熹说,礼必须是适应其时代的新东西,设计礼的主体"德"也必须要"日新"。

关于日本,金泰昌先生讲了很多,是从什么时候开始没有"他者"的呢?江户时代是不是就没有了"他者"?也许江户时代是有的,它是在现代化的过程中消失的。关于这方面的情况,一定要在

---

① 《易经·系辞下》。

拓展讨论当中好好议论一下这个问题。

那须耕介：如何超越"同的逻辑"？我自己也很困惑，如何对抗只要是善意什么都可以这种做法。我觉得这个问题支撑着"公共性"的必要性。

不过，我想说一句，"否定""同的逻辑"和"克服""同的逻辑"有些不同。说"同的逻辑"不好，我们都要明白他者的重要性，大家都要成为好人。如果是这样，就不存在刚才谈到志愿行为的时候说到的顺序问题，也就是如何放第一层砖的问题了。

最先有的应该是某种"同的逻辑"。这是一种不这样做心里就不舒服的自我。它在用某种形式碰到某种东西的时候会发生质变。发生质变后才有可能克服"同的逻辑"。如果搞错了这个顺序，把关怀他人作为出发点，反而会失去克服"同的逻辑"的可能。所以，我赞成金泰昌先生的发言，同时也感到从哪里开始这个问题非常重要。

金凤珍：讲三点。第一点，向研究社会学的先生们提一个问题。在佐藤先生的论题当中提到了"家长制"，在它的前面用了"男性支配"这个修饰词。刚才今田先生也说到了"家长主义"。用西方的 patriarchy 这一概念来套家长制，家长制给人以不好的印象，这一点我理解。但在东亚各国当中，家长制是不是就那么不好呢？是不是了解实际情况呢？反过来说，家长制真的不好吗？这是我要提的一个问题。

第二点，我觉得今天发表论题的三位先生，在社会学上关于"公的部门"和"私的部门"这种分类基本是意见一致。这一点佐藤先生在论题的图表当中归纳整理得非常好，有助于人们理解。但是不是对公共经济＝公的部门（政府、地方公共团体）和市场经济＝私的部门（民间营利企业）这种区分就没有疑问了呢？

　　我是这样想的。国家（政府）根据不同的场合也是"私"，而且市场经济当中当然也有"公"。那么中间部门或中间团体是什么呢？它是"公"与"私"的重合。这样就会有一种新的看法：中间部门或中间团体包括"公"、"私"两方面。不过，这样就很难归纳整理清楚，问题可能会变得非常复杂。所以，把它们图式化为"国家"（政府）等于"公"，市场经济等于"私"。我不认为这种构思不好，但是作为我来说，还是多少有些疑问，所以在这里提出来。

　　第三点，薮野先生刚才在讨论当中提到了盐原先生说的"严峻制约之下的多样性"，"严峻制约"是指什么呢？我很被这个词所吸引。是指国家和社会的各种限制，还是指各种礼俗和法律的约束呢？我理解它具有这几个方面的内容，但我也感到不止这些，好像还有更多的意思。

　　我想问"严峻的制约"是什么？同时，我认为除来自外部的制约外还应该有自身的自律，就是自己约束自己。需要加上自律。性骚扰是自我内面性的问题。判断其行为是不是性骚扰有外部性因素，但如果自己的意图明确，哪怕是轻轻地碰了一下，也是性骚扰，如果发自自己内心的喜悦相通，即使是和不认识的女性拥抱、接吻，也不会感到丝毫的害羞。总之，我要问的是，在"严峻的制约"当中加入自我约束这种构思如何？

　　盐原勉：我想既有来自外部的制约也有自己约束自己的制约。特别是性骚扰，它往往是利用权力对其他性别施加压力。如果它一直作为一种制度受到保护，那么现在必须改变它。"严峻的制约"包括来自外部和内部的制约。

社会交换的互惠性

　　金原恭子：我只想问一个问题。盐原先生在论题四的"3. 社会结合的强度"部分谈到,"社会的交换互惠性"的直接互惠性和间接、循环互惠性与强连接和弱连接相对应。

盐原勉：是的,我认为是那样的组合。

金原恭子：是不是有很多情况是弱连接寻求直接的互惠性呢?如果是非常强的连接,即使没有回报和等价报酬也会直接或间接地等待。但如果是弱连接马上就要对等交换。如果不知道给予后的等价回报,就不可能连接。就是这种冷酷的关系。

我有个具体的事例,是关于来到日本的欧美律师们的事情。他们聚集在东京,作为一个小共同体在日本形成了连接。那是弱连接。异质的连接不会有很大的凝聚性,人们频繁出入,是开放的共同体。有的时候刚从美国新来了人,就有别人回了美国。也有从澳大利亚来的人,成员经常发生变化。

新来的人是由熟人带到共同体来的。当我听说波士顿调换工作信息的80%都来自于熟人的熟人的时候,我一下就明白了,他们通过这个共同体,寻找到更好的去法律事务所的途径。

从我所了解的律师们的行为方式看,他们并不很亲密,从某种意义上讲非常理性。关系不十分亲密,网络却不断扩大。明显是对等交换的关系,我告诉你这个信息,从你那里得到另外的信息。对没有这样回报的人不怎么接近。

如果真是强连接即使没有等价关系,也会有付出再付出。但是,之所以要求"索取",是因为如果不"索取"就可能成为索取再索取的关系。这样想来,直接互惠性和间接互惠性并不一定分别与强连接和弱连接相对应。您怎么看呢?

盐原勉：小林先生也说,在强连接的世界当中也有直接互惠性,用列维-斯特劳斯的话说就是也有一般化的互惠性。我认为说得很对。我这里说的"强连接的互惠性"是"社会交换"。用以前的例子说,在葬礼上收了多少奠仪,过 15 年后会把相当的奠仪还回去。社会交换的根本不是对等交换,而是"赠答"这个词所表现的意思。因此,支撑社会交换的互惠性不是等价交换。

强连接基本是直接的,但时间可能一直在其中起作用,时间多长也不当回事。那就是社会的信任。在这点上,与美国的律师世界有着根本的不同。

你们说弱连接的世界也有对等交换这种经济交换,我想那就像字面上表示的意思那样完全是经济交换。不过,我在论题中说的终归是互惠当中的社会交换。

马林诺夫斯基调查的西南太平洋上的岛国有一种称为"库拉"的制度,用贝壳做成库拉圈按顺序移动,长的要用几年时间才能回到原处。我想这就是间接、循环交换的形式。我要强调的是,在现代社会这种交换以更复杂的形式进行。

小林正弥:这是我的研究主题,所以我也说一句。我想应该再加上一种"交换"类型。就是一对一特定的短期的契约关系,我根据艾森斯塔特的观点,称其为"特定交换"。"直接互惠性和间接互惠性"这个范畴相当于列维-斯特劳斯"限定交换和一般交换",所以加起来可以有三个类型。我想,如果从这三个范畴来思考"交换",就不会发生今天的混乱了。

矢崎胜彦:关于相对"内发公共性"提出的"应答公共性"的观点,我们应该在拓展讨论中做进一步的探讨。

关于应答公共性,如果一步走错就可能有走向利己或灭私奉公的危险。就是说,会不会在外部成立一个有绝对公权的实体,对它的评价给予应答。这是我非常担心的事情。

我所说的"内发公共性"这个词的意思,是说那些不依赖于外部的价值基准,而是根据自己内发的价值判断来行动的人。不是不采取任何行动,而是有"啐啄同时"的实践。但是在寻求其动机的发源地的时候,如果内在的公共性不能得到很好的锻炼,那么在对来自外部的刺激作出反应时就会首先站在自我的立场上。我觉得,大家对前段时间发生在站台摔落事故中(马上跳下站台)行为的评价,恰恰说明在今天的社会缺乏内发的公共性。

论 题 七

NPO 开创的公共性
—— 福祉 NPO 的开展与课题

安立清史

　　个人层次上的自发意识和行为如何上升到社会层次,进而导出新的市民社会公共性呢? 在个人行为与社会之间起媒介作用的是民间非营利组织(NPO),我想从这个角度来探讨一下 NPO 在新公共性形成上会发挥怎样的作用。具体地说,通过美国最大的 NPO 组织 AARP(美国退休人员协会)事例和日本福祉 NPO 的事例加以考察。

1. 福祉 NPO 的开展

　　我从 10 多年以前就做社区福祉各种团体的调查。从图 6 可以看出,这 10 多年来福祉 NPO 激增。20 年前日本全国的福祉NPO 只有 200 个左右,但从 20 世纪 80 年代后期开始显著增加。从那时候起,社会上出现了各种实验,有了新方法和服务,每天都在发生很大的变化。

　　为了将在那以前在日本做的实际调查与美国相比较,1994 年我到 UCLA(加利福尼亚大学洛杉矶校区)进行研究,并在美国考

327

察了志愿者和 NPO 的实际情况。我想谈谈它和日本有什么不同。到了当地才知道日本的市民运动、居民运动与美国有很大的不同。美国有各种各样的志愿者活动。它由在社会当中有制度性基础的 NPO 来进行组织,要从内部改变社会。这 20—30 年,这种活动在美国蓬勃发展。

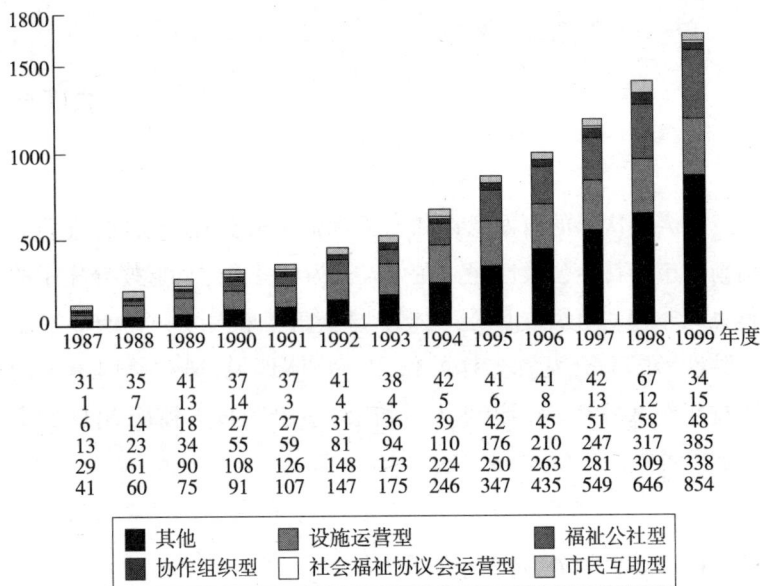

	1987	1988	1989	1990	1991	1992	1993	1994	1995	1996	1997	1998	1999 年度
	31	35	41	37	37	41	38	42	41	41	42	67	34
	1	7	13	14	3	4	4	5	6	8	13	12	15
	6	14	18	27	27	31	36	39	42	45	51	58	48
	13	23	34	55	59	81	94	110	176	210	247	317	385
	29	61	90	108	126	148	173	224	250	263	281	309	338
	41	60	75	91	107	147	175	246	347	435	549	646	854

■ 其他　　■ 设施运营型　　■ 福祉公社型
■ 协作组织型　　□ 社会福祉协议会运营型　　■ 市民互助型

图 6　福祉 NPO 数量的变化

　　日本的市民团体和市民运动对于社会是外在的。它远离制度,从外部对社会进行批判。到了美国,可以明显地看到它们的不同。

　　关于市民运动、社会运动进入到社会制度内部,从内部改变社会的可能性,社会运动论等社会学理论一直持怀疑和批判的态度。美国的 NPO 是市民运动体的同时也是市民经营体,它担负着进入制度内部提供福祉服务的作用。社会学中的社会运动论对此一直持批判的观点，认为这是被体制的吞并和招降（cooptation），是生活世界的殖民地化（哈贝马斯、奥菲等）。关于社会运动被吸收到社会内部的危险性，社会运动论和社会学有很多批判性的理论逻辑，但很少有对它进行肯定的理论逻辑。NPO起始于市民运动，又要成为市民经营体，所以它兼有两方面的性质，有仅用社会运动的理论逻辑不能理解的部分。

通过对NPO的实际考察，最大的发现就是，NPO拥有社会运动这种批判精神，同时也进入到社会内部，作为担当社会系统一部分的市民经营体活跃地开展活动。它们在护理保险制度方面的活动就说明了这一点。护理保险是经常受到批判的制度，但NPO成为该制度的经营者，与企业、公益法人、医疗法人进行竞争，试图做些只有NPO可以做的事情。

由于NPO的出现有些方面已经发生了变化。NPO进入到制度内部带来了变化和影响。已有的公益法人、社会福祉法人、医疗法人、企业等已经开始受到来自这个拥有不同价值观和行为规范的竞争对手的影响。NPO在全国只有5000个团体（2002年1月），但成为护理保险服务经营者的NPO就约有600个。虽然不是NPO取代已有的团体，但现在已经可以看到NPO带来的变化和它的影响力。

在过去30年的时间里，美国的社会运动与NPO在同一条延续线上。以AARP（美国退休人员协会）为例，40年前一个人开始的运动变成了NPO，如今发展成为拥有3400万会员的世界最大的NPO组织。我想正是因为它是NPO才有这么大的发展。作为社会运动开始的活动，决计成为NPO，现在又开展市民事业。拥有"改变社会"和"事业运营"这两个车轮的复合组织就是NPO。仅

329

靠进行社会运动不会有今天这样的发展。

2. NPO 开创的公共性:来自 AARP 的事例

(1)NPO 的定义

这里介绍 AARP(美国退休人员协会)这个在美国具有代表性的福祉 NPO,通过这个事例来思考什么是 NPO 开拓的公共性。

在美国民间非营利组织(NPO)提供教育、医疗、福祉、文化、艺术等许多社会服务。美国本来就是为了寻求宗教的自由而从欧洲移民过来的人们开拓的国家,市民要求国家不干涉信仰和市民生活,国家也以不直接介入市民生活为原则。市民有这样的传统:自己的共同体需要的东西自己来建立。法国人托克维尔在看到刚刚建国后的美国时说,美国有无数个市民自发参加的结社和团体,它们支撑着美国的民主主义。这些团体的现代形式就是 NPO。NPO 所进行的教育、医疗、福祉、文化艺术等社会服务,是根据社区相互扶助的原理提供的,得到了社会很高的公共性认可,所以对NPO 有税收上的优惠。

不是由国家和行政机构主导来建设社会,而是社区用自己的力量形成和提供必要的社会服务,对此,NPO 是最为合适的形式。

进行 NPO 世界比较研究的约翰·霍普金斯大学莱斯特·M.萨拉蒙教授认为,NPO 的定义由以下六个要件构成:①组织化;②民间的;③不分配利益;④自主管理,自主决策;⑤自发的;⑥为公共福祉的。在这样的定义之下,萨拉蒙教授等人对世界的 NPO进行了比较研究,发现 NPO 不是美国所固有,在发达国家都大量存在 NPO。

（2）AARP（美国退休人员协会）的历史

在美国由老年人成立的 NPO，专心致力于解决歧视老年问题，在世界上最先让政府废除了退休制度，改变了老年人政策。它就是 AARP（美国退休人员协会）。这个 NPO 的成立不过是 40 多年前的事情，它的起因是一位女退休教员的愤怒和行动。

一位名叫埃塞尔·珀西·安德拉斯的女性在 1944 年退休的时候经历了很大的打击。当时的退休人员，一退休就很难加入医疗保险，或被拒绝或要缴纳巨额保费。在没有像日本这种公共医疗保险的美国，不加入医疗保险大多情况下就不能接受医疗服务。因养老金太少而受到打击的安德拉斯，不仅是气愤，她还采取了社会性行动。她认为这个问题是对退休人员的社会歧视。那时候正好是 20 世纪 60 年代的黑人解放运动、民权运动和 70 年代妇女解放运动、女性主义运动的前夜。安德拉斯认为退休所遇到的问题是"年龄歧视"（ageism），进而建立了 NPO。

AARP 于 1958 年 7 月在华盛顿特区以 NPO 的名义注册。当时的中心课题是对老年人集体保险。在当时的美国，虽然有 1935 年制定的社会保障法，但除此之外社会保障制度都很落后，特别是没有公共医疗保险，这对老年人是个很大的问题。

人们开始了解到，在经历了空前富裕的美国内部存在着严重的贫困问题和种族歧视问题，各地燃起了民权运动之火。AARP 活动也与这种时代潮流相呼应。在医疗保险领域，由于没有健康保险，特别是老年人和贫困阶层不能接受充分的医疗服务的事实摆在人们面前，因此 1965 年建立了"老年人医疗健康保险"（Medicare）和"医疗扶助"（Medicaid）制度。由于美国有讨厌中央集权政治的传统，所以对这项制度的建立有很多反对的意见，这个制度之所以能建立,是因为有 AARP 等老年 NPO 的社会运动。到了 1967 年颁布了《撤销年龄歧视雇佣法》,1974 年和 1978 年又对此 法进行了几次修改,最后认定基于年龄的强制退休制度违反宪法, 除少数特殊职务以外禁止在雇佣上设置年龄限制。它的时代背景 原因,就是民权运动和黑人解放运动揭发了以种族为理由的歧视, 女性主义运动弹劾了以性为理由的歧视。用与反对种族歧视和反 对性歧视相同的逻辑方法揭发"年龄歧视"的就是 AARP 等 NPO 组织。

此后的 AARP 得到了大发展。20 世纪 80 年代开始会员人数 激增,由当初的 5 万人发展到现在的 3400 万人,成为世界上最大 的 NPO。它在首都华盛顿特区有巨大的总部大楼,仅那里就有 1000 多专职人员在工作。

(3)作为社会运动体的 AARP

AARP 从成立时起就以同歧视老年做斗争为使命。为了提高 老年人的生活质量,它也积极参与老年人政策的制定过程和政治 过程。AARP 每年都提出名为 *The AARP Public Policy Agenda* 的庞 大政策建议集,它吸收了全美的会员意见,由总部归纳整理。 AARP 也是收集和代表老年人呼声的脑库。它不仅监督联邦政府 的政策,还监督各州议会及州政府的政策,开展院外活动。还有 "AARP/投票"项目,开展面向会员的政治教育和促进投票活动, 在各种选举当中审查候选人的老年人政策,将结果告诉会员。老 年人的投票率很高,而且 AARP 的行动组织化程度很高,所以对候 选人有很大的影响力。2000 年是选举美国总统的年份,在预选阶 段较早的时候,就制作民主、共和两党总统候选人关于社会保障、 联邦医疗保险(medicare)、长期护理、医疗保险等老年人政策的一览表发放给会员,积极提供信息。

在华盛顿DC(哥伦比亚特区)总部,有20多人专职院外活动,守着联邦政府和议会,必要的时候向议员提出政策建议,或积极开展院外活动。它还在全美各州监视州议会的动向,发现有人提出对老年人不利的政策提案,就马上在总部进行研究,向各地受过训练的会员志愿者发出指令,一起向议员及其事务所打电话和发传真,志愿者代表面见议员,发动攻势。这种政治上主动的活动能力也是AARP独特的特征。

(4)AARP的组织

为了开展这种多方面的活动,AARP现在(根据1999年的决算报告,后来成为联结决算对象的相关团体又有增加)大体分为五个组织。因为它不仅有担负着使命的社会运动部门,还接受政府的补助金为老年人提供社会服务,开展面向会员的集体保险和药品的邮购业务等,已经有了多种事业目的,所以需要进行这样的分割。

第一是AARP主体。它是1958年设立的"以提高老年人利益为目的的非营利组织",作为"社会福祉团体"(social welfare organization)属于免税组织。这是通过民权运动等运动组织化了的团体大多加入的范畴,与日本的社会福祉团体不是同样的概念。AARP一直积极开展院外活动,在4年一次的总统大选当中,一边炫耀它所拥有的巨大的会员人数,一边要求各候选人要有老年人对策,所以它也遭到了议会的排斥。

第二是"AARP财团"。它是1961年设立的免税团体,接受联邦政府的资助和补助金,开展老年人的职业训练项目和纳税补助活动。

333

第三是"安德拉斯财团"（Andrus Foundation），它是 1968 年设立的资助老年学研究的非营利组织，支持建立老年学术数据库和大学研究所等项目。

第四是"AARP 财政服务"（AARP Financial Service Corp），它是对 AARP 会员进行投资项目的营利公司，不是非营利组织。

第五也是"AARP 服务"（AARP Services, Inc.），它是为 AARP 会员提供服务和进行商品开发、市场调查的营利公司。

可见，AARP 既有作为社会运动体的一面，又有作为经营体满足不断增大的老年人需求的一面。这两者的复合就是 AARP 这个 NPO 组织的本质。

（5）AARP 的启示

世界各国越来越对 AARP 感兴趣，这其中从日本去视察的人最多。这既不可思议又理所当然。在世界上日本老龄化速度最快，但日本社会的应对却很迟缓。还有，日本的老年人政策正好与美国相反。在美国 AARP 等老年人 NPO 会提出政策建议，这些建议会逐渐变为政策。在日本老年人的当事人团体和 NPO 的力量较弱，就像建立护理保险制度所代表的那样，一直由中央政府主导政策的形成和实施。日本还没有 AARP 那样的团体或组织，它独立于政府，做老年人的代言人，科学地调查研究老年人的需求，自己构思和提出老龄化对策方案，由老年人自己开展为了老年人的综合活动。日本就算有这样的团体或者组织，可以说它们也很脆弱。

因此，作为 NPO 的 AARP 会对日本提出问题，并有很大的启示作用。

第一，AARP 作为 NPO 是可以开展独立事业的市民经营体。

会费收入占全部收入的四分之一,广告收入和保险等事业收入合在一起约占50%,联邦政府、州政府的政府补助金在20%以下。这种财政结构才是保证AARP活动自主独立性的关键,可以不顾及政府和企业而诉说自己的立场和意见。日本的民间非营利组织还没有像AARP那样拥有独立财源,开展独立事业的地方。在日本NPO刚刚出现,几乎规模都很小,如何作为市民经营体独立起来是今后的课题。另外,现在NPO可以继续经营化的活动领域还很少,这也是问题和课题。

第二,AARP从全美收集、代表和代言老年人这巨大而又在不断增大的社会阶层的声音,是老年人的当事人团体。没有什么组织比AARP更广泛地把握和代表老年人的需求和意见。而且它还有独立的脑库,提出政策建议,通过院外活动掌握议会的动向,同时以政策为中心进行判断。在政治上积极参与政策的实现,但是并不参加议员选举。我想是这些使AARP对老年人政策形成过程的参与有了效果。这样的团体,日本还没有。

第三,AARP通过社会运动改变了退休制度和歧视老年人问题。它不仅向社会诉求而且还靠自己的力量解决老年人自立的课题。它创造广泛的志愿者活动机会,提供社会参与的机会,和联邦政府合作开展环境活动和创造就业机会。

AARP一边作为NPO开展社会运动,同时还通过提供社会服务和运营市民事业,为公共性的形成作出了贡献,显示了通过NPO形成公共性的可能性。

(6)AARP的问题与课题

一般人们都认为NPO是比志愿者团体大一些的组织,所以有很多人对AARP这种庞大的NPO感到吃惊,同时也感到怀疑。也可以说，AARP是每年财政规模超过600亿日元的庞大的老年产业。在AARP这庞大的组织当中很难看到营利企业和非营利组织的不同。

对AARP有很强政治力和它们的院外活动感到焦虑的议会，20世纪90年代后制定了《院外活动公开法》。据说这个法律的靶子就是AARP，它包含着从联邦政府拿补助金的团体不能进行院外活动的条款，AARP因此受到了很大影响。AARP在政治上采取的是"独立"（不说是中立）、以政策为本的立场，但在总统预选中做"投票卡"发放给会员这件事上，与议会产生了矛盾。

另外，AARP坦率地承认与美国国税局之间关于课税范围的意见有分歧。对规模庞大的AARP，国内外有各种批评意见。

（7）站在十字路口的美国NPO

莱斯特·M.萨拉蒙在《NPO最前线》①中认为从全世界看包括NPO在内的非营利部门在不断扩大，但同时他也谈到现在NPO面临着各种问题和危机。他还介绍了一些事例，比如美国，在20世纪80年代里根执政时期大幅度减少了对NPO的补助，受到打击的NPO开始偏向会费收入，从事与营利企业相同的业务和服务活动，结果变得与营利企业没有什么不同，过度依赖政府的补助事业，丧失了作为民间非营利团体的独立性这一特征。NPO普及以后，在各种领域开展更广范的活动，由于财源不足，经营管理能力不够以及信誉和服务质量等问题，会引起社会各种各样的严厉批评。就是在美国这NPO的大国，NPO也很难在财政上独立，继续保持作为民间非营利组织的特质。

----

① 莱斯特·M.萨拉蒙：《NPO最前线》，山内直人译，岩波书店1999年版。

3. NPO 的可能性与课题

日本随着 1998 年《特定非营利活动促进法》(NPO 法)的颁布和 2000 年 4 月护理保险制度的实施,NPO 不断涌现。同时也出现了志愿者团体和试图成为市民经营体的 NPO 的分化。NPO 既有志愿者活动和市民运动的一面,也有市民经营体的一面,所以成为 NPO 就意味着要运营和经营市民经营体这一新组织。它不仅要作为市民运动、社会运动发出声音,还要作为市民经营体来运营和负相应的责任,为满足地区和客户新的需求进行开拓和实验,还要维持和发展组织,雇佣专职人员,这些"经营"方面的特点要更鲜明。要作为 NPO 自立,就必须从志愿者活动的层次上连续上几个台阶才行。组织的运营和经营,只靠志愿关系是做不到的。

NPO 不能只靠志愿者来运营。它需要成为机动、效率的组织。但那不是志愿者愿意做的事情。志愿者大多不喜欢来自于组织的束缚。

这样,在 NPO 当中就要发生志愿性与组织性的矛盾。以护理保险事业为例,很多 NPO 都议论过是不是要成为护理保险制度的指定经营者。有的在大会上否定了要成为护理保险经营者的提案。也许这是因为人们担心在护理保险制度的框架之内 NPO 活动会受到束缚,想继续从事轻松、自发的活动。

但是逐渐地 NPO 也是市民经营体这种理解开始被人们所接受,在日本的 NPO 当中也出现了很多像美国 AARP 那样扩大、发展的组织。在九州的"北九州 AI 之会"每年经营额超过 1 亿 2 千万日元,可见规模之大。神户的"支援共同体中心神户"(CS 神户)每年的经营额也超过了 1 亿日元。"北九州 AI 之会"的经营

337

额当中护理报酬占了相当的比重,但它的自主经营也很多。"CS神户"接受行政机构委托的项目很多。它不仅代理行政机构开展项目,还积极地提出新的项目提案。这样的 NPO 今后还将在全国各地出现。现在日本各地发生着在市民运动、居民运动、社会运动当中想不到的事情。

AARP 经过 40 年的高速发展拥有了 3400 万人,护理保险刚开始实施一年,就有很多原来的志愿团体成为 NPO,成为护理保险经营者,发生了急剧的变化,它提出了与美国相类似的问题。规模越大,就越不能只靠志愿的意识和行为来活动。必然要出现管理体系、分工等问题,往大了说,也就是官僚制的问题。

这样一来,本来是出于自发的意志为做自己想做的事情而成立的团体,将不得不背离志愿者的意识和期待,改换为组织的理论逻辑。这是无论何时何地组织社会学都会碰到的问题,NPO 也会发生同样的事情。

批判是很容易的。但我想再深入一步来思考。由自发的意志到自发的行为这是一个跳跃,然后进行号召,几个人成立一个团体,这也是一个跳跃。现在要成为法人,成为社会系统的一部分。每一步都是边实验、边跳跃,是赌博。

从志愿意识内部来看这种跳跃是一种"必然"。特别是从近10 年的护理问题和地区福祉状况看,NPO 规模扩大并不偶然,有它不得不扩大的必然性。从全国来说在地区福祉领域也有"想停都停不下来"的理由,作为法人,成为经营者是一种必然。

同时人们也因 NPO 遇到了各种问题,需要对组织进行不同于以前的经营管理。另一方面,也出现了 NPO 的特征在哪里这样的问题。

这正是马克斯·韦伯在《新教伦理与资本主义精神》当中提

出的问题。开始基于每个人自发的意识和意思作为志愿者活动而采取的行为，逐渐背离了当初的意图和意识，变为另外的东西。志愿者行为在作为一种体系或制度行动时，它就会变成与每个人内发的意识和意图不同的结构，就会生成与当初的意图不同的东西。另外，合理的系统形成之后就不再需要每个人的想法和意思，它作为系统开展活动。这就是马克斯·韦伯所看到的个人与社会关系当中的根本问题。

不过，从 AARP 的发展过程看，它不是偶然变大的，而是有明确的向大规模发展的愿望。在 AARP 当中有一种明确的观点，那就是不能仅是少数人圈子内的互助活动。它意识到，如果要做正确的善事，就一定要普及推广。所以，它需要做大。规模变大，组织官僚制化这个过程，在日本人眼里是不好的事情。但从 AARP 理论逻辑来看，变大是必然的，而且必须要变大。

对于组织庞大的 AARP，国内外都有强烈的批评，说它过于政治化，说它有广告费等很多收入，议会也对它进行批评。它的年度报告上写着，它与 IRS（美国国税局）在课税范围上的意见不一致，作为妥协措施它缴纳了多少税金。

但是，他们相信组织扩大的正当性。他们确信，善事一定会普及扩大，它会成为良性循环改变社会。在日本，一般认为规模大了就会失去志愿性，但 AARP 不是那样。

4. NPO 改变社会

现在有了 NPO，它对社会提出了各种问题。其中之一，就是它发挥了媒介功能，就是把有志愿意识的人们的想法变为具体的形式，将其媒介到社会系统当中。有志愿意识，没有活动场所（机会），就很难有具体行动。可以说，正是因为 NPO 提供活动机会所以才有志愿者的出现。NPO 发挥着使志愿者可视化、开展活动、连接社会的功能。

在美国对 NPO 从内部改变社会这一点达成了肯定性的一致意见。比如美国制定老年人政策已经不能没有 AARP。实际上 AARP 改变了很多政策。相比之下，以前日本的志愿团体对进入系统内部改变社会还持怀疑态度，现在也没有什么变化。

但是，从护理保险这一个事例上看，靠志愿意识及其原理活动的人们已经开始逐渐从制度内部来改变系统。我想在这里肯定这一点。

以约翰·霍普金斯大学莱斯特·M.萨拉蒙教授为中心的研究小组，开始进行 NPO 的"影响力分析"。研究 NPO 的出现会给社会系统带来怎样的影响，以及社会会发生怎样的变化和变动。哈佛大学和华盛顿 DC 的脑库 Independent Sector 和 Urban Institute 等很多研究机关，在开发 NPO 活动和它所提供服务质量的"评价"系统。众多研究人员开始创立测评民间非营利组织影响力这全新的研究领域。

如果 AARP 对日本没有启示作用，那么就不必把 NPO 这个新词拿到日本。之所以用 NPO 这个新词就是因为它有某种新内容。

什么是新内容呢？那就是"既是运动又是经营体"。它具有"运动"和"经营体"两方面的性质，从内部改变社会。20 世纪 60 年代的民权运动、黑人解放运动、女性主义运动等从外部对社会进行批判的社会运动，从某个时期开始都变成了 NPO。

NAACP（有色人种民权促进协会）现在作为 NPO 已经专门从事保护（advocacy）活动。它在不同的场合建立起了防止种族歧视的壁垒。犹太系团体、日系美国人团体等原来都是作为一种社会运动诞生的,但现在它的活动已经开始向在每个种族共同体成立NPO,靠自己的力量解决自己的各种课题这个方向转变。

关于美国和日本的区别,我想谈一点。NPO是美国的"税法"制度,是基于美国法律的美国制度。它与日本的NPO法出身完全不同。日本的NPO法是民法34条的特别法,而美国的NPO规定在IRS的联邦税法之中。并且,它不是一种,而是有许多种。制度本来就不同,所以,尽管都是NPO,日本NPO与美国NPO也不能进行单纯的比较。还有人说,美国的NPO背后有基督教传统。这种意见也是正确的。

但是也有的东西不能用"宗教不同"、"人种不同"、"价值观不同"来说明,应该说它是"结构不同",这样就更容易理解了。在日本进行志愿者活动或NPO活动,是走到社会系统之外的行为,所以很难迈出第一步,因为走了出去也许就不能再回来。在美国,志愿者和NPO与社会系统是在同样的连线上。这种"结构"使得人们更容易做志愿者和开展NPO活动。

NPO不过是一个道具。莱斯特·M.萨拉蒙认为,今天正在发生世界性的NPO革命(Global Associational Revolution)。虽然在日本翻译为"NPO革命",但萨拉蒙说:"NPO是美国的制度,它不具备世界性。我所想的不是NPO革命,而是Associational Revolution。它不仅在美国,在欧洲、东欧、拉丁美洲、亚洲都在兴起。"

萨拉蒙是在意识到苏联、东欧崩溃的基础上说的"世界性NPO革命"。明确地说,在这些国家,仅由国家和行政机构提供公共服务的时代已经结束了。现在以前的共产国家也在不断诞生NPO。NPO这种中间团体提供保健、医疗、福祉、文化教育服务等社会服务,创造新的公共性。

在日本终于开始讨论由志愿者和NPO开创新的公共性了。

这是世界性的现象,是世界的的同时代性。今后,随着 NPO 的开展,日本社会公共空间形式可能会发生大的变化。

围绕论题七的讨论

今田高俊:安立先生谈到 NPO 是把志愿意识媒介到社会组织和社会制度中去的装置。他说 NPO 与有"敌人"的社会运动不同,是把自身的内发性向社会作出表示的活动,是"运动体"同时也是"经营体",不仅仅是单纯的志愿者活动,并从组织形态可能性的观点对日美做了比较。

金泰昌:我听着安立先生的发言,感到对实体概念与关系概念进行相关思考的重要性。安立先生说:"志愿团体组织有制度根据,从实际情况说,它不是关系概念而是实体概念。"我想那是对关系概念这个用语的理解不对。我们说关系概念的时候,它所包含的意图是自我完结的概念化,比如我们说团体的时候就是这样。就像安立先生说的那样,是在与制度或文化、习惯、政治的、社会的、经济的各种要素的相互关系当中,根据情况得到确认。安立先生说的 AARP 正是发生这种形式的变化。我想问一个问题,是什么时候做的实地考察呢?

安立清史:1994 年夏天到 1995 年秋天。去的是 UCLA(加利福尼亚大学洛杉矶校区)。关于阪神淡路大地震第一条消息是在当地驾车时从收音机听到的。从 1998 年左右开始发表研究成果。

金泰昌:AARP 呢?

安立清史:那时候就去了 AARP。

全泰昌:与日本的比较是同时期做的,还是在那以后做的呢?

安立清史:1994 年到 1995 年在当地访问了各种团体,在逐渐得到同意后,大家商量要一起做关于志愿者意识的问卷调查。在五个团体当中发放了 1000 张问卷,做了调查。从回到日本的1995 年年底 1996 年年初,在圣路加国际医院和淀川基督教医院首先从"志愿者动机"开始做了调查。

金泰昌:为什么我要问这个问题呢?因为我比安立先生早 20多年也有过几乎相同的体验。我在美国大约过了 7 年的研究生活,并做了实地调查。以后每年也都要去美国几次。在这个过程中我产生了一个问题,那就是什么东西亚洲没有而美国有?我想,那就是"结社"。

我说的并非是否存在结社这样的实体,而是说没有对结社那种关系的理解和意识。安立先生到 UCLA 做实地调查的时候,已经有客体化的研究成果,对结社这种存在已经形成了某种一致性的意见。不仅是美国,其他国家也认为它(像 AARP 那样的 NPO)是有意义的,就是在日本也认为它有研究价值。安立先生能在已经形成某种氛围的时候做实地调查,真是幸福。

我去美国的时候(1960 年年末)还不是那种情况。日本的情况我不清楚,就当时的韩国来说,在现实当中完全感受不到"志愿"和"结社"等等,对它们也不理解。但是在美国,特别是在教会等地方经常听到志愿活动和团体等词句,也经常碰到称为志愿者的人们。但坦率地说,那时候就是读了佐藤先生讲到的托克维尔和华纳等人的著作也不会理解。当时的时代状况,是像鸟越先生那样实际去走一走,不断地去一个个体验。

回头看从那时候开始到 2001 年这段时期,和看其他问题一样,我们需要有发展论的视角。但根据时点的不同看法也会发生变化。我经历的时期比安立先生长一些,从我的观点看,我想强调的是,考察事物的时候,变化表象之下相对化的关系概念十分重

343

要。因为无论是制度还是其他什么，一旦实体化了就只能看到永远（不变）表象下固定的一面，或者看得到存在却不能把握生生（成）。

安立先生还说，AARP本来就有"规模大了是好事"这种意愿，所以它不是偶然变大的。我想那是很重要的一点。您还指出，志愿者活动在日本不能很好地开展，而在美国却做得很好，这种差别仅用宗教、人、价值观的不同解释不了，它是"结构的不同"。还说，因为这种活动在日本是出到社会系统外边的行为，一旦出去了就有再也回不来的可能，这是阻碍志愿者活动开展的原因。但我认为"结构的不同"当中也包括宗教的不同。

我不是给基督教这宗教本身增加价值。无论是新教还是天主教，就像耶稣说的那样："你要为别人做希望别人为你做的事情"，自己认为是"善行"的事情就积极去做，基督教的伦理是这种主动的伦理观。相比之下，孔子伦理的基础是"己所不欲，勿施于人"，克制的一面更强。西方特别是美国，只要自己认为是"善行"就会积极去做。日本和美国，伦理基础不同。这还不限于日美两国。从更宽阔的角度看，还要考虑到伦理和宗教基础的不同。所以，我想东亚志愿组织及其活动不活跃也是受到了宗教教理和行为方式不同的影响。

我觉得法律上如何这种看法不适合日本。如果从法律角度探讨，本来进行得很顺利的讨论，这时就会出现人权问题或其他什么问题，（对它的效果）我有种不协调的感觉。

企业与NPO成为一体改善社会的模式为什么在日本得不到好评？其原因在哪里呢？我想这是是否完善"法律"以前的问题。从KSD的问题就可以很强烈地感受到这一点。它当初是为了一个好的目的而开始的一种NPO，但为什么发生了问题呢？那是因为领导人缺乏道德意识。所以他们公私混同,中饱私囊,缺少领导人的道德符号。

在以前的日本教育当中几乎没有"公共性"。只要以高分考进东京大学就是好,可以说靠这样的感觉进行的教育带来了某种不好的结果。在认识到这方面问题的基础上,如果今后考虑成立"作为实体的 NPO",从老人护理那种 single—issue NPO 的观点研究日本情况确实非常重要,同时我也认为可以从另外的角度研究和评价 NPO。社会学方面也要做规模大了以后的成功事例等各种事例的比较研究,否则现在的状况还不能说是开放的。

安立清史:我在福冈与一个名为"NPO 福冈"的团体有工作关系。现在福冈的 NPO 认证数在全国是第五位。这是很大的 NPO 浪潮。"NPO 福冈"当前的课题,是介绍各地在 NPO 可以做的事情和 NPO 新能力方面的先进事例,以掀起新风。

同时,如何在社会学方面论述 NPO 也是课题。迄今为止的 NPO 研究,基本来自公共经济学、行政学和经营管理学。在上课的时候介绍 NPO,有人问:作为社会学者如何解释 NPO 呢?

关于 NPO 的必然性,社会学必须要有一个说法。最近我经常想,迄今为止,社会学有许多对以某种形式开始的活动进行批判的理论框架,却很少有对其肯定的框架。这次有在研究会发表论题的机会,所以就想做一个与以前不同的发言。

当然如金泰昌先生所说,今后 NPO 除单一的服务商之外,还会出现更多种可能性。我也想在那些方面做些研究。

在进行 NPO 的个案研究当中,到各地访谈,会接触到农协、生协、社会福祉协议会、医疗法人、学校法人等各个领域。

我认为,在 NPO 研究中目前最大的课题就是要研究 NPO 可以做什么。如果套用 NPO 形式上的定义,那么社会福祉协议会和

345

社会福祉法人就是 NPO,是民间非营利团体。但在日本却把它们看作为"疑似政府"或"第二行政"。为什么会发生这种变形呢?

日本也有民间的非营利组织。但不知从什么时候开始它就失去了组织活力,完全不顾用户和地区的情况,只根据制度和政府的指示活动,演变为没有自发要素的形式上团体。如果 NPO 进入到制度内部开展活动,在日本也许就是重蹈"曾经走过的路"。如果可以弄清楚"曾经走过的路"(需要分析以前日本公益法人的失败之路)变质的原因,那么就可以探索不同的道路。

社会福祉法人、社会福祉协议会、生协等组织是否有不同的方法和策略,也非常重要。

我想,一定要铭记金泰昌先生在最开始所提问题当中说到的不"实体化"更好这一点,同时需要研究和探索与以前不同的形式。

今田高俊:在日本这样以"上边"为中心的公共性当中,中间团体经常会陷入公私不分的境地——就像商界团体那样。NPO 也不例外。为了钻税收的空子成为 NPO 法人有很大的好处,获得了法人资格就不认真开展活动,只要每年发行一次有名无实的会刊就可以维持下去。还听说有的把法人资格卖给想要开展 NPO 活动的团体。

我在 1994 年左右参与了通过 NPO 法案草案审议委员会的工作,当时最大的问题就是担心会被用于钻税收的空子。另外一个问题是,在非法团体主张公益法人化的时候如何拒绝。由于这两个问题没有找到统一的解决对策,所以当时很难提出法案。这些问题现在也没有完全解决,的确非常困难。

莱斯特·M. 萨拉蒙说过,需要尽早开发 NPO 组织的自我评估、自我检查系统,并引入外部的评估和检查。我想,今天安立先生论题的主旨,是如何把个人的志愿意识媒介到社会,但如果不解决这些问题,反而有很大可能被恶意利用。

金泰昌:我想问一个问题,为什么要在志愿活动和志愿组织讨论当中排除宗教团体呢?据我所知,对创价学会那样的宗教团体还没有从志愿组织的脉络上讨论过,我想问这是为什么呢?

盐原勉:我在七八年前一直观察和研究创价学会,有一个时期还受到创价学会的集中批判,现在我们平和共处,不再吵架了。

创价学会也有过各种风波和历史事件。如今在形式上池田大作在名誉会长这个位置上,从某种意义上讲,这也有通过改变位置来回避批评的意图。

创价学会现在的路线基本上是"世界平和",把它的活动特定在推广佛教文化上。以前它以发展为目标,但不断的"折服"引起了摩擦,现在它已经摆脱了这种强行推广使命的阶段。它在很早以前就已经既成宗教化,会员当中的很多人是入教开始活动人们的第二代、第三代。他们几乎都是自动入会,越来越走既成宗教化的道路,因此在整体上它变得柔和了。这就是现在的创价学会。

不过,在池田大作成为名誉会长的今天,他的领袖权威性也依然在组织上得以保存。现在也许人们更关心在他引退之后会发生怎样的混乱。因此,创价学会有意图地保存内部封闭的强连接型体质。从这个意义上说,它与基于结社原理的 NPO 在结构上有根本的不同。这就是我的感受。

347

把"宗教法人"与"政治组织"从 NPO 当中分割出来讨论,是现在的一种基本原则。比如 coop 神户从世界范围看也是个巨大的消费合作社。如果会员们提出要自主地开展各种小组活动,co-op 神户就会支持。但那时候要提醒他们不能进行政治活动和宗教活动,在此基础上向会员活动提供各种赞助。可能现在对于哪个 NPO 来说宗教和政治都是禁区。

本来 NPO 的出现是要以更好的形式为国民生活提供资源和服务。原来只有公的部门和市场部门这两个部门，或者最多还有一个把这两者混合在一起的第三部门。但这样部门逐渐不能很好地提供服务了，所以人们希望通过个人、家族、地区等志愿小组活动非正式地提供服务，NPO 就是在这样的紧急课题面前出现的。

在生活的所有方面讨论 NPO 过于宽泛，所以，现在人们对 NPO 的兴趣集中在它对社会生活主要方面的经济进行怎样的辅助活动上，或者作为替代方案可以从另外的方面进行怎样的活动上。在这种情况下，如果强调对已有制度的对抗性就会成为社会联动型的讨论。如果以辅助的、支撑的讨论为中心，就会强化经营性。这样讨论就可能分散。今天安立先生的论题谈到需要有一个不让这个两方面分离而是把它们结合在一起的视角，佐藤先生的讨论一直在指出这个问题的重要性。

所以，如金泰昌先生所说，如果说将来世代综合研究所也是 NPO，那么是把它作为 NPO 来讨论更有建设性，还是从另外的角度来讨论更好呢？我们需要很好地思考这个问题。

鸟越皓之：我听了安立先生的论题，想了很多，很有意思。特别让我感兴趣的是领导人问题和经营性问题。

在领导人问题上，AARP 女性是核心。CS 神户也是以一位叫中村顺子的女性为核心得到了大发展。我在地震之后有很多和她见面的机会，她经常说的就是，没有行政机构的支撑 NPO 无法开展活动。我想她很有眼光。因此，组织得到了大发展。

人们都来到了在中村顺子这位可以信任的人格高尚的人周围。对 AARP 我不了解详细情况，但人们总是要集中到无论谁看都认为了不起、认为值得信赖的人那里。志愿者的人格是 NPO 的一个主轴。这是一种模式。

如果说它是一种以一个领导人为顶点的三角形,那么最近梯形的 NPO 组织多了起来。就在 10 多天前我切实感受到了这一点。现在神户市以企业为中心在募集资金,进行了支援 NPO 活动的比赛。每个 NPO 代表用 5 到 10 分钟介绍活动情况,有 10 人左右的评审员当场评分、决定。被选中的 NPO 可以得到 100 万日元。我也是评审员之一,那时我才了解到现在年轻世代的 NPO 没有领导人,上面是领导集体,也就是梯形。

当然不能仅用世代论来说明,但中村顺子她们的世代和我们一样,是老一代人。如果领导人品格优秀年轻人也会赞同。我给没有领导的集团起了个名字,叫"热情协作体",遭到人们的反感(笑),我是说他们五六个人兴奋起来,说着"对,说得对!"就把事情决定了。这里没有突出的高尚的人格。这些年轻人的组织今后会怎么样呢? 我觉得在思考志愿者人格的时候,对这种情况的评估方式很重要。安立先生没有谈这种梯形 NPO,但由于目的不同,所以也没有什么。我这完全不是批评。

接下来是经营性的问题。在 CS 神户之前 coop 神户就开始了有趣的活动,CS 神户在以经营为主的活动中也在逐步 coop 神户化。coop 神户的前身滩神户生协,它主要开展回收再利用活动,也销售有机农业蔬菜。CS 神户是以地震为契机开始活动的,所以它是后发组织,在经营化的过程中,让人感觉到它逐渐成为接近欧洲社会经济构想的组织。

经营化的 NPO,一定要接近市场部门和公的部门。CS 神户接近的是公的部门。滩神户生协以 coop 神户的形式接近了市场部门。与市场部门或公的部门邻接的 NPO 大体上都会壮大发展。

相比之下,有的人是为比赛而来的。比如他们说:"我在演木

349

偶戏"，或者说："我想送高中生去菲律宾，所以需要钱。为什么要送他们去呢？那是因为……"完全没有考虑经营化。还有人说："我们把和老爷爷、老奶奶们打招呼当作人生意义。我们已经连续10年对他们说'你好吗？'今后也会一直做下去。"这也没有在心里想到经营化。

在思考组织和志愿者的公共性时，完全没有考虑市场部门志愿者与公共性的关系如何呢？借用盐原先生的说法，（NPO的）焦点是否可以扩大到那个程度呢？但我想，我们在思考NPO的时候，如果不考虑"没有在心里想到经营化"的人们所认为的志愿者是什么，那是不行的。

盐原勉：鸟越先生说的"热情协作体"很让人感兴趣。可能这个研究会也是热情研究会吧！对于这个问题，与是不是把它称为NPO，把NPO放到怎样的脉络上的考虑不同，还要从另外的角度进行探讨。我内心没有只把NPO封闭在经济或社会经济领域的意思。

有个名叫"环境、方式、网络"的小NPO要在今年4月成立，我可能要出任它的代表负责人。要通过互联网的主页，向研究人员以及在实际工作当中接触环境问题的实务经验者提供交流的场所，也就是通过主页来办环境私塾。

但只做网页运营会非常困难，所以我们决定NPO法人化。每年需要500万日元，我们想请为防止沙漠化每年都去内蒙古的人们参加NPO活动，通过组织沙漠绿化计划视察团的经营收入来获得这笔费用。

这确实不是（社会）经济固有领域的活动，但因为不能不考虑经营性、经济性，所以要在最小限度之内进行经济活动，为此，现在就感到很头疼。

鸟越皓之：你说的不是同一个问题。那种组织体总要为经费烦恼。成立了 NPO 就是要烦恼。我认为它与以经营体为目标不是一样的问题。演木偶戏和打招呼运动是所谓直接的弱连接。盐原先生成为领导以后可能会因为钱而烦恼，要想除了会费到什么地方去搞钱。木偶戏也有某种经营性，但我觉得去接近经营体这个目的和维持组织生存这最低限度的目的是不同的。

盐原勉：即便如此，我们也必须要多少做点生意。

佐藤庆幸：听了安立先生的论题，我也感到非常兴奋，很受启发。金泰昌先生说得很对，基本上私一直把"结社"作为一种关系概念（＝连带）。

我在论题中之所以一定要说"志愿或 NPO"，也是因为无论如何只说"NPO"（因为实体化）不行。因为我认为没有"志愿"这个要素不好，所以才说"志愿或 NPO"。"志愿"与"NPO"什么地方不同呢？当然概念界定并不十分重要，但现实当中的 NPO 并不都是志愿结社。

有伴随法人资格而出现的问题。法人化以后就会出现日本的社会风土、法律问题或"公"的问题。所谓"志愿"归根结底是"非政府"、"非营利"，还有一点，就是要基于个人的自发意志。志愿活动基本上是可以通过经营获得利益的，但特别重要的是，得到的利益不能分配给成立组织的人和提供资金的人等所谓理事会成员。

在日本的公益法人当中，有的理事长每年会拿到几千万日元。所以，日本的公益法人基本上不是志愿。现在日本有公益法人 2.6 万个左右，但其中有退休官僚的公益法人 5523 个，共有 14458 人退休官僚。因为有各种情况，不能一概都说不好，但它们经常在与政府关系当中有金钱往来，常常发生贪污和贿赂问题。因此，我

351

认为应该把"公益法人"从"NPO"当中排除出去。

"NPO"这个词汇是美国的概念,欧洲不用。在日本法人化了的 NPO 现在只有 4000 个左右。其他的 NPO 都是志愿(任意)结社。那正是关系概念,只有在人与人的关系当中开展活动,不是实体组织。当它们规模大了以后会出现什么问题呢?重要的问题就是一线现场的人们是不是还会保持基于志愿精神即自由意志的关系概念来开展活动。

规模大了以后总要发生金钱方面的问题。专职工作人员当然要领工资。AARP 的事例非常让人感兴趣,但它基本和企业的商业行为一样。在美国,出发点大体上都是志愿结社。保险会社都是从志愿结社,也就是从相互扶助的组织出发,后来成为企业的。

美国非常忌讳垄断企业。如果垄断企业支配一切,就会出现信息的垄断问题。大企业一旦垄断了信息,就不会有竞争原理。巨大组织会以各种形式恣意支配。接受服务的一方得不到信息,于是就没有了选择的余地。比如对比尔·盖茨,美国就对他进行严密的监视,以免他触犯垄断法。

从这个意义上讲,规模大了不一定就是好事。变大之后一定会有问题出现。在出现问题的时候,必须要准确地把握问题。因此,说"比起(AARP 的)官僚制问题更重要的是已经有了如此(大的)变化",但重要的是还是应该拉开些距离,来描述实际状况。社会科学工作者总习惯沉浸在自己做的事情当中做肯定的解释,但听的一方会觉得只有那是对的吗?

也就是说,"志愿或 NPO 部门"有各种各样,具有多样性,不能用一般的办法去研究。这其实也是它的特征。它包含文化的多样性和民族特性,或包含宗教和语言的不同。美国的情况正是这样,有它的特殊性。而且在团体之间和 NPO 之间不会那么简单地形成网络。它们在竞争和利害关系当中互动。这样的事实非常重要。

金泰昌：听了佐藤先生的发言，我根据自己的切身体验再次感到刚才说过的"世代继承生成"的重要性。还有一点就是作为"关系概念"来把握的重要性。一旦实体化了，就会有危险。这一点，必须要说清楚。

还有一点，这个研究会不是研究"NPO"的研究会。我们最关心的是在每个人的"私"都得到充分发挥的基础上培育公共性。我们是从这个观点说，作为"公私媒介"、"活私开公"担当者的NPO 也是 one of them 之一，并不是说首先就有 NPO。NPO 当中有很多值得肯定的部分，也需要发现它的问题。不能是 In the beginning，there was the NPO。

为什么大家认为"志愿活动"重要呢？那是因为，现在甚至在大学里都在逐渐形成用"国家权力的逻辑"和"市场的逻辑"来说明一切的氛围。而这是不对的吧？如果没有另外一种"人的逻辑"，社会要变得很可笑。我想和出于这种"停都停不下来"的危机感对同样的问题有同样的关心的各位一起探讨下去。

金子勇：根据法律受到优惠来成立 NPO，是一种"火种"。点燃火种后，可以燃烧起来变得很大，也可以保持小火燃烧，AARP 那样的大生意不是"非营利"。它不是我以前说的"新职业组织"，它已经完全进入了市场经济当中。从它身上看不到这里讨论的"共"的部分。所以，应该把它放到 NPO 讨论之外。我想与其说它是 NPO，还不如把它定位为市场经济化的民间部门。

刚才鸟越先生说的那种作为爱好可以活动，不把它作为事业的"非营利"，我多次介绍过的推动移居北海道之会等等，有很多。可能这样的团体更多。

353

我也和盐原先生一样，四五年前曾经在札幌成立了居家有偿志愿者组织，我当时给它命名为"札幌微助人（biscuit）俱乐部"。我对志愿者的定义就是"微助人"。那是一直赤字的有偿志愿者组织。有四种经营：家务援助和身体护理这两项是老年人服务；另外两项的需求之多出乎预料，那就是照顾婴幼儿和接送老年人服务。接送老年人服务其实正好与出租车行业的福祉出租车服务相碰撞。我们请作为火种的有偿志愿者宽容我们让他们做出租车那样的事情，实际上我们做了这项服务之后，这个NPO才第一次有了盈余。

我是这个NPO的命名父亲，一定要让这个微助人俱乐部兴旺发展下去，但是，如果它一直发展下去，就一定要进入出租车行业，即市场经济当中去。对这个问题如何在学问上定位呢？从组织层次看，好容易才有盈余，当然不是以营利为目的。虽然是有偿组织但却是把公共性放在前面的组织，可是从出租车行业看，它就是竞争对手。

对这个问题的重新定位，对我来说是非常重要的学术问题。也就是把可以经营化和不能经营化的东西分开，再把可以追求营利的部分与几乎和营利无关的部分分开。可以追求营利的部分当中有可以放到市场经济中去的部分，也有与市场拉开距离作为"共"活动的部分，只要这样加以区别，讨论才有建设性意义。也就是说，分开"公"、"民"、"共"，讨论应该朝这个方向发展。

安立清史：我想关于鸟越先生和金泰昌先生提出的领导人问题谈一点看法。

NPO的领导人的确和日本迄今为止的组织领导人不同。NPO是美国的团体和组织。美国社会是那么巨大而又复杂的社会，但最后还是要看总统个人的领导力，这是美国的社会结构决定的。

我去年在美国待了两个星期，其中有一天是总统大选投票日。我在那里做了NPO调查。美国社会一方面非常重视组织和系统，但另一方面到了最后还是看人的资质。如果最后看不到一个有领导力的人物形象，就不会相信那个人。美国就是这样一个社会。

AARP开始是由安德拉斯和利奥纳德·黛维丝两个人做起的。安德拉斯是退休教员，她找过几十个保险中间商，试图找到可以为退休老年人办理医疗保险的地方。可是她一再遭到拒绝。她最后找到的是名叫利奥纳德·黛维丝的保险中间人。这两个人的个人人格和挑战精神成为AARP的基础。

从这个意义上讲，AARP是继承了人格的组织。它也是可以看得到领导力的组织。AARP的主页也是一样，在美国一定都是从总统的来信开始，然后是使命声明，最后整体形象集约到一个人的形象上。

美国总统是世界第一的当权者，同时他也受到社会的严密监督。美国用了很长时间形成了总统不能成为独裁者的机制。如佐藤先生所说，美国的土壤排斥垄断，排斥独裁者。美国社会把这种机制构建成了一个系统。

NPO不能没有领导人，但同时为了不成为封闭的机制要有很多规章制度，最重要的就是"信息公开"。美国的NPO对工资额度、经营内容、收入金额等，要做到最大限度的信息公开。不是为了让行政机构和联邦政府进行监督来公开信息，而是对普通市民公开，普通市民可以根据公开的信息决定向哪个NPO捐款，成为哪里的会员，通过这样的机制淘汰NPO，也就是社会在监督NPO。日本的NPO法也学习了美国的做法，但是还不充分。我想在回避道德风险、建立开放的系统方面，应该向美国学习的东西非常多。

今田高俊：安立先生提出了兼有运动体和经营体两方面、作为

355

新的组织形态的 NPO 问题。令人感兴趣的是,这种组织发展以后,会让已有的企业和政府感到为难和不安。福祉出租车也是一样,如果 NPO 随意开展志愿活动,企业就不能赚到钱,需要改变经营方针。

政府也许愿意让 NPO 代替自己提供公共服务,但如果 NPO 要把出于志愿角度的想法变为现实的经营行为,政府今后就必须改变思维方式,不能再用"上边"的理论逻辑来管理,而要通过提供公共服务支援国民生活。否则政府就得不到支持。从这个意义上讲,NPO 产生了很大影响。

问题是 NPO 发展壮大之后怎么办? 也许开始之初所具有的志愿精神会失去、沉淀和枯竭。如何确保和留住志愿的人、志愿的公共性? 也许 NPO 在这方面会陷入困境。如何在社会框架当中说明一线现场的草根志愿者活动,这也是个大课题。关于这个问题,我想交由后边的讨论来探讨。

综合讨论四

主持人：金泰昌

志愿者组织与透明度

金泰昌：在这两天的时间里大家提出了几个问题，我想请大家在综合讨论和拓展讨论当中进一步深入讨论。

第一，如果有"意志人"这个新的人物形象，那么我们是不是需要进一步思考一下，那是怎样的形象呢？

第二，有人指出，日本社会强调"同的逻辑"。那么要超越这个"同"，需要怎样的理论逻辑呢？这也是想请大家讨论的问题。

第三，这是矢崎理事长提出的问题。与我们现在讨论的问题相关，应该怎样看待内发的公共性和应答的公共性呢？不是说我们要否定哪一个，而是需要我们用发展的眼光去思考。

长谷川公一：我也对安立先生的论题非常感兴趣。我从1990年到1991年有1个月的时间到美国考察环境、电力、能源问题方面的NPO活动，看到了和AARP很相似的事例。那是在加州一位50多岁名叫西格尔的家庭主妇开始的公共费用合理化运动。这个运动扩大到了几个州，成为很有影响力的NPO。所以，我听了安立先生讲的事情感到非常有现实性。

鸟越先生发掘了各种第一层砖的事例。就像我对鸟越先生提的问题那样，怎样才能让日本的志愿活动和团体具有影响力呢？

也就是,怎么样做才能从第一层砖上升到第二层砖,然后到第三层砖呢?

在美国,许多NPO都在首都华盛顿有办事处。刚才讲到了西格尔在加州开展公共费用合理化运动的NPO(TURN),它在沙加缅度、旧金山、洛杉矶有办事处,在与州政府的交涉当中发挥着越来越大的影响力。结果,它使政府降低了公共费用。为此,它与电力公司和电话公司进行法庭斗争,最后胜诉获得了律师费,从某种意义上说,它是通过做这些薄情的事情才发展起来的运动。

AARP对于会员是有实在利益的。借用金泰昌先生提出的"新的人物形象"来说,它未必就是新的人物形象。但是在美国的习惯当中,对于实用主义地诉诸人们实际利益的运动非常敏感。它们强调"成了会员会有这样的好处。组织大了以后,这好处不限于会员,整个社会都会有这么大利益",于是得到发展。从安立先生的发言当中也可以感受到,关键词是"可视化"。他们有非常好的可视化办法。反过来说,如果不能可视化就得不到信任。

创价学会在某种意义上对会员以外的人非常戒备。盐原先生为了研究它很辛苦,但创价学会不是我们社会学家说调查就可以调查的组织。这是个非常大的问题。

金泰昌:你说的"可视化"可以说是"透明度"吗?

长谷川公一:是的。反过来说,美国在某种意义上是个多疑的社会,通过信息公开上演透明度,进而得到信任。

我想对安立先生和鸟越先生提的问题是:不管有影响力本身是好是坏,日本的志愿部门要更加扩大影响力,在从第一层向第二层发展、第二层向第三层发展方面,什么样的契机最重要?

小林正弥:作为一般理论应该考虑两点。一个是韦伯概念当中的权威与其日常化和制度化的问题。这与金泰昌先生提到的宗教事例有密切的关系。也就是说，开始是有领导的。宗教也是先有领袖，然后才扩大。但是在扩大的过程中会出现组织化的问题，根据不同情况会失去宗教的本义。有这样的历史问题，特别是天主教等大的教会更会发生严重的组织问题。

对于NPO问题也应该在这普遍的框架内来探讨。关于创价学会的例子，有的问题应该作为领袖或宗教本身的性质问题来考虑，不能单纯地把它与世界上其他宗教同等看待，但它确实有个权威制度化的问题。所以，我认为NPO的庞大化是有问题的。

第二个问题，是与资本主义论的关系。刚才谈到了NPO的非营利和营利的问题，我觉得讨论有些混乱。组织为了发展壮大当然要有利润，要给所雇佣的人发报酬，或者买楼也需要购置资金。从这个意义上讲，显然是要营利，也是必要的。

但是，NPO并没有像佐藤先生说的那样，被卷入到"资本产生资本"的资本主义逻辑当中。最近不怎么使用资本主义这个词汇了，而是用市场经济这个词。从市场经济观点看，也许可以说NPO是市场经济中的主体。但是否可以说"NPO是资本主义中的资本呢？"我认为不是。

所以，在探讨NPO的时候，应该分为两个类型。一个是纯粹的志愿结社，规模不会变大或者不想变大的类型。另外一个类型，进入到市场经济当中，但与市场经济、资本主义经济中的私人企业不同，不是资本主义当中（以自我增值为目的）的资本。我认为重要的是NPO要开拓这部分。我想，佐藤先生说的"社会经济"可能也包括这样的观念。可以把这作为一个范畴。

359

这与"交换"和"赠与"问题也有关系，卡尔·波拉尼曾经提出"如何把经济嵌于现代社会之中？"从他提出的问题来考虑，我感到"真有可能实现结社革命"。我认为，还是需要积极地去看它的可能性。

新职业人组织

金泰昌：金子先生说 NPO 不是"非营利"而是"新职业人组织"，这一点很重要。以我们财团和研究所为例，将来世代国际财团和京都论坛、将来世代综合研究所是非营利、非政府团体，是自发民间团体意义上的 NGO、NPO，但在由各个领域的专家来持续进行公共哲学共同研究的意义上讲，也是一种新职业人组织的 NPO。但京都论坛又通过学者和中小企业经营者及社会各领域的领导人之间的合作致力于启蒙活动，所以也可以说它是新伙伴组织意义上的 NPO。

但关键的是不应该单方面地确定"目的"。在和众多学者交往的过程中，经常有人对我说："你不说目的是什么，这不太好吧？"于是我说："你说的不对。""如果我明确了目的是什么，那么你们就成了为我的目的而被动员来的。不是那样的，因为迄今为止没有（公共哲学），所以我们要（一起）创造出来。不明确目的理所当然，因为我也不知道会出来怎样的结果。"

这时候大家的讨论就会成为契机，每个人都会发现自己迄今没有发现的问题，自己的想法也会发现变化。这样做的结果，如果在某种意义上可以自发地创造出一点东西，那就是成果。那么是不是有了点成果就停止了呢？不是的。总是要向下一个阶段、再下一个阶段发展，得出 the final answer（最终解答）不是目的。即使我做这样的解释，还是有很多学者不理解。他们还是说不能没有某种"目的"。先有"目的"，然后考虑自己的"专业领域"是不是对那个目的有用，这样的想法一直是以前处理与政府或其他各种部门之间相关事务的办法。但我们这里不是那样的部门，我们是要一起创造事物的当事人。所以,我们的前提是一起变化。这里不是单方面提供自己所有的专业知识,而是大家共同参与,一起创造新的东西的场所。

从这个意义上讲,没有明确的"最终目的"。但我们大家要一起创造"公共哲学"。其内容多样,会是个什么结果,我也不知道。我想看了我们发行的新闻通信和其他各种读物就会知道,我个人会被误解或遭到严厉的批判,但我们都会如实记载。因为重要的是"一起创造"的过程。

NPO 与公共性及市场经济

今田高俊:刚才小林先生说,无论是 NPO、NGO 还是志愿者团体,即使它们的活动以某种形式获得了利益,但只要没有资本主义的理论逻辑就可以。如果是那样的话,还能把这些团体认定为是区别于人们所说的市场主义的组织吗?就像中国所说的社会主义市场经济形态那样,可以把 NPO 看成既不是资本主义的也不是行政管理的组织吗?

小林正弥:我想在公共哲学共同研究会已经对市场经济和公共性问题进行了很多的讨论。在经济学上一般用"公共经济(学)"这个词,这里讨论过在经济上如何考虑区别于它的"公共性",因为经济学上说的"公共经济"关系到"政府"。

作为与它不同的"公共性"事例,我在以前的研究会举过"环境友好型经济和企业"(参照本丛书的第 2 卷《社会科学中的公私问题》)。说的是,有与作为市场经济公理(需求最大化、利益最大化)行为不同的消费者行为,有对其作出回应的企业精神。所以应该有(不是"上边"的"公"意义上的)"公共心"所支撑的经济活动。

361

那时候没有谈到经营形态问题，但对有"公共心"的经济我提出了"公共善财"、"公共善经济（学）"的概念（参照本丛书的第6卷《从经济看公私问题》）。我认为，作为市场经济当中的普通企业和消费者的行为理论可以有这样的看法。

这样看来，我想也有从市场经济接近理想的可能。另一方面，今天是从（市场经济另一极的）志愿者来探讨，所以会有"一些NPO脱离了纯粹的志愿者"这样的意见。但是，以前的合作社正好在这个节点上。大家协作来做私人企业也可以做的事情，这是"共＝协"的理论逻辑。与此相同，从志愿者构思的途径来看，可以发现双方的节点。我以前听说过"福祉部门可以办企业"，安立先生介绍的事例是个很好的验证。

所以，（市场经济与志愿者）两方面途径有可能出现节点。这样一来，就可能成为"以市场经济的市场为前提，开展（志愿）经济方式"这种意义上的大事例。而且，我认为，它在很大程度上相当于佐藤先生的"社会经济"概念。如果是那样，它就不是低层次上的社会边际的变革，而可能成为社会中心部分的变革。

金泰昌：一位名叫爱德华·达布里斯·索亚的城市学家长年研究城市问题，在他使用的概念当中有一个 thirding。这是一个把 first，second，third 中的 third 动词化了的概念，和布莱尔首相的智囊安东尼·吉登斯说的"第三条道路"不同。它不是固定了的概念，是作为动词的 thirding。比如有"国家"和"市场"，那就会有另外一个（第三个）不同的空间，是在思想经常开发意义上使用的 Thirding 这个词。我认为这是有一定意义的想法。

借用这个词，不断地 thirding，这就是公共哲学。比如发生了"自由主义"与"共同体主义"的对立，那么在思考它们所顾及不到或者被它们丢弃了的问题时，就必须要 thirding，要开放性地思考。

在发生任何两极对立的时候，都要开拓另外的思路。两极对立之一就是"公"与"私"。

在日本，总会有"公"与"私"的两极对立，不是"灭私奉公"就是"灭公奉私"。在1999年的公共哲学共同研究会上金子勇先生说："画条辅助线不是更好吗?"（参照本书的综合讨论一）我想能让这个"辅助线"更有生气的词汇就是thirding。那就是以与自己不同的他者的他者性、异质性为契机，"开拓不同的层次和视角"。从不断探索他者的意义上，我们使用othering这个词。把这两方面混合在一起，有时候也说thirding as othering。

志愿者经济的可能性

今田高俊：人们有些太过于担心志愿者团体和NPO、NGO扩大经营和市场化。为了发挥志愿的作用，我们不能有反过来把市场作为道具来使用的想法吗？如果总用"让市场吸收了"、"不能市场化"这样消极的观点看，我觉得不会有什么好的结果。我认为，我们这个研究会也应该找个时间请经济学方面的专家来讲讲"志愿经济"。最近经济学家已经在认真思考"志愿经济"的可能性。

有的金融体系已经灵活地利用市场，建立了支援和关怀机制。孟加拉国大学专攻金融经济的尤努斯教授创办了孟加拉乡村银行（Grameen Bank）这一NGO银行。这是一家在亚洲最贫穷的孟加拉国为那些贫穷人们生活的自立进行无担保低息贷款的民间银行。它以贫穷的主妇为对象进行小额融资，却可以回收贷款额的98%，获得了奇迹般的成功，引起了海外的关注。它利用金融经济成功地使这种福祉机制走上了轨道。无担保贷款有被赖账的可能。从资本主义的逻辑来说，借钱的人跑了就都完了，所以必须要有担保。但孟加拉乡村银行建立了"借钱的人不跑"这种"信任"机制。那就是不多贷款。孟加拉国是个经常会发洪水的国家,孟加拉乡村银行向被洪水冲毁了房屋和田地的人贷款。他们踏踏实实地干一两年就会把钱还回来。还了钱,需要的时候还可以借。孟加拉乡村银行成功地使这种方式习惯化、制度化了,它把金融系统做成了福祉系统。

听说现在联合国为救济发展中国家的贫穷的人们,正在探讨是否可以把这家银行的方式推广到全世界。这是一个成功地利用市场,扩大了志愿者、福祉活动和支援活动的事例。是不是把它称为"志愿者经济"还有探讨的余地。听说孟加拉乡村银行壮大了,现在已经脱离了 NGO。我想,重要的是要像这样下工夫,从以前那种"不愿意靠近市场"的想法当中自由地走出来一些。

小林正弥:我有个相同的例子。前几天报纸有条消息①,说是在法国天主教的修女开始伦理投资(伦理投资信托、伦理股份),顺利地走上了轨道。她们制定了有关环境问题、员工待遇、社会效益等 20 多项投资基准(表),对从伦理观点看是做善事的企业进行投资。做社会性善事的企业接受投资,有了更高的效益,股价也会上涨,投资也就成功了。本来天主教不认为赚钱是好事情,可以说这是大的思想转换。这也是借用市场经济的逻辑,发挥了把企业向伦理的、公共的方向引导作用的事例。是"公共善经济"的好例子。

刚才说到了市场经济与资本主义经济概念的不同。我认为只用"市场经济"这个词是危险的。在经济当中有商业,也有产业,还有金融,在马克思经济学上把商业资本、产业资本、金融资本做

---

① 参见《朝日新闻》2001 年 1 月 27 日。

了明确的概念区分。只有市场经济这个概念,有看不到这种结构的危险。从资本主义经济的观点看,金融是"财富产生财富"这种结构的原点,所以容易成为有害的部分(金融资本主义)。但就是这样的部分也可以运用到伦理的方向上。

因此,如果是金融以外的部分就会有更多可能把它运用到积极的方面。如今田先生所说,重要的是要从相反的方向利用资本主义经济的理论逻辑。根据"只要动机和结果是善就可以"的原则利用市场经济。可以说,这种"公共善市场经济"的构想非常重要。

市场原理与志愿原理

佐藤庆幸:我在 20 年前去了美国的伯克利,社会学家贝拉在那里。他问我:"你干什么来了?"我回答说:"来研究志愿结社。"他接着问:"读过托克维尔吗?"在美国大学的书籍部放着托克维尔简装本的《美国的民主》。那是基本文献。我收集了一些关于志愿结社方面的论文和文献,出了《结社的社会学》。现在看来那是一种组织论。

那时候经常听美国人说 joyner 这个词,不知道现在还用不用。大多数美国人都归属于三四个以上复数的志愿结社。但是同时为了在市场经济激烈的竞争当中生存还要拼命工作。他们每周都要抽出三四个小时的时间,参加志愿者活动。比如"纽约关怀"这个团体,银行职员和律师等非常忙的人,一边要在严峻的竞争状况中工作,一边还在做着志愿活动。

虽然不能说他们一个人当中有两面感情,但却是同时有两种不同的位相。一方面要彻底地赚钱,但又不满足只赚钱的生活方式,所以另一方面要参加志愿者活动。这些情况出现在贝拉写的

《心的习惯》当中。那本书大体上是根据对美国白人中产阶级的采访写的。

营利原理、市场原理和志愿原理有相辅相成的一面。构成社会的时候，只靠一种原理绝对要失败。这一点看看社会主义就会很清楚。现在只顾市场的资本主义也绝对不会成功。所以，还是需要思考另外的原理。好不容易现在到了不思考"志愿部门或NPO部门"的问题社会就无法成立的时候。如金泰昌先生所说，迄今为止日本只强调"国家"和"市场"，但现在已经不能那样了，看看世界，这已经很清楚了。

市场经济因全球化而异常突出，但市场经济是由非市场或非经济的东西支撑着，美国就是一个典型的例子。比如美国的福特和洛克菲勒，企业都获得了莫大的利润，但其财团用企业利润的一部分设立了基金，而且那基金绝对不会用到营利活动中去。那是基本原则。美国已经形成了这种作为系统为社会做贡献的形式。

在社会学上以前就有作为行为论的志愿精神。但是，我认为行为论的志愿精神并不是金泰昌先生说的那种"容纳他者"，而是非常以自我为中心的志愿精神。这是个非常大的问题。

的确，志愿精神的根本是自由意志，自我决定。但是容纳"他者"同时就是改变自己，否则就不能做到容纳。改变自己和容纳他者，必须要同时进行。如果是认为自己绝对正确，让别人去改变这种（自我中心的）做法，志愿结社或志愿行动是不会实现的。我们终于到讨论这个问题的时候了。

从根本上说，对他者的想象力，与他者共同感受烦恼、喜悦和悲痛的关系，是连带（association）的前提。连带"基本上是不封闭的关系"。比如志愿者团体，重要的是，团体内外的人际关系基本上都是"连带"。

什么是连带的实体化呢？比如志愿者团体实体化后连带的人际关系无论是在内部还是在外部都会遭到否定。实体化否定自由关系。组织要压迫个人。福祉服务关系通过自我与他者表现自我，同时也改变自我。这是与关怀相联系的问题。当组织规模壮大之后，就是要看最末端与他者相关的一线现场的人们是否能采取我说的这种志愿行为。

美国的出版物动不动就把志愿精神神话得十分美丽。这是非常危险的。神话志愿精神可能会遮盖现实当中的各种紧张关系。

因此，绝对不能神话 NPO，不能让它实体化。来自一线现场的声音说到了第一阶段、第二阶段，重要的是第一阶段。官僚制是非常划一的平等主义，但最重要的是每个人都不一样。每个人都有什么人性的、根源性的需求，对其应该做怎样的回应，这是最根本的问题。

政府的想法是向所有人分配大体相同的东西，这是平等主义的思想。给大家发一样的饭盒是平等主义，政府就是这样。志愿不是这样的形式，志愿是要认清每个人的需求，分别作出回应。人的根源性需求，在不同的情况下，每个人都不一样。

我讲一点自己身边的事情，请大家原谅。我妻子的母亲年岁大了，行动不自由。她说要洗澡，即使大儿媳妇说"我来帮你洗吧"，但她还是叫我老婆。希望有血脉关系的女儿帮她洗澡，这就是母亲的根源性需求。

367

所以"护理"不能是千篇一律的护理。用什么形式去理解人的根源性欲求，这一点非常重要。学习了"护理"，就可以大致了解护理方法和如何去理解人，但一旦面对对方，就会产生只有当事者才明白的各种人际关系。那完全是个别的问题，不能普遍化。

所以，人是自由、平等的这种由法律规定的"平等主义"是普遍主义的虚拟。实际上也有很多被这种普遍主义排斥和疏远的人们。其实，20世纪六七十年代以后，这一直是个问题。在日本也有排斥少数的问题，女性在企业受到很大排挤。如何应对像残疾人和同性恋那些少数人人性的和根源性的欲求，在一线现场是非常难的问题。我不能自夸，但我确实在考虑些这样的问题。

金泰昌：现在的讨论真是有建设性的讨论，真是不错。接下来我想请大家思考如下问题。首先，利用市场和企业理论逻辑这种想法，还是没有把企业家当作"当事者"。我们不应该固执于把"企业"和"志愿"分开这种想法，而是需要无论是学者、企业家还是政府官员，大家都来一起做志愿者，我们需要这"一起"的理论逻辑。我们不要先设定"国家"、"市场"这些僵硬的理论逻辑，然后从对立的角度去思考，而是要寻求可以充分利用它们的途径。这一点很重要。

所以，我们需要重新认识到，在自己的生活现场当中用自己的眼睛去观察，用自己的身体去感受，用自己的头脑去思考有多么重要。这最终是每个人的选择。企业家当中也会有一起走志愿之路的人，相反，大学教授当中也会有对志愿完全没有兴趣、不想实践的人。因此，我们不能用（企业赚钱就是不好这种）固定的区分方法，而必须要回到在一线现场活动的每个人的"生活方式"问题上来重新思考、构筑我们的理论。从哲学上说，结构主义的失败、存在主义的失败还有一直说的志愿精神的失败，现在这些全都暴露出来了。所以，现在应该从每个"人"的角度来思考。

还有一个问题，"结社"的意义、功能和作用没有得到很好的理解。这也许是一部分共同体主义者对结社的批评产生了影响。

如佐藤先生所说，所谓"结社"是对自我参加的自我选择、自发性、自主性开放的结合体。相比之下,共同体的出入口都不自由。我认为这个区别很重要。所以,我不明白为什么结社被视为危险。

拓 展 二

超越"永远重摆架势"

金泰昌：现在进入更加自由的讨论的时间，我想把论题和问题以及讨论的框架扩大一些，来展开对话。如果可能，我想请大家站在当事人的立场上来参加讨论。先从坂口先生开始怎么样？

坂口绿：我听了大家的发言，有个问题想在这里提出来，希望哪位能给予解答。去年（2000年）我做了终身学习领域的调查，那里有NPO主办的学习项目。这个项目叫"地球市民学术界"，是东京YMCA与NGO协议会及东和大学的共同项目，面向对开发教育和多文化教育感兴趣的人们，为期10个月。前5个月听老师们讲课，后5个月小组活动，最后每个人根据题目发表自己的观点，这个项目当初的目的是培养担当NGO和NPO活动的人才。

我在做调查的过程中感觉到有一个疑问。到那里的人们都是高学历，有的研究生毕业，有的是大学生在读国际关系专业，他们是兴趣浓厚的人，学习基础非常好。但是，完成为期10个月的项目，或者完成了小组学习后走出来的人们会感觉到"和我有同样兴趣的人有这么多"，互相都会安心。这样就成为更要好的团体，以团体的名义继续开展活动。

有个人暑假时候到印度尼西亚参加了野外植树活动。最后他

371

决定"首先从身边的事情做起"。

来这里的人都是想参加全球活动的人,最后决定从身边的事情做起。能到这一步很了不起。最后真有些人决定从建立品尝新大久保周围特色餐厅之会开始(笑),有些人决定开始在第三世界的商店做生意,还有些人去跳蚤市场买东西,给那里的人们一些经济上的支援,这些真都是从身边的事情开始。看到这种情况,我不禁产生了这样的疑问:为什么本来有很大动机来参加活动的人们,最后却决定做那样的事情呢?当然在这里找到有同样兴趣的朋友,这一点是非常值得肯定的……

也许是市场的诱惑太强大了。比起到菲律宾作为 NGO 的一员参加活动,说过家家可能有点儿过了,总之还不如做快乐而简单的事情。应该怎样做这些人的工作,才能达到 NPO 主办这学习项目当初的目的呢?这就是我要提的问题。这次讨论的内容是以开展志愿活动的人们为前提展开的,如何才能有号召的言论呢?这也有点问题。

金泰昌:是关于号召一方的问题还是被号召方的问题呢?还是双方的问题?

坂口绿:是两方的问题,但特别作为主办项目一方的问题,它的号召言论传播了到什么程度。

长谷川公一:日本人非常喜欢学习。反过来说,只要学习就不会受伤害。美国各种草根结社和 NPO 市民活动都不学习。比起学习,首先是自己要开始行动。在那里很难看到类似行为模式的东西。

就像刚才我对安立先生的论题做的评论那样,重要的是要具体告诉人们自己可以做些什么。让他们参与到一种制度或使金钱更有效率的机制当中去。不能停留在"某某国家在做这样的事情"这种提供信息上，重要的是要迈出具体的一步。

在宫城县以给老年人提供饮食服务而全国闻名的"茜草小组"创始人有句名言，她说："普通的主妇说想参加，想参加，但那永远是重摆架势，不真正摔跤。"她们总是要辩解，说什么孩子还小啊，什么丈夫不理解等等。我想，重要的是要超越辩解，实际上做点事情。但是，我们也在"永远重摆架势"。日本政府"失去的10 年"，可以说是日本的官僚制在 50 多年来一直永远重摆架势的结果。

反过来说，打破永远重摆架势的可能就是紧急性压力。这种压力是在紧迫关头发生的，它想停都停不住。但是"想停都停不住"不能靠等，对内要增加其内发的可能，对外要努力让人们看到。这一点很重要。

志愿者行为的目的

鸟越皓之：我想人还是应该有"目的"的。我还是举具体事例说明。如果说 NPO 没有"目的"，我认为那毫无道理。看看具体的NPO 组织，一定都有明确的目的。人们不会毫无目的地聚集到一起。

我来说一个不是草根、但却是草丛深处的例子。有人在三重县开始了共同体商业。一帮年轻人聚在一起说："这里什么都没有。这里是农村，只有干净的水和空气。"有人说："那我们就从干净的水开始吧！"于是，他们开始了卖水的生意。听说现在年销售额超过了 1 亿日元。他们这种情况，开始就有"卖水"这个目的，可以解释为卖水就是地区的内发性发展。

这个山村有森林工会。儿子不得不接从事林业的父亲的班，但林业赚不到钱，也没有什么乐趣。但出现了以"销售水"为目的

373

的 NPO 以后,大家都开始说"森林很重要"。人们会说:"水很干净,那么是什么把水变干净了呢? 那就是森林。你小子干的工作了不起!"自己也会觉得"真是了不起的工作",这样就在维护森林当中开始感受到了生活乐趣。

在"水"之后认识到"森林"重要性的这个 NPO 组织,感觉到"要使水干净就必要清扫河川"。于是,他们的组织也大了,也开始清扫河了。本来以前没有怎么想过环境问题,但从结果上看,又有了"保护环境"这一目的。而且,大家在不同的活动中都感受到了各自的生活乐趣。也就是说,明确的"目的"随时存在,它还会连接到新的"目的",在这个过程中,人也发生着变化。我想,这是因为受到了他者的影响,世界观发生了变化。

从这个意义上说,有了"目的"才能很好地和他者产生关联。"他者"不是单独地存在那里,在各种对话当中拥有"目的",与他者联系在一起。所以,我认为目的是十分有意义的。

今田高俊:非志愿者行为与志愿者行为之间有什么不同呢? 我们思考一下这本质性的不同就清楚了。一般来说,比如考试想得高分、工作中想有好的业绩等这种自己想出成果的行为,它的前提是对方是否会有助于自己实现目标。自己是中心,他者是手段。但是志愿者行为当中的支援和关怀,关键是要看对方如何反应,对方的行为本质是不是得到了维持和改善。处于善意的支援和关怀,也可能受到批评:"干什么? 没有希望你做那样的事情。"要从对方的标准看待成果。所以,进行支援和关怀行为的时候不能用客观标准测量自己的成果,因为要看对方怎么想。因此,对方是否满足,是根据对方的满足标准不断变化的,为了应和对方,也必须要改变自己的活动。

有个著名的命题,就是"树也能上法庭"。从事环境问题工作的人代替"树",也就是代替"他者"。代替的对象既不是自然物体也不是人,不是基于自己的观点发言,而是要从作为代理人的观点发言。更彻底一点说,如果不能完全代替"他者"就不能进行支援和关怀。从这个意义上讲,必须要丢掉以自己为中心的自我。

所以,把援助和支援"自我目的化"的行为,绝不能成为志愿的公共性和关怀。这在很大程度上关系到通常想取得成果的行为与支援和关怀行为的不同。不能只是I,也不能只是I和you,必须要有other。然后I转换为other,从other的立场来想怎么做。我认为,这才是关怀。只有生成变化为他者才能有志愿行为。

志愿者与自他关系

金泰昌:我想再深入一步。有一种意见认为"志愿"这个词不宜用得过多。在社会学上还有志愿精神的另外一个问题。"自己与他者"还会实体化。是不是一旦有了"他者"与"自己"它们就一直存在呢?不是的,它们会经常相互转换。

"他律"与"自律"也是一样,让其他人约束这个意义上的"他律"不太好,所以才有了"自律"。但只有"自律"也会成为自我扩张。所以想到了另外一个概念,就是(不知道日本是不是用这个词)相互关系中的"互"加上自律的"律",称为"互律"。没有这"互律"的"自律"不够,只是他律也不够。

"自己"与"他者"的关系也是如此,"自己"到什么时候也是"自己","他者"到任何时候也是"他者"。但实际情况并不是这样,从"他者"来看,"自己"对于对方来说也是"他者"。("自己"与"他者"是相对的关系,互换的关系)没有这样的观点就不会发展。

问题在于是否能摆脱追求利益意义上的自我中心性。看起来完全代替了"他者",但那又成了"自己",而看不到"他者"。这是把"自己"和"他者"绝对化、实体化的结果(弊端)。"自己"与"他者"是关系概念。今田先生对我来说是"他者",但从今田先生来看,我是今田先生的"他者",互相转换。不能没有这个观点。

"自己"与"他者"是经常互换的相互关系,从这个角度看,应该有一种媒介"自律"与"他律"的另外一种律。它叫做 allelonomie。这是个不太使用的单词,它是介于希腊语 hetero 和 out 中间,连接双方的 allelo(相互)与 nomos(纪律、法律)相结合的一个新词,用日语说就是"互律"。

这与矢崎理事长提出的"内发性公共性"与"应答性公共性"问题相关联。"内发性公共性"作为一个人的思想是很了不起的。迄今为止他律的公共性是管理型的政治性公共性,内发性公共性是自立的公共性。但是,如果它到了极限,就会变得只有自己的理论逻辑而不真正认可"他者"。

那么要认可"他者"是不是只靠他者的理论逻辑就行了呢?不行。"他者"可能经常和"自己"进行互换,所以需要连接双方,使"他者"和"自己"相互发展的另外一个理论逻辑。也就是说,比起二元论来更需要三元论,需要 thirding。我不知道用"互律"这个词来说 thirding 是不是合适,但如果不设立另外一个基轴,就有可能陷入自己编织的圈套动弹不得。所以"互律"非常重要。

今田高俊:好像我要说的事情没有很好地传达出去。我说的是志愿行为的原型。有对方,有自己,在对对方做什么的时候,不能以自己为中心,而是要代替对方的存在。有作为自己的自己,还有代替对方的自己。没有这一点就做不好事情。这就是我要说的,不是马上就联系到公共性的问题。

"互律"当然也很好,但是在自己想开始什么志愿行为的时候，对方如果是人，至少需要代替对方的存在。如果对方是自然物体，就像"树也可以站在法庭上"一样，需要本人代替树。如果树是"他者"，就要有几个可以站在它的观点上发言的人交替生成变化为树，否则就做不好事情。志愿者活动不是做一次就可以结束的。

金泰昌：我刚才说"再把讨论深入一步"。"志愿"这个词本身就有很多自发的意思，我只不过指出了一个超越自发、更加开放的方向，而不是说今田先生讲得不对。

关 怀 问 题

金子勇：不知道我的发言能不能"前进一步"。佐藤先生在综合讨论四的最后部分讲了他自己家护理的经验，也就是给老人洗澡这个非常个体的事情。我受他的启发，从今天的层次讲讲关怀问题。

以在护理保险之外开展附加服务的送餐服务和日护理服务为例来看现在的问题，福祉 NPO 的送餐服务订盒饭人的情况都各自不同，比如有的人血压高，有的人手脚有残疾，有的人吃饭有自己的时间等等。但不能都把它们作为优先事项来突出特殊性。如果不在某种程度上牺牲特殊性就不能继续开展服务。这是一对矛盾。可是，如果没有划一性就不能算是共同性，那就成了一锤子买卖。可以为高血压、手脚有残疾、需要限制热量的邻居做盒饭，但不能把它扩大到大众层次。

日护理服务也是一样。在同一时间把一级需要护理和四级需要护理的人集中在同一个地方，让他们用气球玩排球的游戏。有的人觉得好玩，有的人觉得没意思。也就是说，不牺牲个别性就不能开展共同的福祉服务和关怀。可能 NPO 也下了些工夫，做了分类,优先两三种个别性,但也只能做到这一步了。

安立先生的论题谈到的企业化或经营化都不能做到。成为商业以后,就不能对特定的目标提供护理服务。金泰昌先生说的"互律"非常重要。我觉得有个问题,如果只是一次还可以,但要把互律继续下去,提供服务的一方就要重新审视划一性问题,否则就不能拯救个别性。

金泰昌:护理也有公共护理和私人护理。比如我妻子,在我父母生病的时候她真是"灭私奉公"一样地照顾他们。这是个人的护理。我们现在谈的问题是,仅靠这种个人关怀是有限度的,所以需要公共关怀。

那么怎样才能是公共的呢? 完全按患者说的做那种护理也许一两次还可以,但不能一直持续下去。所以,护理人和患者从某种意义上说必须要互相替对方考虑。这就是我说的"互律",也就是"彼此彼此"。

从公共关怀来讲这一点很重要。个人关怀的情况因人而异,我在家对妻子抬不起头,是因为她一直献身地照顾我的父母直到他们去世。但是,是不是也可以让别人这么做呢? 不能的。我想我女儿就不会这么做。所以,如果有人单方面地出于善意来做好事,那总是他个人的事情,不能让大家都那么做。公共关怀仅靠单方面的善意不能成立,也不能长久。从这个意义上讲需要从"互律"这另外的层次来思考。这就是我要说的。

足立幸男:我对金泰昌先生说的深有同感,非常赞成。的确,提供服务的一方和接受服务的一方都必须要忍耐。不过,在很大程度上,也可以通过市场部门提供应针对每个人情况的服务。比如在我住的附近很多人都从一家叫 YASHIKEI 的公司订晚饭。这家公司可以满足人们细小的要求,为患有生活习惯病的人们准备了各种菜单。

通过市场提供应对人们多样性的福祉服务，这一方面也不能忽视。

金泰昌：是的。公共关怀做不到的事情就由营利机构来做。因为这也是一种选择。

金子勇：但是也有很大的地区差别，在大城市可以，但更多的地方很难做到。

金泰昌：还有个能不能付得起钱的问题。如果能具体应对个人的喜好，那成本一定会高。有钱人的选择途径更多了。也会有些人需要细微的服务却没有能力负担费用，这是个大问题。自己有能力的人自己负担，当然不用担心。

足立幸男：并不是要自己全部负担，可以有各种办法，特别是公共部门可以也必须要根据每个人的喜好提供服务。我不是说只有有钱人或者只住在城市里的人才能接受符合自己喜好的服务。

自律、他律、互律

原田宪一：除自律、他律、互律之外，还有一点很重要，那就是世代生生性。我们需要再思考一下"将来世代"会怎样，他们会有怎样的价值观。因为现在有需求就进行关怀，可越这样做也许反而对将来世代来说是好心做坏事。"可持续发展"在某种程度上意识到了这一点，但是还不够。

"竞争社会当中的志愿者"值得怀疑。《教父》当中黑手党的头领说："毒品对青少年不好，只能卖给黑人"；《东京地狱》当中皈依了法华经的日本黑社会的人虽然打死对手，但对自己的亲人却很好。他们共同的特点就是缺乏对"他者"的接纳和对"他者"的想象力。

根据我们是否对"将来世代"产生影响力,探讨的内容会发生变化。如果在现在的自律、他律、互律之上再加上个"时间轴",从"世代生生"的观点来探讨,就会有不同的内容。否则,我感觉讨论会局限到需求与供给的事情当中。

金泰昌:自律、他律、互律包括了时间和空间。heteronomie、autonomie、allelonomie 就是从时间、空间的观点不断地进行自己反省、自己修正、自己重建,不是一次就完了的事情。所以,就是世代继承生生。从某种意义上可以说,他律的终极是作为人之存在根据的上帝的存在及其意思,是上帝的意思。但是在不以上帝为存在根据、不以上帝为前提的文化圈当中,只能以互律为人与人之间的伦理意识的根本。

难波征男:中国的张立文先生出了《和合学》,谈到了与金泰昌先生刚才说的自律、他律、互律相类似的思想。简单地说,中国讲阴阳,阴不是阳,阳不是阴,也就是它们互为他者。称其为他者的东西相互阴阳和合变化,化生为新的和合体。在这个过程中,首先是阴阳冲突,然后是融合。张立文先生认为,在融合之前的这段时间应该有一个将冲突与融合合并在一起的"突融"层次,就是一个边冲突边融合、边融合边冲突的层次。然后发展到"和合"阶段。他认为是和合体运动,所以不能关系到新阶段和合的冲突、突融和融合没有意义。

我在想,大家说"生生",如果把它作为生命来考虑会怎么样呢?阴与阳,大体上如同男和女一样。男人和女人反复冲突、融合,最后结婚。然后会有孩子。先有受精卵,然后成长为胎儿。我认为这也许就是从"突融"到"融合"的阶段。最后经过十个月又十天,足月离开母体,新的生命体诞生了。这就是"和合"的状态吧。如此一来,所谓和合具有父亲和母亲的 DNA。它自身是和合的存在,也是阴与阳、男与女的和合体。其实也可以说,父亲和母亲也是各自祖父、祖母的和合体。然后又作为新的男女,繁衍下一代,并如此连续循环下去。

在中国思想当中是如何看待离开母体的和合体呢? 古典典籍当中有一部是《礼记》。根据它的记载,子女继承了父母身体的遗产,子女自身也是父母的遗产。所以认为"身体是父母的遗体"。因为是靠自己父母的遗体行动,所以必须要对自己的身体有虔敬的态度。因此有了"身体发肤,受之父母,不敢毁伤"这种形式的"孝"的概念。

不是把"自"与"他"分开,而是像韩国国旗那样,阴阳相交,各有各的立场,但又为一体。是不是可以这样来认识"自己"与"他者"的存在呢? 我想,这样来思考就可以与志愿的人观联系起来了。大家认为如何呢?

金泰昌:吉田公平先生,你也是中国思想专家,请讲几句吧!

吉田公平:我没有认真地读张立文先生的《和合学》。难波先生根据张立文先生的解释说了《礼记》和《孝经》里面的事情,但从传统来讲并不是那样,"身体"是父母给的"一部分",所以子女可以根据父母的意思做处理。这就是"孝"的观念。张立文先生把它做了非常现代的解释。

难波征男:那是难波的解释,不是张立文先生说的。

吉田公平:是这样啊。我在中国的教科书当中最讨厌的就是那个《孝经》,完全无视子女的人权。在中国的历史上,没有粮食的时候子女甚至撕裂自己的身体给父母吃。这作为孝敬父母在社会史上得到很高的称赞。所以我在上课的时候一次都没有用过《孝经》,甚至讨厌看到它。

这两天听了大家的发言，有些深切的感受。许多人都在说"自立的个人"、"关怀的冲动"、"想停都停不下来"等等。大家在无意识当中站到了人的本性为善这一前提之上。

但"想停都停不下来"的方向性未必就是固定的。我感到原封不动地使用是很危险的。有的父母不知从什么时候开始"想停都停不下来"地虐待自己的孩子。有的人说是很喜欢对方，为了独占对方便追到人家的家里施展暴力。这也是一种"想停都停不下来"。我们一边说这种"想停都停不下来"，一边讨论志愿的事情，可见，我们站在了"性善说"的立场上。

刚才金泰昌先生说如果上帝不能作为存在根据的时候怎么办。在中国的说法一直是"人之初，性本善"，是天对那个人的"命令"。对"天"的内容有各种各样的理解。基督教进来的时候也是"天"。中村正直和西乡隆盛说"敬天爱人"的时候也把"天"作为人的普遍论据，是天让人去做善行进而实现真正的自我，这是一种人生观。

现在我们作为现代问题来讨论志愿者，但中间团体在历史上一直存在。对此鸟越先生也点到了一下。我出生于东北偏远的农村，但那里有很多"结"制度和"讲"、"无尽"、"社"、"舍"等组织。中国有"义仓"。这些中间团体，如果用我们今天作为问题的NPO的尺度去衡量也许还不够彻底或还是前近代的形式。但是，根据我小时候的经验，这些中间团体发挥了充分的功能。

但那时候基本的思想还没有渗透到社会当中，所以在我小的时候在村落里还有"村八分"这种习俗。当然有"封闭的村落社会"这个问题，但同样是那时候的"讲"，在历史上充分发挥了相互扶助的功能。山林管理、治水问题、殡仪、防火自不必说，还互相代看孩子，做很多事情。这也不是什么"过去"的事情，人类社会要发展下去,只靠"国家"和"私(个人)"社会不会前进。

是不是可以建立历史社会学这个学术领域呢？可以请掌握了社会学方法的人回溯历史,研究当时的社会结构。只靠我这样外行人的感觉说"有这样的事实",不能从结构上做很好的把握。

世间、社会、结社

金泰昌:有历史社会学。我正是对它感兴趣才一直拼命做研究。从这个观点看,"翻译"有多么重要,通过"天命"这个词的英文翻译,我经常感到翻译会带来问题。迄今为止,一些中国出身的学者活跃在以美国为中心的欧美,他们留下了把中国思想介绍到欧美的业绩,但也有很大弊端。我对他们持批判的态度。一个必须完全从头做起的事例就是"天命"。原来它被翻译为 heavenly mandate。这是"来自天的命令"的意思。这个英译的结果,从特奥多·德巴里开始所有欧美的中国学者都是这样的观点。但我想说,用 heavenly mandate 这个翻译词来理解"天命"的时代已经结束了。它的意思是刚才说过的 calling。英语的 calling 在日本翻译为"天职"。

在日本有一种看法是不必太拘泥于"词汇",但这种看法不对。为什么说"词汇"重要？因为通过词汇所理解的印象会变化,概念会改变。为什么"天命"被翻译成了 heavenly mandate 呢？那是因为最初把它介绍给欧洲的人们从政治的角度,特别从帝王学的角度去把握儒教、儒学。日本还没有摆脱它的弊端,最典型的事例就是从帝王学的意义上给历代首相讲解东方思想的安冈正笃。

那样的大家从帝王学的角度来把握、介绍和说明东方思想,从现在的时代来看,他给东方思想带来了非常消极的形象。(孔子说"五十知天命")如何解释"天命"呢？时代不同解释也不同。我认为"天命"是 calling，不是 heavenly mandate。在把握中国思想上不应该拘泥于以前的解释。我是把从中国学来的事情用现代的词汇来表述。

从历史社会学的观点来看日本思想时，最先想起的词汇就是"社会"。有人说，在日本没有"社会"，只有"世间"。"世间"和"社会"有什么不同呢？人们都说社会学的课题之一就是"结社"，在日本结社难以扎根，我想是"世间"思想太顽固的缘故。日本的普通百姓和政治领导人还不习惯"结社"。

从"世间"迈出一步，走向"结社"，这是非常大的飞跃，所以即使理智上很清楚，但心情上还过不去。和企业家等各种人聊起来，他们都在说些新的词汇，但他们的想法还是"世间"的想法。

一位叫阿部谨也的人，到处在说"日本的公共性就是世间"。但是"世间"是"共同体"。说它是"公共性"会引起很大的误解。日本的共同体是"世间"，从世间的惯例和压抑当中解放出来的第一阶段就是"社会"，但对于日本社会，京都学派的人说"日本的人观是关系的人观"，是"间人"。这里所说的"关系"都是"自己人"。"自己人的扩大"是"同的逻辑"。这正是现在要解决的问题。在日本只有大和民族的时候没有问题，但是现在日本也有很多外国人，是男女共同参与社会，也有阿伊努族和冲绳问题。在出现了这各种问题的时候，还能按以前那种"同的逻辑"行事吗？

从历史社会学角度看，日本是单一民族这种神话得到了各方面的证明。网野善彦在他的著作《何谓日本》里也是这么写的。他提出的问题非常重要。

需要彻底地重新审视中国经典和日本经典当中的翻译错误。我在日本的经典中对《古事记》、《日本书记》很感兴趣。我读了它们的英译版感到，在《古事记》当中一个关键词"产灵"（musubi）翻译得不好理解。在我看来，musubi 是与《旧约圣经》的天地创造观不同的宇宙论思想的原点。

中国经典也是一样。以《论语》为例，它有英译版、法语译版、德语译版，但我觉得在重要的部分总有些不对。那是为什么呢？原因之一是欧美人根据自己的理解，按自己的方式阅读了中国经典；还有一个原因是住在欧美的华裔学者为了得到欧美人的认可，便于就业，所以对重要的部分全都用西洋观点做了解释。应该对经典重新审视。不经过这个过程，文化的内发性深化就可能受到阻碍。

哲学和思想，在很多情况下重读经典会有新的东西产生，它不会从真空状态当中突然出现。所以，"读经典"是件重要的事情。但是我认为不能像以前那样去读，要读进去，边思考边阅读，另一方面还要尝试着重新从另外的角度读。

长谷川公一：金泰昌先生说"天命"应该翻译为 calling，我有两点疑问。为什么这么说呢？一是说 calling，"上帝的声音"、"上帝的呼唤"这种基督教的意味太重。二是"使命"、"召命"和韦伯的 beruf 的英文翻译也是这个 calling，这样就有可能混同在一起，所以我对把"天命"翻译为 calling 非常有疑问。

如何把日本"世间"传统中的中间团体改造为"结社"？我想应该有日本式的组织论。创价学会就是在有些方面很好地利用了这种东西而实现了很快的发展。为了使 NPO 和市民活动在日本社会扎根，应该多思考日本的组织论。如果能够处理好组织论的问题，对坂口先生提出的问题也就有了具体的解答，但如何解决，我没有答案。也许在江户的志愿者当中，或者在鸟越先生熟悉的民俗学的世界当中会有所发现。

金泰昌：站在文化横向交流的立场上，从超越"文化"与"文化"之间的樊篱,增进相互理解的观点看,词汇有各自的关系脉络。那么是不是只有一种意思呢? 不是。关系脉络是多层次的。所以,calling 这个词从基督教来解释,是上帝的呼唤,但理解为天的呼唤又有什么大问题呢? 基督教当初传播到中国的时候,也曾把上帝翻译为天(帝)。

Beruf 这个词也不是马丁·路德创造出来的。原来就有这个词,但马丁·路德对它做了"重新解释"。那么是不是字面的意思和它的含义都一样呢? 不是。

在西方有很多人把 calling 解释为来自上帝的呼唤,但西方也有人把它重新解释为来自"他者"的呼唤。这样一来,拉丁语的 vocatio 和 avocation 等一系列词汇都要重新把握。

把某个词汇翻译成外国语言,需要交叉文化的理解,但那不是说翻译后的词汇完全脱离了它所沿用的文脉,而被放到另外的文脉当中。假如有一个称为儒教文化圈的文化圈,在把它所使用的词汇移植到基督教这另一个文化圈的时候,用什么词汇更能使其意思宽阔呢? "天命"用了 heavenly mandate 这个翻译词汇,但这个表达会有问题。那么,下个阶段就可以先翻译为 calling 看看。如果还有问题可以再换。时代会变化,词汇的意思也不需要固定化。

所谓"商业"原来是什么呢? 在美国出版的书当中有一本叫 *Business as a Calling*。我读这本书马上想到的是,可以从与志愿活动的关联上把握"商业",因为它有几百种理解方法。作者没有把 calling 理解为上帝的呼唤。那不过是马丁·路德的理解。这本书把它理解为是来自"邻人"、"他者"、"地球"、"人类"、"将来世代"的呼唤。所以,从时代的情况来考虑,可以超越长谷川先生的担心。

佐藤庆幸：非常赞同吉田先生说的意见。今天，我们脚下的基础实际上是非志愿的世界。那就是我在发表论题的图表中标明的民间营利部门和公的部门（政府、地方公共团体）。这就是基础。我在图1上画得很大的"共的部门"，在日本非常弱小。所以，如果不先提出志愿，非志愿就会站到前边。问题是，对于非志愿领域，我们用什么样的方式去确立人的自由和自立。这次讨论会的题目是"志愿"，所以大家都强调它，但在现实的日本，它还很脆弱。

吉田先生说的中间团体的"结"、"讲"、"无尽"等以前就有。我在论题当中谈了美国的情况。在美国，结社是以从共同体的约束当中解放出来的个人为前提的市民社会志愿结社。问题是从历史上看日本是否有过那样的中间团体。有人类以来，可能在生活斗争有过各种各样的中间团体，问题是它们的内容如何。

还有，权力一定利用了这些中间团体。从日本的情况看，从奈良时代开始就总有权力的面孔。要了解他们为了维持自己的权力如何利用了中间团体，这一点非常重要。

研究中世的专家网野善彦有本著名的《无缘、公界、乐》。绝对不能说那"无缘"的世界就是"自由的世界"。很难说在那个时代是不是真有一个无缘权力的人们自由行动的世界。比如都说白拍子的世界是无缘的世界，但它完全被纳入到了权力当中。"公界"也是一样，说它完全是民众的世界，但它不是美国那种意义上的个人主义，也不是在美国的文脉中所讨论的市民社会。曾经是英国殖民地的美国，为寻求专制权力绝对主义以外的自由而来到美国的人们是它的出发点。所以，它有非常强烈的"反权力"色彩。

我最关心的是，如何理解近代市民社会的中间团体和它以前的中间团体，请专家赐教。最大的问题是，是否可以用"志愿"这个词来简单概括"结"和"讲"，可能是概括不了的。

今田高俊：说到历史社会学的问题，石川英辅和田中优子写过《大江户志愿者事情》这本书。在江户时代，庶民除了生活当中的"自助"和近邻之间的"互助"，作为上边政策的"公助"几乎不能到达一般庶民那里。江户的庶民生活大多靠的是无偿的互助行为，可以说志愿者社会的鼻祖就在江户时代。这就是这本书的主旨。在江户时代，公与庶民生活无关，所以互助系统可以说是中间团体，但我并不认为那是一种中间团体。

江户时代在庶民中间形成了互助系统，呈现一种志愿者社会的状况，但随着明治维新引进近代社会的原理，互助系统衰退了。我对江户以前的室町时代和镰仓时代也很感兴趣，不知道那时候是怎样的情况。我们也许需要寻找日本相互支持和相互帮助的根，如果能计划一下从这种历史观点上的讨论就好了。

说一下"关怀冲动"问题。所谓"冲动"是 drive（驱使）的意思，不是"本能"。我认为除"性冲动"、"攻击冲动"之外，人还有"关怀冲动"。但这种"关怀冲动"受到压抑后，就会转化为家庭内暴力等攻击冲动。在家庭实施暴力是因为在意对方、有关怀对方的冲动。在关怀不能得到适当的完成的时候，它就会转为"攻击冲动"，发展为暴力。可以从先有关怀冲动的角度对家庭内暴力作出解释。

如果只有性冲动和攻击冲动，人们就会说："因为有了攻击冲动所以就实施了暴力。"但这说明不了问题。说有了攻击冲动就发生了暴力这种说法，等于什么都没有说。所以要思考三种冲动，要把它们之间的冲突作为问题。如上所述，弗洛伊德的框架只有"性冲动"和"攻击冲动"，只有家长的观点，但把孩子和女性也放到当中来思考就可以引入"关怀冲动"这个概念,可以把理论框架扩大到大人与孩子这种亲子世代问题和男女问题上。只有这样才能构建不是以男性为中心的公共性,而且这种构想可以成为世代生成的桥头堡。

是不是真有"关怀冲动"这一点很难检验,可以暂时把它作为假说。如果出现了这个假说不能说明的问题,那就只能停止使用它。这也请大家分别做些思考。这个研究会的关键词是"关怀"、"灌能"、"支援",如果"关怀冲动"不适合这些关键词,那就修改,然后加上更好的概念。我是在这样做更好的意义上说"思考关怀"的。

市民社会与志愿者结社

金泰昌:终于到了最后阶段。开始的时候我们提出每个人都与志愿活动有关。以这种契机为中心的人物形象和人观,直接关系到佐藤先生所谈到的问题。从那里还可以延伸到对日本中世纪的解释和看法。

在这基本前提之下,要多少做个阶段性整理。我认为基本问题还是"市民社会"。在日本还直接或间接地对"市民社会"有很强烈的抵抗、反感和拒绝,有的人甚至讨厌使用这个词。但是,没有"市民社会"就没有"志愿结社"。这是我的烦恼之一。

在日本"市民社会"被看成是消极的。日本是没有"市民"的国民社会。这样一来,所有以"市民"为基础的事情都不可能开展。虽然到处都强调"国民意识",但"市民意识"基本不会成为话题。说"国民意识",好事情都由国家来做,国民只要为国家效力就可以了,不需要什么"志愿结社"。

如果需要"志愿结社",那么首先需要"健全的市民意识"。如果没有"市民意识"的零散的个人随意以"善"的心情作出的行为是"志愿活动",那它也不是我们想要的那种媒介"公"与"私"意义上的"志愿活动"。它或是慈善活动,或是宗教活动,或是企业活动,或是其他什么种类的活动,但不是"草根志愿结社"意义上中间团体的活动。

在日本从某种意义上使这些变得很暧昧,都说"啊,啊,可以吧!"所以无论到什么时候都不能理顺 NPO、NGO、"志愿活动",就是制定了法律,现实当中也不远远不能前进。迄今为止,只在日本内部说这些没有问题,但是现在日本也向世界开放了,说些在世界上不能通用的事情,世界不会理解你的意思。所以,从某种意义上讲,必须要有在世界上通用的形式。我感觉日本现在很迷惑。否定"市民社会"却在做没有市民社会就根本做不了的事情。这个矛盾总是得不到解决,还是在反复摸索。刚才佐藤先生讲的事情非常重要。还是应该重视用词。

金子勇:不久前我在写社会学方面论文的时候曾经思考过"市民"问题。我的结论是:"可以有部分市民性,但不会有全面的市民。"也就是说,一个人当中有常民性、民众性、企业民、公民、农民、渔民……只有"民"。有的人可以在被要求特定的志愿性的时候发挥市民权,有的人却不能。只能这样去理解。

为什么呢?因为"市民"或"市民权"在日本依然被非常规范地使用,不可能全面地考虑政治和权利,人们对"市民权"不习惯。我的结论是,只能停留在特定状况下发挥市民性的程度上。

还有一个问题。都说整个欧洲是市民社会,有市民意识,我认为在现阶段不能那么去理解。以什么为标准就是已经有了市民意识和市民社会呢?就算是有了标准,也不能把整个欧洲看成是一种颜色。也就是拿日本和整个欧洲做比较这个问题也不可能成立。如果要比较，也必须在日本与英国、日本与意大利这个层次上进行。反过来说，也不可能有英国与亚洲、法国与东亚这种比较。总之，今后应该停止"日本与欧洲"这种比较。这就是我的结论。

金泰昌：我想你说的事情和"部分市民"这个词一样。大家都有自己的研究课题，和这个研究会只有部分关系，没有全面参与。我从某种意义上说，全面参与这个研究会，我认为要在这些积累的基础上向下一个阶段发展。这个研究会把"公共知"和"专业知"分开来使用，就是想尝试一种与专业知不同的知的方式。我在看每个人的时候，在某种意义上和金子先生刚才讲的相通，他们的一天24小时并不全部是"国民"。所以也就没有"全体国民"。

我用"复合同一性"这个词。从根本上说，在现在的机制下人都生在国家，死在国家。不能否认人在 primeval（原初的、基本的）上作为国家一员的国民立场。这是基本。作为一个人的个人，在国家当中生长和死亡。人们在这方面会自觉地意识到"国家"，但同时也会有超越国家，与国家没有直接关系的存在方式。

最有代表性的事例就是生命时空（生态系统）。作为居民的生命活动一般在国家当中进行，但现在超越国家，在与国家无关的地方开展生命活动的情况越来越多。

还有一个是完全的私密空间（隐私），一种不想让别人介入的保护隐私活动。一定有这种作为私民的市民。

"职民"是费了很大气力才想出来的词。自己做的事情，无论是做商业还是做学问，都会感到自己的生活乐趣，有这样一种意义时空。我原来一直做大学教授，我认为大学教授这个职业就是 calling，做教授就超越了国家。从某种意义上说，我在做许多与国家无关的事情。还有市民社会（民活空间）。我是大阪的居民，给东淀川区政府缴纳税金，尽我的责任和义务。但另一方面，如果在町内会或其他地方发生了各种形式的排斥和歧视外国人的事情，我就和来到日本的外国人一起说："这有点太不像话了"，提出意见，也就是有一些参与活动。这时候我的立场既不是国民也不是私民，也与大学教授或研究所所长的立场不同，还是"市民"。虽然不是 24 小时的"市民"，但也偶而进行参与活动。我虽然没有用金子先生说的"部分市民性"这个词，但它确实可以是复合同一性中的一部分。

但我感到不幸的是，无论我怎么努力，从日本同僚的嘴里马上就会说出"为了国民"这句话。他们没有意识到那是在排斥我。它出自"同"的逻辑，是"你不也和我们一样吗"这种善意，绝对不是恶意。正是因为是善意才不好处理。如果是恶意，驳倒他就是了。但人家出于善意就有一种不能泼冷水的心情。所以，"国民"和"市民"的不同就越来越含混不清了，剩下的只是挫折感。在日本，就是感到"好像不对"也不能说出来。

那么在一个人生活的一线现场，什么事情能和志愿活动联系在一起，并发展为公共性呢？我自己由于别人的歧视曾经受到伤害，也曾经苦闷，但那终归是个人的事情。但随着和一个人、两个人、三个人、四个人的交谈，我发现那不是我一个人的问题，尽管有沉默的时候，但在压抑得受不了的情况下，大家就会"一起到区政府去谈谈"。

这是一种志愿。大家不会因为经常进行这个活动而有收入，也不会拿到补偿。区政府开始也许很冷淡，但不久就会听我们说各种问题。我们去企业谈事情，也有积极赞同和参与我们诉求的人。这种情况到哪里都是志愿，是拥有同一歧视问题的运动。但它还不是组织体，我认为在现在这个时候不应该组织起来，所以，问题得到了解决，所有的人也就解散了。

但在那个时候我作为一个人的位相是什么呢？是"市民"，而不是"国民"。那么是"私民"吗？不是。是作为大学教授的"职民"吗？也不对。只是作为生命活动根源的"居民"吗？也不是。就是"市民"，应该有这个意义上的"市民"。

在日本的"市民"观问题上有两个事例我一直很在意。一个是西部迈在《国民的道德》①这本书中定义的"市民观"。他在"用语解说"当中对市民是这样进行说明的："在人的内在、在社会上与他人的关系当中，主张'自己'的权利，满足自己的欲望的一面。"西部说的市民用我的话说是"私民"。从他对"国民"的定义——以历史感觉和道德感觉为基本条件从正面接受国家的民众——来看，确实与"公民"——在人的内在，以社会整体利益和关心的角度行动的一面——有区别。但问题是为什么把"市民"理解为私民。我想，根据他的理解，还是设想国民＝公民，与之相对的是市民＝私民。但我和他的看法不同。他从开始到最后通篇都是从公私两极对立的思想展开讨论，这样不会开拓新的层次。另外，西部与我不同的是，西部完全否定"私"，认为它是反价值的。

还有一个是佐伯启思的市民观。他在《"市民"是谁：重新考问战后民主主义》②当中，站在个人不喜欢"市民"这个词的前提上，把"市民"分为具有古代德（对国家共同体的忠诚）的市民（共和的市民）与作为近代私权主体的市民（私人市民），批判了由这两面性造成的暧昧性。并且以福泽谕吉的"瘦我慢之说"③为基

393

---

① 西部迈：《国民的道德》，产经新闻社 2000 年版。
② 佐伯启思：《"市民"是谁：重新考问战后民主主义》，东京 PHP 研究所1997 年版。
③ "瘦我慢"为强忍、硬撑之意。——译者注

础，重视在"一国、一家的存亡危机"时"拼死抵抗"的"士风"，期待具有"立国之根本士气"的勇猛的"士民精神"。他认为"公民"这个词不好，所以选择了"士民"。我感到，在他那里还残存着江户时代士农工商的思想。

我读了这本书，总体感觉是它还局限在国民对市民、公对私这两极对立的观点之上。而且，在为什么现在要重新讨论市民的问题上，把握的方向倾斜到了国家方面，所以在他的逻辑结构中难以认识到媒介"公"与"私"的"公共性"这一层次。因此，他将"公"与"公共"忽而视为同物，忽而区分，缺乏一贯性。

人的位相

金子勇：我想一定要请鸟越先生说说"常民"。

鸟越皓之：说到常民，我要从与大家讲的内容关联上讲起。在日本有使用"人民"一词的传统。那不是马克思主义的立场，明治初期的田中正造就说过"人民站起来"，也就是把一般的人们称为"人民"。村公所也曾把村里的人称作"人民总代"。"人民"一词是历史上一直有的，而"市民"这个词出现在第二次世界大战之后。

我来说明一下为什么喜欢使用"人民"这个词的理由。哈贝马斯记述了市民社会，他在当初论述市民的时候分析说："考虑到市民变得非常强大的西欧的历史，市民这一概念现在最为重要。"哈贝马斯还说："我分析了市民，但另外还有很多人民。"

在后来的修订版当中他说："我一直说市民重要，不能否定这种思想，但很多人给我提了意见，最近我明白了，人民这种思想很重要。"

所以，作为一种视角，以"市民"为轴心来思考是一种方法，但我认为也不应该把"人民"这个词放到视野之外。当然,这只是我的想法。我不是反对使用市民这个用语,也可以用"市民"这个词统一起来。

也就是说,如果在韩国、中国大陆和中国台湾"人民"这个词有特殊的意义,或者有某种历史含义,那么还是不使用为好。但日本的情况就未必是那样。大家说的我很理解。

金泰昌:从我作为韩国人的角度讲,在作为日本帝国一部分的朝鲜半岛的情况与独立后的情况之间有个用词问题。现在想起来,在我幼小的时候对我进行汉文典籍教育的祖父,没有用过"国家"这个词,因为一说"国家"那就是"日本"。祖父经常使用的词是"天下万民"意义上的"天下民"。用现在的话说就是"世界主义者"。也许有这个影响,我无论在韩国、在日本还是在其他国家,都一直说(我的立场)是"世界主义者"(参见本丛书的第5卷《国家·人·公共性》)。但那与在日本所用的意思不同。我所想的是"全球—当地市民"。再加一句,当地层次的生活和国家层次的生活以及世界层次的生活不会胶着在一起,而是经常解体、改组,是多层交织的同一性。

不是"国民",不是"市民",不是"居民",不是"人民",不是"民众"。不固定于它们其中的任何一个,但又具有它们的全部要素,我说的是这个意义上的"世界主义者"。我现在推测祖父用的"天下民"这个词就有这样的意思。中国有过使用"天民"一词的时代。它的意思是"天(cosmos)之民",不是"国家(polis)之民",是"天下(cosmospolis)之民"。"天下"不是"国家",也不是"地域"。

实际上到中国走了很多地方,和很多人交谈,确实有某种不能说是一个"国家"的东西。只能说那是天下。用现代的话说就是

"世界"。

最近我对印度特别感兴趣,到印度访问感觉到印度也不能说是一个"国家",印度是一个世界,是"天下"。从这种情况看,说在中国和印度没有以一种明确的形式存在的所谓国家意识也不奇怪。实际上从和他们交流当中可以感受到,没有韩国和日本那么根深蒂固的国家主义。他们的意识结构大体在当地或区域层次上,绝没有固定在国家层次上。那是什么呢? 那是"天下之民"。我说的就是包括"天下之民"意义的、不被"国家"所束缚的"世界主义者"。

鸟越皓之:我有个问题。刚才金子先生问到了"常民"这个概念,它有一个时期曾经在 people 或 folk 的意义上使用,但是现在"常民"是个文化概念。那么在说"市民"的时候,您现在讲的意思要从哪个方面去理解呢? 好像和一般的"市民"概念有些微妙的差别……

这个"市民"是什么呢? 我也认为它不是"常民",那是什么呢?

金泰昌:公共时空间的参加者是"市民"。在日本总是从"公"与"私"两极对立的角度去把握,"公"是国家,"私"是家庭、是企业,这样就没有"公共",也意识不到和把握不到作为公共时空间参加者的市民。

每个人都是复合的,都有(包括市民的)各种要素,但我有个疑问。每个日本人都讲礼貌,都温和体贴,从总体上看都是"好人"。我想,他们到世界各地去,也绝对被认为是"好人"。但即使如此,往往从住在日本的"他者"——外国人看,压抑和歧视简直不可理喻,会发生些按常识想不到的事情。这是为什么呢?

那么是缺少了什么才会发生这样的问题呢? 那就是"市民意

识"没有扎下根。

如果现在还强调国民意识会怎么样呢？那就会完全无视人的复合同一性，一元化地统一到"国民"上来。这是逆时代潮流而行。这就是我的问题意识。具体上用什么词另当别论，作为到现在为止的讨论结果，可以总结出这种基本的想法。

面向志愿的视角

盐原勉：如果每个人都按自己的语义学来说，那么从某种意义上讲就分散了。所以，我们要讨论的内容，还是金泰昌先生提议的如何开创关于"市民"这一理念公共性。同时，参与 Public 是"市民"非常重要的本质特性。public 在日语当中一般翻译为"公众"。舆论的担当是 public，从某种意义上说，这在社会学上有明确的定义。

汉语当中"舆论"的"舆"，指"在共同体当中为讨论各种问题而集合在一起的人们"。从这点上说，汉语的"舆"也是指"public"。可能金先生提议的理解方式是：形成公众舆论，担当公众舆论的 public，以这种形式参加的是"市民"。我也认为这是可以达成一致的定义。

从昨天到今天，金泰昌先生提出了各种建议，最有冲击力的意见，就是我们研究人员经常成为"概念的奴隶"。也就是说，这两天他一直劝说我们要从概念主义当中解放自己。他说我们不应该把"公"和"私"固定化，为了消除固定化需要 thirding。从某种意义上说，这是个很离奇的词句，但他还是用了。我也深深感到"的确如此"。

刚才为了说明和记述"志愿"这一现象，今田先生提出应该以"关怀的冲动"、"灌能"、"支援"为突破口，对此，金先生提出那样

397

可能导致向性善说的倾斜。

今田先生当初提出"关怀是冲动",是在说弗洛伊德没有看到的东西。根据我的理解,弗洛伊德在一生当中有几次用错误的语言来表现自己的想法,他是个具有毕加索一面的人。所以,到了晚年才说起了"生的冲动"、"死的冲动"——"厄洛斯与塔那托斯"。"厄洛斯"可能指结合了各种事物的生成力,"塔那托斯"指背离了一切,带来死的状态、静止的状态的破坏冲动。

不过,今后在探讨志愿精神的时候,是不是要从这二元论来探讨还值得商榷。今田先生的提议是,无论从哪方面出发,只要加上另外一方面的说明就可以了。所以,既然从任何一方面出发都可以,那么根据事情的性质,是不是可以从"关怀"、"灌能"、"志愿"出发。我想这就是他的主旨。我基本认为可以从今田先生提出的入口开始。最初不必进行性善、性恶这种暧昧形式的讨论,能切实地迈出第一步就可以了。在这点上,我赞成今田先生的提议。

金泰昌:这当然可以,但我想应该重视汉字文化圈的思想资源,当然也应该珍视从西方学来的思想资源。在中国思想当中有一种思想是"理"和"性"。

在日本和韩国也有一个时期,采取了这"性"和"理"的思维方式。"理"是天理,用今天的话说,就是普遍、客观的原理,有一种理想是行动必须要符合天理。另外一个,就是把人原初的性情理解为"性",它是特殊的、主观的因素。在儒学上对此有各种解释,根据我的理解,说得简单点就是,在"性"没有表现出来之前既不是"善"也不是"恶",所以也就没有性善说和性恶说,但是在它表现出来之后,就有了"善"、"恶"之分。

从这个观点来看,"关怀"也在人的"性"当中,或者"性"通过"关怀"的形式来表现。它表现出来后,如果没有培养它的环境,那么它就可能只是一时的表现，不能发育成长起来。

为什么需要"他律"、"自律"、"互律"呢？不能说人完全没有被人说了才做（善事）的一面，鸟越先生多次讲需要一种"框架"，所以不能完全无视他律的一面。但也不能说只有"他律"就可以了，"自律"更为重要。那么，什么是"自律"？往深一步想，假设人有（未表现出来的）"性"，根据它的表现方式和以后的发展过程，可能成为"善"，也可能成为"恶"，那么也可以说所谓"性"是自律的和内发的。所以，就是在"性"这个层次上也需要他律和自律两方面，必须要从"理"与"性"的相互关联上去思考人的认识和行为。因此，需要假定有个互律。

所以，（东方思想和西方思想）都要重视。日本不能只依赖欧洲的理论，也应该灵活运用根植于日本和东亚的东亚知识遗产，从两方面进行说明，如果可能还应该向印度的经典学习。所以我这次去了印度，印度也有很多了不起的古典遗产。我想，只有这样尽量开展文化的横向对话，探索更好的东西，才能哺育全球—当地公共意识。应该可以避免一种文化压倒一切、占统治地位的现象发生。我认为，可以组合各种方式进行说明。

今田高俊：用日文的片假名说 KEA，也许会给人一种英语意义上的印象。其实，它是亚洲和日本自古就有的心性，反而在欧美迄今为止它没有成为话题。用日语说"养生"、"关心"、"担心"都相当于它。关于 support（支援），金子先生在日语上用了"支撑"。empowerment（灌能）的日语版应该是"鼓励"、"鼓劲"的意思。如此一来，无论东方的还是欧美的，都可以顺利地关联在一起，具有普遍性。可以在这些概念的基础上进行组合，不必拒绝欧美，也不必拒绝亚洲。这些都是不必固执己见、可以顺利适应的概念。

与"支援"相对立的概念是"控制"。控制也是必要的，但社会引入支援的力度要更大。需要以一种不是弱肉强食的形式把"关怀冲动"引进到制度当中。

迄今为止公共哲学共同研究会进行了理念的、哲学的探讨，但已经开过近 30 次会了，所以下一步要以现在的成果为基础，向新社会的"文化设计"和"社会造形"迈进。出于这个主旨，最先选定的题目就是这次的"志愿人与公共性"。

金泰昌：说"自发性"重要，是说自发的"性"的成长和发展重要。人从出生到死并不是固定不变的，通过各种活动和学习，总是向更高（也可以说是更深）的方向发展，那才是人（性）了不起的地方。固定不变就不好了。

关于如何说明最初参加志愿活动的动机，今田先生讲的关怀冲动确实存在，在某种状况下就会有这种冲动，关怀这种习性就出来了。那么什么是孕育关怀冲动的状况呢？那就是要通过参加支援、护理等志愿活动磨炼这种感性。

金子勇：为了把日本的情况进行相对化处理，我到中国台湾和冲绳调查过"护理"和"支援"情况。比起说"关怀"和"支援"还不如说"护理"和"支援"更容易让人明白。从冲绳和中国台湾的经验看，护理虽是共同性，但他者无法进入，剩下的只是血缘护理。回到刚才讲的事情上来说，它不是"部分市民性"，也不是自发性。说起来，它是必然的事情。对自己父亲和母亲当然要护理。二儿子、三儿子也都要护理。

但是"支援"多少要把他人卷进来。所以，分为"护理"、"支援"和"灌能"这三种是非常好的事情。从更具体的情况来看，冲绳和中国台湾的事例都是东亚的事例，有许多共同的部分，在那里依然很难看到"市民性"。志愿活动当中只有一部分与"支援"相关，绝大多数是血缘或政府开展的互助模式。我并不是在说这种状态是先进还是落后，只是说明一种实际情况。

我只了解冲绳和中国台湾，但考虑到日本、韩国、中国、印度等国家的情况，这种事例的范围会更广。我觉得在开始讨论市民性和志愿之前需要温习一下这些情况。

今田高俊："培育"是重要的课题，但它之前的"开拓"在现在的日本更难做到。可能现在人们所处的状况很难发挥出关怀。为什么会这样？从社会学的观点看，人必须对社会寄予自己被赋予的作用和地位的期待作出回应。在某种程度上需要把人们从这样的地位和作用当中解放出来。也许有人会批评说，如果这样做社会就不成其为社会了，但我们必须在某种程度上建立从已有的地位和作用当中脱离和解放出来的那部分。为此，要创造一种不以权力（政治）和货币这种媒介为基础的人际关系场所。

在"公司人"还存在的 5 年前，我们以东京的工薪阶层为对象做过意识调查。那是企业改组的风暴到来之前的事情。那些"公司人"的意识已经是"不再做公司人"，"和同一地区人们的交流限于打招呼的程度就行，家庭很重要，但不愿意做护理"。所谓"护理"，是护理自己年老的父母。绝大多数评论家评论说"看他们有多么自私"，但我不那么认为。想到社会的制约已经如此之多，人们不能自由表露自己的想法，他们这么说也是当然的。

在"公司人"当中也有"原来如此，可以通过做志愿者觉醒"这样的事例。那就是跳蚤市场，每月一次在公园或寺院里花钱租一块像榻榻米席子那样大小的空间，开回收利用的小店，它原来以主妇阶层为中心。妻子对作为"公司人"的丈夫说："你就和我一起去一次看看吧，就像星期天去公园那样"，便把丈夫带到了跳蚤市场。结果，大部分男性都会被它迷住。这当然是因为跳蚤市场很有趣。其实跳蚤市场包含了三个因素。

一是回收再利用活动。把还可以使用但不再需要的东西带过去，让需要的人再利用，所以人们有一种为回收再利用运动做贡献的意识。二是跳蚤市场与本人的地位和作用无关，它是像阳光下上升的水蒸气一样的广场"市场"，所以在那里和不熟悉的人们可以结成很爽快的人际关系。和他们是暂时的共同体，过半天或一天就要说："一个月后再见。"三是自律的经济行为。赚钱不是主要目的，但也会和客人讨价还价，也是经济行为。像成为资本主义市场之前的露天商店一样，客人要砍价，本人实际要收钱，很有"卖了"这种实际感受。经济行为与对环境的贡献以及超越地位、作用的人际关系，一旦经历过一次，大多数"公司人"都会问"下次什么时候？ 在哪里办？"一下就变得积极起来。

也就是说，在自己的举止必须要与社会赋予的职业作用和身份、地位相对应的时候，不会有关怀的冲动。那时候会有攻击冲动，因为本人会认为自己做的事情如果被妨碍就会在竞争当中失败。但参加跳蚤市场时候的精神状态可以使内心安稳，形成涌动关怀冲动的环境。

就像盐原先生也指出的那样，创造放缓制约的状况很重要。制约多了，关怀冲动就不能以自然的形式出现。从这个意义上讲，说志愿者的义务化也是错误的。

金泰昌：错在什么地方呢？

今田高俊：首先，只让孩子做这种想法就错了。应该是父母和孩子一起，不是作为义务，而是应该自发地去做。在学校的教学计划当中鼓励学生选择做志愿者。比如，鼓励孩子在小学的六年当中要参加总计两个月的志愿者，在孩子做志愿者的时候父母也可以休假，要给公司规定这样的义务。这只不过是刚刚想到的一个方案。总之，我认为，规定志愿者义务化的对象不应该是孩子，而应该是父母世代。只要在某种程度上具备了条件,志愿者(精神)会很快成长起来。说到企业的社会贡献,重要的是要建立父母与孩子相结合的志愿者制度。如果说成人有义务参加一年的志愿者活动,就可能有企业倒闭,所以开始可以采取一年休假一周的形式,慢慢普及开来。这样做才是开拓草根志愿者的契机。

消费合作社事例

佐藤庆幸: 我要说的事情也许和现在的话题有关。在东京作为任意团体成立的生活俱乐部消费合作社,于1968年正式成为名为"消费合作社"的法人组织。

人们的自发性是在关系性当中产生的。没有"关系"就不会有什么自发性。

母亲们为什么要加入消费合作社呢?因为那里的物品可以做到尽可能安全,而且比较便宜,还可以分班预约,团体采购,送货上门,这样一来,出于实际利益和生活安全意识,她们就会加入消费合作社。也有的人是听了朋友的劝说,以"既然你说了,那就加入吧,真是没有办法"这种心情加入的。有的人开始没有什么自发性,但如果用1日元就可以买到便宜的牛奶,她们也会加入。家庭主妇很有物质至上的一面。

当初20岁前后的年轻专职人员每天早上3点多起床,骑着自行车一家一家送牛奶。即便如此,要想增加会员都很困难。要从街道上的牛奶屋的客户当中寻找会员,牛奶屋也会干扰。但由于职员们都很努力,主妇们就会产生共鸣:"这么年轻,就早早地起来一家家送牛奶,真让人佩服。"

所谓运动,就是要看如何引起人们的共鸣。母亲们非常自然地开始想:"我们能帮着做点什么呢?""班"这种组织形式在日本相当普遍。于是她们说："不是有班嘛"，"只要送到班里来，然后由我们送到班员那里"。这样比起一家家送要节省很多体力和时间。也就是说，在运动当中得到了母亲们的共鸣，生活俱乐部以基本上不设店铺、以班预约、团体采购的形式普及开来。

所谓"运动"基本上是要让身体动起来。虽然有个能动到什么程度的问题，但"运动"就是要通过自己的实践和行动拼命去做的事情。这自然引起了母亲们的共鸣，班组织也扩大了。在这个过程中，母亲们逐渐理解了运动的意义。人际关系越来越扩大。

有了班组织就要有班长，组织扩大了，还要有各种职位。开始谁都不愿意干。班长、地区委员长、理事等各种职位，没有人愿意担任，但又不能没有人干。结果大家说"除了轮着当就没有办法了"，都接受了这些职务。有的人说再也不想干第二次了，也有的人真的是陷进去了，说很有意思，感受到了人生乐趣，或发现了自己的同一性，在那里遭遇了另外一个自我。在最初某种意义上的强制当中产生自发性。

所谓自发性不是从最初的时候就有的。不成立班，就不给送货。尽管非常麻烦，但班长还要计算和整理这个班要多少瓶牛奶、多少打鸡蛋等等。这很费时间和精力。所以有很多人都不干了。但这终归是运动，所以必须要不停地开展扩大活动。

开始在那里是志愿活动的人也许100个人里只有1个，但就是100个人里有1个志愿者也非常重要。现在，生活俱乐部有23万人左右，他们当中有很多人都是志愿活动，自我觉醒，发现了另外一个自我，由他们自己做各种企划。为孩子们举办各种活动、开展肥皂运动、进行向地方选送议员的代理人活动等等，现在已经是开展各种社会活动的团体。

现在有各种各样的消费合作社，但基本上都是经营活动，有团体采购这个经济基础。有了剩余资金，当然要返还一部分给会员，有一部分编入预算，作为为社会做贡献的运动经费。为了使这个运动规模大起来，进而开展更多的活动，必须要扩大经营活动。

生活俱乐部消费合作社现在虽然面临的状况非常严峻，但它还是设立了福祉俱乐部消费合作社，工作者合作社推广到了全国。在护理问题上女性也是主要通过工作者合作社去做。

工作者合作社是自我资本、自我经营、自我劳动，不存在雇佣和被雇佣的关系。大家都是经营者，是劳动者，也是资本家。对于资金不足的地方，有专门支援工作者的 NPO 会借给他们钱。普通的银行不会贷款给没有法人化的地方。

福祉俱乐部消费合作社由员工担负福祉。但是，与福祉问题相关的工作者有极强的志愿者意识，而为自己经济的自立这种职业意识却比较弱。

还有的工作者靠自己的力量开始了经营。比如，有的开了面包房，有的开了副食店。在这种经营活动当中，有的人试图不依赖于丈夫的收入而在经济上自立，她们已经不是志愿者。她们是作为商业开始这些经营活动的。可见，有两种不同的情况。

总之，志愿是在这种关系当中不断尝试、不断发展壮大。我的学生也作为代理人，又要第二次出任镰仓市会议员。在新年会上她让我给她写推荐信，我写了。就是在关东，现在也有 100 多个这样的女性当上了议员。首先从地区的问题做起，逐渐参与政治性问题。它完全作为一个独立的网络来扩展。我想，所谓公共圈就是以这样的方式形成的。

在背后支持这些女性的是男性。一位叫前田阳子的人的丈夫就理解她的活动，并在后边支持她。他成立了一个组织，把 OYAJI（父亲）反过来，起名叫"JYAO 俱乐部"，在选举的时候，这些丈夫

405

们在幕后做了很多工作。

从这个意义上讲,活动的核心是专职主妇。她们都是中产阶级,是些可以不工作的人。她们靠丈夫的收入大体上就可以生活。什么样的人参加运动是个非常重要的问题,但是为了吃饭而不得不工作的人,很难参加活动。这样一来,中产阶级、大学和短期大学毕业的人们就成了核心,她们以专职主妇的身份参加,在活动中实际上又摆脱了专职主妇的身份。但即使如此,主妇还是主妇。不知为什么,在日本女性一结婚,不管工作还是不工作,都要成为主妇,而男人却不是这样。当然最近也逐渐出现了"主夫"……

人 观

金泰昌:这次有从事"学问"和"实践"两方面工作的先生参加,所以讨论和思考都很深入。在刚才今田先生和佐藤先生发言的基础上,我想再前进一步。我听妻子讲过这样的事情:和她相处很好的一位专职主妇,每礼拜要去护理一次自己丈夫的父亲,但每次她老公公都会给她钱,她把钱攒起来,去欧洲等地方旅游。根据这种情况,我推测,给她的钱可能还不少。这是在韩国没有听说过的事情,不是很理解。

佐藤先生和今田先生的发言,关键的要点是"人观"。只从漂亮话方面(性善说)去理解"自发性",就会陷入窘境。所谓"自发性",是在每个人的人生履历当中——成长过来的时间当中,在各种关系当中——形成的。也有的人生来就有自发性,但就我迄今所见到的各种有自发性的人来说,生来就有自发性的人很少。"自发性"的产生,或是家庭教育,或是学校教育,是某种"教育"的结果。

现在,政府和社会都在讨论服务活动的义务化问题。让人们在其人生的一个时期参加护理和各种形式的服务活动，让这种形式成为一种义务。说是"义务"也许会招来误解。服务活动可以自发来搞，可是自发开展服务活动的人不多。在现实当中的人并不那么理想，所以需要某种制度。

"人观"有各种各样。在这当中，我认为意大利教科书中出现的关于列奥纳多·达·芬奇的事情，作为"人观"最现实。达·芬奇画了《最后的晚餐》这幅画。他从20多岁就开始画，但是一直没有找到耶稣的模特。

不是基督教信徒的人们怎么看我不知道，对于西洋人来说耶稣是终极的人物形象。想在自己周围找到耶稣的模特不那么容易。达·芬奇非常苦恼。有一天，他走进了类似日本居酒屋的酒馆，在那里坐着一位与耶稣的形象再合适不过的美少年。他让那个少年做模特，画了《最后的晚餐》中的耶稣。

比耶稣更难画的是背叛耶稣的犹大。日本人可能不太理解，他是终极的背叛者。他用金钱把耶稣出卖了，所以耶稣被罗马的军队抓住，被钉死在十字架上。必须要画那个犹大。根据记录，画犹大达·芬奇用了25年左右的时间。在这期间，达·芬奇每天都在想这件事，但作品只能一直放在那里。

有一天，达·芬奇又去了酒馆。在那，有一个年过中年，一脸恶相的人坐在角落里。林肯有句名言，说"人过40就要对自己的脸负责"，达·芬奇当时就想，"这家伙像是万恶之源，很适合犹大"，于是给了那人很多钱，把他带回去，让他做了模特。

快要画完的时候，那人突然哭了起来。达·芬奇奇怪地问："我做错了什么吗？"那人说："不是。是我回想自己的过去，觉得人生是这么悲惨。"达·芬奇说："讲给我听听。"那人说："先生您不知道，其实我年轻的时候曾经在这里坐过。那时候，您把我作为耶稣神的模特。但是经过 25 年的生活，我却变成了犹大的模特。"其实，那说明了他在一时一刻的生活当中是怎么想、怎么做的。作为其积累的结果，即使生来具有一张可以做耶稣模特的脸，也会变成做犹大的模特。

所以，性善说、性恶说并不现实。不会人一出生就什么都安排好了。人出生后，在广义的人际关系当中，在教育、训练、职业等各种生活现场的综合关联当中变化和发展。这一点很重要。

我喜欢列奥纳多·达·芬奇。和他有关的地方我都去过多次。看他的画，听有关他的故事，寻找和他有渊源的历史。在去佛罗伦萨附近的一所小学时，那里的老师微笑着给学生讲的教科书里有我现在说的故事。无论多好的故事，无论多了不起的理论，无论多厚的书，都比不上那时候那所小学的老师竭尽全力教书的身姿给我留下的印象深刻，我现在还经常想起。我想，那就是终极的"人观"。

为什么要让人们义务地"服务"呢？那是因为在教育某个时期，需要彻底的教养及其内化。第二次世界大战后的日本丧失了切身体会它的过程，不懂它的重要性。具体方式另当别论，但需要有这样一个时期。看看当今日本的讨论，我觉得完全没有用发展的观点来看人。自由主义的、意识形态的思想很强烈，但没有与之相对的另一种看法。

我在幼小时候的一个时期，祖父对我进行了严格的汉字训练。那时候我很不愿意，很反感，甚至都不想看到爷爷，四处躲藏。但是那时候被强制接受朱子学教育，现在看来，真是帮了我的大忙。

从这个意义上讲，佐藤先生说的"没有不存在关系性的自发性"这一点也很重要。还有，如今田先生所说，从"善恶"的观点来看待人怎么做才能变得有自发性是一种道德论。我们不应该那样看,我们需要从"冲动"的层次挖掘下去,探讨如何做才能使冲动发挥出来。

公共民、公共民组织、公共意识

小林正弥:对刚才说的 Thirding 我非常有同感。我来说一下自己的想法。最近伊兹欧尼等人在共同体主义方面所强调的事情,与 Thirding 的想法很相近。他们认为,一方面是自律,另一方面是秩序,重要的是要把握两者的平衡。换句话说,他们认为,可以把自由、个性和共同性作为两极,在它们中间需要进行辩证法统合。所以"自律"、"他律"、"共律"或者"互律"这些概念和我们的想法非常接近。我认为"这是新的进展"。这是我要说的第一点。不过,辩证法的统合与简单的中间不同。我想,这方面的情况会成为下一次的课题。

第二点,关于"天命",我想可以翻译为 heavenly mission(天的使命)或者 heavenly destiny(天的运命)吧。

第三点,在公共哲学共同研究会上"市民"这个概念是主流,我也基本赞成"市民"这个概念。但是我说过,作为一种规范概念,"市民"在现阶段已经很软弱了。① 我还提出,难得大家都参与了"公共性"(的讨论),所以应该提出更积极的理念,比如是否可以提出"公共民"这个概念。

对刚才鸟越先生说的"人民"我也有同感。确实在马克思主义的传统中把 people 作为"人民",对"人民"进行马克思主义理解的思想很强大,我也想与这种思想拉开距离,所以我有时候说"人

---

① 参见佐佐木毅、金泰昌主编:《欧美的公与私》,东京大学出版会 2002 年版;佐佐木毅、金泰昌主编:《国家・人・公共性》,东京大学出版会 2002 年版。

们"。但是在共和的传统上"人民"、"人们"是非常重要的概念。因此,我们要重视这个观念,实现具有公民美德的"公共民"这一高层次的理念。

关于作为中间团体的 NPO、NGO,听了大家的发言,觉得可以从这样的观点进行理论上的归纳整理。对有关 NPO、NGO 消极、否定的定义("非"营利组织、"非"政府组织)有些不满,是不是也可以把它们称为"公共民组织"(public citizenry organization,PCO),作出积极、肯定的定义呢? 也就是说,"(公共)民"意味着不是"国家、政府"的"公"的"公共之民"是主体,所以其组织是NGO;同时,"公共(民)"这个词意味着是不以"追求私利"为目的"民",所以其组织是 NPO。这样,"公共民组织"这个概念就可以准确地表示 NPO、NGO 双方的本质。

第四点,佐藤先生讲的生活俱乐部消费合作社是非常重要的事例。我本人也多少了解一些。生活俱乐部消费合作社和代理人运动的存在形式,基本上如佐藤先生所讲。但我当时在离这些活动很近的地方,通过观察认为"仅有这些是不够的"。比如在区议会层次上,在东京都生活者网络的力量每个区只能让两三个人当选为区议员。我深深地感到,"这能成为改变日本全国政治结构的思想吗?"

一般采取的是主妇作为代理人当选的原理,遵循区议员轮换制度。也就是,她们恐惧职业化,完成了一定期间的义务,就一定要轮换。而且,区议员终归是代理人并不是代表,她们只能代理那个网络人们的意见。这是直接民主主义思想,从这个观点看是正确的。这是认为"为避免永田町政治家的腐败,这种轮换体系更好"的思想。德国的绿党也曾经有一个时期做了同样的事情。

但是,反过来说,这种思想把公共意识非常高的市民在中途替换掉了,把她们从区议会议员的位置上拉了下来。这样做,能在东京都或全国的政治层次上与那些已有的政治家进行斗争吗? 有的时候,一定会有能力很强、经验很多、"自己想更多地参与政治"的主妇出现。但是,由于实现轮换制,到时候一定要从议员的位置上下来。这时候如果再参加竞选,而且有人支持,那么组织就要分裂。这是很严重的问题。

我认为,应该承认职业政治家,可以有具有高层次公共意识的主妇一直参与政治。但是按照现在这种代理人运动的思想,总要出于草根运动要实现轮换制,这就抑制了突出的个人。我认为,从某种意义上说,这是"恶平等"思想。所以要突破思想的局限。为此,我不仅重视以往的"市民",也非常重视强调公共观念的"共和主义"。就"共和主义"而言,重要的是"是否真的有公共意识",它当然要反对把政治私事化的永田町政治,但也不必因此而采取轮换制度。只要有高度公共意识的支撑,就不应该否定长期参与政治。具有高度公共意识的职业家才是理想的政治家。

志愿者与日本风土

足立幸男:今天的讨论非常清楚,有很多感想。但是我发现今天引导讨论的各位都在参加 NPO 等活动,是提供服务或者进行关怀的一方。我自己没有特别参加过那样的活动,所以也就没有发言的机会。我感到,被关怀的一方或者接受服务一方的理论逻辑和心理并没有在这个研究会的整个讨论当中得到代言。

包括我在内,在日本的风土当中,对于接受志愿团体的关怀或服务有一种又爱又憎的感情。服务质量不好,因为是志愿者做的,所以也不能表示不满。在日本的风土当中,有种要尽量忍耐的习惯。比如,请外行的人按摩,一旦受伤了,由谁负责等等。至少在

411

我周围，有很多人都认为还是出点钱从别的地方购买服务更好。

我也观察过身边的消费合作社运动，能参加活动的人很有限。从某种意义上说，麻烦事非常多。比起参加那样的活动，对于很忙的主妇来说，还不如开上10分钟的车自己去买东西，无论是价钱上还是品质上都和消费合作社提供的商品差不多，或者会更便宜。

我想说的是，从接受服务和关怀的一方来讲，他们希望志愿组织能有职业意识，能提供不比其他地方差的服务，有人提出了意见能做很好的应对。不能因为是志愿做的事情，就不让人家提意见。虽然不是所有情况都一样，但在日本的风土当中，确实一提意见就会遭到周围人的白眼。特别是献身地从事志愿活动的人们……我感到，志愿者的好意很难得，但如果可能还是敬而远之。

比如美国的NARP为提供与会费相一致的服务做了很大的努力。从这个意义上讲，把对象看作为客户的观点很重要。接受关怀的一方也是某种客户。希望志愿活动能以一种专业的心情，提供与公共中心和市场部门所提供的服务相匹敌的，甚至更好的服务。

那须耕介：足立先生讲了很负面的话，他给了我些勇气，我也说点消极的话。说"同"的理论逻辑不好，我完全同意。但我感到最根本的问题是，即使外面的人来说教"你不理解他人"也不能开放。如果说"同"的理论逻辑有开放的可能性，那也只能靠身在其中的本人自觉地认识到："一直这样不行，不能再用同的理论逻辑生存了。"那么怎么样才能有这样的自觉呢？

如刚才吉田先生所说，现在大家谈的都是性善说的思想，大家如果都是好人就都会做志愿者，我感到这本身就是同义反复，我比足立先生还感到不舒服。

我这次受到邀请，完全是为了凑热闹或者出于好奇心，我在想为什么志愿者这样的事情会成为问题呢？实际上，如果"国家"和"市场"都能很好地发挥功能，就不需要什么志愿者。

比如，作为职业人能很好地工作，得到相应的报酬，自己满足了，一般就不会有动机参加其他活动。为什么有"想参加志愿者活动"这种心情？那是因为作为职业人工作还有没有得到满足的地方，还希望通过另外的方式得到别人对自己的认可。所以，还需要从社会上得到金钱回报以外的回报。这就是我的感觉。

这个问题非常重要，比如官僚的贪污问题，迄今为止以一种作为精英的矜持得到了满足，但现在不再满足了，觉得工资不够花，所以要再多点。还想要房子，还想养马……

为了弥补这种不满足感，就到跳蚤市场卖东西，在疑似市场当中把自己暴露给市场，接受他人的评价。在没有按最初的定价卖出去的时候，也许有些不情愿，但他会觉得包括这种情况在内都是很有趣的事情，所以才有动机在到公司上班以外还想去跳蚤市场卖东西，把自己暴露在他人的视线当中。

还有，是不是权力问题常常被略去了。这是政治问题。我本人最关心的是法和政治及权力的问题。我觉得，探讨志愿者问题的时候不能逃避这些问题。

从这个意义上说，安立先生在论题当中说，做志愿者一定会遇到组织化及其当中的权力关系问题，那也许是避免不了的。这让我非常感兴趣。

我觉得，在日本做志愿者的人们当中，总有很多人想逃脱组织的樊篱，轻松地参加活动。但只有置身于社会之外才能做那样的志愿者，所以我认为那是一种欺骗。

无论在什么情况下，只要是几个人一起做什么事情，特别是要长期做下去，即使是充满善意的行为，也不能避免权力等组织中的

413

问题,不能避免他者的评价问题。我觉得,我们的讨论不能回避这
两个问题。

志愿者与他者意识

金原恭子:刚才今田先生讲,志愿者行为必须要让对方感到高
兴,把对方作为实现自己目的的手段,那就不是志愿者行为。其
实,他讲的与金泰昌先生说的日本没有"他者"意识有关,也许我
简单地把两者联系在一起了,但我在一瞬间弄清楚了一个问题。

今田先生说的是,志愿者行为就是要看是不是重视对方,是不
是真正考虑到了对方的存在,是不是在自己与对方之间做了换位
思考。

说日本没有"他者"和"对方"视角的金泰昌先生,在讨论其他
的问题时候说到,在新大久保车站韩国人为了救人跳下了站台,日
本人也跟着跳下去了。他提出了这样的问题:在和有基督教这个
明显宗教因素的欧美不同的东亚,发生了这种"想停都停不下来"
的行为,我们应该怎样看待。

我认为,这与是否能够通过与对方进行换位思考来判断是
"志愿者"还是"非志愿者"有很大的关系。在基督教的欧美,志愿
结社非常发达。这与是否有"他者"意识相重合,对于那里的每一
个人来说,"他者"就是"上帝"。

金泰昌:正是!

金原恭子:在那里经常有一种"自己"与"上帝"的关系。对方
(上帝)是压倒性的存在,所以要经常面对。同样,自己的同辈和
周围的人也都是上帝的被造物,都和自己有相同的价值。与"上
帝"对峙的"人",是上帝造的,与自己有相同的价值,所以不得不
把现实中的人作为"他者"。

这样看来，就像今田先生说的那样，不难理解在不得不经常考虑"自己"与"他者"的基督教世界，很容易出现志愿者。经常看着"他者"，已经成了习惯。

相比之下，在日本"他者"的观念淡薄，虽然现在日本的志愿者活动也非常活跃，但在有些方面，未必就是与"他者"相关、替他者考虑的那种欧美意义上的活跃。

从安立先生提出的数据看，日本与美国参加志愿者活动的动机有显著的不同。在美国社会，最大的理由是"很快乐"或"感到喜悦"；但在日本的理由是"可以为社会做贡献"，"能学到很多东西"。

日本这种"可以做贡献"和"能学到东西"的想法是以自己为中心，没有考虑到"他者"。帮助他人当然可以作出贡献，但出发点还是自己。相比之下，能说"喜悦"和"快乐"，是因为有"他者"，与"他人的喜悦就是自己的喜悦"这种想法有关。所以，我感到，在动机方面是否能意识到"他者"的存在，是日美（也不仅限于美国）之间的很大不同。

说起来有点悲观，尽管现在日本有许多志愿者活动，但实际上还是有如此大的不同。在"他者"观念淡薄的日本，如何才能让志愿者活动不流行一时，而是真正扎下根，这是个大问题。长谷川先生一直在问有没有让 NPO 更活跃的策略，这也是我的问题。

金泰昌：金原先生讲的是一个根本性问题。我从性格上讲，不喜欢统一、统合、合一、全体等词汇。所以，我想没有必要大家全都一样。重要的是要搞活志愿活动需要怎样的条件。这里需要从思想的、文化的背景来思考。

说起来，日本喜欢天人合一。天人合一思想的问题在哪里呢？那就是无论对国家还是对企业都会失去使其相对化的视角。如果自己做的事情与天理合一,那就是正当的,很容易模糊自我批判的根据。因为没有更高层次的标准,所以,无论是对于国家的理论逻辑还是对于企业的理论逻辑,很难有批判的观点成立。

但是基督教的思想完全不同。卡尔·巴特的神学就具有代表性地说明了这种不同。他的基本思想是人与"上帝"(=天)之间存在着绝对的"隔绝"。在日本会说"那过分了"(今天没有时间不能说全了),但只有这样才能出现把国家都相对化了的视角。

在日本说起"神学论争",人们好像都从否定的方面去理解,那是因为没有真正理解"神学"。神学把上帝作为绝对的他者,作为不能用人间的理论逻辑去认识、回收和同化的存在,在这个前提下探索人的生存方式。这样才能开拓对"他者"的思考、认识和行动。日本没有作为"他者"根据的"上帝"。如何去把握"他者"才能具体地描绘出"他者"的形象呢?"他者"就是麻风病患者,是外国人原子弹受害者,是在日外国人、女性、儿童、阿伊奴人、冲绳人等迄今被放置在中心、主流、体制之外的那些存在。

但是这方面的讨论必须要在坚实的哲学基础上进行,所以我想另找机会探讨,虽然是很重要的问题,这次故意没有放到论题之中。我想,金原先生指出的问题是根本性问题。

矢崎胜彦:能听到参加志愿活动的先生们讲讲体验志愿公共性的故事就已经很难得了,而大家又都是研究志愿活动的,我已经心满意足了,真是学到了很多东西。

大家都很谦虚,但我觉得有过这方面体验的人在心里一定都很有信心。我深深地感到,这就是参加志愿者活动和没有参加活动的一个很大不同。

不过,有些遗憾的是,讨论的重点过于偏向关怀冲动这个个人的"冲动",我想应该把它和开拓公共性的社会性成长体验阶段结合起来,与它如何在代际之间继承生成这中间团体开拓的公共性方向结合起来。总之,我学到了很多东西。

金泰昌:明白了。有个问题就是,迄今为止无论家庭教育还是学校教育,都没有关注这方面的问题。所以,代际之间的课题就要继续进行对话。矢崎胜彦理事长以及我们这些人,都没有最后的答案。只能一起去思考,一起去开拓。从这个意义上讲,没有设计——也可以说确立——好了的目的。目的本身也要我们一起开拓。请大家理解这一点,以后会有很多想法产生,相互影响,不断发展。这就是我们的愿望。

417

后　记

金　泰　昌

0.0　第25次公共哲学共同研究会(2000年9月23—24日)以"中间团体开创的公共性"为论题,第1次世代生生研究会(2001年2月3—4日)以"志愿者与公共性"为论题,大家进行了很好的探讨。通过提出论题、回答质疑、讨论和拓展,对一些问题有了新的感受,会后又进行了反复思考。大致有如下问题:

Ⅰ.什么是"中间团体"?

Ⅱ.讨论"中间团体开创公共性"的意义在哪里?

　　a.以往的公私关系和公共性是什么?

　　b.应该怎样把握新的公私关系和公共性?

Ⅲ."中间团体开创的公共性"的特征是什么?

Ⅳ.生成公共性的原理是什么?

Ⅴ.中间团体所开创的全球—当地市民主导的公共性是什么?为什么需要它?从那里产生的研究、实践课题是什么?

　　a.国民国家的"公"(共性)与全球—当地市民社会的"公共性"有什么不同?

　　b.全球—当地市民主导的公共性的课题是共创幸福,什么是共创幸福?

Ⅰ.首先是"中间团体是什么"的问题,根据我的理解,大概做了如下归纳整理。

①中间团体是在国家与个人之间生成、作用、活动、发展的多种媒介集团、团体、组织、机构的总称。

②不应该把中间团体看作为以往的固体样态(已有的实体),而是要把它理解为液体样态(超越国境地、横断地联系多国籍、多种族、多文化、多地域、共同参与活动的网络)和气体样态(通过因特网和移动电话等多层次、同时开展的活动网络)。

③发挥和开展结合、连接和搞活具有各自目标、期待、愿望、课题、问题的个人和集团的功能、作用、活动,在它们与国家之间进行媒介(公私媒介)。

④在地区(local)、国家(national)、世界(global)的相互关联当中发挥媒介功能。

⑤可以说,"国家万能"的神话崩溃了,为了使国家的功能负担合理化和适当化,提高人们自主、自觉应对课题的能力,各种中间团体是一个具体的前进方向,人们对它的期待越来越大。

⑥应该重视以往的血(地、情)缘中间团体所具有的功能、作用、影响,但不能否认它具有压抑、歧视、排斥的性质这个事实。

⑦作为今后的课题,需要在血(地、情)缘中间团体的基础上,增强志(知、事)缘中间团体的功能、作用、影响。

⑧中间团体包括靠政府补助金运营、维持的政府相关团体、组织活动和民间出资的非政府、非营利团体、组织活动以及个人基于自发意志、自主参加、自我责任来运营和维持的志愿者团体、组织活动。

⑨家庭是私密时空,但它是中间团体的最初基础。

Ⅱ. a. 以往的公私关系与公共性可以做如下归纳(见图7)。

①公私两极对立的二元论。

②灭私奉公原理[逻辑(思维)、伦理(行为)、事理(判断)]。

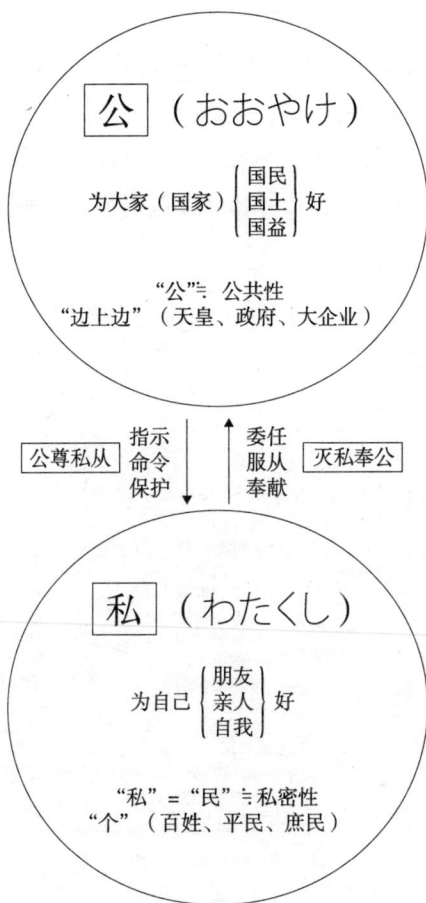

公（おおやけ）

为大家（国家）$\left\{\begin{array}{l}国民\\国土\\国益\end{array}\right\}$好

"公"≒ 公共性
"边上边"（天皇、政府、大企业）

公尊私从 指示 命令 保护 ← | ↓ ↑ | → 委任 服从 奉献 灭私奉公

私（わたくし）

为自己$\left\{\begin{array}{l}朋友\\亲人\\自我\end{array}\right\}$好

"私" = "民"≒ 私密性
"个"（百姓、平民、庶民）

图7

③作为既存、所与、实体的公私。

④没有中间媒介在"公"与"私"之间发挥作用。

向"公"与"私"的两极对立讨论上趋同。

⑤不存在与"公"不同的"公共性"这一概念。

但是，目前的议论设想的是"公"="官"≒"公共性"，发生了各种混乱。

⑥个（人、性）或被看作与"私"相同，或被混同于"私"，没有一个适当的理解。

⑦在"为国家（大家）好"当中"对自己好"被抹杀了。

Ⅱ.b. 新的公私关系与公共性可以做如下归纳（见图8）。

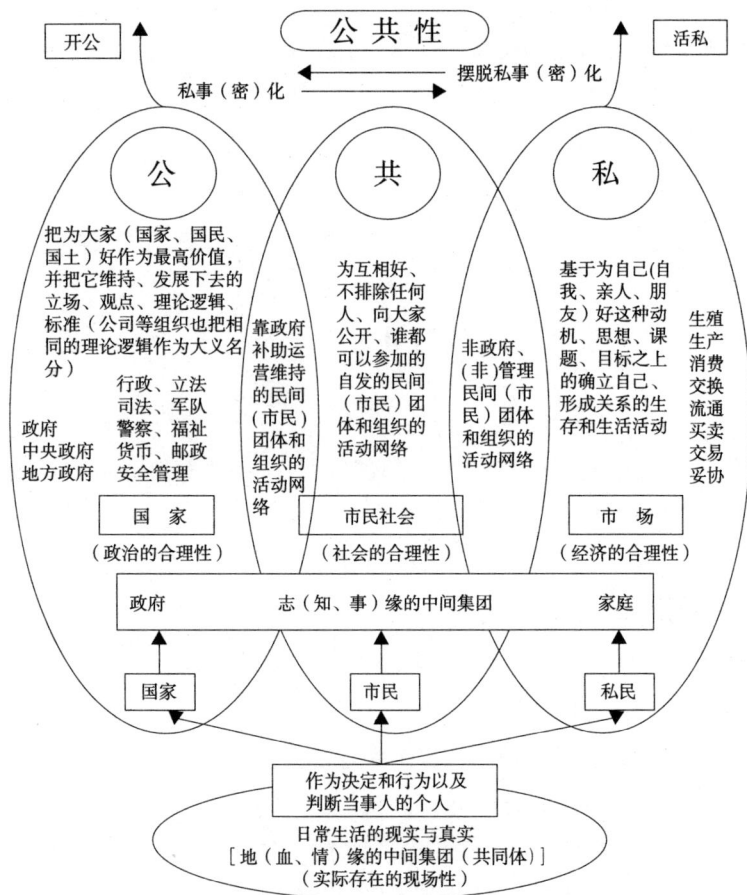

公 共 性

开公　　　　　　　　　　　　　　　　　　　　活私

私事（密）化　　　←　　摆脱私事（密）化　→

公　　　　　　　共　　　　　　　私

把为大家（国家、国民、国土）好作为最高价值，并把它维持、发展下去的立场、观点、理论逻辑、标准（公司等组织也把相同的理论逻辑作为大义名分）

为互相好、不排除任何人、向大家公开、谁都可以参加的自发的民间（市民）团体和组织的活动网络

基于为自己(自我、亲人、朋友)好这种动机、思想、课题、目标之上的确立自己、形成关系的生存和生活活动

政府　　　行政、立法
中央政府　司法、军队
地方政府　警察、福利
　　　　　货币、邮政
　　　　　安全管理

靠政府补助运营维持的民间（市民）团体和组织的活动网络

非政府、（非）管理民间（市民）团体和组织的活动网络

生殖
生产
消费
交换
流通
买卖
交易
妥协

国 家　　　　　市民社会　　　　　市 场
（政治的合理性）　（社会的合理性）　（经济的合理性）

政府　　　志（知、事）缘的中间集团　　　家庭

国家　　　　　市民　　　　　私民

作为决定和行为以及判断当事人的个人

日常生活的现实与真实
[地（血、情）缘的中间集团（共同体）]
（实际存在的现场性）

图8

①"公"—"共"—"私"相关的三元论。

②活私开公的原理［逻辑（思维）、伦理（行为）、事理（判断）］。

③自立的个人自发选择的"公"—"共"—"私"。

④新公共性的"新"，在于由公私两极对立引进了通过"共"进行公私媒介的思想。

⑤应该区别作为确立"个"（人、性）的个人主义与"私"横行霸道的私人主义。

⑥问题不是"公"与"个"的对立、冲突。重要的是"私"要从"公"自立，其自身的存在和价值得到正当的认可。"个"的确立是个人成为自律判断的当事人。在调整"公"与"私"的相互关系当中既不偏向"公"也不偏向"私"，而是使"公""私"共进，相互联动。

⑦"为了大家"这一大义名分，只有在通过与"为了自己"这种权利诉求的对话、调整，它的正当性得到认可的情况下才被接受。

⑧"为大家（国家）好"与"为自己好"如果在没有媒介的情况下联系在一起，那就只能出现或灭私奉公或灭公奉私这二者选一的对立状况。

⑨所谓"公共"（性、空间、意识），是"与大家一起"思考、讨论、决定和实行"为互相好的事情"的过程。

⑩认为私事（密）化是恶，摆脱私事（密）化（也有时候说公共化）是善，这种固定的思维方式是危险的。重要的是要恰当地把握两种力学的平衡。

Ⅲ. 对"中间团体开创的公共性"做如下归纳（见图9）。

①新的公共性生成于多样的中间团体媒介"公"与"私"的过程当中。

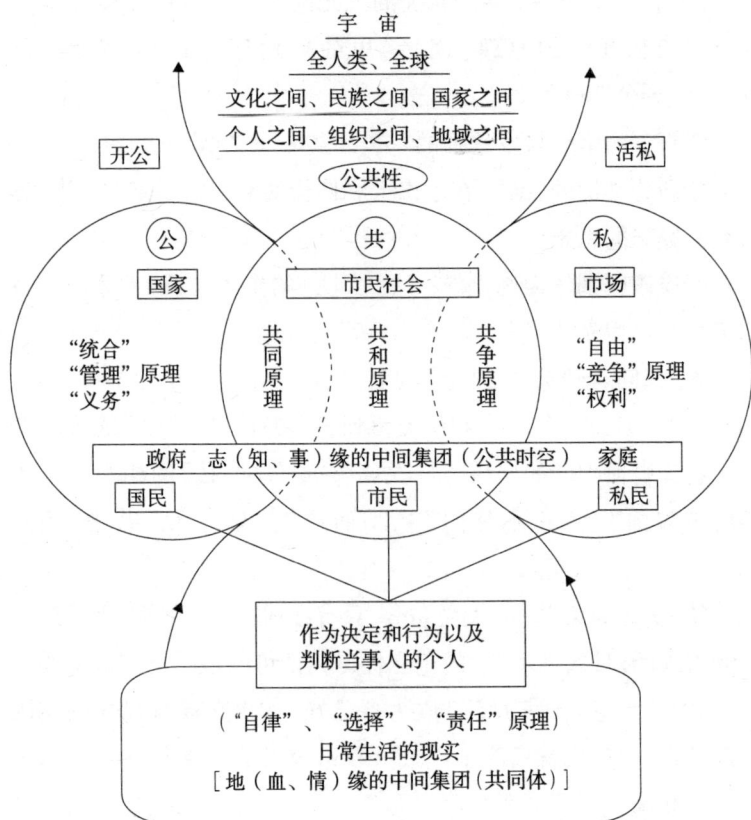

宇　宙

全人类、全球

文化之间、民族之间、国家之间

个人之间、组织之间、地域之间

开公　　　　　　　　　　公共性　　　　　　　　　活私

公　　　　　　　　共　　　　　　　　私

国家　　　　　　市民社会　　　　　　市场

"统合"　　共　　　　共　　　　共　　　"自由"
"管理"　原理　同　　　和　　　争　　"竞争"　原理
"义务"　　　原　　　原　　　原　　　"权利"
　　　　　　　理　　　理　　　理

政府　志（知、事）缘的中间集团（公共时空）　家庭

国民　　　　　　　市民　　　　　　　私民

作为决定和行为以及
判断当事人的个人

（"自律"、"选择"、"责任"原理）

日常生活的现实

［地（血、情）缘的中间集团（共同体）］

图9

②"公"——基于国家统合理论逻辑的生活时空（统治时空）以及其中的个人—集团关系的存在方式。

③"私"——基于个人自由理论逻辑的生活时空（私密时空）以及其中的个人—集团关系的存在方式。

④"公共"—"公"与"私"以"共"为媒介，相互冲突、融合的生活时空（公共时空）以及其中的个人——集团关系的存在方式。

⑤"活私"——自立的个人通过自发地参加各种中间团体让自己个人的动机、想法、欲望、愿望、理想、梦想、志向充满活力。

⑥"开公"——a. 将国家垄断的"公"向"公共"(不是灭私奉公,而是以公私相生为目的)的方向开放。b. 把"公共"从国家层次向更高的层次开放,同时让它在身边扎根。

⑦"共争"——基于复数的"个"相互竞争、对立、冲突这种状况为前提的原理之上生活时空(相克时空)以及其中的个人—集团关系的存在方式。

⑧"共同"——基于"同"(确保同一、同质性)的原理之上的生活时空(同质时空)以及其中的个人—集团关系的存在方式。

⑨"共和"——基于"和"(和而不同)的原理之上的生活时空(异质共生时空)以及其中的个人—集团关系的存在方式。

⑩"活私开公的当事人"——从个人到国家各个层次上的行为人(当事人);进行决定、行为、判断的当事人;可选择公、共、私的任何方向;对其结果负责;其权利得到保障。

⑪"中间团体"——根据其结构和功能,可以有共同性—共和性—共争性的程度各自不同的各种存在方式。

⑫活私与开公的相互调整、抑制、均衡很重要,过于偏向任何一方都会产生反效应。特别是在集团意向强烈的文化、风土当中,活私〔(=私事(密)化〕往往会被无条件地作为恶人,所以要格外注意。人生存当中不允许他人介入的"私密"层次必不可缺。把开公〔=脱私事(密)化〕作为公共化,认为向这个方向的转换就是善的观点、态度、逻辑及其实践,经常孕育着一步走错就会变质为灭私奉公那种全体主义的思维、行动、体制的危险。

Ⅳ. 作为公共性生生原理的"共争性"、"共同性"、"共和性"可以做如下归纳。

a. 共争性原理（见图10）。

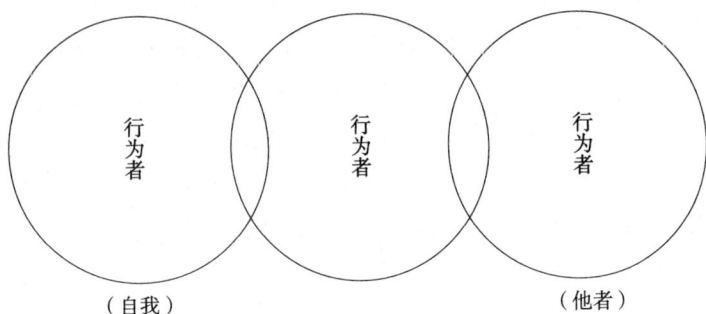

图10

① 从自他时空的相互关系及其对立、冲突的角度去把握。

②他者的异质性（异他性）不会被自我扩大和发展吸收。

③基于共争性原理的公共性，生成于多种异质间的对立和冲突的过程之中。

b. 共同性原理（见图11）。

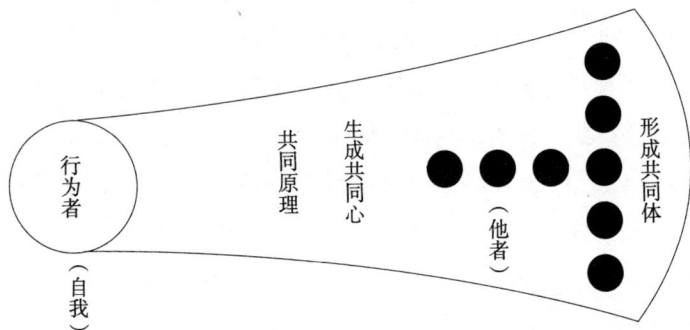

图11

①在自我时空的扩大、深化当中同化和吸收他者。

②排斥、无视、否定、抹杀他者的他者性（异质性）及其多样性。

③基于共同性原理的公共性，生成于吸收、同化多样异质的结果当中。

c. 共和性原理（见图12）。

公共性［基于共和原理的思维(逻辑)、行为(伦理)、判断(事理)］体验的结构化

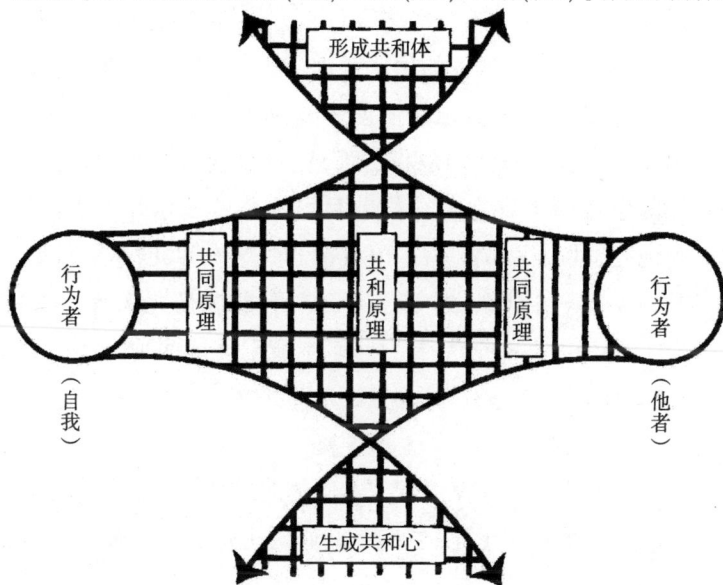

形成共和体

行为者（自我）　共同原理　共和原理　共同原理　行为者（他者）

生成共和心

公共性［基于共和原理的思维(逻辑)、行为(伦理)、判断(事理)］体验的内面化

图12

①以自我的存在和生成基本上是与他者的共存和共生为认识和行动的前提。

②不是"为了大家"，而是通过"和大家一起"及"为了我们"的联动来充分体现"为了自己"。

③基于共和性原理的公共性,生成于与多样异质间的对话及共鸣的过程之中。

公共性[基于共和原理的思维(逻辑)、行为(伦理)、判断(事理)体验的结构化]

V.0. 中间团体开创的公共性到底是什么? 为什么需要它? 从那里产生的研究、实践课题是什么? 通过这方面的探讨要研究的课题是:①从现在到不久的将来日本时代状况的变化及其应对的角度,思考多样的、自发的中间团体的位相、作用和功能。②同时,探索自发的市民集合活动所创造出的公共性的特征。③探讨在日本今后其意义和位相也将更加重要的"全球—当地"市民这一新的国家成员的存在方式。进而思考今后日本和世界的"全球—当地"公共市民都将关注和解决的课题——共创幸福问题。

V.a.1. 从我们日常生活当中的时代状况变化来看,我们迄今为止生活过的生活世界的特征,基本属于下述两种类型的其中之一,或者属于两者的对立、冲突或是并立、融合。

第一种类型:

①作为一个人就是某个特定共同体的一员。

②共同体的终极形态,是基于共同历史感觉和所属意识的命运共同体——国家。

③一个国家,从原理上讲要对属地成员(demos = 住民 = 市民)和血统成员(ethnos = 种族 = 民族)进行统合和一元化,并以这种形式形成的国民作为主权的主体,作为国家成立的根据。以统合化、一元化作为大的前提规定其成员的权利和义务。成员的世代继承根据血统原理得到认可。

④有时国民的历史感觉会被当时的政治意图统合和一元化。也就是,比起属地成员来,血统成员的国民位相更会得到基于特定

意识形态的有意图的强化。从中会产生歧视、压抑、[排斥、抹杀、否定（比如，在战争时期军国主义意识形态也使一部分日本人成了非国民）]，但它未必就正确反映了国家成员的多元实际状况。

⑤一个共同体的统合、秩序、安全、团结、和平，受到国家垄断法力的保障。由此国境的概念得到强化，国内与国外这种区分意识被有意图地制造出来。

⑥国家＝政府＝政治，作为理性、真理、普遍性的具体体现，作为强行适用于全体成员的基准的"公"的担当者，要求作为所属成员的每一个国民及其生活活动，要作为"私"从属于"公"（灭私奉公）。

⑦国家共同体的存续与繁荣优先于其他所有共同体的存续与繁荣。共同体的存续与繁荣优先于个人的存续与繁荣。

⑧在国家共同体当中，国民的最高美德就是为国家而死。

第二种类型：

①作为一个人就是选择和同意（尽管是事后）了成为一个共同体的一员。

②国家共同体是所有共同体其中之一，但由于一定的理由，国家的相对优越性得到认可。

③一个国家，从原理上认定属地成员和血统成员的多元性、复数性这一事实，在此基础上追求社会、文化的统合。基于属地原理和血统原理两方面或基于属地原理，成员的世代继承得到认可。

④为克服国民位相上属地成员和血统成员之间的优劣及由其形成的歧视、压抑、排斥、抹杀、否定，明确表明要努力进行制度改革。

⑤有这样一种基本认识：一个共同体内的统合、秩序、安全、团结、和平，仅靠国家的保障还不够，要通过成员自发、自主的参与和

合作才能真正实现。从这个逻辑出发,市民有不服从的自由,也有不认可国家在国内的最高决策权和国家对外行使唯一合法权的权利。

⑥个人(私人、私民)才是拥有理性、真理、普遍性的精神所有者,所以要认可个人对国家权力的横行和国家决策不正当性的监督。

⑦比起国家的"公"更优先个人的"私"。从原理上讲,国家存在的理由因保护和扩充个人的身体、财产和幸福而被正当化(灭公奉私)。

⑧个人在国家做的事情有悖于自己的信念时拼命抵抗,会得到很高的评价。

Ⅴ.a.2. 现在我们切实感到,上述两种类型的生活世界状况正在发生根本的变化。就是说,附着于灭私奉公或灭公奉私这公私两极对立之上的国家与个人的关系开始融解了。国家已不再是没有间隙的铁桶般坚固的封闭结构,它正在向更灵活、更流动、空间更多的开放结构转变。随着国家的这种变化,其成员的性格也将发生变化。

①国家的功能和责任的过度加大与国民对国家的过度依赖,带来了负担过重、制度僵化、功能衰竭的恶性循环,失去了国民对政府、官僚的信赖。这样就发生了从为国家而存在的国民这种位相,向根据自发、自主的意志进行选择,具有负责能力的市民这种位相的转移。并且通过基于自觉市民意识的自卫团体活动,开始进行"尽量做自己可以做的事情"这种自助、自立的努力。

这不是否定国民国家,而是为了对国民国家的位相与作用进行发展性重组创造条件。认为从对国家的过度依赖中摆脱出来的自立就是反国家、反体制,这种简单的模式化思维比什么都危险。

②根据经济增长国家发展战略对发达国家和发展中国家都是唯一的促进开发对策这种思想，追求最大效益曾经就是通过被严格挑选出来的大企业（韩国称为财阀）进行的国民生产总值极大化战略。大企业进行集中生产、出口产品、储备外汇、提高计量经济指标，把国民在感觉上对于物质丰富程度的满意度数字化，但现在这种经济模式在发生根本的改变。同时，发达国家巨大的跨国企业集团以全球市场自由竞争原理为口实，使发展中国家经济不能自立，贫富差距扩大，加快了对地球环境的破坏。这种认识正在普及。追求利润的冲动超越了国境，但那是彻底的"私"的扩大，不适合解决地球与人类面临的重大问题。基于这种认识，每一个生活者，不得不通过以健全的市民意识为基轴的自发的集体行动，从生活一线现场作出具体的局部应对（地区应对）。与此同时，还出现了结合了能力、资源、活力、智慧的软实力的萌芽，它作为一种运动，在形式上与整个地球、全人类的应对（全球—当地应对）联动。

③以历史感觉和所属意识的共有为前提的国民同一性，很难向外部和他者开放。但是，现在我们的生活世界当中同时发生的各种问题，跨越区域、国家、世界几个层次，已经从单一层次上难以解决。所以，我们需要"全球—当地"市民作为更灵活、对外部和他者开放的同一性。同一性的转换艰难至极。但历史的"需要"是我们最强有力的向导。

Ⅴ.a.3. 为了打破国家管理统治型"公"（共）的应对僵局和确立每个人自立自助生活中"私"（意）行为的局限、闭塞状况，需要对层次转换的民间活力进行高明的重组。它只有对"公"和"私"进行相互媒介，通过对"公"和"私"进行开拓性地"结合、连接、搞活"的"全球—当地"公共市民的自发结合及其活动才能实现。"全球—当地"市民主导的公共性,产生于"全球—当地"市民主导的自发中间团体复数多样、相互关联的集体活动当中。在对"全球—当地"市民主导的公共性进行深思熟虑之际,要关注以下问题:

①在多数自发中间团体的复杂相互关系当中,发生在"全球—当地"市民中间的意识和行为上的单纯变化,会关系到更大的生活世界的变化,最后产生整体的高度秩序。这在单纯的机械组织当中不可能发生,但在高度复杂的人类社会就有可能。复杂的科学给我们带来的教训之一,就是"个体的自发性会产生全体的秩序"。在"结合、连接、搞活"国家管理确立的"公"和在市场上工作的"私"当中,会生成创造公共性的状况和条件。

②我们有必要对在国家、大企业复合体的"公"与市场经济的"私"中间对双方进行媒介时的"中间"的意义和功能进行重新思考。"中"在中国思想当中作为天下的根本原理受到重视(《近思录》当中有这样的词句:"中者天下之本。天地之间,亭亭当当,直上直下之正理。出则不是。惟敬而无失,最尽",强调所有的事物不能失去"中"。在《中庸》当中论述了"中"的能动一面和形成的过程)。"间"不是一直存在的"间"(AIDA)而是不断开拓的"间"(AIDA),否则没有意义。不是固定名词的"间"(关系 AIDAGARA),而应该是"开创"、"拓展新的运动"意义上作为动词的"间"(间发)。

"中间"与"共媒"都是核心概念。平时我们说"媒介",都以自己(无论是"公"还是"私")为中心,进行"结合、连接、搞活"的是自我媒介,其结果不过是自我的扩大,那称作 mediation。电视、收音机、报纸等都发挥了 mediation 的作用,我们也认可它们的这些功能,所以用"媒体"这个词,但那也是单方面的自我媒介,是独白式媒介。因此，需要"中间"这个位相，"从中间（中）向两边（公与私）同时媒介——共媒"（intermediation）非常重要。"中间团体的共媒"才是"新公共性"的核心，因为媒介必须是对话式的相互媒介，否则没有意义。以往国家管理统治的"公"（共）性是单方面的、由上至下的命令、指示型，而作为共媒的公共性是相互生生的。这形成了鲜明的对照。说它是作为世代继承生生的公共性（代际间的公正也是其一）也是考虑到了代际间的相互应答和相互共媒。从这个观点看，以单一世代为中心的思维和行动不过是封闭在一个世代当中的"私"。没有在代际间开放的思维和行动不能称为相互共媒，只不过是单方面自我考虑的扩大和变质。

③也需要对自发性问题进行重新思考。所谓自发性，是试图从依赖当中摆脱出来的意志，是向往自立、自助的决断以及朝着自立、自助实践、行动的自我转换。但是，如果认定仅凭自己的意志和能力就可以实现这种信念过于强烈就会有危险。之所以过去和现在都在说志愿如果成为唯志愿就会有问题，是因为如果唯意志论思想绝对化了，就会成为不可想象的大悲剧的原因。这常常被认为是唯意志论人们傲慢的野心带来的自我毁灭的结果（对普罗米修斯、浮士德式人物的批判——这也是希腊悲剧的主题）。

我想强调的是，从我个人的体验和思索来说，真正的自发性不是意识内在的始发性。特别是对于人的存在，本来应该从其"共存性"和"应答性"来把握。所谓自我毁灭的傲慢，就是忘却了人本来的共存性，不能对来自他者的呼唤作出回应。所以，我说的真正的自发性，是在人原初的应答关系当中，对他者呼唤作出真挚应答的内发的自己定位。无论是来自上帝的询问还是邻居的求助，都根据自己的决断从内心深处作出回应，把自己置身于对由此发生的所有事情负责的方位上。当然，在实际行动当中并不会经过

433

这个逻辑过程,通常都是即时的对应和瞬间的行动。但如果要用语言对这个过程进行说明,就是这样。

④"全球—当地"的思想和理论逻辑已经在各种场合进行讨论和实践,只不过是没有使用"全球—当地"这种说法。但是,在我们综合思考目前关于国民、市民等说法的激烈争论和以此为基础的国家观、教育观问题时,这是一个非常重要的概念。尽管在日本有一部分人表示了强烈的反感,但现在,国家公民(state citizen)意义上的国民,不能不把作为国家成员的中心位相让给全球—当地市民(glocal citizen)意义上的市民。毋庸置疑,现在的日本也正在实现由国民国家向全球—当地市民社会的转换。也可以说,这是由城市国家的国民社会向国际国家的市民社会的转换。作为全球—当地公共性担当人的公共市民才是通过全球—当地市民社会,对解决地区和世界问题可能作出全球—当地应对的新时代的主体。不是说有人牵引着带来了这种变化,而是日本社会不得不朝那个方向转变。

对图 13 可以做如下归纳(特别要注意图中的数字):

①由现代化(管理统治的现代化、僵化的现代化)向后现代化(高度的、促进流动的现代化、灵活的现代化)进行时代变迁的基本方向。

②公导私从、灭私奉公的公私关系(单方面的、由上至下确定公私)结构继续存在。

③市民社会的公共化(通过自发的市民活动,作为公私共媒、活私开公的公共性确立并扎根)。

④假定市民社会纯个人生活相关部分为"私"。

⑤国民的公共性解构和自发中间团体的集体活动追求公

国民国家的公私关系　全球—当地市民社会的公共性　不同层次的问题群　全球—当地的对应实践

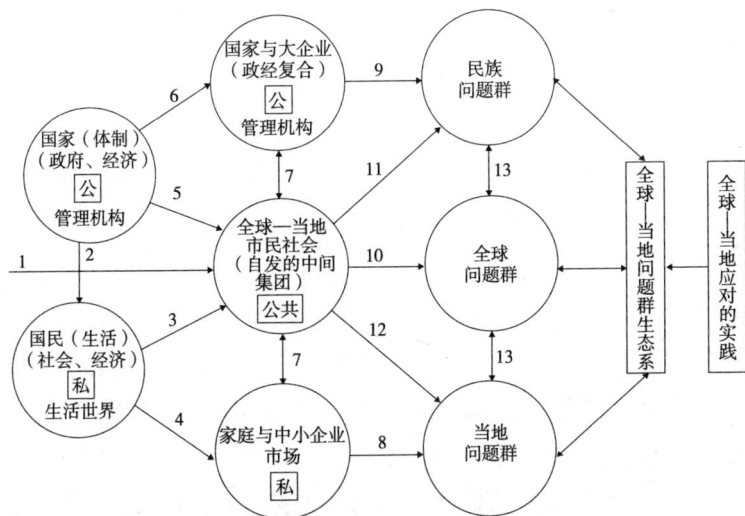

图13　时代状况变化与公私关系重构

共益。

⑥假定国家和大企业为"公"。

⑦作为公私共媒的公共性的领域和功能,它搞活私、开拓公,对生活世界中的当地问题、国家问题、全球问题作出自主的、相互媒介的应对。

⑧从"私"的立场对当地问题群作出应对。

⑨通过国家、大企业复合体公的支援进行应对。

⑩/⑪/⑫通过全球—当地市民自发的集合共媒活动,应对当地、国家、世界问题群。

⑬当地、国家、世界问题群,相互关联,同时共进(问题群的生态系统)。

Ⅴ.b.1. 我提议,把共创幸福作为与全球—当地市民社会的

435

公共性相关的一个研究课题。那是因为,我通过不同专业领域的相关联动,对共创幸福进行了思索和研究,认为有必要和普通市民一起在日常生活当中进行实践。首先想到的是共创幸福的社会科学这一提案,其内容是人论、政治论、社会论、经济论、生态论、政策论、空间论的协同相关研究。在欧美流行着"好社会"这一论题,我认为幸福的人创造的幸福社会才是好社会的具体体现。为什么这么说呢? 因为幸福是每个人"关系到自己"具体而又实际的问题(私),同时又是"关系到大家"的现实而又理念的课题(公)。不是无视、否定、牺牲这两者其中的任何一方,而是让它们相生互补,这比什么都重要。这里,我先把思考、探索的基本论点做几点归纳和整理。

①几乎所有人都希望幸福。具体的表现虽有不同,但可以说,终极目标是实现幸福的生活和构筑可能实现幸福生活的社会。

②幸福的成立条件和构成因素以及实现形态根据个人差异、文化差异、国家差异等复杂而多样,但可以对其最小限度的共同项目作出归纳和整理。

③比什么都重要的问题是,把幸福分为"我的幸福"(一般指每个人的主观幸福感指标设定及根据它做的计量研究——私福)和"大家的幸福"(一般指根据一定的共同指标进行的以国家为单位的幸福状况比较、评价计量研究——公福)这种目前的研究状况及专家和市民对这种情况的判断。公福与私福这二元对立的幸福论,无论在认识论上还是在方法论上现在都没有在查明相互关系问题上有什么进展。可以说,前者是"公福至上论"(使用了"大家的幸福"、"最大多数的最大幸福"这种修辞学),后者是"私福中心论"(主张幸福基本上是主观的判断,无论何时都应该作为私密性问题来讨论和考察)。问题在于如何看待总要偏向一方的

现状。

④需要从对当地、国家、世界这三个层次进行关联性把握的新公共性(其主要担当人是全球—当地公共市民)的立场、观点、基准,对"公私共媒、活私开公"这种功能、作用、过程、目标进行调整,重新探讨幸福问题。我把这种形式的研究和探讨称为"共福协产论"。

⑤基于全球—当地市民社会的公共性进行思索、探索、实践的幸福,既不是在"大家的幸福"当中"自己的幸福"会消失、蒸发的"公福",也不是由始至终总强调"我的幸福"的"私福"。它是"公福"和"私福"相互媒介、相辅相成的"公共幸福——共福"。"公福"的重点在于在专家、精英们通过收集、整理、集合资料和计量处理所形成的整体形象(认识形象)上,平凡生活者(市民)存在层次上的具体形象(心理形象被)被舍弃了。"共福"与这个问题相对抗,同时也不像"私福"那样只停留在分别把握每个人的主观幸福感,而是以它为基础,使"公福"与每个人日常生活中的具体实际感受联系起来,形成基于每个人生活实际感受的"公福"。它在克服"公福"专家中心、精英意向这种局限的同时,纠正少数私民过度快乐意向的弊端。在"公福"与"私福"的纠葛当中,生活课题与对它的实践应对联动,这就是"共福"在日常生活一线现场鲜明的现实"力动形象"。

这种共福的协同产出才是多样中间媒介集团的基本功能和作用。它才是追求中间媒介集团"活私福,开公福"的共创幸福。共创的探索与实践,通过公共市民自发和自主的共和参加(共参)、共和计划(共划)、共和决定(共决)来进行。并且,"和而不同"的理论逻辑与姿态比什么都重要。之所以说不是共同而应该是共和,就是因为,如果不尊重多样的异质性和不把其亲和(和亲)作为基本原则,那么多样、复杂的私密幸福的丰富原动力会在优先整体的"公福"当中受到压制和镇压。

⑥基于全球—当地市民社会公共性的幸福,是"和大家一起""为了彼此"而协同创出的"共福",是"一起变得幸福","一起产生幸福","一起体味幸福"。是探索、熟虑、实践从个人之间、集团之间、民族之间、地区之间、文化之间、行业之间、宗教之间、国家之间以及个人与集团、个人与民族、个人与地区、个人与文化、个人与行业、个人与宗教、个人与国家等所有的"间"(AIDA)当中都可以幸福之路(方法、政策、蓝图)。

⑦"共福"通过在"公福"与"私福"之间的媒介和相辅,发扬、深化、变革作为人类最高价值的幸福,使其更加充实。在政治权力、企业财力以及媒体意识操纵当中守护共创幸福的问题,也很重要。

⑧要通过共创幸福实现"共福",无论是作为学术研究的课题还是作为日常生活的实践,都要求每个人(无论是作为研究者还是作为生活者)作为当事者全人格地投入。

V. b. 2. 共创幸福的探索和实践,以人类活动(个人的和集团的)基本上为了价值实现这种认识为前提。所以,最重要的要先从价值论的观点理清问题意识。下边,概述一下从价值论的观点思考共创幸福时的基本问题。

①可以说,人的终极目的价值,就是实现作为最高、最终价值的幸福(好的生活、好的行为、好的社会)。实现幸福的公的价值是安全和秩序,私的价值是财产和所有,公共的价值是连带和共存。

②公的价值(安全、秩序),是国民生活的必须价值,最终是基于战场理论逻辑(战争、胜败)应该争取的战士价值。它在冲突、斗争这种脉络当中得到确立和守护。

③私的价值(财产、所有),是私民生活中的目标价值,一般是基于市场的理论逻辑(交易、盈亏)来追求的利己价值。它通过买卖、授受的过程形成和积累。

④公共的价值(连带、共存),是市民生活当中的生成价值。从规范上说,是基于广场(论坛)的理论逻辑(对话、共鸣)产出的媒介价值。它通过说服、了解这种相互作用发扬和深化。

⑤战场和战争的理论逻辑、市场和交易的理论逻辑、广场和对话的理论逻辑,相互浸透、相互交换,是一种互补关系。根据状况的要求和目标性质的不同,可以适当地选择,分别使用。

⑥人要实现的目标价值,实现价值的场所,以及争取、追求、产出价值的基本理论逻辑,产生于当地生活时空与全球生活时空同时互相缠绕在一起的全球—当地生活时空当中。所谓时空,意味着它是价值穿越世代继承生生的场所。

⑦在公的生活时空(国家)最高价值(幸福)的实现,最优先国家(大家=全体)目标的完成,所以要强化在必要时牺牲自我价值实现(幸福)这种教育,并期待教育效应的内面化。

⑧私的生活时空(家庭)最高价值(幸福)的实现,认为在无限追求自我欲望当中可以完成这种意识扩散,特别最近有一种倾向,认为通过消费行为欲望得到满足,那就是幸福的实际感受。

⑨公共的生活时空(对话、共振、共鸣时空)最高价值(幸福)的实现,重视"和大家一起"创出(共创)"为了彼此的"(公共)幸福的条件和基础的协同过程。共创的具体内容是:在共福的产出、积累—共福的分有、共乐—共福的继承、生成这种相关构筑当中共参(一起参与)、共划(一起计划)、共决(一起决定)的场所和机会,向对此感兴趣和有热情的所有人开放。

如果把共创幸福做个图解,如图14所示。

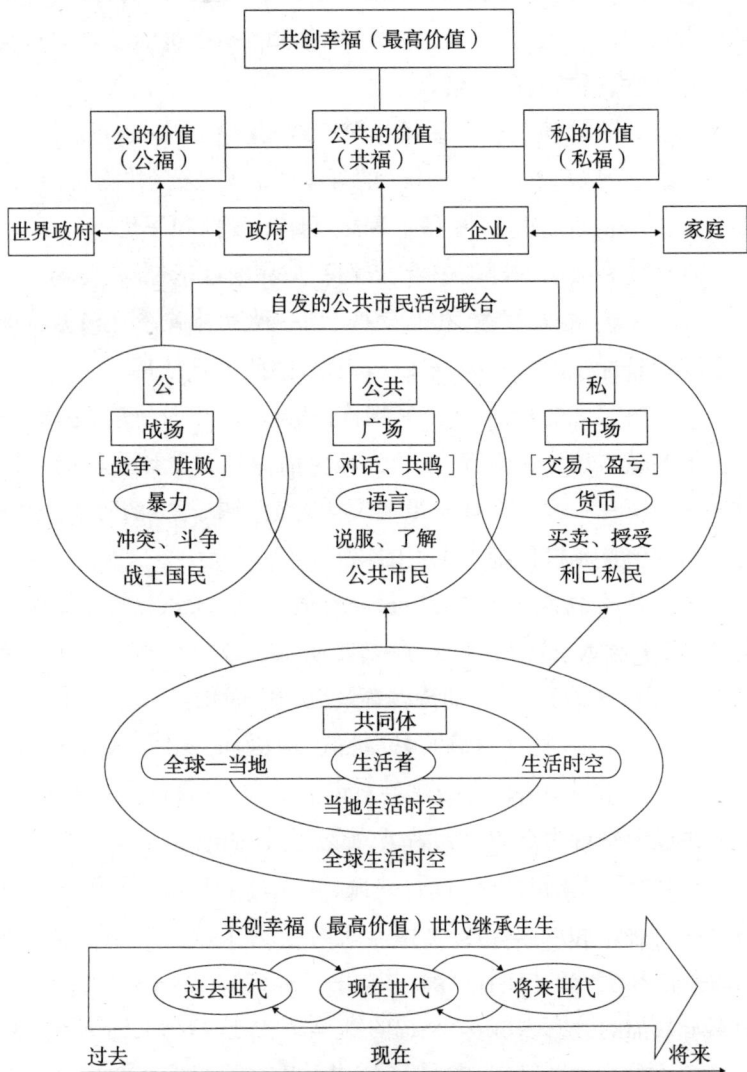

**图14　作为最高价值的共创幸福当中的
公（福）—私（福）—共（福）的位相**

译者后记

《公共哲学》丛书第 1 辑第 7 卷《中间团体开创的公共性》终于翻译完成了。

这本书的翻译确实不是一项轻松的工作，对于我来说它是一个学习的过程。我学社会学出身，当初在拿到这卷书时，还曾暗自窃喜，以为它的内容与自己的专业接近，翻译起来会容易些。可是，情况并非如此，它的内容非常广泛，涉及社会学、历史学、政治学、经济学，甚至宗教学和语言学。除各学科的专业术语外，令人颇费心力的还有书中频繁引用的欧美学者的人名和著作名，对此我都一一做了查找和比对，并专门编了一个对译表，以尽量做到准确无误。应该说，这本书的翻译开阔了我的学术视野，积累了知识财富。

中间团体和它所开创的公共性，对于我们来说也许还是比较陌生的话题，学术界有关这方面的研究和探讨还鲜为人知。但在翻译的过程中我感到，书中所谈到的事情，有很多也发生在我们身边，比如老龄化问题、育儿问题、世代传承问题、志愿者组织等问题；它们同样需要我们通过思维方式的转换去寻求新的解决途径。相信这本书会为我们提供一些可以参考的线索。

由于本人水平所限，翻译当中疏误之处在所难免，敬请各位批评指正。

441

感谢这套丛书的翻译委员会主任卞崇道先生为丛书出版付出的艰辛,感谢钟金铃编辑为本书所做的细致入微的工作。

王　伟

2008 年 12 月 21 日

第 25 次公共哲学共同研究会

[**发题者**]

长谷川公一：东北大学大学院文学研究科教授

金 子 勇：北海道大学大学院文学研究科教授

今 田 高 俊：东京工业大学大学院社会理工学研究科教授

[**讨论参加者**]（按五十音图排序）

足 立 幸 男：京都大学大学院人间环境学研究科教授

金 原 恭 子：千叶大学法经学部副教授

金 凤 珍：北九州市立大学外国语学部国际关系学科教授

小 林 正 弥：千叶大学法经学部法学科副教授

原 田 宪 一：京都造型艺术大学艺术学部教授（原山形大学理学部教授）

薮 野 祐 三：九州大学法学部教授

[**综合主持**]

林 胜 彦：NHK"21 世纪企业"栏目高级策划人、制片人

第1次世代生生研究会

[发题者]

盐 原 勉：甲南女子大学校长、大阪大学名誉教授

佐 藤 庆 幸：早稻田大学文学部教授

鸟 越 皓 之：筑波大学社会科学系教授

安 立 清 史：九州大学大学院人间环境学研究院副教授

[讨论参加者]（按五十音图排序）

足 立 幸 男：京都大学大学院人间环境学研究科教授

今 田 高 俊：东京工业大学大学院社会理工学研究科教授

金 子 勇：北海道大学大学院文学研究科教授

金 凤 珍：北九州市立大学外国语学部国际关系学科教授

小 林 正 弥：千叶大学法经学部法学科副教授

坂 口 绿：明治学院大学社会学部专任讲师

Singh Gurbakhsh：东京大学客座研究员

那 须 耕 介：摄南大学法学部副教授

难 波 征 男：福冈女学院大学教授

长谷川公一：东北大学大学院文学研究科教授

原 田 宪 一：京都造型艺术大学艺术学部教授（原山形大
学理学部教授）

薮 野 祐 三：九州大学法学部教授

吉 田 公 平：东洋大学文学部教授

[**主办方出席者**]

西 冈 文 彦：京都论坛策划委员、传统版画家

矢 崎 胜 彦：将来世代国际财团理事长（兼任公共哲学共
　　　　　　　働研究所事务局局长）

金 　 泰 　 昌：将来世代综合研究所（现为公共哲学共働研
　　　　　　　究所）所长

[**发题者简介**]

长谷川公一（Hasegawa Koichi）：1954 年生。东北大学大学院文学研究科教授。《后原子力社会的选择》（新曜社 1996年版），《社会学入门》（放送大学教育振兴会 1997 年版），《讲座环境社会学第 1 卷——环境社会学的视点》（合编，有斐阁 2001 年版），《讲座环境社会学第 4 卷——环境运动与政策的活力》（主编，有斐阁 2001 年版）。社会学专业。

金子勇（Kaneko Isamu）：1949 年生。北海道大学大学院文学研究科教授，文学博士。《城市老龄社会与地域福祉》（MINERUVA 书房 1993 年版），《老龄社会·是什么发生了怎样的变化?》（讲谈社 1995 年版），《老龄社会与你》（日本放送出版协会 1998 年版），《社会学的创造力》（密涅瓦书房 2000 年版）。社会学专业。

今田高俊（Imada Takatoshi）：1948 年生。东京工业大学大学院社会理工学研究科教授。《自我组织性——社会理论的复活》（创文社 1986 年版），《摩登的解构主义》（中央公论社 1987 年版），《意味的文明学序说——它前面的现代》（东京大学出版会 2001 年版）。社会学、社会系统论专业。

盐原勉（Shiobara Tsutomu）：1931 年生。甲南女子大学校长、大阪大学名誉教授。《组织与运动的理论》（新曜社 1976年版），《社会学理论 I，II》（放送大学教育振兴会 1985 年版），《转换的日本社会》（新曜社 1994 年版）。社会学专业。

佐藤庆幸（Sato yosiyuki）：1933 年生。早稻田大学文学部教授。《官僚制社会学——马克斯·韦伯理论的展开》（钻石社 1966 年版),《结社社会学》(早稻田大学出版部 1982 年版),《女性与合作社的社会学——来自生活俱乐部的信息》(文真堂 1996 年版)。社会学专业。

鸟越皓之(Torigoe Hiroyuki):1944 年生。筑波大学社会科学系教授。《作为尝试的环境民俗学》(编著,雄山阁出版 1994 年版),《环境社会学的理论与实践》(有斐阁 1997 年版),《环境志愿者·NPO 社会学》(编著,新曜社 2000 年版),《柳田民俗学的哲学》(东京大学出版会 2002 年版)。民俗学、社会学专业。

安立清史(Adachi Kiyoshi):1957 年生。九州大学大学院人间环境学研究院副教授。《市民福祉的社会学——老龄化、福祉改革、NPO》(HARVEST 社 1998 年版),《老龄者 NPO 改变社会》(合著,岩波书店 2000 年版),《新型老龄化:日美的挑战与课题》(合编,九州大学出版会 2001 年版)。福祉社会学、NPO 论专业。

责任编辑:钟金铃

封面设计:曹　春

图书在版编目(CIP)数据

中间团体开创的公共性/[日]佐佐木毅,[韩]金泰昌主编;王伟
　译.-北京:人民出版社,2009.6
　(公共哲学丛书/第7卷)
　ISBN 978-7-01-007459-7

Ⅰ.中… Ⅱ.①佐…②金…③王… Ⅲ.公共管理-哲学理论-研
　究　Ⅳ.D0

中国版本图书馆 CIP 数据核字(2008)第 170788 号

中间团体开创的公共性
ZHONGJIAN TUANTI KAICHUANG DE GONGGONGXING

[日]佐佐木毅 [韩]金泰昌　主编　王伟　译

人民出版社 出版发行
(100706　北京朝阳门内大街 166 号)

涿州市星河印刷有限公司印刷　新华书店经销

2009 年 6 月第 1 版　2009 年 6 月北京第 1 次印刷
开本:880 毫米×1230 毫米 1/32　印张:15.625
字数:373 千字　印数:0,001-3,000 册

ISBN 978-7-01-007459-7　定价:52.00 元

邮购地址 100706　北京朝阳门内大街 166 号
人民东方图书销售中心　电话 (010)65250042　65289539

原 作 者：佐々木毅、金泰昌　編

原 书 名：中間集団が開く公共性

原出版者：東京大学出版会

我社已获东京大学出版社（東京大学出版会）和公共
哲学共働研究所许可在中华人民共和国境内以中文
独家出版发行

著作权合同登记　01－2008－5127号